Logistik, Organisation und Netzwerke

Strukturwandel und Strukturpolitik

Herausgegeben von Prof. Dr. Wolfram Elsner

Schriftleitung: Dipl. Vw. Karsten Pietsch

Band 9

PETER LANG
Frankfurt am Main · Berlin · Bern · Bruxelles · New York · Oxford · Wien

Sabine Bruns-Vietor

Logistik, Organisation und Netzwerke

Eine radikal konstruktivistische Diskussion des Fließsystemansatzes

PETER LANG
Europäischer Verlag der Wissenschaften

Bibliografische Information Der Deutschen Bibliothek
Die Deutsche Bibliothek verzeichnet diese Publikation in der Deutschen Nationalbibliografie; detaillierte bibliografische Daten sind im Internet über <http://dnb.ddb.de> abrufbar.

Zugl.: Bremen, Univ., Diss., 2004, Dr. rer. pol.,
Tag d. Coll.: 19.02.2004,
1. Gutachter: Prof. Dr. W. E. Eckstein,
2. Gutachter: Prof. Dr. H.-D. Haasis

D 46
ISSN 1438-2644
ISBN 3-631-52675-X

www.peterlang.de

Zur Reihe "Strukturwandel und Strukturpolitik"

Einleitung des Herausgebers

"Strukturwandel", vor allem "globaler" Strukturwandel ist in aller Munde. Er ist in der Tat das wichtigste Phänomen, in dem sich die *Dynamik* des Wirtschaftens äußert und das dem Wachstum der Wirtschaft zugrunde liegt. Auch Wirtschaftspolitik ist seit mehr als zwei Jahrzehnten weit eher "Strukturpolitik" (im weitesten Sinne, also institutionelle Strukturen eingeschlossen) als "Globalsteuerung".

Statisch-statistisch gesehen haben Struktur und Strukturwandel mit ökonomischen Phänomenen auf "*mittlerer" Aggregationsebene* und ihrem Wandel zu tun: Sektoren, Branchen, sektorale Cluster, Kooperationen und Netzwerke, ferner Regionen, regionale Cluster und Netzwerke sowie schließlich Betriebsgrößenklassen (wie z. B der "Mittelstand" oder Kleinstunternehmen und Existenzgründer). Diese strukturelle Dimension der Wirtschaft beschreibt also zugleich das moderne Feld der *Meso-Ökonomik*. Zur Strukturpolitik zählen dementsprechend die sektorale Strukturpolitik (industrial policy), die heutzutage auch *cluster- und netzwerkorientiert* ist, einschließlich der Technologiepolitik, die *regionale* Strukturpolitik, einschließlich der Humankapitalförderung i. w. S., sowie die *Mittelstands- und Existenzgründungsförderpolitik*.

Dynamisch und *ökonomisch-theoretisch* betrachtet haben Strukturwandel und Strukturpolitik etwas mit unmittelbaren (d. h. nicht nur indirekten, preisvermittelten) *Interaktionen* von Akteuren zu tun. Diese finden i. d. R. in komplexen und mit Unsicherheit behafteten Entscheidungssituationen statt und induzieren Prozesse, deren Ergebnisse nicht nur in Mengen und Preisen beschreibbar sind. Solche Interaktionen verlangen vielfältige *Koordinierungs- und Kooperationsleistungen* von den Akteuren einschließlich der öffentlichen Akteure. Diese Leistungen wiederum lassen sich nach aller Erfahrung und theoretisch erhärtet vor allem in "*mittelgroßen" Gruppen* effektiv erbringen. Dort finden *soziale Lernprozesse* relativ leicht statt, und private Akteure können in ihrem Rahmen im evolutionären Prozeß soziale Institutionen der Koordination und Kooperation herausbilden. Netzwerke, als fortgeschrittene Kooperationsformen, bewirken dann nach empirischen Erkenntnissen erhebliche Effizienzsteigerungen, z. B. oft erhebliche Beschleunigungen des Innovationsprozesses zwischen kleinen und mittleren Unternehmen. Solche Prozesse sind jedoch zugleich - sowohl in der sozialökonomischen Realität wie in sozialen Experimenten, erhärtet durch theoretische Forschung - oft *blockiert*, anhaltend *fragil* und/oder sehr *zeitaufwendig*.

Die Koordinations- und Kooperationsleistungen der privaten Akteure lassen sich dann *initiieren*, *stabilisieren* und/oder *beschleunigen* durch eine moderne Wirtschafts(struktur)politik, die die Anreize, Motive und Leistungen der Privaten nicht (etwa im Sinne der traditionellen Kollektivguttheorie) ersetzt, sondern sich wiederum interaktiv mit diesen koordiniert, um die Privaten zu Beiträgen im eigenen, aber auch im strukturpolitischen Interesse zu motivieren. Zu dem damit angedeuteten Paradigma einer "*interaktiven*" (und damit zugleich "schlankeren") *Wirtschafts- und Strukturpolitik* soll diese Buchreihe ebenfalls Beiträge liefern.

Insgesamt soll mit dieser Reihe der Anspruch verfolgt werden, eine moderne *Meso-Ökonomik* zu repräsentieren. Diese soll die vielfältigen Insuffizienzen reiner Mikro- und reiner Makro-Ökonomik und die vielfältigen, meist unbeabsichtigten (wenngleich oft systematischen) strukturellen Effekte von mikro- und makroökonomischen Vorgängen und mikro- und makropolitischen Aktionen aufdecken und schließlich die Probleme durch adäquate privat-private und privat-öffentliche Interaktionsstrukturen einer Lösung näherbringen.

Wolfram Elsner, Bremen

Geleitwort

Logistik schien sich viele Jahre in einer evolutionären, aber absehbaren Neuentwicklung zu befinden. Die Erkenntnis, dass die kundenorientierte Innovation im sogenannten Supply Chain Management Fließsysteme erzeugt, zeigt jedoch auf, dass diese Neuentwicklung nie zu Ende sein wird. Es ergeben sich vielmehr Strukturen, Organisationsformen und Systeme, die auf eine sich selbst qualifizierende Lernfähigkeit der Mitglieder im System angewiesen sind. Es ist plausibel, dass in solchen Fließsystemen die Anpassungs- und Entwicklungsfähigkeit zum Prinzip wird. Statt klassisches Organisationsmanagement finden die Mitglieder im Anpassungsprozess die Herausforderung eines permanent gestaltenden Innovationsmanagements. Die vielfältigen Akteure in solchen Systemen fordern jedoch auch, dass handlungstheoretische und sozialwissenschaftliche Ansätze zur Erklärung der Prozesse notwendig sind, da die individuelle Beobachtung der Mitglieder in solchen Systemen in Rückkopplung die Systeme verändert.

Frau Bruns beschreibt eine Kybernetik zweiter Ordnung, auf deren Basis neue Wege des Denkens im komplexer werdenden logistischen Prozess aufgezeigt werden. Möge es nach dieser, Perspektiven aufzeigenden Arbeit nicht bei der radikal konstruktivistischen Diskussion notwendiger Anpassungsfähigkeit logistischer Netzwerke bleiben.

Bremen, im April 2004 Prof. Dr. W.E. Eckstein

Danksagung

Die vorliegende Arbeit entstand im Rahmen meiner Tätigkeit als Wissenschaftliche Mitarbeiterin der Universität Bremen am Institut für Seeverkehrswirtschaft und Logistik (ISL) und während der sich anschließenden Familienzeit. Ihre Entstehung wurde von vielen Menschen begleitet und unterstützt, denen ich an dieser Stelle danken möchte.

Ein besonderer Dank richtet sich zunächst an meinen Doktorvater, Herrn Prof. Dr. W. E. Eckstein. Seine Offenheit, Motivation und sein engagiertes Interesse haben das Zustandekommen dieser Arbeit entscheidend gefördert. Danken möchte ich ebenfalls Herrn Prof. Dr. H.-D. Haasis für die Übernahme des Zweitgutachtens und die ermutigenden Gespräche. Der Universität Bremen danke ich für die mir gewährte finanzielle Unterstützung in Form eines Abschlussstipendiums. An Herrn Prof. Dr. D. Schwiering (†) möchte ich an dieser Stelle erinnern. Ihm verdanke den Zutritt zu wissenschaftlicher Tätigkeit. Meinen Kolleginnen und Kollegen vom ISL, insbesondere Saskia Wedekind, Katharina von Gunten, Thomas Nobel und Joachim Meyer, danke ich für die gute und freundschaftliche Zusammenarbeit, die ich an meinem späteren „Heimarbeitsplatz“ so manches Mal vermisst habe.

Zu Weihnachten 1992 schenkte mir meine Schwester, Christine Vietor, das Buch „Der Baum der Erkenntnis“ von Maturana und Varela. Ihr verdanke ich deshalb nicht nur viele wahrhaftig konstruktive Gespräche, sondern vor allem auch meine erste Begegnung mit den Ideen und Konzepten des Radikalen Konstruktivismus. Wer weiß, ob diese Arbeit ohne dieses Geschenk jemals so entstanden wäre?!

Die zweite Phase der Entstehung dieser Arbeit, zu Hause unterm Dach, war ein mit hohen Höhen und tiefen Tiefen versehenes Abenteuer. Inhaltlich erschloss sich mir hier das Systemverständnis des Radikalen Konstruktivismus, was zuweilen gehörigen Schwindel erzeugte, wenn sich im vermeintlich sicheren Boden der Objektivität Abgründe auftaten. Aufgefangen haben mich in solchen Situationen oftmals die gemeinsamen Joggingrunden mit meiner Cousine, Catrin Vietor, die mir dabei u.a. den Zusammenhang zwischen Systemtheorie und Humor beibrachte. Zeitlich und räumlich lösten sich die Grenzen zwischen Arbeit und Familie auf. Die gleichzeitige physische Anwesenheit im Hause bei psychischer Abwesenheit erwies sich für uns alle als Gratwanderung. Dass ich trotzdem nicht die Balance verlor, verdanke ich ganz wesentlich meinen Eltern, Irma und Rolf Carspecken. Sie haben mir, wie schon so häufig im Leben, auch in dieser langen Zeit des Schreibens mit unsäglicher Hilfe oft ganz praktisch und vor allem mental beigestanden. Tausend Dank!

Ralf Bruns, Lara-Marlen und Keno sind mit mir auf dem Grat gewandert. Was das bedeutet, lässt sich kaum in Worte fassen. Euch dreien ist dieses Buch gewidmet.

Hude, im April 2004 Sabine Bruns

Inhaltsverzeichnis

Abbildungsverzeichnis

1 Einleitung

1.1 Problemstellung

Zunehmende Komplexität und Dynamik auf sich globalisierenden Märkten zwingen zur Entwicklung immer leistungsfähigerer Organisationsformen, die sich den schnell wechselnden, hohen Anforderungen flexibel anpassen – so lautet der Tenor eines vielstimmigen Chores, kommt man auf organisatorische Fragestellungen in der Logistik zu sprechen. Doch die konsequente Realisation der als anpassungs- und entwicklungsfähig gepriesenen Organisationsformen bleibt in vielen Fällen aus – das gilt insbesondere für eine der vielversprechendsten Organisationsformen: für das Unternehmensnetzwerk. Ist die Logistik also unflexibel?

In der allgemeinen Argumentation wird aus Veränderungen der Umwelt auf die Notwendigkeit zur Veränderung organisatorischer Strukturen in der Logistik geschlossen. Und tatsächlich zeigen empirische Studien Umstrukturierungen in beträchtlichem Umfang auf dem logistischen Markt.[1] Die Umgestaltung der Strukturen zur Erbringung logistischer Leistungen lässt sich an dem Trend zu Kooperationen und zur Konzernierung, an umfassenden Outsourcingaktivitäten von Industrie und Handel sowie an der Etablierung neuartiger Serviceanbieter auf dem logistischen Markt ablesen. Der Entwurf unternehmensübergreifender Konzepte zur Koordination logistischer Prozesse kennzeichnet diesen Umstrukturierungsprozess. Begriffe wie Supply Chain Management,[2] Wertschöpfungspartnerschaften,[3] strategische Allianzen,[4] virtuelle (Logistik-) Unternehmen[5], Logistiknetzwerke[6] oder Logistikservice-Netzwerke[7] prägen das Bild in der aktuellen Logistikliteratur und beschreiben die neuen Organisationsformen, die

---

1 Vgl. bspw. BAUMGARTEN/ WALTER (2000); BAUMGARTEN/ WIEGAND (1997); KLAUS (1999a).

2 Vgl. eine Bestandsaufnahme zum Konzept des Supply Chain Managements KOTZAB (2001).

3 Vgl. WEBER/ KUMMER (1998), S. 345ff.

4 Vgl. BALLING (1998); BORCHERT (2001), S. 73f.; MARBACHER (2001), S. 154.

5 Vgl. PFOHL (2000), S. 330.

6 Vgl. BAUMGARTEN/ DARKOW (1999), VON STENGEL (1999).

7 Vgl. FREICHEL (1992).

den dynamisch sich wandelnden Forderungen nach komplexen Logistikleistungen gerecht werden sollen. Die Entwicklungen in den Informations- und Kommunikationstechnologien unterstützen und forcieren die Gestaltung dieser unternehmensübergreifenden Organisationsformen in der Logistik und verändern die bestehenden logistischen Marktsysteme.[8] Die Vernetzung schlanker, auf ihre Kernkompetenzen konzentrierter Unternehmen und ihrer logistischen Potenziale wird als wesentlich angesehen, um die komplexen Anforderungen erfüllen zu können. Der Begriff des »Netzwerks« steht als Symbol für leistungs- und wettbewerbsstarke Organisationsformen,[9] die vor allem eines sein sollen: anpassungs- und entwicklungsfähig.

Der Blick auf die theoretischen Konzepte der Logistik zeigt ebenfalls eine geänderte Sicht. Die Auffassung von der Logistik als funktionaler Spezialisierung auf die Aktivitäten der räumlichen und zeitlichen Gütertransformation entwickelte sich zu einem Verständnis der Logistik als „Fließsystemansatz", als „Führungslehre", als „Durchsetzung der Flussorientierung" und der „Wissenschaft vom Flow Management".[10] Das in dieser neuen Logistiksicht geltende Paradigma der Flussorientierung besagt, dass Wertschöpfungssysteme insbesondere in ihrer Eigenschaft als Fließsysteme verstanden werden sollen.[11] Die Anpassungs- und Entwicklungsfähigkeit logistischer Systeme wird im Fließsystemansatz zu einer zentralen Größe. So weist GÖPFERT darauf hin, dass „eine begrenzte Entwicklungs- und Anpassungsfähigkeit der Logistik die Überlebensfähigkeit der Unternehmung in Frage"[12] stellen könne. In diesem Zusammenhang unterstreicht die logistische Sicht auf Fließsysteme die Notwendigkeit einer unternehmensübergreifenden Betrachtung.

Als Fließsystemansatz formuliert, hat sich die theoretische Konzeption der Logistik demnach zum Ziel gesetzt, Modelle und Methoden zu entwickeln, auf deren Basis bzw. mit deren Hilfe die Anpassungs- und Entwicklungsfähigkeit logistischer Wertschöpfungssysteme gesteigert, zumindest aber gesichert werden kann. Wird der Fließsystemansatz diesem Ziel gerecht?

---

8 Vgl. zu Aufgaben, Entwicklungsstand und Gestaltungsoptionen elektronischer Transportmärkte BIERWIRTH, SCHNEIDER, KOPFER (2002).

9 OSTERLOH/ WEIBEL (2000), S. 88.

10 Vgl. KLAUS (1993), (1999), S. 15ff; WEBER (1999); GÖPFERT (2000).

11 Vgl. GÖPFERT (2000), S. 19.

12 Vgl. GÖPFERT (1999), S. 30.

1.2 Motivation

Diese Arbeit geht von der Frage aus, inwieweit die im Fließsystemansatz eingenommene Perspektive auf ihren Untersuchungsgegenstand und die entwickelten Methoden zur Gestaltung logistischer Organisationen geeignet sind, den Blick auf die Anpassungs- und die Entwicklungsfähigkeit von Organisationen zu richten und Ansätze zum Umgang mit diesen Fähigkeiten aufzuzeigen.

Wenn das Fließprinzip als Paradigma der modernen Auffassung von Logistik impliziert, dass in der Anpassungs- und der Entwicklungsfähigkeit logistischer Systeme ein wesentlicher Aspekt für wirtschaftlichen Erfolg und langfristiges Bestehen im Wettbewerb liegt, sollte der Fließsystemansatz insbesondere eine Möglichkeit bieten, mittels derer das Phänomen der Anpassungs- und Entwicklungsfähigkeit logistischer Organisationen beschreibbar wird. Das Modell des Fließsystems sollte insofern erklären können, wie diese Fähigkeiten in logistischen Organisationen wirksam werden.

Unter der Anpassungsfähigkeit und der Entwicklungsfähigkeit lassen sich in einer ersten Annäherung zwei Verhaltenseigenschaften verstehen, die sich aus dem Handeln einer betrachteten logistischen Organisation in ihrem Umfeld ergeben und die es einer Organisation ermöglichen, Handlungsspielräume zu erkennen und Handlungsvariationen zuzulassen. Die Einbindung sozialer Aspekte in das Fließsystemmodell erscheint vor dem Hintergrund dieses Verständnisses notwendig. Denn wenn sich die Erklärung von Anpassungs- und Entwicklungsfähigkeit aus dem Verhalten einer Organisation ergibt, dann müssen die Handlungen der Organisationsmitglieder, die in ihrer Gesamtheit das Verhalten einer Organisation prägen, in irgendeiner Form als gemeinschaftliches Handeln verstanden werden können. Ein Fließsystem, eine logistische Organisation, muss damit als eine soziale Einheit verstanden werden können, der die Handlungen der Organisationsmitglieder zugerechnet werden, um Aussagen über die vorhandene (oder auch nicht vorhandene) Anpassungs- und/ oder Entwicklungsfähigkeit treffen zu können.

Diese Arbeit stellt insofern zwei Anforderungen an das Erklärungsmodell der Logistik:

- Erklärung des Phänomens der Erzeugung von Anpassungsfähigkeit und Entwicklungsfähigkeit,
- Einbindung sozialer Aspekte.

Der Fließsystemansatz konzipiert seine Modelle und Methoden ausgehend von den Annahmen, die in der Organisationstheorie innerhalb des sogenannten

Situativen Ansatzes entwickelt wurden.[13] Der Fließsystemansatz folgt damit ebenso wie der Situative Ansatz einem sozialwissenschaftlichen Paradigma, das mit den Begriffen des »Funktionalismus« oder auch des »Positivismus« bezeichnet wird. Im Funktionalismus drückt sich das zur Zeit dominierende Paradigma sozialwissenschaftlicher Theorienbildung aus. Im Funktionalismus wird eine objektivistische oder auch positivistische Sichtweise vertreten, die soziale Einheiten als reale Tatsachen oder Sachverhalte (Positiva) betrachtet, so dass eine personenunabhängige Messbarkeit oder Bewertbarkeit dieser sozialen Einheiten unterstellt werden kann.[14] Vertreten wird im Funktionalismus damit die These, dass Realität, wie sie ist, objektiv gegeben und deshalb für jedermann und -frau gleichermaßen erfahrbar ist.[15] Aus dieser Sicht heraus werden soziale Ordnungen, wozu auch ökonomische Organisationen zu zählen sind, auf kausale Zusammenhänge untersucht. Die so erkannten Ursache-Wirkungszusammenhänge werden, dem funktionalistischen Paradigma folgend, daraufhin als universelle Gestaltungsprinzipien formuliert.[16] Der Fließsystemansatz formuliert insbesondere drei Prinzipien oder Methoden zur Gestaltung anpassungs- und entwicklungsfähiger Organisationsformen: die Gestaltung der Grenzen von Fließsystemen durch Leistungstiefenentscheidung, die Prozessorientierung sowie die Vernetzung isolierter Organisationseinheiten.[17]

Für die Entwicklung seiner Modelle nutzt der Fließsystemansatz als theoretische Grundlage die Systemtheorie. Logistische Organisationen können auf dieser Basis als Systeme – als Fließsysteme – betrachtet und mit den in der Systemtheorie entwickelten Begrifflichkeiten beschrieben werden. Die Verbindung aus Systemtheorie und Funktionalismus mündet nach LUHMANN in die Gleichsetzung von Systemrationalität und Zweckrationalität:[18] die Organisation wird in ihrer Eigenschaft, objektiv erfahrbarer Gegenstand zu sein, als Mittel verstanden, das dem Zweck einer bestimmten Leistungserfüllung dienen soll. Rational erscheint es deshalb, die Organisationsstruktur zu verändern, wenn die Zwecke, die die Organisation erbringen soll, bspw. in ihrem Umfang oder ihrer Qualität, verändert werden sollen. Aus dieser funktionalistisch-systemtheoretischen Annahme folgt logisch die Überlegung, logistische Organisationen bzw. ihre Strukturen von vornherein flexibel oder veränderbar zu konzipieren, wenn man davon ausgeht, dass sich die Nachfrage nach komplexen Logistikleistungen ständig ändern wird.

---

13 Vgl. GÖPFERT (2000), S. 78.

14 Vgl. SCHERER (2001), S. 15.

15 Vgl. VON GLASERSFELD (1997), S. 81, der in diesem Zusammenhang auch den Begriff der »Ontologie« verwendet und die funktionalistische Perspektive als »ontische« oder »ontologische« Perspektive bezeichnet.

16 Vgl. SCHERER (2001), S. 15.

17 Vgl. dazu Kapitel 2 mit den entsprechenden Literaturangaben.

18 Vgl. LUHMANN (1999), S. 55ff.

Auf diesen Grundlagen weisen die Aussagen des Fließsystemansatzes im Hinblick auf die Erklärung von Anpassungs- und Entwicklungsfähigkeit eine Reihe von Paradoxien auf. Wenn eine Organisation in der Lage ist, ihre Strukturen in Richtung einer Organisationsform zu verändern, die als besonders anpassungs- und/ oder entwicklungsfähig gilt, dann kann sie offensichtlich ihre Strukturen bereits ändern und müsste entsprechend auch in der Lage sein, mit diesen bereits veränderbaren Strukturen unterschiedliche Leistungen zu erbringen. Warum also überhaupt eine neue Organisationsform?

Allerdings zeigt es sich, dass die Verwirklichung der vorgeschlagenen organisatorischen Optimalstrukturen entgegen aller guten Gründe – vor allem dem der Effizienz – oftmals nicht recht gelingen will. Besondere Schwierigkeiten ergeben sich ausgerechnet bei unternehmensübergreifenden Kooperationsformen,[19] den Unternehmensnetzwerken, obwohl diese größte Aussichten auf die Steigerung des Anpassungs- und Entwicklungspotenzials und Effizienzgewinne versprechen. Die bestehenden Organisationsstrukturen, die sich den Idealformen verweigern, sind also offensichtlich doch nicht oder nicht hinlänglich zu Strukturveränderungen fähig und damit auch nur unzureichend anpassungs- und entwicklungsfähig.

In den Weg der Veränderung stellen sich vor allem menschliche oder soziale Faktoren: Bereichsegoismen, Machtdifferenzen, begrenzte Rationalität, Opportunismus, mangelndes Vertrauen, unzureichende Anreize, zu wenig Motivation, fehlender Konsens etc. Es sind demnach „die veränderungsfeindlichen Verhaltensweisen von Menschen“[20], die die Organisationsstrukturen lähmen. Aber haben diese Widerborste nicht überhaupt erst die Organisationen in der Logistik und anderen Bereichen der Wirtschaft geschaffen und den Impuls gegeben, dass sich organisatorische Strukturen überhaupt bilden konnten? Zeigen sie damit nicht ihr Vermögen und ihre Bereitschaft zu Veränderung, sogar zu Innovation? Vielleicht haben sie gute Gründe, an bestehenden Strukturen festzuhalten? Da die Organisation als soziales System aus der funktionalistischen Perspektive heraus als objektiv beschreibbarer Gegenstand betrachtet wird, bleibt in der systemtheoretischen Konzeption kein Raum für Subjektivitäten. Die soziale Einheit der Organisation wird als gegeben angenommen, so dass soziale Faktoren nicht thematisiert werden und auch gar nicht notwendig thematisiert zu werden brauchen. Sie stehen außer Frage und damit außerhalb der Betrachtung.

Die Widersprüche bleiben jedoch bestehen und so scheint sich die Argumentation des Fließsystemansatzes im Kreise zu drehen: Den Organisationen, denen es gelingt, die idealen Organisationsformen anzunehmen, muss man erstens

[19] Vgl. ECKSTEIN (1985); ECKSTEIN/ SZAFERA (1998), S. 2.
[20] WEBER/ KUMMER (1998), S. 325.

zugestehen, bereits anpassungs- und entwicklungsfähig zu sein, weil sie zu Strukturveränderungen fähig sind, die anderen erreichen nicht einmal die Idealformen und können deshalb aus ihrer Unveränderlichkeit – zumindest nicht in idealer Weise – erlöst werden. Zweitens hat man es mit Menschen zu tun, die sich einerseits gegen Veränderungen sperren, andererseits Veränderungen aber überhaupt erst erwarten und auslösen. Worin der Impuls zu Strukturveränderungen liegt und in welcher Weise sich hieraus Rückschlüsse auf die Anpassungsfähigkeit oder die Entwicklungsfähigkeit gezogen werden könnten, bleibt ungeklärt. Was führt aus diesem Dilemma heraus?

1.3 Auswahl des Lösungsansatzes

In der Organisationstheorie gibt es neben dem Situativen Ansatz eine ganze Reihe von Ansätzen, von denen sich viele mit dem Thema organisatorischen Wandels aus unterschiedlichen Perspektiven befassen und ebenso verschiedene Erklärungen für dieses Phänomen anbieten.[21] Die Logistik weist in ihrer Ausprägung als Fließsystemansatz insbesondere auf einen dieser Ansätze hin: den Konstruktivismus. Die Bezeichnung der Logistik in ihrer „dritten Bedeutung“[22] und ihres dort entwickelten Modells von Organisationen mit dem Begriff des »Fließsystems« erfolgt unter Verwendung einer Metapher. Die Sprache gilt unter den Vertretern des Konstruktivismus als der Phänomenbereich, der die Sicht auf die Realität – und damit die Realität selbst – maßgeblich prägt.[23] Soll also die logistische Wirklichkeit durch die Verwendung einer Metapher konstruiert werden? Folgt man den Ausführungen der Konstruktivisten, so ist das tatsächlich so:

> „Die Metapher schafft Sprache und ermöglicht dadurch die Neukonstruktion der Wirklichkeit.“[24]

Zumindest im Sprachgebrauch weist sich die Logistik demnach als „konstruktivistisch“ aus. Diese Überlegung bestimmte maßgeblich die Vorauswahl bei der Suche nach einem möglichen Lösungsansatz für diese Arbeit. In weiteren Aspekten unterscheidet sich der Fließsystemansatz von den organisationstheoretischen, konstruktivistischen Ansätzen erheblich:

Konstruktivistische Ansätze folgen nicht dem im Situativen Ansatz und im Fließsystemansatz zu Grunde gelegten Funktionalismus, sie entwickeln ihre

---

21 Vgl. eine ausführliche Übersicht verschiedener Organisationstheorien z.B. KIESER (2001).

22 KLAUS (1993).

23 Vgl. MATURANA/ VARELA (1991), S. 227ff; WEICK (1995), S. 72ff.; BERGER/ LUCKMANN (1980), S. 38ff.

24 Vgl. KIESER (2001b), S. 309.

Aussagen auf Basis des sozialwissenschaftlich-paradigmatischen Gegenstücks, dem sogenannten »Interpretativen Paradigma«.[25] Die objektive Sichtweise wird hier von einer subjektiven Sichtweise abgelöst. Soziale Einheiten existieren demnach nicht als gegenständliche Einheiten, die objektiv beschreibbar sind, sondern werden „als durch das Handeln der Akteure entstehende Regeln und Bedeutungen betrachtet."[26] Eine subjektunabhängige Beschreibung oder gar Bewertung sozialer Einheiten wird auf Basis dieser Annahme unmöglich. Im Wortlaut der Autoren, die zu den Vertretern des Radikalen Konstruktivismus gezählt werden, heißt es, dass der Beobachter mit seiner subjektiven Sicht auf einen Gegenstand in die Erklärung des Gegenstandes einbezogen wird.[27]

Innerhalb der konstruktivistischen Organisationstheorie werden zumeist drei unterschiedliche Ansätze unterschieden. Einer davon wird als der »Radikale« oder auch als der »Systemtheoretische Konstruktivismus« bezeichnet.[28] Die im Interpretativen Paradigma vorgesehene Bindung der Erklärung eines Gegenstandes – einer Einheit, eines Systems – an die subjektive Perspektive eines Beobachters erfordert eine systemtheoretische Umorientierung: Wie lassen sich Systeme beschreiben, die das, was sie sind, nur in der Perspektive eines Beobachters sind? Dieser Frage geht der Konstruktivismus in seiner Fassung als Radikaler oder Systemtheoretischer Konstruktivismus nach. Weil sich eine gegenständliche Realität, die Beschreibung eines Systems, erst aus der Beobachtung ergibt und erklären lässt, wird die Art und Weise der Beobachtung selbst im Radikalen Konstruktivismus zum Beobachtungsgegenstand – auf welche Weise beobachtet ein Beobachter, wie nimmt er wahr, wie erkennt er die Realität eines Systems? Die Suche nach einem systemtheoretischen Modell, das den Beobachter einbezieht, sucht damit gleichzeitig nach Möglichkeiten, Beobachtung zu erklären oder, wie MATURANA und VARELA es formulieren, nach Möglichkeiten, das Erkennen zu erkennen.[29] Für die Systemtheorie ergeben sich aus dieser als erkenntnistheoretischer Diskurs[30] geführten Suche eine Reihe von Umstellungen.

Die Paradoxien im Fließsystemansatz im Hinblick auf die Erklärung von Anpassungs- und Entwicklungsfähigkeit logistischer Organisationen wurden auf die Verbindung von sozialwissenschaftlichem Paradigma und Systemtheorie zurückgeführt. Im Radikalen Konstruktivismus werden diese beiden Grundlagen aus einer anderen Perspektive beobachtet. Der Radikale Konstruktivismus setzt

---

[25] Auch in der Logistikliteratur finden sich Stellungnahmen zum Interpretativen Paradigma, z.B. bei KLAUS (1999), S. 28.

[26] SCHERER (2001), S. 16.

[27] Vgl. z.B. BAECKER (1999), S. 55.

[28] Vgl. KIESER (2001b); KNORR-CETINA (1997).

[29] Vgl. MATURANA/ VARELA (1991), S. 19.

[30] Vgl. SCHMIDT (1996a), (1996b).

somit an der Wurzel des Widerspruchs an,[31] indem er ein abweichendes sozialwissenschaftliches Paradigma verwendet und daraus die Konsequenzen für systemtheoretische Modelle zieht. Eine dieser Konsequenzen bezieht sich auf die Erklärung des Verhältnisses zwischen Systemen und ihrer Umwelt, eine andere auf die Handlungs- oder auch Operationsfähigkeit von Systemen. Das im Radikalen Konstruktivismus entwickelte systemtheoretische Modell greift insofern das in dieser Arbeit zu untersuchende Phänomen der Anpassungs- und der Entwicklungsfähigkeit von Systemen auf. In seiner Übertragung auf soziale Systeme werden aus einer beobachterabhängigen Perspektive Erklärungsmöglichkeiten aufgezeigt, wie soziale Einheiten als solche wahrgenommen und als solche bezeichnet werden können.

Der Radikale Konstruktivismus vermag deshalb eine Möglichkeit zur Handhabung zu bieten für die im Fließsystemansatz widersprüchlich erscheinende Annahme, dass Organisationen durch Umstrukturierung in andere Organisationsformen ihre Anpassungsfähigkeit und ihre Entwicklungsfähigkeit erlangen, indem er eine andere Perspektive auf Systeme einnimmt. Diese andere Sichtweise soll hier diskutiert werden.

1.4 Zielsetzung und Vorgehensweise

Die Logistik in ihrer Ausprägung als Fließsystemansatz soll im Rahmen dieser Arbeit aus der Perspektive des Radikalen Konstruktivismus betrachtet werden. Ausgehend von der Frage nach einer Erklärung der Anpassungsfähigkeit und der Entwicklungsfähigkeit logistischer Organisationen sollen mögliche Folgerungen für zentrale Aspekte einer theoretischen Konzeption der Logistik aus der Perspektive des Radikalen Konstruktivismus aufgezeigt werden. Besonders berücksichtigt werden soll dabei die Organisationsform und der Begriff des »Netzwerks«.

Gegenstand von Kapitel 2 ist eine eingehende Diskussion der im Fließsystemansatz verwendeten Modelle und Methoden, über die das für die Logistik zentrale Ziel der Sicherung und Steigerung einer organisatorischen Anpassungs- und Entwicklungsfähigkeit erreicht werden soll.

Zur Begründung der Zentralität dieses Ziels gehört zunächst in Abschnitt 2.1 die Darlegung der Entwicklung der Logistik von einem an Funktionen orientierten zu einem an Fließsystemen orientierten Ansatz. Die anschließende Diskussion der Perspektive und Methoden des Fließsystemansatzes in Abschnitt 2.2 anhand

[31] Vgl. zum Begriff »radikal«, das auf spätlat. radicalis zurückgeht und »eingewurzelt« bedeutet, DROSDOWSKI (1997), Sp. 569.

seiner Modelle – graphentheoretisches Netzwerkmodell, Situationsmodell und Strukturmodell von Organisationen – dient der Feststellung, inwieweit bei der funktionalistisch-systemtheoretischen Konzeption dieser Modelle aus konstruktivistischer Sicht Annahmen eingebunden werden, die bei dem Versuch einer Erklärung von Anpassungs- und Entwicklungsfähigkeit zu Widersprüchen führen (Abschnitt 2.2.1). Ob und inwieweit die festgestellten Widersprüche sich in den im Fließsystemansatz verwendeten Methoden fortsetzen, mit deren Hilfe Organisationen anpassungs- und/ oder entwicklungsfähig gemacht werden sollen, gilt es weiterhin zu untersuchen. In Abschnitt 2.2.2 werden unter diesem Gesichtspunkt der Prozessansatz und die in der Logistik vorgeschlagen Methoden zur Behandlung des Grenzproblems diskutiert. Unternehmensnetzwerke gelten in der Logistik als Organisationsformen mit besonders ausgeprägter Anpassungs- und Entwicklungsfähigkeit. Den Abschluss einer aus der Sicht des Konstruktivismus geführten Diskussion des Fließsystemansatzes bildet deshalb in Abschnitt 2.3 eine Untersuchung, auf welche Argumente sich die Annahme einer hohen Anpassungs- und/ oder Entwicklungsfähigkeit von Unternehmensnetzwerken stützen kann. In Abschnitt 2.4 erfolgt eine Zusammenführung der bis hier erarbeiteten Ergebnisse.

Die in der Diskussion des Fließsystemansatzes festgestellten Paradoxien sollen zum Anlass genommen werden, die systemtheoretischen Konzepte des Radikalen Konstruktivismus, die sich unter Zugrundelegung des Interpretativen Paradigmas ergeben, in Kapitel 3 im Hinblick auf soziale Systeme zu erschließen.

Eingeleitet wird die Erarbeitung der unter dem Interpretativen Paradigma entwickelten Systemtheorie durch eine Diskussion verschiedener Rationalitätskonzepte (Abschnitt 3.1). Eine grundlegende Einführung in den Radikalen Konstruktivismus mit seiner Einordnung in die Bereiche der Organisationstheorie und Logistik ist Gegenstand von Abschnitt 3.2. Daran anschließend erfolgt die Darlegung der systemtheoretischen Prinzipien, aus denen sich aus radikal konstruktivistischer Perspektive Systeme erklären lassen, die erst in der Beobachtung zu dem werden, was sie sind (Abschnitt 3.3). Möglichkeiten zur Übertragung einer beobachterabhängigen Systemtheorie auf soziale Systeme werden anhand der Ansätze dreier Autoren, die in diesem Bereich zu den Hauptvertretern gezählt werden können, dargelegt (Abschnitt 3.4). In Abschnitt 3.5 werden die Unterschiede der systemtheoretischen Modelle, die aus dem funktionalistischen Paradigma einerseits und aus dem Interpretativen Paradigma andererseits hervorgehen, vergleichend gegenübergestellt.

In Kapitel 4 sollen die Ergebnisse aus Kapitel 2 und 3 zusammengeführt werden. Dazu werden einige für die Logistik zentrale Aspekte aus der Sicht des Radikalen Konstruktivismus vertiefend dargelegt. Welche Folgerungen sich für die Logistik auf der Grundlage des Interpretativen Paradigmas ergeben können, soll in dieser Zusammenführung aufgezeigt werden.

Abschnitt 4.1 greift die Ausgangsfrage dieser Arbeit auf, die Frage nach der Erklärung der Anpassungs- und Entwicklungsfähigkeit von Systemen, indem das Verhältnis zwischen System und Umwelt und die Voraussetzungen für die Erhaltung von Systemen in einer veränderlichen Umwelt aus konstruktivistischer Sicht dargelegt wird. Abschnitt 4.2 erarbeitet aus der Sicht des Interpretativen Paradigmas die theoretische Konzeption von Organisationen, die im Radikalen Konstruktivismus als Sonderform sozialer Systeme aufgefasst werden. Welche Folgen sich für die Konzeption von Netzwerken ergeben können, wenn sie als soziale, beobachterabhängige Systeme betrachtet werden, wird in Abschnitt 4.3 diskutiert. In Abschnitt 4.4 wird ein Vorschlag ausgearbeitet, wie Logistik im Sinne des Radikalen Konstruktivismus als System verstanden werden kann, das erst durch die Beobachtung eines Beobachters real wird. Schließlich wird in Abschnitt 4.5 in einer Art „Experiment" unter Verwendung radikal konstruktivistischer Methoden der Begriff des »logistischen Effizienzdenkens«, der das Rationalitätsverständnis im Fließsystemansatz beschreibt, untersucht.

Die Arbeit schließt in Kapitel 5 mit einer Zusammenfassung der geführten Diskussion und einem Ausblick auf mögliche Anschlussfragen.

2 Logistik als Fließsystemansatz – Organisation anpassungs- und entwicklungsfähiger Wertschöpfungssysteme?

Anhand einer ausführlichen Diskussion der Logistik als Fließsystemansatz soll untersucht werden, inwiefern das Problem der Anpassungs- und der Entwicklungsfähigkeit von Organisationen, die als Fließsysteme interpretiert werden, aus der eingenommenen Sichtweise hinreichend behandelt werden kann. Widersprüchlichkeiten, die sich aus konstruktivistischer Sicht auf der im Fließsystemansatz verwendeten theoretischen Basis des Funktionalismus und der Systemtheorie ergeben können, sollen herausgearbeitet werden. Darüber hinaus sollen Anknüpfungspunkte dafür gefunden werden, dass der logistische Fließsystemansatz trotz seiner grundlegend objektivistisch-funktionalistischen Perspektive in bestimmten Aspekten konstruktivistische Aspekte umfasst.

Dazu werden ausgehend von der Darstellung der Entwicklungsstufen der Logistik und der Ziele des Fließsystemansatzes (Abschnitt 2.1) die Perspektive auf den Untersuchungsgegenstand des Fließsystems und die Methoden zur organisatorischen Gestaltung dieser Systeme dargelegt (Abschnitt 2.2). Unternehmensnetzwerke, die in der Logistikliteratur als besonders anpassungs- und entwicklungsfähige Organisationsformen gelten, werden im Hinblick auf ihre angenommene Vorteilhaftigkeit diskutiert. Eine in der Logistikliteratur häufig anzutreffende Typologisierung von Unternehmensnetzwerken und die dort vorgenommene Bestimmung des Verhältnisses von Unternehmensnetzwerken, Märkten und Hierarchien als alternative Organisationsformen werden anschließend untersucht (Abschnitt 2.3). Den Abschluss dieses Kapitels bildet eine zusammenfassende Diskussion der im Fließsystemansatz festgestellten Widersprüche aus konstruktivistischer Sicht (Abschnitt 2.4.).

2.1 Von der Funktionenlogistik zur Logistik als Fließsystemansatz

2.1.1 Entwicklungsstufen der Logistik – nur eine Frage der Effizienz?

Die Diskussion über die Bedeutung und den Gegenstand der Logistik als betriebswirtschaftlicher Teildisziplin hat in den letzten Jahren breiten Raum gefunden. Demnach hat sich das Verständnis von der Logistik als Funktionenlehre zu einem Verständnis der Logistik als Führungslehre entwickelt, die das Fließprinzip in sich verankert. In Beiträgen, die sich mit der Entwicklung des Logistikbegriffs und dessen Forschungsgegenstand befassen, wird dieser Bedeutungswandel im Wesentlichen in drei Entwicklungsstufen skizziert.[32] In der Regel wird der Entwicklungsprozess der Logistik vor dem Hintergrund verschärften Wettbewerbs, erhöhter Dynamik und zunehmender Komplexität des Marktgeschehens erklärt, worauf mit größerer Effizienz zu reagieren sei. Der Schritt von einer Entwicklungsstufe zur nächsten zeigt sich so als notwendige Antwort auf steigende Anforderungen externer Faktoren, deren Ursprung in Märkten oder, allgemeiner gesprochen, in Umwelten der Unternehmen liegt. Die Logistik entwickelt nach dieser Interpretation auf wahrgenommene Anforderungssteigerungen anwendbare Perspektiven, Methoden oder Instrumente zur Effizienzsteigerung logistischer Systeme. Auch die Betonung der Anpassungs- und Entwicklungsfähigkeit logistischer Systeme wird in diesem Sinne als eine Möglichkeit der Effizienzsteigerung gesehen.

Die folgenden Ausführungen sollen nicht nur zur Erklärung der Entwicklungsstufen der Logistik beitragen, wie sie in der Literatur vorgenommen wird. Darüber hinaus sollen „Indizien" dafür gesammelt werden, die darauf schließen lassen, dass eine ausschließlich effizienzorientierte Sichtweise nicht ausreicht, um den Wandel der Konzepte zur organisatorischen Gestaltung logistischer Systeme zu begründen.

Üblicherweise werden die drei Entwicklungsstufen der Logistik wie folgt bezeichnet:

---

[32] Vgl. bspw. GÖPFERT (1999); KLAUS (1999); WEBER/ DEHLER (2000); abweichend davon WEBER (2002), der eine vierte Entwicklungsstufe differenziert. Die dritte und vierte Entwicklungsstufe unterscheiden sich aber lediglich durch eine unternehmensinterne bzw. -übergreifende Betrachtung und werden derselben Logistiksichtweise zugeordnet, vgl. hierzu auch WEBER/ DEHLER (2000), S. 53.

- Logistik als funktionale Spezialisierung,
- Logistik als Koordinationsfunktion,
- Logistik als Fließsystemansatz.[33]

Diese Entwicklungsstufen kennzeichnen nicht eine Folge sich zeitlich ablösender Begriffsverständnisse, vielmehr werden sie als aufeinander aufbauende, verschiedene Interpretationen des logistischen Begriffs betrachtet.[34]

2.1.1.1 Logistik als funktionale Spezialisierung

Die erste Entwicklungsstufe der Logistik als funktionale Spezialisierung wird auf den Wandel von Käufer- zu Verkäufermärkten, der etwa in den 1950 - 60er Jahren stattfand, zurückgeführt. Die physische Distribution gewann in diesem Zeitraum erhöhte Aufmerksamkeit. Die stärkere Marktorientierung führte zu sich ausweitenden Produktangeboten, einer erhöhten Varianten- und Teilevielfalt, was umfangreichere distributive Leistungen erforderte und zu steigenden Kosten in den organisatorisch zersplittert geführten Lager-, Umschlags- und Transportbereichen führte.[35] Die Zusammenfassung der material- und warenflussbezogenen Dienstleistungen stellte die Erschließung von Spezialisierungsvorteilen in Aussicht und mündete in der Bildung einer entsprechenden betrieblichen Grundfunktion, die später unter dem Begriff der Logistik geführt wurde.[36] In den Organisationsstrukturen wurde dies an der Einführung neuer Unternehmensbereiche sichtbar, in denen Lager-, Transport- und Umschlagsfunktionen zusammengefasst wurden. Die ökonomische Vorteilhaftigkeit dieser Spezialisierung wird aus realisierbaren Erfahrungskurveneffekten abgeleitet. Spezifische Investitionen in die technischen Ausstattungen der logistischen Dienstleistungen erschließen nicht nur Rationalisierungspotentiale aus Mengeneffekten, sondern geben vor allem Anstoß zu Weiterentwicklungen der organisatorischen und technologischen Voraussetzungen der Material- und Warenflüsse. Die Zusammenfassung der auch als Transferaktivitäten bezeichneten material- und warenflussbezogenen Dienstleistungen lässt darüber hinaus auch die zwischen ihnen bestehenden Interdependenzen sichtbar werden, woraus sich die Möglichkeit zur Identifikation von Kostensenkungspotenzialen ergeben kann.[37] Diese Aussagen

---

[33] Teilweise wird die dritte Entwicklungsstufe der Logistik auch als »Durchsetzung der Flussorientierung« oder als »Flow-Management« bezeichnet oder auch mit dem Begriff »Supply Chain Management« gleichgesetzt, vgl. WEBER/ KUMMER (1998), KLAUS (1999), HAGEN/ SPRINGER/ STABENAU (2002).

[34] Vgl. DELFMANN (1999), S. 43f.

[35] Vgl. WEBER/ DEHLER (2000), S. 48f.

[36] Vgl. KLAUS (1999), S. 25.

[37] Vgl. WEBER/ KUMMER (1998), S. 11.

werden in komprimierter Form aus der Definition von KLAUS deutlich, der die erste Entwicklungsstufe der Logistik beschreibt als

> „Feld der systematischen Auseinandersetzung mit »Transferbedarfen« im Realgüterbereich, die in arbeitsteiligen Güterwirtschaftsprozessen zu erbringen sind, sowie der Optimierung der »Transferleistungen«, mit denen Transferbedarfe zu befriedigen sind."[38]

Einen Hinweis darauf, dass die strukturelle Umsetzung der Logistikspezialisierung in den Unternehmen mit einer Logistikabteilung o.ä. nicht reibungslos vonstatten geht, geben WEBER/ KUMMER. Sie führen aus, dass

> „Beharrungstendenzen, Machtfragen und ähnliche Probleme ... den Veränderungsprozess (behindern) und .. es selten zu einer vollständigen Durchgängigkeit kommen (lassen)."[39]

Damit wird ein erstes Indiz genannt, das auf Probleme der organisatorischen Umsetzung hinweist, die auftreten, obwohl die ökonomischen Vorteile offensichtlich auf der Hand liegen.

2.1.1.2 Logistik als Koordinationsfunktion

Die Koordinationsfunktion als zweite Entwicklungsstufe der Logistik ergibt sich als Konsequenz aus der funktionalen Spezialisierung. Die Eingrenzung des Fokus auf spezialisierte Funktionseinheiten führt dazu, dass Interdependenzen zwischen den gebildeten funktionalen Unternehmensbereichen nur unzureichend berücksichtigt werden.[40] Weitere Vorteile werden nun dadurch erwartet, dass die Struktur und Höhe des Bedarfs an material- und warenflussbezogenen Dienstleistungen durch eine bereichsübergreifende Koordination beeinflusst wird.[41] Die Logistik umfasst damit in ihrer zweiten Bedeutung auch Managementaufgaben, die allerdings noch auf die originären Transferleistungen der Logistik bezogen sind, wie aus der Definition von PFOHL hervorgeht:

> „Zur Logistik gehören alle Tätigkeiten, durch die die raum-zeitliche Gütertransformation und die damit zusammenhängenden Transformationen hinsichtlich der Gütermengen und -sorten, der Güterhandhabungseigenschaften sowie der logistischen Determiniertheit der Güter geplant, gesteuert und kontrolliert werden. Durch das Zusammenwirken dieser Tätigkeiten soll ein Güterfluss in Gang gesetzt werden, der einen Lieferpunkt mit einem Empfangspunkt möglichst effizient verbindet."[42]

---

[38] KLAUS (1999), S. 26.
[39] WEBER/ KUMMER (1998), S. 12.
[40] Vgl. WEBER (2002), S. 10.
[41] Vgl. WEBER (2002). S. 9.
[42] PFOHL (2000), S. 12.

Durch die Erweiterung der Logistik zu einer bereichsübergreifenden Managementfunktion wandelt sich der Charakter der Logistik von einer vertikal gestalteten Unternehmensfunktion zu einer horizontal angelegten Service- und Querschnittsfunktion. Die Gestaltung der Schnittstellen zwischen Beschaffung, Produktion, Absatz und Entsorgung innerhalb eines Unternehmens sowie die Gestaltung der Schnittstellen zwischen Unternehmen in bezug auf die Logistik haben dabei besondere Bedeutung.[43] Neben intraorganisatorischen Fragestellungen werden nunmehr also auch interorganisatorische Gestaltungsprobleme zunehmend in der Logistik behandelt. Mit der Betrachtung zwischenbetrieblicher Schnittstellen rückt das betriebswirtschaftliche Make-or-Buy-Entscheidungsproblem in den Blickwinkel.[44] Grenzverschiebungen von Unternehmenssystemen werden damit auch in der Logistik thematisiert.

Im Hinblick auf die organisatorische Umsetzung der Logistik als Querschnittsfunktion innerhalb der Unternehmen werden positive Verhaltenswirkungen erwartet, indem Partialinteressen der separierten Funktionseinheiten und daraus resultierende dysfunktionale Bereichskonflikte gemindert werden.[45] So werde der „Bereichsegoismus vertikal gegeneinander abgeschotteter Funktionen ... durch horizontal die anderen Funktionen durchdringende Querschnittsfunktionen mit einer einheitlichen Zielsetzung (ersetzt).“[46] Allerdings erfordert die Etablierung der Logistik als Querschnittsfunktion, dass Aufgaben, Kompetenzen und Verantwortungen in bezug auf die Managementfunktionen zwischen den Unternehmensbereichen neu verteilt werden. Daraus ergibt sich ein zweites Indiz für die obige Behauptung, dass nicht allein Effizienzgründe einen organisatorischen Wandel einleiten. Denn es entstehen Konflikte zwischen der Logistik und den anderen Unternehmensbereichen um Kompetenz- und damit Machtzuweisungen. Die organisatorische Umsetzung der Logistik als Koordinationsfunktion ist entsprechend mit Schwierigkeiten behaftet.[47] Zum Ausdruck kommt dieser Konflikt auch in dem Vorwurf der Konturlosigkeit und Inhaltsleere der Logistikkonzeption. Demnach besteht in der Koordination intra- und interorganisatorischer arbeitsteiliger Prozesse schon immer eine Aufgabe des Managements.[48] So stellt sich die Frage, warum dieser Bereich nun unter dem Namen und der Verantwortung der Logistik geführt werden solle. Für die Praxis liegt hierin ein gutes Argument, bestehende Kompetenz- und Machtverhältnisse und damit die Abgrenzung der Funktionseinheiten beizubehalten. Konflikte um unternehmensinterne und -übergreifende Machtinteressen und der Vorwurf der

[43] Vgl. PFOHL (2000), S. 71.
[44] Vgl. WEBER/ KUMMER (1998), S. 20.
[45] Vgl. WEBER/ KUMMER, (1998), S. 16.
[46] PFOHL (2000), S. 71.
[47] Vgl. WEBER (2002), S. 11f; WEBER/ KUMMER (1998), S. 17.
[48] Vgl. DELFMANN (1999), S. 44.

»Konturlosigkeit der Logistikkonzeption« führen demnach zu Konsequenzen für die organisatorische Gestaltung logistischer Systeme. Auch hier werden die sich aus Effizienzüberlegungen im Sinne der Logistik als Koordinationsfunktion ergebenden bestmöglichen Lösungen nicht eins zu eins umgesetzt.

2.1.1.3 Logistik als Fließsystemansatz

Mit der Formulierung der dritten Entwicklungsstufe der Logistik als Fließsystemansatz seit den 1990er Jahren sollen einerseits die kritisierten konzeptionellen Defizite überwunden werden. Die Logistik bildet hier eigenständige Kriterien und Bewertungsmaßstäbe des Managements und der Organisation heraus und entwickelt sich damit zu einem spezifischen Gestaltungsansatz ökonomischer Aktivität. Ganz unbescheiden präsentiert sich diese dritte Entwicklungsstufe unter der Ankündigung einer „neuen Weltsicht“.[49] Zu Grunde liegt ihr die Vorstellung von Wertschöpfungssystemen als Fließsystemen, die sich mit dem Bild von durch Netzwerke geleitete Flüsse von Objekten beschreiben und veranschaulichen lassen.[50]

Andererseits will die Logistik in ihrer Ausformulierung als Fließsystemansatz die unter den Stichworten der Globalisierung und einer rasanten Entwicklung – insbesondere in den Informations- und Kommunikationstechnologien – als gestiegen wahrgenommene Komplexität und Dynamik des Wirtschaftsgeschehens aufgreifen. Der logistische Fließsystemansatz soll dazu beitragen, ein gesamtes Unternehmen und/ oder Wertschöpfungssystem „flussorientiert“[51] zu gestalten. Mit dem Begriff der Flussorientierung wurde dabei ein Ausdruck gewählt, der bereits eine gewisse Beweglichkeit impliziert: ausdrückliches Ziel der Logistik als Fließsystemansatz ist die Erhöhung der Anpassungs- und Entwicklungsfähigkeit von Fließsystemen. Diese beiden Fähigkeiten werden als eine existenzielle Voraussetzung für logistische Systeme betrachtet. Darüber hinaus bilden die Anpassungs- und Entwicklungsfähigkeit auch die Grundlage zur Erreichung der beiden effizienzorientierten Zielbereiche, zum einen die Flusskostensenkung und zum anderen die Objektwertsteigerung.[52] Mit dieser Zielsetzung versteht sich der Fließsystemansatz als Antwort auf die gestiegenen Anforderungen der sich globalisierenden Märkte und der damit im Zusammenhang wahrgenommenen erhöhten Dynamik und Komplexität im Wettbewerb.

---

[49] Vgl. KLAUS (1999), Titel des Beitrags: Logistik als Weltsicht; DELFMANN (1999), S. 44; dass die Unbescheidenheit durchaus ihre Berechtigung hat, zeigt sich insbesondere in Abschnitt 3.4.1.

[50] Vgl. KLAUS (1998), S. 66.

[51] Vgl. z.B. KLAUS (1999), S. 28.

[52] Vgl. GÖPFERT (2000), S. 107ff; vgl. zu den beiden genannten weiteren Zielbereichen Abschnitt 2.1.2.

Die Logistik löst sich im Fließsystemansatz nicht nur von ihrer alleinigen Konzentration auf den Bereich der Transferleistungen. Darüber hinaus wird sie nun als allgemein anwendbare Führungslehre verstanden, die ein unternehmensübergreifendes Wirkungsfeld umfasst.[53] In der Definition von GÖPFERT wird dies folgendermaßen formuliert:

> „Die Logistik ist ein spezieller Führungsansatz zur Entwicklung, Gestaltung, Lenkung und Realisation effektiver und effizienter Flüsse von Objekten (Güter, Informationen, Personen) in unternehmensweiten und -übergreifenden Wertschöpfungssystemen."[54]

Die Fokussierung der Flüsse von Objekten in der Logistik bringt eine Umorientierung hinsichtlich der organisatorischen Gestaltung von Wertschöpfungssystemen mit sich, die sich in zwei Aspekten äußerst. Zum einen weicht die Ausrichtung der Organisationsstrukturen an den spezialisierten Funktionen einer Ausrichtung an den Prozessen, die innerhalb der Wertschöpfungssysteme zur Leistungserstellung stattfinden.[55] Auf eine Kurzformel gebracht heißt das, dass die Prozesse die Organisationsstruktur und nicht die Organisationsstruktur die Prozesse maßgeblich bestimmen sollen. Dabei werden sowohl die Prozesse der ausführenden Ebene als auch die Prozesse der führenden Ebene in die Betrachtung einbezogen. Verantwortungen und Kompetenzen werden innerhalb der Unternehmen entsprechend nicht auf Funktionen, sondern zunehmend auf Prozessketten verteilt.[56] Auch hier sind allerdings Konflikte hinsichtlich der Kompetenzenverteilung zu erwarten, wie schon bei der Umsetzung der ersten und zweiten Entwicklungsstufe der Logistik. Der Fließsystemansatz ist jedoch als Führungslehre formuliert, so dass sich diese Konflikte in den Unternehmen von der Ebene der operativen Unternehmensfunktionen auf die Ebene der Führung verlagern können.

Der zweite Aspekt ergibt sich aus der Überlegung, dass Flüsse nicht an Grenzen enden. Entsprechend wird die Herausbildung unternehmensübergreifender Organisationsstrukturen erforderlich, die zunehmend unter dem Begriff der Netzwerkorganisation diskutiert werden.[57] Netzwerke stellen sich damit als Repräsentanten einer idealen organisatorischen Umsetzung des Fließsystemansatzes dar. Die Realisation solch unternehmensübergreifender Organisationsformen erweist sich allerdings als problematisch, weil es infolge verschiedener Hemmnisse „nicht gelingt, die verteilten Kapazitäten und Fähigkeiten der Koopera-

[53] Vgl. GÖPFERT (2000), S.3ff; WEBER (2002), S. 15; KLAUS (1999), S. 15ff.
[54] GÖPFERT (1999), S. 28; die Definition der Flussobjekte variiert teilweise bei den Autoren, vgl. dazu Abschnitt 2.2.1.
[55] Vgl. WEBER (2002), S. 18.
[56] Vgl. Beispiel aus der Automobilindustrie bei GÖPFERT (2000), S. 119f.
[57] Vgl. z.B. BAUMGARTEN/ STABENAU/ WEBER/ ZENTES (2002).

tionspartner effizient und qualitätssteigernd zu nutzen."[58] So entstehen innerhalb der Unternehmensnetzwerke häufig nicht nur schwerwiegende Konflikte zwischen den Kooperationspartnern, oftmals kommt es auch zu einer vorzeitigen Trennung.[59] Offensichtlich ist auch dies ein Indiz dafür, dass die effizienteste Organisationsform nicht diejenige ist, die tatsächlich realisiert werden kann.

2.1.1.4 Zusammenfassende Betrachtung der Entwicklung der Logistik

Der beschriebene Verlauf der Entwicklung der Logistik wird in Abbildung 2-1 zusammenfassend dargestellt. Jede Entwicklungsstufe kennzeichnet eine bestimmte Herangehensweise zur Steigerung der Effizienz logistischer Systeme, indem weitere Potentiale zur Rationalisierung oder zur Wertsteigerung ermittelt und aufgezeigt werden. Die Erschließung dieser Potentiale erfordert jeweils bestimmte Anpassungen der Organisationsstrukturen. Die Erhöhung der Effizienz ergibt sich in den zitierten Darstellungen als Notwendigkeit einer wahrgenommenen Wandlung der Anforderungen aus den Unternehmensumwelten. Aus organisationstheoretischer Sicht steht die Logistik mit diesen Annahmen in der Tradition des sogenannten Situativen Ansatzes.

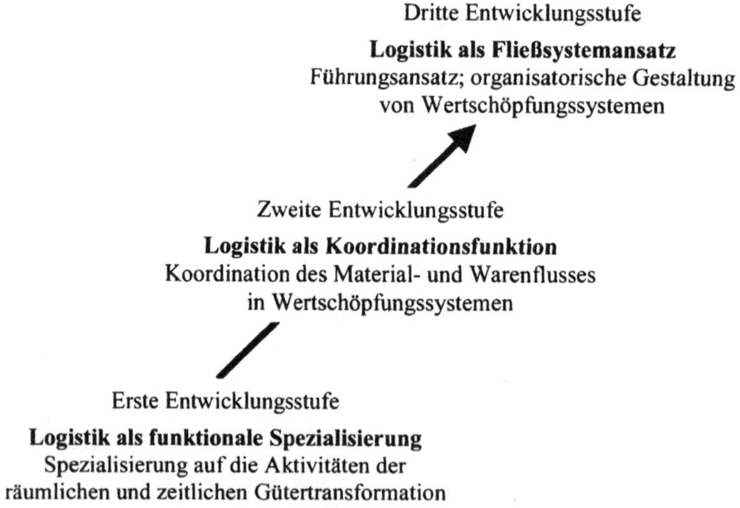

Abbildung 2-1: Entwicklungsstufen der Logistik
Quelle: In Anlehnung an GÖPFERT (2000), S. 21.

---

[58] ECKSTEIN/ SZAFERA (1998), S. 4.
[59] BRONDER (1993), S. 6.

Zweierlei fällt an der skizzierten Entwicklung der Logistik auf. Erstens weisen die angeführten Indizien darauf hin, dass die Umsetzung der in den Entwicklungsstufen jeweils vorgeschlagenen effizientesten Organisationsstrukturen auf erhebliche Schwierigkeiten stößt. Probleme resultieren dabei aus Bereichsegoismen, Partialinteressen, Macht- und Herrschaftsambitionen, fehlendem Vertrauen oder sturer Beharrlichkeit. Die mit der Entwicklung neuer Kriterien jeweils in Aussicht gestellten Rationalisierungspotentiale können mithin nicht in vollständigem Ausmaß erschlossen werden. Nicht allein die Effizienzgründe, sondern auch soziale Verhaltensweisen beeinflussen demzufolge mit nicht unerheblicher Wirkung die organisatorischen Strukturen.

Zweitens ist festzustellen, dass die Logistik ihr Geltungsspektrum als Ansatz zur Gestaltung von Organisationsstrukturen mit der Entwicklung von einer Funktionen- zu einer Führungslehre von Stufe zu Stufe ausweitet.[60] Neben die Erweiterung erschließbarer Rationalisierungspotentiale tritt eine Erweiterung des Aufgaben-, Kompetenzen- und Verantwortungsbereiches der Logistik. Die Durchsetzung der Flussorientierung auf Basis einer als Fließsystemansatz formulierten Logistik zeigt sich mithin nicht nur in rechnerischen Vorteilen. Eine aus dem organisationstheoretischen, mikropolitischen Ansatz von ORTMANN entwickelte These scheint sich bei Betrachtung der Entwicklungsstufen der Logistik zu bestätigen. Nach ORTMANN ist die erste der beiden folgenden Aussagen um die zweite zu ergänzen:

> „Eine Organisationsstruktur ... setzt sich durch weil sie effizient ist" und „Eine Organisationsstruktur ... ist (wird) effizient, weil sie sich durchgesetzt hat."[61]

Demnach erweist sich die Effizienz einer Organisationsstruktur nicht als Ursache, sondern als Ergebnis ihrer Durchsetzung. Dies lässt sich einerseits so interpretieren, dass der soziale Faktor der Macht – im Sinne eines Könnens oder Vermögens – eine Rolle bei der Durchsetzung der Flussorientierung spielt. Andererseits scheint auch der stufenweise Aufbau der Logistik zu einem Fließsystemansatz mit einer in den ersten beiden Stufen verbundenen Verankerung logistischen Wissens eine zentrale Rolle zu spielen. So führen WEBER und KUMMER aus, dass die Widerstände gegen eine führungsbezogene Logistiksicht auf Grund der bestehenden materialflusstechnischen Tradition deutlich geringer seien, als sie ohne eine solche Tradition zu erwarten wären.[62] Die Entwicklung

[60] Vergleichbar ist hierzu auch die Entwicklung von der Lean Production zu einem Lean Management. Auch hier drückt die Verwendung der Termini einen Wandel von einer Funktionen- zu einer Führungslehre aus, vgl. zur Entwicklung des „Lean"-Gedankens ORTMANN (1995), S. 291ff.

[61] ORTMANN (1995), S. 109f.

[62] Vgl. WEBER/ KUMMER (1998), S. 27.

der Logistik scheint damit nicht allein auf Gründe der Effizienz zurückzuführen zu sein, sondern wesentlich auch auf bestehendem Wissen zu beruhen.

2.1.2 Ziele des Fließsystemansatzes

In der Beschreibung der Entwicklungsstufen der Logistik wurden bereits drei Zielbereiche des Fließsystemansatzes erwähnt. Die Formulierung dieser Ziele und der Begriff der »Effizienz« sollen im folgenden Abschnitt konkretisiert werden.

2.1.2.1 Zieldimensionen

2.1.2.1.1 Strategische und operative Ziele des Fließsystemansatzes

Als Auslöser für den Schritt zur Herausbildung des Fließsystemansatzes wird vor dem Hintergrund einer äußerst dynamischen und komplexen Umwelt eine verschärfte Wettbewerbsintensität angeführt. Aus dieser Situation resultiere für Unternehmen die Notwendigkeit, die Strategien der Differenzierung und der Kostenführerschaft miteinander zu verbinden.[63] Diese von PORTER formulierten Wettbewerbsstrategien wurden von ihm zunächst als grundsätzlich strikte Alternativen charakterisiert, deren gleichzeitige Verfolgung zu einem Stuck in the Middle führe. So ist die Verfolgung der Strategie der Differenzierung durch das Angebot individueller Leistungen, die sich von den Wettbewerbern deutlich unterscheiden, mit der Inkaufnahme entgangener Vorteile aus Mengeneffekten verbunden. Umgekehrt erlaubt die Verfolgung der Strategie der Kostenführerschaft die Abschöpfung von Vorteilen aus Mengeneffekten und Spezialisierung, lässt aber ein individuelles, den Anbieter von seinen Wettbewerbern differenzierendes Leistungsangebot nicht zu.[64]

Ziel des Fließsystemansatzes ist es mit Blick auf die o.g. Absicht der Kombination, diese Ausschließlichkeit der Wettbewerbsstrategien aufzuheben, um die Vorteile beider Strategien nutzen zu können. Einerseits tragen Entwicklungen in technologischen Bereichen (Fertigungstechnologien und Informations- und Kommunikationstechnologien) dazu bei, das Spannungsverhältnis zwischen Individualität und Produktivität zu reduzieren und Leistungsprozesse zu flexibilisieren. Fragen hinsichtlich des Einsatzes und der Verwendungsmöglichkeiten von Technologien in den Ausführungs- und Führungsbereichen logistischer

[63] Vgl. WEBER/ DEHLER (2000), S. 52.

[64] Vgl. FAIX (1998), der eine komprimierte Zusammenfassung wesentlicher Aussagen von PORTER gibt.

Wertschöpfungssysteme werden mithin relevant.[65] Andererseits gilt es, geeignete Methoden und Verfahren zur organisatorischen Umsetzung leistungsstarker, flexibler und gleichzeitig kostengünstiger Wertschöpfungsprozesse zu entwickeln und den Zugriff auf notwendige Ressourcen zu sichern. Die sich hieraus ergebenden strategischen Zielbereiche des Fließsystemansatzes werden wie folgt beschrieben:[66]

- **Flusskostensenkung**
  Maßnahmen, die auf den effektiven Einsatz von Produktionsfaktoren sowohl bei der Ausführung als auch bei der Führung von Objektflüssen gerichtet sind. Ansatzpunkte für solche Maßnahmen werden in der Veränderung der raum-zeitlichen Flusseigenschaften der Objekte sowie in der Veränderung der Strukturen des Fließsystems gesehen.
- **Objektwertsteigerung**
  Maßnahmen, die auf die Erhöhung des Marktwertes oder Nutzwertes von Produkten oder Objekten gerichtet sind sowie Maßnahmen, die zu einer Verbesserung der Fähigkeiten des Fließsystems führen, hochwertige Flussobjekte zu handhaben. Von zentraler Bedeutung ist hier die Verfügbarkeit von Flussobjekten, die von der Quantität (raum-zeitlich) und Qualität der Flüsse abhängt. Verkürzungen von Zykluszeiten, Verbesserungen in den Prozessabläufen und -kontrollen zur Steigerung der Leistungsfähigkeit werden bei diesem Zielbereich als Ansatzpunkte betrachtet.
- **Sicherung und Steigerung der Anpassungs- und Entwicklungsfähigkeit von Fließsystemen**
  Maßnahmen, die auf die Herausbildung einer die Systemweiterentwicklung fördernden Systemstruktur ausgerichtet sind. In den Mittelpunkt dieses Zielbereiches treten vor allem die Überwindung von Unterbrechungen des Objektflusses sowie die Verknüpfung verschiedener Subsysteme des Fließsystems.

Als operative Zieldimension wird darüber hinaus die Effizienz genannt. Die sog. 4-R-Formel kann beinahe schon als Klassiker der Definition von Effizienz in der Logistik betrachtet werden. Sie besagt, dass

[65] Beispielhaft für den Technologieeinsatz auf Führungsebene sei auf das von der Supply Chain Council (SCC) entwickelte SCOR-Modell (Supply Chain Operations Reference Model) hingewiesen. Eine Darstellung dieses Modells und seiner Einsatzmöglichkeiten findet sich bei HAGEN/ SPRINGER/ STABENAU (2002), S. 47ff.

[66] Vgl. GÖPFERT (2000), S. 5, S. 107ff sowie DELFMANN (1999), S. 46.

> „ein Empfangspunkt gemäß seines Bedarfs von einem Lieferpunkt mit dem *richtigen Produkt* (in Menge und Sorte), im *richtigen Zustand*, zur *richtigen Zeit*, am *richtigen Ort* zu den dafür minimalen Kosten versorgt wird."[67]

Für den Fließsystemansatz ist in dieser Definition jedoch das Wort »Produkt« durch das Wort »Objekt« zu ersetzen. Der Fließsystemansatz bezieht sich ausdrücklich auf Flüsse verschiedenartiger Objekte und schränkt seine Sichtweise nicht auf ein einziges Objekt in Form von Produkten ein.[68]

2.1.2.1.2 Organisatorische Effizienz

Grundsätzlich beschreibt die Effizienz als ein Maß der Wirtschaftlichkeit das einen Wertschöpfungsprozess kennzeichnende Verhältnis von Input zu Output, das es zu optimieren gilt.[69] Die Maßnahmen der ersten beiden genannten Zielbereiche wirken unmittelbar auf die Effizienz der Objektflüsse ein, denn Flusskostensenkungen reduzieren die Input-Dimension, Objektwertsteigerungen erhöhen die Output-Dimension. Im dritten Zielbereich soll die Einflussnahme auf Input und Output im Wesentlichen durch strukturverändernde Maßnahmen erfolgen, um die Effizienz des Systems als organisatorische Einheit zu steigern („Fließsystemeffizienz"[70]). Damit umschreiben die strategischen Zielbereiche auf der operativen Ebene zwei Ausprägungen von Effizienz.

Auch PFOHL unterscheidet in seinen Ausführungen zum logistischen Effizienzdenken zwei Bezugsgrößen der Effizienz. Demnach bezieht sich die Effizienz zum einen auf die technologische Dimension des Logistiksystems und entspricht damit dem Produktivitätsziel, dem ein „Denken in Mengen und Qualitäten" zu Grunde liegt. Zum anderen richte sich die Effizienz auf die ökonomische Dimension des Logistiksystems, die sich auch im Rentabilitätsziel und einem Denken in Werten ausdrücke.[71]

FREICHEL weist allerdings darauf hin, dass die Erfassung von Effizienz erhebliche Probleme bereitet, was sich u.a. in einer Vielfalt uneinheitlicher Definitionsversuche in der Literatur zeige. Insbesondere die Konzeptualisierung der organisatorischen Effizienz sei mit erheblichen Schwierigkeiten verbunden.[72]

---

[67] PFOHL (2000), S. 12 (Hervorhebung im Original), der dort sein bereits 1972 erschienenes Buch „Marketing-Logistik" zitiert.

[68] PFOHL (2000), S. 5, hingegen konzentriert sich in seinen Ausführungen auf die Betrachtung von Logistiksystemen, deren Flussobjekte Sachgüter bzw. Produkte sind. Er schließt jedoch nicht aus, dass auch solche Systeme als Logistiksysteme zu betrachten sind, in denen Flüsse anderer Arten von Objekten stattfinden.

[69] Vgl. GÖPFERT (2000), S. 81.

[70] GÖPFERT (2000), S. 81.

[71] Vgl. PFOHL (2000), S. 41f.

[72] Vgl. FREICHEL (1992), S. 80f.

Diese Schwierigkeiten ergeben sich u.a. daraus, dass die Wirkungen einer Organisationsstruktur auf die Effizienz einer Organisation über das Verhalten der Mitglieder vermittelt werden. Eine eindeutige Zurechenbarkeit von Wirkungen der Organisationsstruktur auf das Verhalten der Mitglieder, das durch die formale Organisationsstruktur gesteuert werden soll, aber naturgemäß auch von vielen anderen Faktoren abhängt, lässt sich nicht erreichen.[73] Zur Beurteilung struktureller Alternativen differenziert FREICHEL deshalb die organisatorische Effizienz in eine organisatorisch-funktionale Effizienz und eine personenbezogene/ soziale Effizienz, die er als funktionale Effizienzkriterien charakterisiert. Mit dieser Lösung lasse sich das Problem der Zurechenbarkeit institutioneller Effizienz umgehen, da funktionalen Effizienzkriterien das Zurechnungsproblem nicht anhafte.[74]

Von Vertretern einer konstruktivistischen Organisationstheorie wird ein Vorgehen dieser Art zum Teil scharf kritisiert. Die erheblichen Probleme bei der Zurechnung der organisatorischen Effizienz zeigen, dass

> „die Ermittlung des Beitrags organisatorischer Alternativen [einer Organisationsstruktur; Anm. d. Verf.] zur Erreichung globaler Unternehmungsziele (wie Gewinn oder Umsatz) praktisch an der Komplexität der Einflussstrukturen dieser Zielgrößen scheitert“.[75]

Statt aus dieser Erkenntnis zu folgern, dass eine objektive Messbarkeit organisatorischer Effizienz nicht gegeben sei, würden verschiedene Methoden entwickelt, um das Problem zu umgehen. Das Umgehen dieses Problems, vor allem durch Rückgriff auf Plausibilitätsannahmen,[76] löse es jedoch nicht. Damit

> „bleibt die Beurteilung [organisatorischer Effizienz; Anm. d. Verf.] subjektiven Einschätzungen und Konsensbildung überlassen.“[77]

Zusammenfassend spiegeln die beschriebenen Ziele des Fließsystemansatzes die Intention einer flussorientierten Ausgestaltung von Wertschöpfungsprozessen wider. Mit der Formulierung strukturbezogener Ziele und Aufgaben unterstreicht der Fließsystemansatz seinen Anspruch als Führungslehre. Die Reichweite der Kritik an dem Konzept organisatorischer Effizienz für den Fließsystemansatz soll an dieser Stelle noch nicht vertiefend diskutiert werden. Im

---

[73] Vgl. KIESER (2001a), S. 176.

[74] Vgl. FREICHEL (1992), S. 83f.

[75] GABLER (1988), Sp. 769; bewusst wird hier ein Zitat aus einem Wirtschaftslexikon verwendet. Daraus lässt sich schließen, dass dieses Problem allgemein anerkannt ist.

[76] Auch FREICHEL (1992), S. 82, führt aus, dass zur Operationalisierung der Effizienzvariablen Plausibilitätsannahmen über die Struktur-Effizienz-Beziehungen angestellt werden sollten.

[77] KIESER (2001b), S. 312.

Rahmen der weiteren Ausführungen dieses Kapitels werden verschiedene Aspekte angesprochen, die auf die Berechtigung dieser Kritik schließen lassen.

2.1.2.2 Anpassungs- und Entwicklungsfähigkeit als zentrale Zielgröße

Die Begriffe der Anpassungs- und der Entwicklungsfähigkeit von Fließsystemen verlangen nach einer eingehenderen Auseinandersetzung, da es ein zentrales Anliegen des Fließsystemansatzes ist, diese Fähigkeiten durch organisatorische Maßnahmen zu fördern und in den Strukturen der Wertschöpfungssysteme zu verankern. In der Logistikliteratur findet sich eine Reihe von Begriffsbestimmungen, die in diesem Abschnitt untersucht werden sollen. Ziel ist es, die verschiedenen Aussagen zusammenzufassen und in eine strukturierte Form zu überführen.

2.1.2.2.1 Definitionsvorschläge für Anpassungs- und Entwicklungsfähigkeit

Zunächst sei festgestellt, dass mit der Zielsetzung der Sicherung und Steigerung der Anpassungs- und Entwicklungsfähigkeit von Fließsystemen eine grundlegende Annahme des Fließsystemansatzes zum Ausdruck gebracht wird. Damit diese Zielsetzung überhaupt möglich wird, muss man davon ausgehen, dass die Anpassungs- und die Entwicklungsfähigkeit strukturelle Eigenschaften des betrachteten Systems sind. Die hohe Bedeutung wird diesen Eigenschaften vor dem Hintergrund einer als steigend wahrgenommenen Umweltdynamik und -komplexität zugeschrieben. Insofern gilt die Herausbildung von Anpassungs- und Entwicklungsfähigkeit in Folge externer Aspekte als existentiell. Aber auch interne Faktoren, insbesondere die beabsichtigte Kombination der Wettbewerbsstrategien Kostenführerschaft und Differenzierung,[78] erfordern die Beweglichkeit der Strukturen von Wertschöpfungssystemen.

In einer Studie von ELA/ A.T. KEARNEY werden vier Merkmale erfolgreicher Supply Chains beschrieben: die Agilität, die Reaktionsfähigkeit, die Schlankheit und die Intelligenz.[79] Aus jedem dieser Merkmale werden bestimmte Gestaltungsprinzipien abgeleitet.

- »Agilität« bezeichnet die Geschwindigkeit, mit der Prozesse zur Leistungserstellung und -verwertung unter Einsatz interner und externer Ressourcen sowie unter Aufrechterhaltung einer optimalen Kostenstruktur verändert werden können. Gestaltungsprinzip: Fixkostenminimierung und Austauschbarkeit/ Standardisierung

---

[78] Vgl. Abschnitt 2.1.2.

[79] Vgl. ELA/ A. T. KEARNEY (1999), S. 1ff; zitiert nach PFOHL (2000a), S. 24ff.

- »Reaktionsfähigkeit« wird durch ein proaktives Bedarfsverständnis und die Fähigkeit, auch mit unprognostizierbaren Situationen umgehen zu können, beschrieben. Gestaltungsprinzip: Modularisierung der Leistungsprozesse, Postponement-Prinzip (möglichst späte auftragsspezifische Konfiguration – Auftragsfertigung)
- »Schlankheit« drückt sich in der Vermeidung von Verschwendung und der Konzentration auf Kernkompetenzen aus. Gestaltungsprinzip: Outsourcing strategisch nicht relevanter Aktivitäten, Flowgistics – unterbrechungsarme Güter- und Informationsflüsse
- »Intelligenz« zeigt sich in einem detaillierten Wissen über Märkte/ Kundenbedürfnisse sowie über Ressourcen und der Fähigkeit, dieses Wissen den Kundenbedürfnissen entsprechend umzusetzen. Gestaltungsprinzip: durchgängiger Informationsaustausch

Die Ausprägung der ersten beiden Merkmale findet sich auch bei FREICHEL. Dem Begriff der Agilität entspricht bei ihm die »Dispositionsfähigkeit«. Die in der Studie bezeichnete Reaktionsfähigkeit ähnelt der »operativen und strategischen Anpassungsfähigkeit« bei FREICHEL, die er als Veränderungsfähigkeit und -güte auf der Basis von Flexibilitätspuffern charakterisiert. Die Unterscheidung zwischen operativ und strategisch ergibt sich aus der Differenzierung der Fristigkeit und des Ausmaßes der Veränderungen sowie aus der Unterscheidung von quantitativen und qualitativen Veränderungen.[80] Insgesamt richten sich diese Merkmale auf die Fähigkeit der Leistungsprozesse, mit Veränderungen umgehen zu können, die Fähigkeit zu Strukturveränderungen wird damit noch nicht ausgedrückt.

Strukturelle Veränderungen werden hingegen direkt von den Merkmalen der Schlankheit und Intelligenz angesprochen. So ist Outsourcing als eine Verschiebung bestimmter Elemente des Systems zwischen den Subsystemen interpretierbar. Durch die Implementierung eines durchgängigen Informationsaustausches werden (Informations-) Beziehungen zwischen den Elementen des Systems geschaffen oder gestärkt.

Eine weitere Definition von Anpassungs- und von Entwicklungsfähigkeit findet sich bei GÖPFERT. Sie unterscheidet die Anpassungsfähigkeit von Fließsystemen als reaktives Verhaltensmuster von der Entwicklungsfähigkeit als aktives, innovatives Verhaltensmuster. Ein entwicklungsfähiges Logistiksystem zeichne sich durch eine „die Systemweiterentwicklung fördernde System(rahmen)struktur“[81] aus und betont die eigeninitiierte Entwicklung.

[80] Vgl. FREICHEL (1992), S. 95.
[81] GÖPFERT (2000), S. 112.

Mit der Beschreibung der Anpassungs- und der Entwicklungsfähigkeit als Verhaltensmuster wird deutlich, dass mit dieser Zielsetzung ähnliche konzeptionelle Schwierigkeiten verbunden sein können, wie sie auch schon im Hinblick auf die organisatorische Effizienz beschrieben wurden. Auch hier ist anzunehmen, dass die Wirkungen der Organisationsstruktur auf die Ausprägung des Verhaltens des Systems im Sinne einer Anpassungs- und einer Entwicklungsfähigkeit über das Verhalten der Mitglieder vermittelt werden.[82] Fraglich ist deshalb, inwieweit die Anpassungs- und die Entwicklungsfähigkeit als strukturelle Eigenschaften des Systems oder als Eigenschaften des Verhaltens der Organisationsmitglieder aufzufassen sind, welches aber wiederum zu einem unbestimmbaren Anteil über die organisatorische Systemstruktur gesteuert werden soll und wird.

Eine die Systemweiterentwicklung fördernde System(rahmen)struktur wird nach einem Beispiel GÖPFERTs durch die Bereitstellung struktureller Optionen geschaffen, die die Beherrschbarkeit potentieller Veränderungen der Objektflüsse in der Zukunft sichern sollen.[83] Treten die erwarteten Veränderungen ein, werden diese Optionen quasi aktiviert. Der Aufwand zur Anpassung der Strukturen im Hinblick auf Zeit und Kosten soll auf diese Weise gering halten werden. Fraglich bleibt jedoch, welche strukturellen Optionen in den aktuellen Fließsystemstrukturen geschaffen werden sollten, da Prognosen über künftige Entwicklungen stets mit Unsicherheit behaftet sind. Zur Reduzierung dieser Unsicherheit entwickelt GÖPFERT ein Modell zur Erklärung und Beschreibung von Fließsystemen, das auch eine Prognosefunktion umfasst.

Den Begriff der »Wandelbarkeit« bringt BUSE als Gestaltungsziel von Wertschöpfungssystemen[84] in die Diskussion. Wandelbarkeit wird hier definiert als

> „Möglichkeit der Anpassung durch strukturelle Änderungen, also die Bildung neuer Beziehungen zwischen den Systemelementen, den Austausch von Elementen und letztlich die Veränderung der Systemgrenzen".[85]

Mit dieser Definition wird eindeutig eine strukturelle Eigenschaft des Systems beschrieben. Übereinstimmend dazu zeigt sich die Definition »struktureller Anpassungsfähigkeit« von FREICHEL, wonach die Integrierbarkeit neuer Partner besonders relevant sei.[86] Die Integration neuer Partner ist als Aufnahme eines weiteren Systemelementes und damit als Erweiterung der Grenzen des Systems zu verstehen.

---

[82] Vgl. Abschnitt 2.1.2.1.2.

[83] Vgl. GÖPFERT (2000), S. 112; „ein einfaches Beispiel ... bildet die mit der Konzipierung eines Hochregallagers einher gehende Berücksichtigung von zukünftigen Erweiterungsoptionen durch die Bereitstellung von Freiflächen".

[84] Vgl. BUSE (1997), S. 76.

[85] BUSE (1997), S. 76.

[86] FREICHEL (1992), S. 95.

Als übergeordneten Begriff in der Diskussion über Anpassungs- und Entwicklungsfähigkeit sieht FREICHEL die »Flexibilität«.[87] BUSE hingegen grenzt die Flexibilität von seinem bereits vorgestellten Begriff der Wandelbarkeit ab. Flexibilität, die sich auf die Schaffung und Erhaltung von Handlungsspielräumen richte, umfasse zwar die Fähigkeit zur Anpassung eines bestehenden Systems an aktuelle oder langfristige Veränderungen. Jedoch – so lassen sich BUSEs Ausführungen interpretieren – betone der Begriff der Flexibilität den Aspekt der Strukturveränderung zu wenig.[88]

Schließlich ist noch der Begriff der »Innovationsfähigkeit« zu nennen. Diese umfasst nach FREICHEL sowohl die Fähigkeit zur Anpassung an veränderte Umweltbedingungen, als auch die Fähigkeit zur Beeinflussung der Umwelt durch die Realisation von Neuerungen. Innovationen werden von ihm unterschieden in Prozessinnovationen, z.B. durch den Einsatz neuer Technologien und in Produktinnovationen.[89]

2.1.2.2.2 Konkretisierung der Anpassungs- und Entwicklungsfähigkeit

Fasst man diese Aussagen zusammen, so lassen sich zwei Ausprägungen identifizieren, die das Verständnis von Anpassungs- und von Entwicklungsfähigkeit im Fließsystemansatz widerspiegeln. Diese lassen sich wie folgt beschreiben:

- **Fähigkeit zu Mengenanpassungen (Prozesssicht)**
  Diese wird auf der Ebene der Leistungsprozesse wirksam und kennzeichnet das Vermögen, wechselnde Mengen von Objekten handhaben zu können. Dies betrifft einerseits die Kapazitäten der Elemente des Systems, andererseits die Intensitäten der Beziehungen, die zwischen den Elementen des Systems bestehen. Dabei kann die Anzahl einer Objektart variieren, aber auch die Anzahl der Arten von Objekten. Auch qualitative Änderungen der Objektflüsse sind als Mengenanpassungen zu verstehen, sofern sie sich auf Veränderungen des Rhythmus und/ oder des Tempos der Objektflüsse beziehen. Probleme bei der Bewältigung von Mengen können sich stets nur in Relation zur Zeit ergeben. Die Fähigkeit zu Mengenanpassungen stellt sich mithin als Fähigkeit dar, ein variierendes Fließen von Objekten zu ermöglichen, ohne dass Strukturveränderungen notwendig werden.

[87] Vgl. FREICHEL (1992), S. 90, 95.
[88] Vgl. BUSE (1997), S. 76.
[89] Vgl. FREICHEL (1992), S. 95.

- **Fähigkeit zu Strukturveränderungen (Struktursicht)**
  Kennzeichnet das Vermögen, die Anordnung und Anzahl der Elemente und der zwischen ihnen bestehenden Beziehungen zu ändern. Dies kann sowohl systemintern erfolgen, durch Aufteilung oder Verschmelzung von Systemelementen[90] sowie durch interne Variationen der Beziehungsanordnung, als auch über die Grenzen eines Systems hinaus. Im zweiten Fall können externe Elemente aufgenommen oder systeminterne Elemente ausgegrenzt werden und Beziehungen zwischen internen und externen Elementen aufgenommen oder gekappt werden. Die Konstitution von Elementen und Beziehungen sowie die Konstitution von Grenzen sind hier relevant.

Die Anpassungsfähigkeit wird dabei als Fähigkeit verstanden, Einflüsse von außen wahrzunehmen und in Mengen- und/ oder Strukturveränderungen umzusetzen, die Entwicklungsfähigkeit gilt hingegen als Fähigkeit, aus einer internen Dynamik heraus Mengen- und Strukturveränderungen anzustoßen. Die folgende Abbildung stellt diese Ausprägungen von Anpassungs- und Entwicklungsfähigkeit, wie sie aus den verschiedenen Definitionen des vorangegangenen Abschnitts interpretiert werden können, noch einmal zusammen:

Fähigkeit zu	Mengenanpassungen	Strukturveränderungen
eigeninitiativ	Entwicklungsfähigkeit	Entwicklungsfähigkeit
auf externe Einflüsse reagierend	Anpassungsfähigkeit	Anpassungsfähigkeit

Abbildung 2-2: Ausprägung von Anpassungs- und Entwicklungsfähigkeit
Quelle: Eigene Darstellung.

Die Innovationsfähigkeit soll hier nicht als dritte Ausprägung der Anpassungs- und Entwicklungsfähigkeit unterschieden werden, da sie in den beiden vorstehenden Ausprägungen enthalten ist. Unter Rückgriff auf LUHMANNs Begrifflichkeiten drückt sich Innovationsfähigkeit einerseits in dem Vermögen des Systems aus »Zwecke« zu verändern. Als Zwecke sind die Sachziele eines Wertschöpfungssystems zu verstehen, also insbesondere die erstellten oder zu erstellenden Leistungen. Veränderungen ergeben sich damit durch Austausch, Erweiterung oder Reduzierung des Leistungsprogramms und werden als Mengenänderung wirksam. Andererseits kommt die Innovationsfähigkeit im Vermögen eines Systems »Mittel« zu verändern zum Ausdruck. Die Mittel des Systems bestehen aus den für die Leistungserstellung eingesetzten Ressourcen (Input) sowie den verwendeten Methoden und Verfahren (Regeln zur Ordnung

[90] Vgl. allerdings zur Problematik des Austauschs von Systemelementen Abschnitt 2.2.1.

und zum Einsatz des Input) und entsprechen damit der Struktur des Systems. Die Veränderung der Systemstruktur ist bereits als zweite Ausprägung der Anpassungs- und Entwicklungsfähigkeit definiert worden.[91]

Mit dieser Strukturierung ist zwar das angesprochene Problem der Zurechenbarkeit dieser Fähigkeiten auf die Struktur noch nicht gelöst, jedoch konnte die Zielsetzung des Fließsystemansatzes durch die Differenzierung beider Ausprägungen der Anpassungs- und Entwicklungsfähigkeit konkretisiert werden.

2.2 Perspektive und Methoden der Organisation von Fließsystemen

Die in der Logistik verwendeten theoretischen Grundlagen und Methoden der organisatorischen Gestaltung von Fließsystemen sollen im nun folgenden Abschnitt dargestellt werden. In einem ersten Schritt wird die Konzeptualisierung von Fließsystemen analysiert, um die Perspektive der Logistik auf ihren Untersuchungsgegenstand zu verdeutlichen. Der Prozessansatz und die Behandlung des Grenzproblems von Organisationen werden anschließend als organisatorische Gestaltungsmethoden untersucht. Dabei soll insbesondere untersucht werden, inwieweit eine Basis zur Umsetzung des Ziels einer Förderung der Anpassungsfähigkeit- und der Entwicklungsfähigkeit von Fließsystemen gegeben ist. Darüber hinaus sollen verschiedene Aspekte in der Theorieentwicklung aufgezeigt werden, die sich als Widersprüche zwischen den funktionalistisch-objektivistisch dargestellten Methoden und ihrer konstruktivistischen Ableitung erweisen.

2.2.1 Fließsysteme – Metaphern und Modelle

Die Metapher des Flusses steht in der Logistikkonzeption Pate bei der Entwicklung einer methodischen Vorgehensweise zur Gestaltung anpassungs- und entwicklungsfähiger Wertschöpfungssysteme und bildet eine wesentliche Grundlage des Fließsystemansatzes. Die Intention der Verwendung dieser Metapher und ihre Interpretationen sollen deshalb zunächst untersucht werden. Daran anschließend werden die in der Literatur diskutierten Modelle des Fließystemansatzes analysiert. Dazu zählen das graphentheoretische Netzwerkmodell sowie die Modellvorstellungen zur Operationalisierung der organisatorischen Fließsystemstrukturen und der situativen Einflussfaktoren.

---

[91] Vgl. LUHMANN (1999), S. 56ff.

2.2.1.1 Metaphern des Flusses und des Fließens

2.2.1.1.1 Metaphern in der Wissenschaft

Mit der Bezeichnung des logistischen Theorieansatzes als Fließsystemansatz wird ein Begriff in die logistische Diskussion eingeführt, der als Metapher den Gegenstand und die Perspektive der Logistik grundlegend verdeutlichen soll. Die Metapher des Flusses hat für die Logistik damit theoriekonstitutiven Charakter. Die Verwendung von Metaphern in der Sprache der Wissenschaft erscheint durchaus selbstverständlich. In der linguistischen Fachsprachenforschung ist die Bedeutung von Metaphern bei der wissenschaftlichen Theoriebildung jedoch erst seit den 1980er Jahren zur Kenntnis genommen worden und war bis dahin nahezu verpönt – metaphorischer Sprachgebrauch und präzise wissenschaftliche Darstellung galten als miteinander unvereinbar.[92] Metaphern haben jedoch eine ganze Reihe von Funktionen, die im Sprachgebrauch der Wissenschaften, hier in der betriebswirtschaftlichen Teildisziplin der Logistik, genutzt werden können. So stellt BLACK fest, dass dem kognitiven Instrument der Metapher eine genuine Kreativität zugesprochen werden müsse. Diese beruhe auf der Wirkung von Metaphern, Aspekte eines Untersuchungsgegenstandes zu enthüllen, die bei Verwendung anderer Formulierungen nicht bekannt würden. Insofern gewinne der mit einer Metapher beschriebene Gegenstand eine neue Bedeutung, eine neue Einordnung in die wahrgenommene Wirklichkeit.[93] Entsprechend wird die Metapher des Flusses in der Logistiktheorie mit der Intention eingesetzt, eine „neue Weltsicht“ zu erschließen. Dies geschieht, indem der Begriff des Flusses als Basis für die Entwicklung eines kognitiven Modells von Wertschöpfungssystemen, des Fließsystems, zu Grunde gelegt wird. Explizit formuliert KLAUS diesen Zusammenhang:

> „Das »Modell« für das »Flow Management«-Paradigma ist das Fließsystem – eine Sicht von Unternehmen und ganzen Wertschöpfungsketten als Netzwerk von Güter-, Informations- und Entscheidungsflüssen, das die Sprache und das Repertoire des Managements an Analogien und Ideen für die Gestaltung, Programmierung, Mobilisierung und Regelung weit über die bisher genutzten Modelle des Unternehmens ... hinaus – fruchtbar erweitert.“[94]

2.2.1.1.2 Assoziationsspektrum der Metapher des Fließsystems

Indem Wertschöpfungssysteme als Fließsysteme interpretiert werden, können mithin Aspekte zu ihrer Gestaltung berücksichtigt werden, die mit dem bisherigen Sprachgebrauch nicht formuliert werden konnten und damit der Wahr-

---

[92] Vgl. NIEDERHAUSER (1995), S. 294f.
[93] Vgl. BLACK (1977).
[94] KLAUS (1999), S. 29.

nehmung verschlossen blieben. Genauso kann eine unzureichende Betonung bestimmter Sachverhalte oder Beziehungen durch die Metapher des Fließsystems ausgeglichen werden. Aus den Ausführungen der Abschnitte 2.1.1 und 2.1.2 lassen sich bereits einige mögliche Interpretationen der Flussmetapher formulieren:

- Das Bild des fließenden Wassers eines Flusses wird mit einem permanenten und gleichmäßigen Fluss von Objekten assoziiert. Einen Stillstand der Objekte gibt es im Fluss nicht, eine ungleichmäßige Mengenverteilung der Objekte ebenso wenig. Für eine flussorientierte Gestaltung von Wertschöpfungssystemen bedeutet dies zum Beispiel, dass die Lagerung von Gütern nur dann vorzusehen ist, wenn die Lagerung eine Wertsteigerung, etwa durch Reifungsprozesse, mit sich bringt. Die Gleichmäßigkeit der Objektflüsse kann sich als Interpretation aus dem Bild der Wasseroberfläche ergeben, die nicht in einem Abschnitt des Flusses höher, in einem anderen niedriger liegen kann. Bestandsüberhänge in einem Bereich, Minderbestände in einem anderen Bereich des Wertschöpfungssystems beispielsweise, widersprechen damit der Idee der Flussorientierung.
- Flüsse haben weiterhin die für Wertschöpfungssysteme erstrebenswerte Fähigkeit, unterschiedliche Fließgeschwindigkeiten abfedern zu können, ohne im Falle von Stauungen in einem Bereich insgesamt zum Stillstand zu kommen oder im Falle von Beschleunigung ohne die Gefahr eines Abrisses, einer Lücke. Dieser Gedanke kommt beispielsweise in der sprachlichen Wendung »vom Push zum Pull« und im Begriff der »Kundenorientierung« zum Ausdruck oder auch im »Kanban-Prinzip«, wobei ein Objektfluss infolge eines Impulses von der Nachfrager- bzw. Bedarfsseite quasi erst in Reaktion auf eine Sogwirkung in Gang gesetzt werden soll. Sowohl Stauungen als auch Versorgungslücken sollen hierdurch vermieden werden.
- Ein Fluss endet nicht an territorialen Gebietsgrenzen, was metaphorisch in eine unternehmensübergreifende Betrachtung übersetzt werden kann.
- Im Fließsystemansatz wird die Bedeutung der Prozesse für die Gestaltung der organisatorischen Strukturen besonders betont. Auch hier kann das Bild des Flusses entsprechend interpretiert werden, formt doch das Wasser sein Flussbett in die Landschaft hinein. Prozesse als die flüchtig und Strukturen als die beständig wahrgenommenen Seiten der Wertschöpfung finden ihren bildlichen Ausdruck im Fluss und seinem Flussbett.
- Flüsse verändern ihre Gestalt permanent. Mal strömt mehr, mal weniger Wasser und verändert dabei unablässig das Flussbett; das Flussbett passt sich den jeweiligen Erfordernissen an. In diesem Bild spiegelt sich das

Ziel der Logistik als Fließsystemansatz, die Erhöhung der Anpassungs- und Entwicklungsfähigkeit von Fließsystemen, wider.

Metaphern sind immer mehrdeutig und lösen vielfältige Assoziationen aus. Insofern kann eine solche Liste möglicher Interpretationen der Metapher des Fließsystems, wie sie oben angeführt wird, nicht vollständig oder widerspruchsfrei sein. Die beiden folgenden Zitate zeigen gewisse Übereinstimmungen, aber auch Ergänzungen mit den obigen Interpretationen. Nach DELFMANN soll die Metapher des Fließens eine

> „räumlich und zeitlich möglichst gleichmäßige, ununterbrochene und aufeinander abgestimmte Abfolge von Aktivitäten und Prozessen, die auf die Befriedigung von Kundenbedürfnissen zielen"[95]

symbolisieren. WEBER/ KUMMER interpretieren die Flussorientierung als

> „gleichbedeutend mit einer dynamischen Sichtweise des Unternehmens. Im Vordergrund stehen nicht ökonomische Optimierungen einzelner Stationen des Material- und Warenflusses, sondern deren dynamisches Zusammenwirken."[96]

Deutlich wird mithin, dass die Metaphern des Fließens, der Flüsse oder Fließsysteme eine ganze Reihe von Assoziationen ermöglichen, die zentrale Gesichtspunkte der Logistikkonzeption zu erschließen helfen.

2.2.1.1.3 Aspekte der Wirksamkeit der Metapher

Auf zwei weitere Aspekte des Begriffs Fließsystem soll an dieser Stelle noch hingewiesen werden. Erstens gelten Metaphern dann als besonders wirksam, wenn ihre Begriffe aus einer vertrauten Erfahrungs- und Vorstellungswelt stammen und die Verwendung dieser Begriffe selbst akzeptiert wird.[97] Beide Voraussetzungen können bei der Metapher des Flusses als erfüllt gelten. Flüsse existieren in den Erfahrungs- und Vorstellungswelten wohl eines jeden. Zudem fügt sich der Begriff des Fließsystems in den allgemeinen Sprachgebrauch der Logistik ein und kann als problemlos zu akzeptieren betrachtet werden. So lassen sich einige dem Begriff des Fließsystems artverwerwandte Metaphern finden, wie etwa »Quellen« und »Senken«, mit denen Ausgangs- und Zielorte von Gütern bezeichnet werden oder »logistische Kanäle«, die den Güterstrom vom Hersteller zum Endabnehmer beschreiben.[98]

Der zweite Aspekt ergibt sich aus der Bezeichnung der dritten Entwicklungsstufe der Logistik als Fließsystemansatz und nicht etwa Fließansatz oder Fluss-

---

[95] DELFMANN (1999), S. 44.
[96] WEBER/ KUMMER (1998), S. 164.
[97] Vgl. PETRUS (1995), S. 303ff.
[98] Vgl. PFOHL (2000), S. 223.

ansatz. Diese Bezeichnung gibt Hinweise auf die Wirkungsrichtung der Metapher. Explizit wird mit dem Begriff Fließ*system*ansatz auf die systemtheoretischen Grundlagen der Logistik hingewiesen. Die Systemtheorie stellt eine „allgemeine theoretische Basis“[99] in der Betriebswirtschaftslehre und ist entsprechend auch „grundlegend für die Logistikkonzeption“[100]. Wertschöpfungs- oder Unternehmenssysteme stellen mithin die zentrale Figur im logistischen Ansatz dar. Weiterhin heißt es *Fließ*systemansatz, nicht *Fluss*systemansatz, womit die Betonung auf dem Fließen der Objekte liegt. Dies geht auch aus der Definition von GÖPFERT hervor.[101] Diese Unterscheidung mag als Wortgeplänkel erscheinen. Metaphern wird jedoch programmatische Wirkung zugeschrieben[102] – etwas lakonisch formuliert: „Ein Name ist Programm“. Fokussiert man das Fließen eines Flusses, können die Quelle, die Mündung, das Flussbett oder die den Fluss umgebende Landschaft aus der Perspektive ausgeblendet bleiben. Es wird sich zeigen, dass die Betonung des Fließens und nicht des Flusses Auswirkungen auf die inhaltliche Konzeption der Logistik sowie auf die Sicht von Organisationen und die Empfehlungen zu ihrer Gestaltung hat.

Es wurde bereits darauf hingewiesen, dass Metaphern verschiedene Funktionen erfüllen können. Bislang wurde die heuristische, theoriekonstitutive Funktion der Flussmetapher betrachtet, die den Blick auf verschiedene Aspekte der Organisationsgestaltung freigibt oder schärft. Die emotionale und die didaktische[103] Funktion von Metaphern sollen hier ergänzend angesprochen werden. Die emotionale Funktion von Metaphern liegt darin, eine mit dem als Metapher verwendeten Begriff verbundene Emotion auf den Gegenstand oder Bereich zu transferieren, der mit diesem Begriff verdeutlicht werden soll.[104] Bilder von fließendem Wasser oder Flüssen stehen wahrscheinlich nicht erst seit biblischen Zeiten für Lebendigkeit und lösen kurz gesagt überwiegend positive Emotionen aus. Die Vorstellung, ein Unternehmen flussorientiert oder als Fließsystem zu gestalten, wird damit tendenziell eher von emotioneller Zustimmung, denn von Skepsis oder Ablehnung gekennzeichnet sein. Hierin liegt eine nicht zu unterschätzende Bedeutung für die Akzeptanz der aus dem Fließsystemansatz abgeleiteten Kriterien und Prinzipien für die organisatorische Gestaltung. Die Verankerung von Leitbildern in einem Wertesystem der Unternehmensführung wird für die Durchsetzung dieser Leitbilder als unabdingbar betrachtet[105] und um so leichter fallen, wenn sie mit positiven Emotionen besetzt sind. Unterstützend

---

[99] GÖPFERT (2000), S. 67.
[100] PFOHL (2000), S. 26.
[101] Vgl. Abschnitt 2.1.1.3.
[102] Vgl. NIEDERHAUSER (1995), S. 297.
[103] Vgl. NIEDERHAUSER (1995), S. 297.
[104] Vgl. GLOOR (1987), S. 20.
[105] Vgl. WEBER/ KUMMER (1998), S. 164.

können Metaphern hier und auch für die Umsetzung dieser Werte in späteren Handlungen durch ihre didaktische Funktion wirken. Sie fördern u.a. die Verständlichkeit und Einprägsamkeit abstrakter oder komplexer Sachverhalte[106] und aktivieren Erfahrungswissen[107]. Der Einsatz der Metapher des Fließsystems schafft damit insgesamt gute Voraussetzungen für eine Abkehr vom funktionsorientierten, auf die Material- und Warenflüsse begrenzten Denken und für eine prozessorientierte Durchsetzung der Flussorientierung.

Zusammenfassend lässt sich feststellen, dass die Logistikkonzeption in ihrer dritten Entwicklungsstufe durch ihre Bezeichnung mit der Metapher »Fließsystemansatz« die subjektiven Wahrnehmungen, Vorstellungen oder Modelle von Menschen, die sie über logistische Systeme haben, beeinflusst. Damit wird der Fließsystemansatz in starkem Maße sozial konstruiert. Damit ist gemeint, dass das Bild über ein funktionierendes Wertschöpfungssystem durch die Herausbildung gemeinsamer Vorstellungen entwickelt wird. Der Aussage BLACKs „jede Metapher ist die Spitze eines verborgenen Modells“[108] folgend, sollen nun die Modelle von Fließsystemen betrachtet werden, wie sie in der jüngeren Logistikliteratur diskutiert werden.

2.2.1.2 Modelle des Fließsystemansatzes

Als Modelle des Fließsystemansatzes werden im folgenden das graphentheoretische Netzwerkmodell, das Strukturmodell von Organisationen sowie das Modell der situativen Einflussfaktoren dargestellt. Der Schwerpunkt dieses Abschnitts liegt dabei auf der Analyse des graphentheoretischen Netzwerkmodells, das auf der Basis der Systemtheorie entwickelt wird. Es soll dargelegt werden, inwieweit die Konzeption von Fließsystemen mit Hilfe des graphentheoretischen Netzwerkmodells zu konzeptionellen Problemen führt und inwieweit dieses Modell die Möglichkeiten zur Erklärung der Anpassungs- und Entwicklungsfähigkeit einschränkt. Zu den beiden weiteren Modellen, die dem organisationstheoretischen Situativen Ansatz entlehnt in den Fließsystemansatz eingebunden werden, erfolgt eine kurze Darstellung von Argumenten aus konstruktivistischen Ansätzen der Organisationstheorie, die eine Gegenposition vertreten.

2.2.1.2.1 Graphentheoretisches Netzwerkmodell

Mit dem Entwurf eines Modells soll ein heuristisches Verfahren zur Beschreibung, Erklärung und Prognose von Fließsystemen zur Verfügung gestellt

[106] Vgl. NIEDERHAUSER (1995), S. 296.
[107] Vgl. STICHT (1979), S. 475.
[108] BLACK (1977), S. 444f.

werden, das als Ausgangsbasis für eine zielgerichtete und erfolgreiche Systementwicklung genutzt werden kann.[109] Als eine zentrale Eigenschaft für die Existenz und den Erfolg von Fließsystemen wird die Anpassungs- und Entwicklungsfähigkeit betrachtet. Das Fließsystemmodell sollte deshalb in der Lage sein, diese Eigenschaft zu erklären. Im folgenden wird untersucht, wie dieses gelingt.

Die Systemtheorie stellt mit ihrem Systemmodell die Basis für die Entwicklung von Fließsystemmodellen. Im Allgemeinen ist unter einem System eine Menge von Elementen zu verstehen, zwischen denen Beziehungen bestehen. Betriebswirtschaftliche Organisationen werden als Systeme betrachtet, die u.a. durch ihre Zielgerichtetheit im Hinblick auf die Erstellung und marktliche Verwertung ihrer Leistungen und die daraus resultierende Offenheit gegenüber der Umwelt gekennzeichnet sind.[110] Die Offenheit stellt sich mithin als Input-Output-Verhältnis des Systems zur Umwelt dar. Reale Systeme, also auch betriebswirtschaftliche Organisationen, gelten in Anbetracht der komplexen, veränderlichen Umwelt in der sie sich befinden, als dynamisch. Die Kybernetik oder Systemtheorie erklärt, wie ein bestimmter Systemzustand, der durch Umwelteinflüsse gestört wird, durch Kommunikationsprozesse konstant gehalten werden kann.[111]

Der Fließsystemansatz versteht sich als eine spezifische Ausprägung der Systemtheorie, bei der die Beziehungen zwischen den Elementen Strömungs- oder Flussbeziehungen repräsentieren.[112] Sowohl der systemtheoretische Anspruch nach Ganzheitlichkeit als auch die Flussorientierung implizieren, wie oben bereits erläutert, eine bereichs- und unternehmensübergreifende Betrachtung und ein „Denken in Logistikketten"[113]. Die Flüsse innerhalb solch unternehmensübergreifender Wertschöpfungssysteme werden im Fließsystemansatz unter Verwendung von Begriffen aus der Graphentheorie als Netzwerke von »Knoten« und »Kanten« dargestellt.[114] Durch dieses Netzwerk fließen entlang der Kanten verschiedene »Flussobjekte«, die in den Knoten transformiert oder von dort aus weitertransferiert werden.[115] Insgesamt ergibt sich ein ineinandergreifendes Gefüge von Bewegungsprozessen an den Kanten und von Speicherprozessen in den Knoten des Netzwerks.[116]

---

[109] Vgl. GÖPFERT (2000), S. 77f.
[110] Vgl. HEINEN (1991), S. 57 unter Bezug auf ULRICH (1978).
[111] Vgl. LUHMANN, (1999), S. 157; beispielhafte Darstellung eines kybernetischen Regelkreises bei HEINEN (1991), S. 58ff.
[112] Vgl. GÖPFERT (2000), S. 70
[113] DELFMANN (1999), S. 45.
[114] Vgl. PFOHL (2000), S. 5; DELFMANN (1999), S. 45f; KLAUS (1998), S. 67ff.
[115] Vgl. DELFMANN (1999), S. 46; KLAUS (1998), S. 67.
[116] Vgl. PFOHL (2000), S. 5.

Bis hier stimmen die Darstellungen des Fließsystemmodells bei den verschiedenen Autoren weitestgehend überein. Unterschiede gibt es hingegen bei den Definitionen der Flussobjekte und der Knoten. Als Flussobjekte werden zum Beispiel in überwiegender Übereinstimmung Güter, Materialien, Rohstoffe, Halbfabrikate, Fertigprodukte und Personen genannt, teilweise darüber hinaus auch Dienstleistungen, Informationen, Rechte, Aufträge und Entscheidungen.[117] Als Knoten werden Produktions- und Montagestätten, Läger, Fuhrparks, Auftragsbearbeitungs- sowie Forschungs- und Entwicklungszentren, Werkstätten, Bearbeitungszentren, Werkbänke, Kommissionierplätze, Materialzwischenläger und Prozessrechner, also überwiegend technische Einrichtungen, aufgeführt.[118] In einer anderen Darstellung werden hingegen verschiedene Akteure als Knoten des Netzwerkes betrachtet, so Lieferanten, Produzenten, Logistikdienstleister sowie der Groß- und Einzelhandel.[119]

In jedem Fall jedoch bilden die durch die Kanten verbundenen Knoten die Strukturen des Fließsystems, die aus den räumlichen Flüssen der Objekte zu beobachten sind. Dabei unterliegen sowohl die Knoten als auch die Kanten bestimmten Kapazitätsbeschränkungen.[120] Eine zeitliche Dimension ergibt sich darüber hinaus durch Betrachtung der Abfolge des Objektflusses von Knoten zu Knoten und der Geschwindigkeit, mit der die Objekte durch das Netzwerk fließen. Die Abfolge oder Richtung des Objektflusses wird in einer gewissen Bandbreite von seinem Zweck, Kundenbedürfnisse zu befriedigen, bestimmt. Dieser Sachverhalt wird zum Teil als »Wertkette« oder »Supply Chain«, die ein Netzwerk durchzieht, beschrieben.[121]

Bevor das graphentheoretische Netzwerkmodell auf seinen Erklärungsbeitrag von Anpassungs- und Entwicklungsfähigkeit hin untersucht wird, seien zwei konzeptionelle Probleme angesprochen, die sich einerseits bei der Definition des Flussobjekts Personen, andererseits bei der Definition des Systems selbst ergeben. Ein konzeptionelles Problem des Fließsystemmodells ergibt sich bei Betrachtung des Flussobjekts Personen. Als eines der grundlegenden Ziele des Fließsystemansatzes wurde in Abschnitt 2.1.2 das Ziel der Objektwertsteigerung genannt. Darunter werden u.a. Maßnahmen verstanden, die auf die Erhöhung des Markt- oder Nutzwertes der Flussobjekte gerichtet sind. Zwar kann man

---

[117] Vgl. GÖPFERT (2000), S. 19; KLAUS (1998), S. 69; PFOHL (2000a), S. 7ff.

[118] Vgl. KLAUS (1998), S. 67.

[119] Vgl. HAGEN/ SPRINGER/ STABENAU (2002), S. 20. Die unterschiedlichen Definitionen der Knoten weisen darauf hin, dass gewisse Unsicherheiten darüber bestehen, ob die Knoten als Elemente des Fließsystems zu verstehen sind. In der Tat ist kein expliziter Hinweis darauf zu finden, dass es sich bei den Knoten um die Systemelemente handelt. Implizit geht dies jedoch aus den Darstellungen hervor.

[120] Vgl. KLAUS (1998), S. 68f; DELFMANN (1999), S. 46.

[121] Vgl. z.B. HAGEN/ SPRINGER/ STABENAU (2002), S. 20.

Personen als Nutzer öffentlicher Verkehrsmittel beispielsweise die Fahrt so angenehm wie möglich zu gestalten versuchen, eine Wertsteigerung dieser Personen wird durch dieses Bemühen jedoch nicht erreicht. Gerade das Beispiel von Personen in öffentlichen Verkehrsmitteln wird allerdings wie zur Legitimierung der Bezeichnung von Personen als Flussobjekte herangezogen.[122] Als eine „Wertsteigerung von Personen" könnte hingegen die Steigerung der Attraktivität von Personen für den Arbeitsmarkt betrachtet werden, die durch den Erwerb von Wissen, Fähig- und Fertigkeiten sowie Erfahrungen erreicht werden kann und deren Vermittlung aus Unternehmenssicht Aufgabe einer flussorientierten Personalwirtschaft ist. Offensichtlich liegt bei der Definition des Flussobjekts Personen eine gewisse Hemmschwelle vor, die davor zurückhält, Mitarbeiter als Flussobjekte zu bezeichnen. Sofern man an dieser Bezeichnung von Personen festhalten möchte, muss zumindest differenziert werden zwischen Personen „mit und ohne Wertsteigerungspotential". Die Bezeichnung von Mitarbeitern als Flussobjekte kann jedoch als kontraproduktiv im Hinblick auf die Ausrichtung eines flussorientierten Verhaltens der Mitarbeiter betrachtet werden. Diese Ausrichtung erfolgt u.a. durch Einflussnahme auf die subjektiven Vorstellungen und Wahrnehmungen der Mitarbeiter[123] – Objekte entwickeln jedoch keine subjektiven Vorstellungen und Wahrnehmungen, so dass durch die Betrachtung von Mitarbeitern als Flussobjekten ein wesentliches personalwirtschaftliches Instrumentarium, dem gerade für eine Flussorientierung besondere Bedeutung zugemessen wird, entfallen würde. Ähnliche konzeptionelle Probleme sind auch bei genauerer Betrachtung anderer Arten von Flussobjekten zu erkennen, die an dieser Stelle jedoch nicht weiter ausgeführt werden sollen. Grundsätzlich stellt sich jedoch die Frage, ob die Konzeption eines Fließsystems aus den Kategorien Flussobjekt und Knoten nicht bereits problembehaftet ist. Beide Systemkategorien ergeben sich letztlich aus bestimmten Systeminputs, so dass sich die Frage aufdrängt, nach welchen Kriterien die Aufteilung in Knoten einerseits und Flussobjekte andererseits vorgenommen wird.

Diese Überlegung leitet über zu dem zweiten oben angesprochenen konzeptionellen Problem, das LUHMANN als ein Zentralproblem des systemtheoretischen Ansatzes beschreibt.[124] Die Darstellung eines Fließsystems als graphentheoretisches Netzwerk erscheint zunächst als einfache Übertragung des systemtheoretischen Begriffspaares »Elemente/ Beziehungen« auf das Begriffspaar »Knoten/ Kanten«. Das oben dargelegte Problem der Differenzierung von

---

[122] Vgl. GÖPFERT (1999), S. 28; KLAUS (1998), S.69.

[123] Vgl. die Ausführungen zur Metapher des Fließsystems in Abschnitt 2.2.1.1 sowie die Diskussion der Bedeutung von Unternehmenskultur und Visionen bei GÖPFERT (2000), S. 156ff; WITTIG/ ZENTES (2002), S. 393ff, und zur Ausgestaltung eines flussorientierten Personalführungssystems WEBER/ KUMMER (1998), S. 297ff.

[124] Vgl. LUHMANN (1987), S. 23.

Knoten und Flussobjekten, wird auch in den Aufzählungen ganzer Reihen möglicher Knoten und mit dem aufgezeigten Widerspruch in diesen Definitionen von Knoten – von der Werkbank bis zum ganzen Unternehmen – deutlich. Dieses Problem wird auf die Betrachtung von Systemen als Ganzheiten, die aus Elementen bestehen zurückgeführt und besteht in der Anforderung, dass die Elemente bzw. Teile des Systems im Verhältnis zum Gesamtsystem homogen sein müssen. LUHMANN illustriert diese Forderung mit den Beispielen

> „dass Zimmer, aber nicht Bausteine Teile des Hauses sind, und Kapitel, aber nicht Buchstaben, Teile des Buches".[125]

Hieran zeigt sich, dass es sich als außerordentlich schwierig gestaltet festzustellen, was als Element bzw. Knoten eines Systems anzusehen ist. Diese Schwierigkeit wird bei den uneinheitlichen Definitionsversuchen der Netzwerkknoten besonders deutlich. So kann eine Werkbank Teil eines Forschungs- und Entwicklungszentrums sein, dass wiederum Teil eines Produzenten sein kann – was aber sind hier die Elemente bzw. Knoten des Systems, zwischen denen die (Fluss-) Beziehungen aufzuspannen sind? Die Verbindung jedes als Knoten definierten Etwas mit einem jeden anderen als Knoten definierbarem Etwas würde zu einem solch komplexen Gebilde von Beziehungen führen, dass so etwas wie eine Ordnung des Systems nicht mehr erkennbar wäre.

Nach der Darlegung dieser konzeptionellen Probleme geht es im Folgenden um die Frage des Erklärungsbeitrags des graphentheoretischen Netzwerkmodells im Hinblick auf die Anpassungs- und die Entwicklungsfähigkeit von Fließsystemen. Zunächst soll hier der Aspekt der Mengenveränderung diskutiert werden. Grundsätzlich stellt das graphentheoretische Netzwerkmodell eine Basis dar, auf der verschiedene quantitative Analysen durchgeführt werden können.[126] So lässt sich auf Basis gegebener Kapazitäten der Kanten und Knoten ermitteln, welche Mengen von Objekten mit dem bestehenden System zu bewältigen sind. Dies sowohl im Hinblick auf Mengen bestimmter Flussobjekte als auch im Hinblick auf verschiedene Arten von Flussobjekten. Vorhandene Handlungsspielräume, genauer Spielräume für Objektflüsse, können demnach mittels des graphentheoretischen Netzwerkmodells abgebildet werden. Damit können gewisse Aussagen über das im System vorhandene Ausmaß der Fähigkeit möglicher Mengenveränderung bei einer gegebenen Struktur getroffen werden. Allerdings sind diese Aussagen in zweierlei Hinsicht zu relativieren: Zum einen kann sich herausstellen, dass die Art der Berechnung möglicher Mengenveränderungen verbessert werden könnte oder die ermittelten Ergebnisse nach unten korrigiert

---

[125] LUHMANN (1987), S. 23.

[126] Vgl. DELFMANN (1999), S. 46, vgl. zu einem Überblick über algorithmische Probleme für Graphen z.B. APPELRATH/ LUDEWIG (1991), S. 269.

werden müssen. Zum anderen müsste definiert sein, was als gegebene Struktur und was bereits als Strukturveränderung zu betrachten ist. Genau genommen kann selbst das bloße Einschalten einer Maschine bereits als eine Strukturveränderung interpretiert werden, wobei es jemanden geben muss, der diese Strukturveränderung vornehmen kann und auch will. Diese Motivation wird durch Aussagen über mögliche Mengenveränderungen nicht beschrieben. Das Fehlen eines Motivs zeigt sich auch bei alleiniger Betrachtung der ermittelten möglichen Mengenveränderungen – ob diese als Reaktion auf externe Einflüsse vorgenommen werden und damit als Anpassungsfähigkeit zu verstehen sind oder aus einer inneren Dynamik heraus resultieren und damit als Ausdruck der Entwicklungsfähigkeit des Fließsystems aufzufassen sind, bleibt ungeklärt.

Die Behandlung des zweiten Aspekts von Anpassungs- und Entwicklungsfähigkeit, die Fähigkeit zu Strukturveränderungen, wird auf Basis des netzwerktheoretischen Graphenmodells vor allem über die Möglichkeit zur Konstruktion verschiedener Systemszenarien gegeben. So lassen sich auf Basis eines Netzwerkgraphen etwa mit den Methoden des Operations Research Berechnungen zur Ermittlung optimaler Strukturen unter gegebenen Bedingungen durchführen. Die Darstellung verschiedener Szenarien oder die Anwendung von Simulationsverfahren mit dem Ziel, potentielle Wirkungen von Struktur- oder Zweckänderungen prognostizieren zu können, sind weitere mögliche Anwendungsbereiche des graphentheoretischen Netzwerkmodells. Insofern lässt dieses Modell die Beschreibung potentieller Systemzustände zu, die sich von einem bestehenden System in den Strukturen unterscheiden. Ob das System die Fähigkeit besitzt, die in Szenarien ermittelten und ggf. anzustrebenden Systemzustände tatsächlich zu erreichen, bleibt indes offen. Aus dem Aufzeigen von Optimalzuständen der Systemstruktur lässt sich noch nicht schließen, dass diese auch tatsächlich umgesetzt werden. In den Ausführungen zur Entwicklung der Logistik wurde bereits darauf hingewiesen, dass die Umsetzung von Strukturveränderungen mit Schwierigkeiten behaftet ist und in der Regel nicht in dem angestrebten Ausmaß realisiert werden kann.[127] In dem Zusammenhang wurde auf soziale Praktiken verwiesen. Ein Beitrag zur Erklärung von Strukturveränderungen ist somit nur schwer zu erkennen. Auch hier fehlt es offensichtlich an einem Motiv, das den zu einer Strukturveränderung – sei es aus Gründen der Anpassung oder aus Gründen der Entwicklung – erforderlichen Impuls gibt.

Defizite des graphentheoretischen Netzwerkmodells zur Erklärung der Konstitution und Entwicklung von Systemen lassen sich außer über eine Hinterfragung der systemtheoretischen Grundannahmen auch aus einem solchen Graphen selbst erkennen. Betrachtet man einen Netzwerkgraphen daraufhin was er *nicht* abbildet, so sieht man weder freie Kapazitäten innerhalb des Systems, die als

127 Vgl. Abschnitt 2.1.1.

strukturelle Optionen verfügbar sein könnten, noch eine Umwelt. Die Definition eines (Fließ-)Systems umfasst lediglich die Elemente zwischen denen (Fluss-) Beziehungen bestehen. Will man sich die Möglichkeit eröffnen, über die Bereitstellung struktureller Optionen die Anpassungs- und die Entwicklungsfähigkeit eines Systems zu sichern oder zu steigern, wäre die Systemdefinition um die Elemente zu erweitern, zu denen (Fluss-) Beziehungen aufgebaut werden könnten. Auf diese Weise wären zwar strukturelle Optionen abbildbar, die Systemdefinition würde jedoch ad absurdum geführt, weil die Menge der Elemente eine Unendliche wäre. Die Nicht-Abbildung einer Umwelt hat zur Folge, dass kein Raum vorhanden ist, an den Elemente des Systems abgegeben oder aus dem Elemente in das System integriert werden könnten.

LUHMANN zeigt auf, dass auf Basis der systemtheoretischen Grundlagen ein umfassendes Verständnis der Konstitution und Veränderung von Systemen nicht möglich sei.[128] Organisationen als soziale Systeme werden als Mittel zur Erfüllung bestimmter Zwecke betrachtet.[129] Diese Annahme stelle sich als dynamisches Kausalmodell einer linearen Handlung dar. Dynamisch sei das Modell insofern, als aus gegenwärtigen Mitteln eine in der Zukunft liegende Zweckerfüllung bewirkt werden solle und Zeit damit eine Rolle spiele. Kausalität liege insofern vor, als die Mittel als Ursache einer bezweckten Wirkung betrachtet werden. Die Begriffspaare Mittel/ Zweck sowie Ursache/ Wirkung werden somit in einer Formel miteinander verschmolzen. Demgegenüber stehe die Betrachtung eines Systems als Ganzes, das aus Teilen besteht, aber mehr ist als die Summe seiner Teile,[130] als statisches Ordnungsmodell eines Sachverhaltes, denn eine solche Ordnung lasse sich nur zu einem gegebenen Zeitpunkt feststellen. In den Modellbeschreibungen der Organisationstheorie und demzufolge auch im Netzwerkmodell der Logistik werde eine Gleichsetzung der Ganzes/ Teil-Ordnung und der Zweck/ Mittel-Ordnung vorgenommen, indem das Ganze (das mehr ist als die Summe seiner Teile) als Zweck und die Teile als Mittel betrachtet werden. Auf eine Kurzform gebracht, lässt sich diese Argumentation von LUHMANN wie folgt darstellen:

$$\text{Ursache} \Rightarrow \text{Wirkung} \quad \approx \quad \text{Mittel} \Rightarrow \text{Zweck} \quad \approx \quad \{\text{Teile}\} < \sum \text{Teile} = \text{Ganzes}$$

Die Gleichsetzung von Mittel/ Zweck und Teil/ Ganzes führe dazu, dass die statische Systemstruktur als verursachendes Mittel zu einem Bestandteil eines dynamischen Handlungsablaufs wird. Eine Systemstruktur wird damit zur

128 Vgl. zu den folgenden Ausführungen LUHMANN (1999), S. 55ff.

129 Vgl. bestätigend die Definition des instrumentellen Organisationsbegriffs bei PICOT/ DIETL/ FRANCK (1999), S. 28: „Die Organisation ist aus dieser Perspektive ein Mittel zum Zweck der Lösung des Organisationsproblems."

130 Vgl. LUHMANN (1999), S. 56 sowie stellvertretend für viele in der betriebswirtschaftlichen und logistischen Literatur ISERMANN (1998), S. 50, S. 46.

Voraussetzung von Handlungsprozessen, die in eine Zweckerfüllung münden sollen, womit dem System eine bestimmte Zweckrationalität unterstellt wird. Einerseits wird hier die in der Organisationstheorie übliche Trennung von Struktur und Prozess deutlich. Andererseits stellt sich die Frage, wie es zu dieser Struktur gekommen ist bzw. wie eine Veränderung der Struktur erreicht werden kann. Die Antwort zeigt sich als eine Endlos-Schleife, denn die Errichtung einer Struktur kann nur über Handlungsprozesse erfolgen, die wiederum nur auf Basis einer Struktur möglich sind, die nur über Handlungsprozesse errichtet worden sein kann, die ... usw. LUHMANN erläutert, dass

> „Mittel nicht »Teile« eines Zwecks, sondern allenfalls Teile eines Handlungssystems (sind), in dem auch Zwecke eine Teilfunktion erfüllen."[131]

Das Verhältnis von Handlung und Systemstruktur und damit die Konstitution und Veränderung von Systemstrukturen können folglich aus dieser systemtheoretischen Perspektive nicht ausreichend erklärt werden. Veränderungen der Systemstrukturen werden als Funktion für die Zweckerreichung (oder -verbesserung) interpretiert, eine Funktion für das System selbst wird in Strukturveränderungen nicht gesehen.

Insgesamt ermöglicht das graphentheoretische Netzwerkmodell eingeschränkte Aussagen über die Fähigkeit des Systems, variierende Mengen einer bestimmten Flussobjektart oder Arten von Flussobjekten innerhalb einer gegebenen Systemstruktur zu bewältigen. Voraussetzung hierfür ist allerdings, dass die bestehenden Systemstrukturen unabhängig von dem aktuellen Objektfluss bestehen bleiben. Auf Basis der herangezogenen zweckrationalistischen systemtheoretischen Annahmen über die Gestalt von Systemen lässt sich hingegen das Problem der Veränderung von Systemstrukturen nicht angemessen behandeln. Das Errechnen von Optimalstrukturen kann zwar für eine Strukturgestaltung Orientierung geben, bedeutet aber noch nicht, dass diese Strukturen tatsächlich realisiert werden. Das wäre nur dann der Fall, wenn in der Effizienz oder der Rationalisierung der Zwecke tatsächlich die Durchsetzung zur Flussorientierung, das Argument, der Impuls oder der Auslöser zur Veränderung der Systemstrukturen läge. Doch ob das so ist, kann mit dem graphentheoretischen Netzwerkmodell nicht beantwortet werden, und es wurden bereits einige Aspekte angeführt, die gegen diese Annahme sprechen. Die Möglichkeit zur Thematisierung von Strukturveränderungen erscheint vielmehr auf Basis des herangezogenen Systemmodells konzeptionell ausgeschlossen zu sein.

---

[131] LUHMANN (1999), S. 59.

2.2.1.2.2 Strukturmodell von Organisationen

Die raum-zeitliche Beschreibung der Systemstrukturen, die im graphentheoretischen Netzwerkmodell ihren Ausdruck findet, bezieht sich vorwiegend auf die äußere Gestalt von Fließsystemen. Darüber hinaus werden Organisationen im Fließsystemansatz durch weitere Eigenschaften ausgezeichnet, die bei der organisatorischen Gestaltung Berücksichtigung finden sollen. Dabei wird davon ausgegangen, dass die Gestaltung der Strukturen nach bestimmten organisatorischen Regeln erfolge. Organisatorische Regeln sollen sich deshalb auf diejenigen Eigenschaften der Fließsystemstruktur beziehen, die die Fließsystemstruktur maßgeblich prägen. Für das Fließsystemmodell sind mithin diese Eigenschaften zu identifizieren und durch Festlegung geeigneter Maße zu operationalisieren.[132] Der Fließsystemansatz orientiert sich hierbei stark an dem organisationstheoretischen Situativen Ansatz. Strukturprägende Eigenschaften werden hier als »Strukturdimensionen« bezeichnet. Diese Strukturdimensionen treten in unterschiedlichen Ausprägungen auf, die als »Strukturvariablen« bezeichnet werden. Die im Situativen Ansatz entwickelten Strukturdimensionen werden auf das Fließsystemmodell übertragen. Eine ausführliche Analyse organisationstheoretischer Ansätze, die zur Auswahl der Strukturdimensionen des Situativen Ansatzes führt, bietet FREICHEL. Er beschreibt die Struktur von Logistikservice-Netzwerken mittels der Dimensionen

- Spezialisierung und Primärorganisation,
- Konfiguration, Entscheidungsdelegation und Sekundärorganisation sowie
- Koordination, Programmierung und Information.[133]

Diese Strukturdimensionen sind grundsätzlich in der einschlägigen Literatur wiederzufinden und werden auch von GÖPFERT aufgegriffen. Sie erläutert, dass die ursprünglich für unternehmensinterne Strukturen konzipierten Dimensionen auch für die Beschreibung unternehmensübergreifender Strukturen geeignet seien und sowohl die Gebilde-Struktur als auch die Prozess-Struktur abbilden könnten.[134] Zusammenfassend stellt sie die Strukturdimensionen und Strukturvariablen bzw. die Maße zur Operationalisierung der Dimensionen in einer Abbildung dar, die mit der folgenden Abbildung 2-3 wiedergegeben werden soll.

[132] Vgl. GÖPFERT (2000), S. 81.
[133] Vgl. FREICHEL (1992), S. 113.
[134] Vgl. GÖPFERT (2000), S. 81ff.

Strukturdimension	Strukturvariablen
Arbeitsteilung/ Spezialisierung	Art der Arbeitsteilung (funktional, prozessual)
	Grad der vertikalen Spezialisierung (Länge der unternehmensindividuellen Wertkette)
	Grad der horizontalen Arbeitsteilung (Single Sourcing, Multiple Sourcing, Modular Sourcing
Kooperation/ Koordination	Kooperationsform (Markt, vertikale Integration, Wertesystem)
	Koordinationsinstrumente (z.B. persönliche Weisung, Pläne, Programme, Selbstabstimmung)
Konfiguration	räumliche Ausdehnung (lokal, national, regional, weltweit)
	Intensität der Leistungsbeziehungen (hoch, niedrig)
	Netztopologie (Rastersystem, Hub and Spoke)
	Art der Leistungsbeziehung (einseitig, wechselseitig)
Entscheidungsdelegation und -dezentralisation	vertikale Autonomie (hoch, niedrig)
	horizontale Autonomie (hoch, niedrig)

Abbildung 2-3: Dimensionen und Variablen der Fließsystemstruktur
Quelle: GÖPFERT (2000), S. 87.

Im Unterschied zum Situativen Ansatz, der unter dem Begriff der Konfiguration die Anordnung von Stellen versteht,[135] bezeichnet die Konfiguration im Fließsystemansatz die raum-zeitliche Anordnung der Aktivitäten und Beziehungen des Systems.[136] Die Integration des graphentheoretischen Netzwerkmodells in die Modellierung der Organisationsstrukturen von Fließsystemen kann durch diese Unterscheidung vorgenommen werden.

Die Definition von Strukturdimensionen dient der Herausbildung objektiver Kriterien, die eine Messbarkeit von Organisationsstrukturen ermöglichen soll. Organisationsstrukturen stellen sich so als ein personenunabhängiges Regelsystem dar, die objektiv erfassbar sind und das Handeln der Organisationsmitglieder auf formalem Wege steuern.[137] Hierin kommen die an das positivistisch-funktionalistische Paradigma der Sozialwissenschaft angelehnten Grundannahmen des Fließsystemansatzes zum Ausdruck. Nach dem positivistisch-funktionalistischen Paradigma gelten soziale Systeme als reale Tatsachenerscheinungen, die im Hinblick auf spezielle Bereiche oder Aspekte und deren

[135] Vgl. KIESER/ KUBICEK (1983), S. 132.
[136] Vgl. GÖPFERT (2000), S. 84.
[137] Vgl. KIESER (2001a), S. 190.

Funktionen für das übergeordnete Überlebensziel des Systems untersucht werden können. Die Ergebnisse dieser Untersuchungen münden in die Formulierung universeller Prinzipien und allgemein anwendbarer Gestaltungsempfehlungen für Organisationsstrukturen.[138] Eine Gegenposition zu diesen Annahmen wird in konstruktivistischen Ansätzen der Organisationstheorie vertreten, die dem interpretativen Paradigma zugeordnet werden. Demnach lassen sich Organisationsstrukturen nicht unabhängig von den Wahrnehmungen und Vorstellungen der Organisationsmitglieder operationalisieren und objektiv erfassen, denn das Handeln der Mitglieder orientiere sich nur begrenzt an den formalen Regelungen der Organisation.[139] Folglich beeinflusst nicht eine gegebene formale Organisationsstruktur das Handeln, sondern die Organisationsstruktur wird durch Handeln sozial konstruiert. Handeln selbst stellt sich als Ergebnis von Verständigungsprozessen dar, über die übereinstimmende Vorstellungen herausgebildet werden.[140] Die Möglichkeit zur objektiven Begründung von Gestaltungsempfehlungen für Organisationsstrukturen wird damit nicht nur bezweifelt, sondern bestritten.

2.2.1.2.3 Situationsmodell

Die organisatorische Gestaltung von Fließsystemen ist darauf gerichtet, eine Struktur innerhalb der o.g. Dimensionen herauszuformen, die unter der Maßgabe der Effizienz eine Gesamtaufgabe, das Sachziel, zu lösen im Stande ist. Grundsätzlich geht man im Situativen Ansatz und entsprechend auch im logistischen Fließsystemansatz davon aus, dass die Strukturen bzw. deren Effizienz von bestimmten situativen Bedingungen abhängen. Dies geht deutlich aus der vielzitierten Dynamik und Komplexität der Umwelt hervor. Würde allein die Gesamtaufgabe oder der Gesamtzweck als übergeordnetes Sachziel die Organisationsstruktur eines Wertschöpfungssystems bestimmen, so müssten alle Wertschöpfungssysteme mit der gleichen oder einer ähnlichen Gesamtaufgabe auch annähernd gleiche Organisationsstrukturen aufweisen.[141] Dies ist jedoch nicht der Fall. KIESER/ KUBICEK haben Einflussgrößen oder Kontextfaktoren, denen im Situativen Ansatz eine die Organisationsstrukturen mitbestimmende Wirkung zugesprochen wird, identifiziert und systematisiert. Die Systematisierung und Festlegung von situativen Dimensionen dient der Operationalisierung der Kontextfaktoren. Die Situation soll sich auf diese Weise mit objektiven Maßstäben beschreiben lassen, um die daraus abgeleiteten organisatorischen Regelungen auf einer objektiven Grundlage formulieren zu können. Die folgende Abbildung

---

[138] Vgl. SCHERER (2001), S. 15.
[139] Vgl. KIESER (2001a), S. 190.
[140] Vgl. Vgl. KIESER (2001a), S. 190; ORTMANN (1995), S. 198ff.
[141] Vgl. KAPPLER/ REHKUGLER (1991), S. 130.

zeigt die Dimensionen der Situation oder auch die Kontextfaktoren der Organisationsstruktur.

Dimensionen der internen Situation	Dimensionen der externen Situation
Gegenwartsbezogene Faktoren	Aufgabenspezifische Umwelt
Leistungsprogramm	Konkurrenzverhältnisse
Größe	Kundenstruktur
Fertigungstechnologie	Technologische Dynamik
Informationstechnologie	
Rechtsform und Eigentumsverhältnisse	
Vergangenheitsbezogene Faktoren	Globale Umwelt
Alter der Organisation	Gesellschaftliche Bedingungen
Art der Gründung	Kulturelle Bedingungen
Entwicklungsstadium der Organisation	

Abbildung 2-4: Dimensionen der Situation der Organisation
Quelle: KIESER/ KUBICEK (1983); zitiert nach KAPPLER/ REHKUGLER (1991), S. 131.

Auch im Hinblick auf die Operationalisierung der Situation einer Organisation hat der Situative Ansatz scharfe Kritik erfahren. Nach einer Untersuchung von SCHREYÖGG lässt sich die Annahme, die Situation determiniere die Organisationsstruktur, nicht aufrechterhalten. So zeigen empirische Untersuchungen kein einheitliches Bild in den Korrelationen zwischen Umwelt und Organisationsstrukturen.[142] Darüber hinaus wird die Methodik der Umweltoperationalisierung als unangemessen bewertet, u.a. weil die Dimensionen der Situation auf Grund von Plausibilitätsannahmen und nicht auf Grund einer theoretischen Basis abgeleitet werden.[143] Als plausibel können unbewiesene Kausalzusammenhänge betrachtet werden, die den subjektiven Vorstellungen oder den herrschenden allgemeinen Auffassungen folgend richtig seien. Damit aber ist die Dimensionierung der Situation ein Konstrukt des Sozialen.

2.2.1.3 Abschließende Betrachtung der Perspektive

Die Perspektive der Logistik in ihrer Ausprägung als Fließsystemansatz wurde in diesem Abschnitt durch die Untersuchung der theoriekonstituierenden Metapher des Flusses sowie der Modelle des Fließsystems, der Organisationsstruktur und der situativen Einflussfaktoren dargelegt. Die Analyse der verwen-

[142] Vgl. SCHREYÖGG (1978).
[143] Vgl. KIESER (2001a), S. 176.

deten systemtheoretischen Grundlagen und die Kritik an der positivistisch-funktionalistischen Betrachtungsweise von Organisationen und ihren situativen Einflussfaktoren zeigen, dass diese Perspektive den Blick auf einige wesentliche Aspekte nicht ausreichend freigibt. Es zeigte sich, inwieweit die Bezeichnung *Fließ*systemansatz programmatische Wirkung hat, denn es lassen sich zwar Aussagen über das Fließen von Objekten in bestehenden Strukturen treffen, wie sich aber diese Strukturen konstituieren und in veränderter Form neu-konstituieren, wird nicht ersichtlich. Die Erklärung gerade dieser Aspekte ist jedoch ausdrückliches Ziel des Fließsystemansatzes, der die Anpassungs- und Entwicklungsfähigkeit von Fließsystemen als existenzielle Voraussetzung für das Bestehen logistischer Systeme betrachtet und der Fähigkeit zu Strukturveränderungen damit zentrale Bedeutung zugewiesen wird.

Die Konzeption des Fließsystemansatzes, die einerseits auf der theoriekonstituierenden Metapher des Fließens und andererseits auf einer Modellbildung, die sich an dem positivistisch-funktionalistischen Paradigma orientiert, lässt sich als ein konzeptioneller Widerspruch interpretieren. Einerseits wird die Logistikkonzeption selbst durch Verwendung der Metapher des Fließsystems durch die Beeinflussung subjektiver Wahrnehmungen und kognitiver Theorien konstruiert. Damit wird bei der Herausbildung des Fließsystemansatzes selbst die Perspektive der konstruktivistischen Organisationsansätze eingenommen. Bei der Modellbildung hingegen hält der Fließsystemansatz am positivistisch-funktionalistischen Paradigma und einer objektivistischen Perspektive fest.

Allerdings wird an der objektivistischen Perspektive nicht konsequent festgehalten. So wird beispielsweise die Prognosefunktion in einem Modell zur Erklärung und Entwicklung von Fließsystemen wesentlich durch die Entwicklung einer Logistikvision erfüllt.[144] Diese wird wie folgt definiert:

> „Die **Logistikvision** bildet das wünschenswerte und realistische Zukunftsbild über die logistischen Strukturen und Prozesse des unternehmensweiten und unternehmensübergreifenden Wertschöpfungssystems einschließlich der Wege zu deren Erreichung. Über die Umsetzung der Logistikvision wird die Entwicklungsfähigkeit des logistischen Systems und eine hohe Effektivität und Effizienz der Güter- und Informationsflüsse gesichert.[145]

Unter der Umsetzung der Logistikvision ist die Realisation dieser Vision in den Strukturen und Prozessen des Fließsystems oder in den Handlungen der Organisationsmitglieder zu verstehen. Eine Vision entspricht aber nichts anderem als subjektiv entwickelten Vorstellungen, so dass die auf Grundlage einer Vision

[144] Vgl. GÖPFERT (2000), S. 78, Anmerkung 46 sowie S. 159ff und S. 192f.
[145] GÖPFERT (2000), S. 165 (Hervorhebung im Original).

herausgebildeten Strukturen und Handlungen als soziale Konstrukte aufzufassen sind. KLAUS erläutert es ausführlich:

> „Die das Denken und Verhalten der Menschen in den Abteilungen der Unternehmen bestimmenden Bilder und Begriffe von „Produkt und Markt", von „Produktionsfaktoren und Technologien", von „Betrieb und Verwaltung", „Planung, Entscheidung und Kontrolle" sind abteilungs-, funktions- und berufsfeldspezifisch. Sie sind deshalb nur wenig geeignet, die Kommunikation zwischen den Menschen in Unternehmen und die Integration der Aktivitäten zu unterstützen. Die vorherrschenden Darstellungen in Organisationsplänen sind statische Strukturdarstellungen, die zumeist funktionale und hierarchische Gruppierungen von Aktivitäten widerspiegeln. Die Daten und Berichte des Rechnungswesens sind primär an Kostenstellen ausgerichtet, die von den gleichen funktionenorientierten, hierarchischen eher statischen Denkrahmen traditionellen Managements bestimmt sind.
> Eine Herausforderung für das Management von Fließsystemen ist deshalb die Weckung des Bewusstseins in den Köpfen der Mitarbeiter, dass ihr Unternehmen ein Netz von Flüssen und Prozessen ist, die allesamt zur Schöpfung von Werten für Kunden beitragen müssen. Bilder [...] bieten praxisgerechte Anregungen für die Überwindung der alten Barrieren im Denken und Handeln der Menschen im Unternehmen."

Mit Bildern, die Kommunikations- und Verständigungsprozesse unterstützen und der Weckung des Bewusstseins in den Köpfen der Mitarbeiter fordert KLAUS ausdrücklich eine konstruktivistische Perspektive für den Fließsystemansatz. So nimmt er unter Verweis auf BERGER/ LUCKMANN[146] auch Bezug auf das Interpretative Paradigma, das für konstruktivistische Ansätze grundlegend ist, schränkt dessen Wirkungsbereich jedoch auf eine Kundenwerte-Rationalität ein, wonach alle Wertschöpfungsprozesse nach den subjektiven Maßstäben der Kunden zu bewerten seien.[147] Den Schritt, das Interpretative Paradigma auf das organisationstheoretische Konzept des Fließsystemansatzes zu übertragen, geht KLAUS damit noch nicht in der möglichen Reichweite.

2.2.2 Methoden zur Förderung der Flussorientierung

Nachdem im vorangegangenen Abschnitt die Perspektive des logistischen Fließsystemansatzes anhand der diesem Ansatz zu Grunde liegenden Modelle untersucht wurde, bilden die Methoden des Fließsystemansatzes zur Förderung der Flussorientierung den Gegenstand des folgenden Abschnitts. Aus den festgestellten Problemen der Modelle im Hinblick auf die Erklärung von Anpassungsfähigkeit und Entwicklungsfähigkeit logistischer Systeme ist nicht unmittelbar der Schluss ableitbar, dass die im Fließsystemansatz verwendeten Methoden nicht dennoch zu einer Herausbildung oder Steigerung dieser Fähigkeiten

---

[146] BERGER/ LUCKMANN (1972).

[147] Vgl. KLAUS (1999), S. 28.

beitragen können. Zudem ist zu prüfen, ob das Erklärungsdefizit der Fließsystemmodelle bei der Übertragung in eine Methodik die Annahme weiterer theoretischer Bedingungen voraussetzt, die bislang nicht explizit genannt wurden.

Grundsätzlich gelten in der Literatur des Fließsystemansatzes die Methoden der Prozessorientierung, auch als Prozessansatz bezeichnet (Abschnitt 2.2.2.1), sowie in Anlehnung an die Idee der Lean Production die Verschlankung von Wertschöpfungssystemen als Methoden, mittels derer die Flussorientierung und damit die Anpassungs- und Entwicklungsfähigkeiten gefördert werden könne. Einschränkend zu der hier zweitgenannten Methode ist zu ergänzen, dass zwar tendenziell eine Verschlankung von Wertschöpfungssystemen angestrebt,[148] dies aber nicht als generelle Lösung vorgeschlagen wird. Vielmehr werden im Fließsystemansatz die Möglichkeiten zur Aus- bzw. Einlagerung von Leistungsaktivitäten eines jeweils betrachteten Wertschöpfungssystems untersucht mit der Folge einer Verschiebung der Systemgrenzen. Insofern erscheint im Rahmen dieser Arbeit die Bezeichnung dieser Methode unter dem Titel der Behandlung des Grenzproblems angemessen (Abschnitt 2.2.2.2).

2.2.2.1 Der Prozessansatz

Im Hinblick auf das o.g. Untersuchungsziel im Rahmen dieser Arbeit soll der Prozessansatz in folgenden Schritten dargelegt und diskutiert werden: Zunächst werden einige grundlegende Aspekte des Prozessansatzes dargelegt. Anschließend werden die Phasen einer an dem Prozessansatz orientierten Organisationsgestaltung erläutert. Aus dieser Grundlage ergeben sich Folgerungen zum Zusammenhang zwischen Prozessansatz und der Anpassungs- und Entwicklungsfähigkeit von Wertschöpfungssystemen.

2.2.2.1.1 Grundlegende Aspekte des Prozessansatzes

Der Prozessansatz erhielt einen wesentlichen Impuls durch die von PORTER entwickelte aktivitätsbezogene Theorie des Unternehmens, die auch als Wertkettentheorie bezeichnet wird.[149] PORTER gelangt u.a. zu der Erkenntnis, dass das Aktivitätenprofil[150] eines Unternehmens wettbewerbsentscheidenden Charakter hat. Um Wettbewerbsvorteile realisieren zu können, muss sich demnach die Gestaltung der Organisationsstrukturen an den Kriterien der Prozesse und nicht an den Kriterien der Aufgaben orientieren. Als grundlegende Wettbewerbs-

---

[148] Vgl. dazu die umfangreiche Literatur zum Outsourcing logistischer Leistungen und die empirisch nachgewiesenen Outsourcingaktivitäten, z.B. von BAUMGARTEN/ WALTER (2000); KLAUS (1999a).

[149] Vgl. PORTER (1985).

[150] Der Begriff der Aktivität ist als Synonym für den Begriff des Prozesses aufzufassen.

strategien gelten die Kostenführerschaft auf der einen, die Differenzierung auf der anderen Seite. Die Ansatzpunkte für die Realisierung einer Wettbewerbsstrategie liegen folglich bereits in der Wertkettentheorie entweder bei der Kostensenkung durch Beeinflussung des Input oder bei der Wertsteigerung durch Beeinflussung des Output und sind durch eine prozessorientierte Vorgehensweise bei der Strukturgestaltung umzusetzen. Für eine unternehmensinterne Organisationsgestaltung heißt das, dass die Stellen- und Abteilungsbildung unter Berücksichtigung der spezifischen Erfordernisse, die der Ablauf betrieblicher Leistungserstellung und -verwertung verlangt, zu konzipieren ist.[151] Die funktions- oder aufgabenorientierte Organisationsgestaltung geht hingegen von der Gesamtaufgabe aus, die in Teilaufgaben zerlegt und daraufhin bestimmten Stellen oder Abteilungen zugeordnet wird. Der Ansatz der Prozessorganisation ist damit nicht als rein auf die Ablauforganisation orientierter Ansatz zu verstehen, sondern befasst sich ebenfalls mit aufbauorganisatorischen Fragestellungen.

Eine prozessorientierte Organisation wird als vorteilhaft erachtet, wenn ab einer gewissen Marktdynamik die Spezialisierungsvorteile einer funktionalen Arbeitsteilung durch Flexibilitätsnachteile und zunehmende Transaktionskosten, die durch die notwendige Koordination der Teilaufgaben entstehen, überkompensiert werden. Der Grad der funktionalen Arbeitsteilung wird durch die Prozessorganisation reduziert, indem vor- und nachgelagerte Aktivitäten zu einem Prozess oder einer Prozesskette reintegriert werden.[152] Der Prozessansatz ist mithin als Reorganisationsansatz aufzufassen, weil er eine bestehende (funktionale) Struktur neu ordnet. Als wichtigen Aspekt des Prozessansatzes hebt KLAUS die im Prozessansatz vorgenommene Unterscheidung der Bedeutungen verschiedener Prozesstypen für die kundenbezogene Wertschöpfung hervor. Die wettbewerbsentscheidenden Aktivitäten würden auf diese Weise transparent dargestellt.[153] Abbildung 2-5 stellt verschiedene Prozesstypen nach PICOT/ DIETL/ FRANCK dar, aus der dies hervorgeht.

Grundsätzlich werden Prozesse als eine abgeschlossene Folge von Tätigkeiten betrachtet, die einen Input in einen Output transformieren. Die Output-Leistung eines Prozesses bildet oft den direkten Input für einen folgenden Prozess.[154] Die Abgeschlossenheit eines Prozesses ist in dem Sinne zu verstehen, dass Beginn und Ende eines jeden Prozesses definitiv bestimmbar sind. Prozesse stellen damit Einheiten dar, die wiederholt durchlaufen werden können.[155] Durch die Integration von Tätigkeiten oder Teilprozessen zu Prozessen, die einen gesamt-

---

[151] Vgl. GAITANIDES (1983), S. 62.
[152] Vgl. PICOT/ DIETL/ FRANCK (1999), S. 270.
[153] Vgl. KLAUS (1998), S. 66.
[154] Vgl. DIN 2000, S. 11.
[155] Vgl. zur Wiederholungsfunktion von Prozessen REICHWALD/ DIETEL (1991), S. 414f.

haften Bearbeitungsabschnitt repräsentieren, können erhebliche Zeit- und Kosteneinsparungspotentiale erschlossen werden, Beispiele hierfür finden sich etwa bei HAMMER/ CHAMPY.[156]

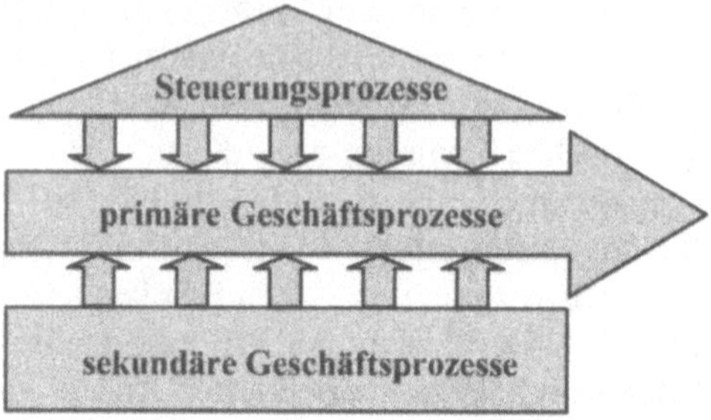

Abbildung 2-5: Prozesstypen
Quelle: PICOT/ DIETL/ FRANCK (1999), S. 270.

2.2.2.1.2 Phasen der Organisationsgestaltung nach dem Prozessansatz

Die Vorgehensweise bei der organisatorischen Gestaltung nach dem Prozessansatz kann in drei Phasen gegliedert werden: die Prozessanalyse, die Verteilung der Prozesse auf Stellen und die Koordination der Prozesse.[157] Eine prozessorientierte Reorganisation muss nicht in einem Zug auf das gesamte Wertschöpfungssystem angewendet werden, sondern kann je nach Entscheidung auch auf einen oder einige Bereiche (z.B. die Auftragsabwicklung) beschränkt werden. In der Prozessanalyse werden deshalb zunächst diejenigen (Gesamt-) Prozesse ausgewählt, die einer Neuausrichtung unterzogen werden sollen. Die Auswahl dieser Prozesse ist dabei maßgeblich an der Wettbewerbsstrategie und dem Zielsystem des Unternehmens bzw. unternehmensübergreifenden Wertschöpfungssystems zu orientieren. Als Auswahlkriterien gelten nach PORTER die Bedeutung des Prozesses für die Zufriedenheit externer Kunden sowie für das Erreichen oder Sichern von Wettbewerbsvorteilen. Weiterhin seien solche Prozesse zu priorisieren, die eine hohe Ressourcenintensität aufweisen.[158] Die für den zu gestaltenden Gesamtprozess erforderlichen Teilprozesse, Prozesssegmente und Prozesselemente werden identifiziert und in eine optimale Reihenfolge gebracht, wobei auch die benötigten Ressourcen und Infrastruk-

156 Vgl. HAMMER/ CHAMPY (1994).
157 Vgl. WEBER/ KUMMER (1998), S. 288.
158 Vgl. PORTER (1989), zitiert nach PICOT/ DIETL/ FRANCK (1999), S. 276.

turen bzw. die jeweils benötigte Zeit abgeschätzt werden.[159] Auf diese Weise wird eine Art Grundmuster geschaffen, das die Wiederholbarkeit der als notwendig identifizierten Teilaktivitäten in der optimalen Abfolge ermöglicht.

Bei der Verteilung der Prozesse auf Stellen geht es um die Zuweisung der Prozesse und Teilprozesse auf organisatorische Einheiten im Wertschöpfungssystem. Sofern eine unternehmensübergreifende Reorganisation nach dem Prozessansatz vorgenommen werden soll, greift die Bezeichnung »Verteilung der Prozesse auf Stellen« im Grunde zu kurz, denn der Begriff der Stelle impliziert eine unternehmensinterne Sicht. Die Anwendung des Prozessansatzes im Fließsystemansatz sieht jedoch eine unternehmensübergreifende Sicht vor, so dass die Bezeichnung »Verteilung der Prozesse auf Organisationseinheiten« für die zweite Phase der Prozessorganisation treffender wäre.[160] Dies ist auch in sofern sinnvoll, als sich im Verlauf einer zunächst unternehmensintern angelegten Reorganisation erweisen kann, dass bestimmte Prozesse außerhalb der Unternehmensgrenzen vorteilhafter durchgeführt werden können. Die Phase der Prozessorganisation zur Verteilung der Prozesse auf organisatorische Einheiten umfasst damit erstens die Zuordnung von Prozessen auf beteiligte oder zu beteiligende Unternehmen und zweitens die Zuordnung von Prozessen auf unternehmensinterne Stellen und Bereiche. Diese Zuordnungen sollen sachlogisch und zum Beispiel unter Verwendung von Verfahren aus dem Operations Research erfolgen.[161] Der erste Punkt umfasst Fragestellungen, die sich auf die Grenzgestaltung von Unternehmen beziehen und mit Begriffen wie z.B. Make-or-Buy, Outsourcing oder Gestaltung der Leistungstiefe beschrieben werden. An dieser Stelle sei auf Abschnitt 2.2.2.2 verwiesen, in dem die Behandlung des Grenzproblems von Organisationen als weitere Methode des Fließsystemansatzes diskutiert wird. Der zweite Punkt bezieht sich auf die Herausbildung unternehmensinterner Organisationseinheiten in Form von Stellen, Abteilungen oder Bereichen. Dabei ist zu beachten, dass einige Aufgaben grundsätzlich der Organisation in funktionalen Einheiten bedürfen; dies gilt zum Beispiel für Aufgaben bei denen man von einer Unteilbarkeit im Know-how- und Technologiebereich ausgehen muss.[162] Entsprechend der für die einzelnen Aufgaben vorgenommenen Priorisierung der Funktion oder des Prozesses bei der Stellen- und Bereichsbildung kommt es zu unterschiedlicher Ausprägung der Prozessorganisation. Mit zunehmender Priorisierung des Prozesses sind folgende Organisationsstrukturen denkbar:[163]

---

[159] Vgl. WEBER/KUMMER (1998), S. 287.

[160] Teilweise wird der Prozessansatz auch von vornherein als unternehmensübergreifender Gestaltungsansatz aufgefasst; vgl. z.B. PICOT/ DIETL/ FRANCK (1999), S. 269ff.

[161] Vgl. WEBER/ KUMMER (1998), S. 288 unter Bezug auf GAITANIDES (1983).

[162] Vgl. PICOT/ DIETL/ FRANCK (1999), S. 279ff.

[163] Vgl. PICOT/ DIETL/ FRANCK (1999), S. 278.

- Funktionale Spezialisierung;
- Funktionale Spezialisierung mit prozessorientierten Stabstellen;
- Prozessteams aus funktionalen Spezialisten;
- Zusammenarbeit funktionaler und prozessspezialisierter Organisationseinheiten nach dem Matrixmodell;
- Case-Management mit Zugriff auf funktionale Stabstellen;
- Case-Management als Prozessspezialisierung.

Bezogen auf die im Fließsystemmodell zu Grunde gelegten Strukturdimensionen wird mit der Verteilung der Prozesse auf Organisationseinheiten in erster Linie die Strukturdimension der Arbeitsteilung/ Spezialisierung angesprochen.[164] Unmittelbar damit verbunden ist die Strukturdimension der Entscheidungsdelegation und -dezentralisation, denn die Zuweisung bestimmter Aufgaben erfordert immer auch die Zuweisung der mit diesen Aufgaben verbundenen Entscheidungs-, Weisungs- und Verantwortungskompetenzen (Kongruenzprinzip der Kompetenzen).[165] Aus der Verschiebung dieser Kompetenzen auf die Ebene der Prozesse können sich verschiedenen Wirkungen auf die Verhaltensweisen der Mitarbeiter ergeben. Die Verantwortung bezieht sich in prozessorientierten Organisationseinheiten auf die Ergebnisse der Prozesse, so dass die Vergütungen an die jeweiligen Leistungen gekoppelt werden können. Dadurch entstehen stärkere Anreize zu effizientem Handeln, eine Eingrenzung der Möglichkeiten zu opportunistischem Verhalten und die Aussicht, hierarchische Kontrollen einzusparen.[166]

Die dritte Phase der Prozessorganisation umfasst die Koordination der Prozesse, die infolge von Leistungsverflechtungen sowie infolge der zwischen den Prozessen möglichen Ressourceninterdependenzen notwendig wird. Als Instrumente sowohl für die intraprozessuale als auch für die interprozessuale Koordination werden Standardisierung (Regeln und Programme), Koordination durch Hierarchie und Koordination durch Selbstabstimmung genannt, die auch als strukturelle Koordinationsinstrumente in der Organisationstheorie diskutiert werden.[167] Weiterhin kommen nicht-strukturelle Koordinationsinstrumente zum Einsatz, die auf das Verhalten der Organisationsmitglieder einwirken und zum Beispiel die Identifikation mit den Zielen und Werten des Wertschöpfungssystems fördern sollen.[168] PFOHL führt hierzu aus, dass ein „differenziertes

[164] Vgl. Abschnitt 2.2.1, insbesondere Abbildung 2-3.
[165] Vgl. KAPPLER/ REHKUGLER (1991), S. 98ff.
[166] Vgl. PICOT/ DIETL/ FRANCK (1999), S. 282f.
[167] Vgl. WEBER/ KUMMER (1998), S. 289; zu einem Überblick über Koordinationsinstrumente vgl. KIESER/ KUBICEK (1992), S. 103ff.
[168] Vgl. FREICHEL (1992), S. 192ff; GÖPFERT (2000), S. 83f.

Instrumentarium der Indoktrination“[169] zur Verfügung stehe. Von Bedeutung für die Logistik seien insbesondere

> „*personalpolitische* Maßnahmen, die darauf ausgerichtet sind, das Wissen um die logistischen Zusammenhänge bei den Organisationsmitgliedern, die logistische Teilaufgaben wahrnehmen, zu erhöhen. Außerdem können Motivation und Einstellung der Organisationsmitglieder so beeinflusst werden, dass sie die erkannten Zusammenhänge auch tatsächlich bei ihren Entscheidungen berücksichtigen.“[170]

2.2.2.1.3 Folgerungen aus dem Prozessansatz für die Anpassungs- und Entwicklungsfähigkeit von Wertschöpfungssystemen

Zusammenfassend lässt sich feststellen, dass der Prozessansatz insofern eine hohe Affinität zum Fließsystemansatz aufweist, als Strukturbrüche, die in funktional gegliederten Strukturen vorliegen, aufgehoben werden. Die einzelnen Aufgaben oder Teilprozesse werden in einer auf das Ziel orientierten Abfolge angeordnet, die wenig Redundanzen aufweist und als Prozesskette oder auch als Fluss beschrieben werden kann. Die Festlegung der Abfolge der Teilprozesse und deren Zuordnung zu bestimmten Organisationseinheiten kann dabei unter Berücksichtigung eines optimierten raum-zeitlichen Objektflusses erfolgen[171] und das graphentheoretische Fließsystemmodell bei der Optimierung der Objektflüsse als eine Grundlage herangezogen werden.

Darüber hinaus unterstützt der Prozessansatz das sogenannte »Denken in Flüssen«, indem die Wahrnehmungen und Vorstellungen der Organisationsmitglieder durch eine prozessorientierte Organisation beeinflusst werden. Die Betonung der Abfolge, der Verkettung oder des Fließens impliziert, dass die Erfüllung eines Teilprozesses nicht als abgeschlossenes Ereignis zu betrachten ist, sondern oftmals die Voraussetzung für einen oder mehrere anschließende Teilprozesse bildet. Ein Mit- oder Vorausdenken und damit ein koordiniertes Handeln kann durch eine solche Sicht forciert werden. Unterstrichen wird dieser Aspekt noch durch die erwähnten nicht-strukturellen Koordinationsinstrumente sowie die Änderungen der Anreizstruktur. Auch kann vermutet werden, dass eine prozessorientierte Organisation auf die Motivation der Organisationsmitglieder einwirken kann, sofern die einzelnen Tätigkeiten durch die Einordnung in einen Gesamtprozess in einen umfassenderen Sinnzusammenhang gebracht werden und damit eine (subjektiv empfundene) Aufwertung erfahren. Hingewiesen sei allerdings darauf, dass sich solch (wünschenswerte) Wirkungen keineswegs zwangsläufig einstellen müssen. Die Vermutung, dass sie eintreten

---

[169] PFOHL (2000), S. 253.

[170] PFOHL (2000), S. 253 (Hervorhebung im Original).

[171] Einsatz von Verfahren des Operations Research, vgl. WEBER/ KUMMER (1998), S. 288 unter Bezug auf GAITANIDES (1983).

können, muss als genauso gerechtfertigt erscheinen, wie die Vermutung, dass auch das Gegenteil, Demotivation, eintreten kann.

Welche Schlüsse lassen sich nun aus dem Prozessansatz im Hinblick auf die Behandlung des Problems der Anpassungs- und Entwicklungsfähigkeit von Fließsystemen ziehen? Die Betrachtung der Vorgehensweise bei der prozessorientierten Reorganisation lässt eine dem Fließsystem- und Prozessansatz zu Grunde liegende Annahme deutlich hervortreten: Man geht davon aus, dass das Organisations- oder Fließsystem in seinen Strukturen weitgehend veränderbar ist. Die Anordnung und Gestalt der Elemente/ Organisationseinheiten wird nach Maßgabe einer anhand „objektiver" Kriterien als optimal ermittelten Prozessabfolge (einfach) neu konfiguriert. Eine Einschränkung der Umgestaltung wird in bestimmten Bereichen allein in der Unteilbarkeit von Ressourcen oder von Know-how gesehen. Diese Einschränkung ergibt sich jedoch nicht daraus, dass es prinzipiell unmöglich wäre, innerhalb des Systems eine andere Konfiguration zu realisieren, sondern daraus, dass es als sinnvoller, als effizienter, erachtet wird, die Systemelemente in der Anordnung und Gestalt zu belassen, wie sie sind. Die grundsätzliche Fähigkeit des Systems, die Elemente auch in einer anderen Ordnung zu konfigurieren, wird durch diese Einschränkung mithin nicht in Frage gestellt.

Insofern wird ersichtlich, warum sich die Frage nach der Anpassungs- und der Entwicklungsfähigkeit von Fließsystemen im Fließsystemansatz auf das Fließen von Objekten konzentrieren kann und muss. Wenn Veränderungen auf der Ebene der Systemelemente unproblematisch sind, verbleibt das Problem der Veränderbarkeit auf der Ebene der Beziehungen zwischen den Elementen, die als Input-Output-Verhältnisse, als Fließbeziehungen, charakterisiert werden. Auf dieser Ebene ergeben sich Veränderungen als Mengenänderungen, so dass das Problem der Anpassungs- und Entwicklungsfähigkeit von Fließsystemen nur als Problem der Mengenanpassung erscheint.

Die Annahme der Veränderbarkeit der Elemente führt umgekehrt dazu, dass sich Veränderungen wie die Einbeziehung oder Ausgrenzung von Elementen in das bzw. aus dem System oder wie die Erweiterung oder Eingrenzung der Aufgaben eines Elementes gar nicht als Problem des Systems stellen. Damit sind sie auch nicht als Problem im Hinblick auf eine zu entwickelnde Anpassungs- und Entwicklungsfähigkeit zu thematisieren. Fragestellungen dieser Art werden auf Basis der Annahme der Veränderbarkeit der Elemente von vornherein ausgeschlossen, denn ihre Lösung wird als unproblematisch vorausgesetzt. Die Behandlung des Problems der Anpassungs- und Entwicklungsfähigkeit von Fließsystemen kann und muss damit auf das Problem von Mengenanpassungen reduziert werden. Ein nicht zu unterschätzender Vorteil dieser Sichtweise liegt in der Reduktion von Komplexität und der daraus resultierenden einfacheren Handhabbarkeit des Problems der Anpassungs- und Entwicklungsfähigkeit.

Ob Organisationsstrukturen tatsächlich eine solche Gestaltbarkeit aufweisen, wie im Prozess- und damit auch im Fließsystemansatz angenommen wird, ist jedoch fraglich. ORTMANN weist darauf hin, dass in Betriebswirtschaftslehre und Organisationstheorie die Veränderbarkeit und Gestaltbarkeit von Organisationsstrukturen schnell überschätzt werde.[172] Darüber hinaus steht die Annahme der Veränderung, Verschmelzung oder Aufteilung von Elementen wiederum in Konflikt zu der systemtheoretischen Forderung nach Homogenität der Elemente, die in Abschnitt 2.2.1 angesprochen wurde.

2.2.2.2 Die Behandlung des Grenzproblems von Organisationen in der Logistik

In der Logistik wird das Grenzproblem von Organisationen als Leistungstiefenentscheidung behandelt. Bereits mit dieser Aussage wird deutlich, dass die Überschrift dieses Abschnitts „Behandlung des Grenzproblems" im Grunde genommen verfehlt ist. Durch die Bestimmung der Unternehmensgrenzen durch Festlegung der Leistungstiefe gelingt es nämlich, zu einer Lösung des Grenzproblems zu kommen, ohne die Grenze des Unternehmens oder der Organisation selbst thematisieren zu müssen. Dies ist konzeptionell auch in sofern richtig und sogar notwendig, als in dem zu Grunde gelegten Systemmodell eine Grenze nicht definiert ist.[173] Dennoch führt das Resultat einer Leistungstiefenentscheidung zu Veränderungen oder der Beibehaltung der Grenzen von Organisationen, so dass eine indirekte Behandlung des Grenzproblems von Organisationen vorliegt und die hier gewählte Überschrift ihre Berechtigung erfährt. Grundsätzlich lassen sich drei Verfahren zur Unterstützung des Entscheidungsproblems der Leistungstiefenentscheidung unterscheiden. Dies sind das produktionskostenorientierte Verfahren, das strategieorientierte Verfahren sowie das transaktionskostenorientierte Verfahren,[174] die jeweils auch in der Logistik angewendet werden.

---

[172] Vgl. ORTMANN (1995), S. 37 und die dort angegebene Literatur, aus der hervorgeht, dass eine ganze Reihe von Hemmnissen der Veränderung von Organisationsstrukturen entgegenstehen.

[173] Vgl. Abschnitt 2.2.1.

[174] Abweichend hiervon z.B. MATJE (1996), S. 2ff, der zwei Phasen der Entwicklung von Instrumenten zur Gestaltung des Leistungsumfangs von Unternehmen differenziert. Strategie- und transaktionskostenorientierte Verfahren werden bei MATJE in einer Phase zusammengefasst. In der Tat liegen auch bei Anwendung des Transaktionskostenansatzes bei der Gestaltung von Unternehmensgrenzen die Auslöser für eine solche Entscheidungsanbahnung vor allem in strategischen Überlegungen. Da der Transaktionskosten-

2.2.2.2.1 Produktionskostenorientierte Verfahren

Charakteristisch für die klassische Behandlung der Grenzgestaltung von Unternehmen sind Beiträge, die die Entwicklung von Verfahren zur Durchführung produktionskostenorientierter Wirtschaftlichkeitsvergleiche alternativer Organisationsformen in den Mittelpunkt stellen. Dabei werden zunächst qualitative Verfahren entwickelt und in der Form von „Checklisten" operationalisiert,[175] später sind es verstärkt quantitative Verfahren, die zur Unterstützung von Make-or-Buy-Entscheidungen instrumentalisiert werden.[176] Als wichtigstes Werk dieser Phase ist die Monographie von MÄNNEL zu betrachten, die eine umfassende Darstellung der Ausgestaltung von Kosten- und Investitionsrechnung zur Unterstützung von Make-or-Buy-Entscheidungen bietet.[177] MÄNNEL legt hier dar, dass eine Entscheidungsfindung auf Vollkostenbasis nicht zu einem optimalen Ergebnis führen kann. Vielmehr seien die für die konkrete Entscheidung relevanten Kosten zu betrachten, die von dem Planungshorizont, d.h. von der Fristigkeit der Entscheidung, sowie von dem Auslastungsgrad der Eigenfertigungsbereiche abhängen.[178]

MÄNNEL weist darauf hin, dass eine Entscheidung nicht allein auf der Basis von Kostenüberlegungen getroffen werden solle, die grundsätzliche Verfügbarkeit alternativer Bereitstellungswege müsse vorab gewährleistet sein. Als weitere Einflussgrößen auf die Make-or-Buy-Entscheidung nennt er Kosten-, Finanzwirtschafts- und Risikofaktoren, sowie qualitative, zeitliche, kapazitäts- und elastizitätsmäßige, absatzwirtschaftliche, steuerliche, außerökonomische und sonstige (Image, Geheimhaltung) Aspekte.[179] MÄNNEL weist zwar darauf hin, dass eine Anwendung des entwickelten Instrumentariums zur Analyse der effizientesten Koordinationsform auf sämtliche Funktionsbereiche einer Unternehmung möglich sei und nennt u.a. auch explizit die Logistik,[180] jedoch bleibt die Produktion in seinen Ausführungen der zentrale Bezugspunkt.

Die Spezifizierung des Entscheidungsinstrumentariums für Make-or-Buy-Fragestellungen in der Logistik wird mit den zunehmenden Outsourcing-Aktivitäten logistischer Leistungen auf Seiten von Industrie und Handel vorangetrieben und findet etwa ab Ende der 1980er Jahre in der Logistikliteratur breiten Niederschlag. Die folgende Abbildung zeigt beispielhaft die von WEBER/ KUMMER

ansatz aber ein eigenständiges Theoriegebilde darstellt, soll er hier als separate, dritte Verfahrensweise behandelt werden.

[175] Vgl. z.B. BUSSE VON COLBE (1964), S. 13ff; zitiert nach MATJE (1996).

[176] Vgl. zu diesen Ausführungen MATJE (1996), S. 2ff.

[177] Vgl. MÄNNEL (1981).

[178] Vgl. MÄNNEL (1981), S. 105.

[179] Vgl. MÄNNEL (1981), S. 41ff.

[180] Vgl. MÄNNEL (1981), S. 8ff, S. 26.

sowie von BRETZKE identifizierten Kriterien der klassischen Bewertungsmethode alternativer Organisationsformen.

Kosten	Qualität der Leistungserstellung	Flexibilität der Leistungserbringung	Sicherheit der Bereitstellungswege
alternative Bereitstellungskosten (Fremdleistungskosten vs. Eigenleistungskosten)	Termintreue	Mengenflexibilität	Trägerabhängigkeit
Kostenbezugsgröße	Bedarfstreue	Artflexibilität	Leistungsrisiken
Kostenflexibilität			
Kostenentwicklung			
Kostenplanbarkeit	Integrationsfähigkeit	Qualitätsflexibilität	Regressfähigkeit
Opportunitätskosten			

Abbildung 2-6: Kriterien der Make-or-Buy-Entscheidung in der Logistik

Quelle: In Anlehnung an WEBER/ KUMMER (1998), S. 144ff; BRETZKE (1989), S. 389ff.

Die Bestimmung der für die Make-or-Buy-Entscheidung relevanten Kosten zeigt sich bei der Spezifizierung des Make-or-Buy-Instrumentariums für die Logistik als ein Problemfeld. Insbesondere aus dem Umstand, dass sich traditionelle Kosten- und Leistungsrechnungen nur unzureichend auf die Logistik ausrichten, resultieren erhebliche Schwierigkeiten bei der Bestimmung der Eigenleistungskosten.[181] Die Verbesserung der Transparenz über Kosten und Leistungen der Logistik ist deshalb ein Ziel der Untersuchungen der Make-or-Buy-Diskussion. Die Weiterentwicklung der Logistikkostenrechnung und des Logistikcontrollings wird zu einem zentralen Thema.[182]

BRETZKE weist darüber hinaus auf verschiedene Kosten hin, die auch über eine differenzierte Kosten- und Leistungsrechnung nicht unmittelbar erfasst werden. Zu diesen „Kosten der Integration" zählt er Kosten aus schlecht abgestimmten Kapazitäten, Kosten unzureichender Spezialisierung, Opportunitätskosten des Kapitals, Kosten der Unkenntnis fremder Märkte, Kosten fehlender oder falscher Preisinformationen sowie die Kosten unterlassener Branchenarbitrage.[183] Als „Kosten der Desintegration" nennt er steigende Transaktionskosten, reduzierte Kontrolle über die eigene Marktleistung sowie einen Verlust an

[181] Vgl. GUTTENBERGER (1995), S. 2.

[182] Vgl. die Titel von WEBER (1987), (2002) „Logistikkostenrechnung" sowie GÖPFERT (2000) „...Logistikmanagement und -controlling".

[183] Vgl. BRETZKE (1989), S. 389ff., BRETZKE (1993), S. 9ff.

Marktnähe.[184] In der obigen Abbildung sind diese Kosten unter der Bezeichnung Opportunitätskosten aufgeführt, die hier in einem umfassenden Sinne, als entgangene Erträge einer organisatorischen Alternative, zu verstehen sind.

Da es sich bei den in der Abbildung aufgeführten Kriterien nicht ausschließlich um quantifizierbare Kostengrößen handelt, reicht die alleinige Anwendung von Kostenvergleichsrechnungen für eine Unterstützung des Entscheidungsproblems nicht aus. Eine Möglichkeit zur systematischen Einbeziehung nicht quantifizierbarer Kriterien in das Entscheidungsverfahren bietet das Instrument der Nutzwertanalyse bzw. das Scoring-Modell.[185] Dabei werden die einzelnen Kriterien im Hinblick auf ihren Zielbeitrag gewichtet und für jede Entscheidungsalternative mit einer Punktwertzahl bewertet. Die Alternative mit dem in der Summe höchsten Score-Wert stellt die „beste" Alternative dar.

Die organisatorischen Konsequenzen, die sich aus der Auslagerung betrieblicher Funktionen in den Markt ergeben, sowie die Möglichkeiten zur differenzierten Gestaltung von Geschäftsbeziehungen, bleiben bei der produktionskostenorientierten Betrachtungsweise zur Grenzgestaltung von Organisationen weitestgehend unberücksichtigt. Im Vordergrund stehen Effizienzaspekte, die vielfach auch mit dem Argument der Flexibilisierung von Fixkosten durch die Entscheidung zur Fremdbezugsalternative unterstrichen werden. Generell wird die Entscheidung zur Auswahl einer Organisationsform in erster Linie unter Betrachtung von Nachfrage-, Produktions- und Kostenfunktion getroffen und die optimale Form der Arbeitsteilung bestimmt, indem

> „für jede Unternehmung mit Hilfe der Marginalanalyse aus den als bekannt angenommenen Nachfrage- und Kostenfunktionen ... das individuelle Gewinnmaximum bestimmt wird."[186]

2.2.2.2.2 Strategieorientierte Verfahren

Eine Veränderung der Perspektive und die Weiterentwicklung von Verfahren zur Behandlung des Make-or-Buy-Problems lässt sich etwa ab Mitte der 80er Jahre feststellen. Der Perspektivenwandel zeigt sich daran, dass dem Eigenleistungsanteil eines Unternehmens zunehmend der Charakter eines strategischen Erfolgspotentials zuerkannt wird. Insbesondere der wettbewerbsstrategische Ansatz hat wesentliche Impulse in die wissenschaftliche Diskussion gebracht. So gewinnen vor allem unter dem Einfluss der Arbeiten von PORTER[187] Aspekte zur Schaffung und Erhaltung von strategischen Wettbewerbsvorteilen

---

[184] Vgl. BRETZKE (1989), S. 392ff.
[185] Vgl. WEBER/ KUMMER (1998), S. 147ff.
[186] Vgl. STEFFENHAGEN (1975), S. 16.
[187] Vgl. PORTER (1980), (1985).

für die Methodik der Auswahl von Koordinationsformen und der Gestaltung des vertikalen Integrationsgrades an Bedeutung.

Nach PORTER obliegt der Gestaltung des vertikalen Integrationsgrades zum einen die Funktion, als strategische Grundsatzentscheidung die Struktur einer Branche festzulegen, zum anderen die Funktion der strategischen Erzielung und Behauptung von Wettbewerbsvorteilen. Den Prozess der wirtschaftlichen Leistungserstellung beschreibt PORTER durch Wertketten, in denen unterschiedliche Wertaktivitäten verknüpft sind. Die Wertaktivitäten selbst sowie ihre Verknüpfungen sind in Abhängigkeit von einer gewählten Wettbewerbsstrategie differenziert zu gestalten. Verknüpfungen von Wertaktivitäten bestehen zum einen innerhalb der Wertkette des betrachteten Unternehmens, als auch zu den Wertketten der vor- und nachgelagerten Unternehmen und bilden somit den Bezugspunkt für die Analyse des optimalen vertikalen Integrationsgrades. Wesentlich ist darüber hinaus die Gestaltung der Beziehungen zu den vor- bzw. nachgelagerten Unternehmen, die sich in der Entwicklung eines abgestimmten Wertsystems ausdrückt. Beiden Faktoren kommt bei der Schaffung und Erhaltung von Wettbewerbsvorteilen zentrale Bedeutung zu. In seiner speziellen Auseinandersetzung mit alternativen Koordinationsformen unter dem Begriff der vertikalen Integration legt PORTER dar, dass in bestimmten Übergangsformen einer vertikalen Zusammenarbeit mit zunehmender Bindungsintensität, wie z.B. langfristige Verträge, partielle Integration und Quasi-Integration, Möglichkeiten liegen, die Vorteile der Integration zu nutzen und dabei gleichzeitig die zu erwartenden Kosten einer vertikalen Integration zumindest teilweise einzusparen.[188] So ist es vor allem PORTERs Verdienst, die strategierelevanten Bedingungen einer Industrie auch unter Einbeziehung kooperativer Koordinationsformen zu erfassen.

Einzuwenden gegen die in PORTERs Wettbewerbsstrategie entwickelten Vorschläge zur Gestaltung der vertikalen Leistungstiefe ist allerdings, dass hier ein im wesentlichen passives, fremdbestimmtes Bild von Unternehmen entworfen wird. Die Wahl einer Wettbewerbsstrategie, an der sich die Gestaltung der vertikalen Leistungstiefe maßgeblich orientiert, wird nach PORTER von fünf zentralen Kräften des Wettbewerbs, also externen Einflussgrößen, bestimmt. Zu diesen zentralen Kräften zählen der Markteintritt neuer Konkurrenten, die Gefahr von Substitutionsprodukten, die Verhandlungsstärken von Abnehmern und Lieferanten sowie die Rivalität unter den vorhandenen Wettbewerbern. PFRIEM kritisiert diesen einseitigen Bezug an externen Einflussfaktoren in PORTERs Konzeption und erläutert, dass sich die für die unternehmens- oder organisationsinterne Gestaltung gefolgerten Konsequenzen als bloße Reaktionen

[188] Vgl. PORTER (1990), S. 397ff.

auf eine beobachtete Situation erweisen.[189] Der Einfluss interner Faktoren oder Potenziale auf die Wahl einer Wettbewerbsstrategie und die Gestaltung der Leistungstiefe eines Unternehmens bleibt mithin unberücksichtigt: „Die endogenen Potenziale des Unternehmens sind für die Wettbewerbsfähigkeit nicht originär.“[190] Ein passives Reagieren, sich Einfügen in eine als gegeben angenommene Wettbewerbssituation sei die Folge.

Ein weiterer Ansatz, der die interorganisationale Grenzgestaltung aus einer eher strategieorientierten Sichtweise thematisiert und Eingang in die Logistikliteratur[191] gefunden hat, ist die sogenannte »Theorie der Kernkompetenzen«. Dieser Ansatz wurde wesentlich durch die Arbeiten von PRAHALAD/ HAMEL[192] geprägt. Durch die Identifikation von Kernkompetenzen soll eine Orientierungs- und Entscheidungshilfe zur Leistungstiefenoptimierung eines Unternehmens gegeben werden, die sich im Gegensatz zu PORTERs Wettbewerbsstrategie eindeutig auf die unternehmensinternen Fähigkeiten und Potenziale bezieht.

Die Notwendigkeit zur Optimierung der Leistungstiefe wird vor allem auf steigenden Wettbewerbsdruck zurückgeführt der eine hohe Leistungsfähigkeit bei niedrigem Kostenniveau erfordert. Indem ein Unternehmen sein Leistungsspektrum auf strategisch bedeutsame Kompetenzen begrenzt, entledigt es sich einer Reihe von Kosten, wie z.B. Produktionskosten für strategisch weniger relevante Leistungen, anfallende Kapitalbindungskosten oder Kosten der Koordination eines komplexen Unternehmensgebildes. Kapital, Managementkapazitäten und Know-how werden so für die strategisch wichtigen Aufgaben frei.[193] Gleichzeitig können die Vorteile der Spezialisierung verstärkt wirksam werden, die sich sowohl in Kostenvorteilen in Form von economies of scale als auch in Leistungsvorteilen ausdrücken. Die Ziele des Fließsystemansatzes »Kostensenkung« und »Wertsteigerung« werden in der Theorie der Kernkompetenzen somit unmittelbar angesprochen.

Unter Kernkompetenzen verstehen PRAHALAD/ HAMEL eine systematische Kombination von technischen, technologischen, vertrieblichen und organisatorischen Fähigkeiten, die einem Unternehmen zur Entwicklung und Erstellung von

---

[189] Vgl. PFRIEM (2000), S. 432f.
[190] PFRIEM (2000), S. 432.
[191] Vgl. z.B. BAUMGARTEN (1992), WEBER (2002), S. 20f. Ähnlich ist auch die Terminologie in der Diskussion über Lean Management, Make-or-Buy sowie den umfangreichen und vielfältigen Beiträgen zum Outsourcing in der Logistik. Dort trifft man auf Begriffe wie »Zurückbesinnung auf die eigentlichen Stärken«, »Konzentration auf die Kernaktivitäten« oder »Konzentration auf das Kerngeschäft«; vgl. z.B. BAUMGARTEN/ KORNAK/ STEINMÜLLER (1993); GUTTENBERGER (1995); BAUMGARTEN/ WIEGANDT (1997).
[192] Vgl. z.B. PRAHALAD/ HAMEL (1990), (1991).
[193] Vgl. PICOT/ REICHWALD/ WIGAND (1998), S. 264.

Produkten und Produktgruppen dienen.[194] Kernkompetenzen zeichnen sich demnach durch drei Merkmale aus[195], sie

- öffnen den Zugang zu einer mannigfaltigen Anzahl von Märkten,
- leisten einen wesentlichen Beitrag zu den von den Kunden wahrgenommenen Nutzen des Endprodukts,
- sollten von Konkurrenten nur schwerlich zu imitieren sein.

Kernkompetenzen stellen mithin diejenigen Kompetenzen eines Unternehmens dar, die für die Schaffung und Sicherung von Wettbewerbsvorteilen strategische Bedeutung haben und die das unternehmensspezifische Leistungspotential kennzeichnen. Solche Kernkompetenzen sind von einem Unternehmen systematisch und kontinuierlich aufzubauen, zu entwickeln und zu sichern.[196] Dies schließt die Entwicklung von Innovationen ein.

Neben den Kernkompetenzen werden zwei weitere Kompetenzformen unterschieden. Dies sind zum einen die »Komplementärkompetenzen«, zum anderen die »Peripheriekompetenzen«. Komplementärkompetenzen unterstützen und ergänzen die Kernkompetenzen eines Unternehmens und werden durch Nachweis von Spezialisierungs-, Größen- oder Integrationsvorteilen zu den Kernkompetenzen identifiziert. Der strategische Erfolg des Unternehmens hängt nicht unmittelbar von den Komplementärkompetenzen ab, so dass diese nicht zwingend in das Leistungsspektrum des Unternehmens aufgenommen werden bzw. dort verbleiben müssen.[197] Der Nachweis der o.g. Vorteile der Komplementärkompetenzen kann mit Einschränkung mittels der Make-or-Buy-Instrumente erbracht werden. Die Einschränkung ergibt sich aus einem relativ hohen Koordinationsbedarf zwischen spezifischen Kernkompetenzen und flankierenden Komplementärkompetenzen, der mit einer vollständigen Externalisierung nicht ausreichend gesichert werden könnte. Insofern ist für Komplementärkompetenzen ein differenzierter Integrationsgrad zu bestimmen, der über verschiedenartigste Kooperationsformen auf bilateraler oder multilateraler Ebene realisiert werden kann. Für die Komplementärkompetenzen ist somit tendenziell weniger von einem Make-or-Buy-Entscheid, sondern eher von einem „Make-or-Co-operate-Entscheid" auszugehen.

Die Peripheriekompetenzen schließlich sind für die Schaffung und Sicherung von Wettbewerbsvorteilen im Wesentlichen unbedeutend und können mittels kurzfristiger Kauf- oder Dienstleistungsverträge vom Markt bezogen werden. In

---

[194] Vgl. PRAHALAD/ HAMEL (1991), S. 69.
[195] Vgl. PRAHALAD/ HAMEL (1990), S. 83f.
[196] Vgl. PRAHALAD/ HAMEL (1991), S. 72.
[197] Vgl. PICOT/ REICHWALD/ WIGAND (1998), S. 265.

Anlehnung an BAUMGARTEN werden die drei Formen von Leistungskompetenzen in der folgenden Abbildung in Form eines Schalenmodells dargestellt.

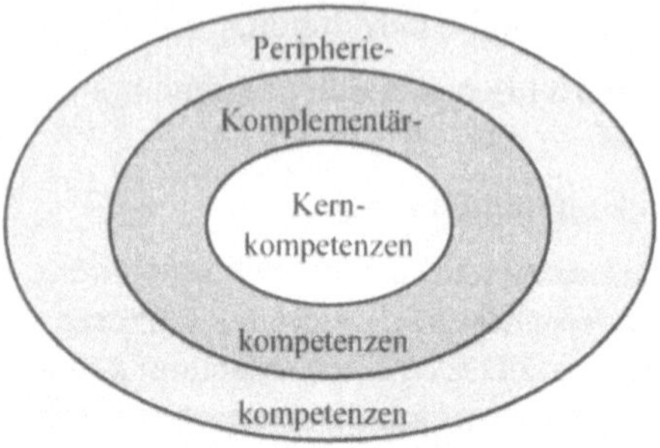

Abbildung 2-7: Schalenmodell der Kern-, Komplementär- und Peripheriekompetenzen
Quelle: BAUMGARTEN (1992), S. 58.

In weiteren Arbeiten, die die strategische Dimension für Entscheidungen über die Koordinationsform wirtschaftlicher Leistungserstellung in den Vordergrund stellen, wurde insbesondere die Entwicklung von Portfolio-Methoden zur Entscheidungsunterstützung vorangetrieben.[198] Allerdings entbehrt auch der strategieorientierte Ansatz Aussagen über die konkrete Organisation der Unternehmung und über das in ihr agierende Management.[199] Den Erklärungsgehalt sowohl der produktionskostenorientierten Ansätze als auch der strategieorientierten Ansätze für intra- und interorganisationale Strukturen sieht SYDOW

> „solange beschränkt, wie die Unternehmung als Black Box behandelt wird ...[denn; Anm. d. Verf.] sie übersehen die soziale Einbettung ökonomischer Prozesse innerhalb von Branchen und die netzwerkartigen Strukturen, die sich zwischen den ihr angehörenden Unternehmungen in der Regel entwickelt haben."[200]

Der Einfluss der demnach als bedeutsam einzuschätzenden sozialen Faktoren auf die Gestaltung der Koordinationsformen bleibt somit in beiden Ansätzen unzureichend berücksichtigt.

2.2.2.2.3 Transaktionskostenorientiertes Verfahren

Die Transaktionskostentheorie repräsentiert in der Organisationstheorie einen von drei Ansätzen, die der Neuen Institutionenökonomie zugeordnet werden. Zu dieser zählen neben der Transaktionskostentheorie die Theorie der Verfügungs-

198 Vgl. MATJE (1996), S. 3 und die dort angegebene Literatur.
199 Vgl. BALLING, R. (1998), S. 55.
200 SYDOW (1992), S.175f, S. 226f.

rechte (Property Rights Theory) sowie die Agenturtheorie (Agency Theory). Auf der Grundlage des aus der Arbeit von COASE[201] hervorgebrachten und maßgeblich von WILLIAMSON[202] entfalteten und vertieften Transaktionskostenansatzes entwickelte insbesondere PICOT für den deutschsprachigen Raum eine Erweiterung des Instrumentariums zur Unterstützung von Entscheidungen über geeignete Organisationsformen.[203] Der Transaktionskostenansatz erlangte auch in der Logistik breite Reputation als Ansatz zur Gestaltung der Logistiktiefe in der Make-or-Buy- und Outsourcing-Diskussion[204] sowie zur Unterstützung intraorganisatorischer[205] und interorganisatorischer Fragestellungen sowohl für horizontale[206] als auch vertikale[207] Kooperationen.

PICOT sieht in den Transaktionskosten

> „die Triebfeder der Entstehung und des Vergehens von Koordinationsmustern .., sowohl auf der Makro- als auch auf der Mikroebene organisatorischer Betrachtung"[208]

und erläutert, dass nicht die relativen Unterschiede der Produktionskosten, sondern die relativen Unterschiede der Transaktionskosten die optimale Koordinationsform bestimmen.[209] Transaktionskosten ergeben sich daraus, dass ein Güter- oder Leistungsaustausch zwischen zwei Parteien nur unter Aufwendung von Ressourcen möglich ist. Diese Aufwendungen ergeben sich aus der Tatsache unvollkommener Information, die überwunden werden muss, damit Vereinbarungen über den Leistungsaustausch getroffen werden können, dic als gerecht empfunden werden[210] – sonst bliebe der Leistungsaustausch in der Regel aus. In ARROWs Worten sind Transaktionskosten „the costs of running the economic systems".[211] WILLIAMSON unterscheidet Transaktionskosten in ex ante- und ex post-Transaktionskosten, die in der vor- bzw. nachvertraglichen Phase anfallen. Zu den ex ante Transaktionskosten zählen dabei Kosten für Entwurf, Verhandlung und Absicherung einer Vereinbarung, zu den ex post-Transaktionskosten die Kosten, die zur Anpassung und Korrektur von Fehlentwicklungen oder Abweichungen der Transaktion von ursprünglichen Richtgrößen sowie zur Errichtung eines Kontrollsystems und der Durchsetzung der vertrag-

---

201 COASE (1937).
202 WILLIAMSON (1979), (1980), (1985).
203 Vgl. BRUNS-VIETOR (1996), S. 2ff.
204 Vgl. z.B. DIEMER (1994); ISERMANN/ LIESKE (1998), TEICHMANN (1995) sowie kritisch BRETZKE (1999).
205 Vgl. z.B. WEGNER (1993).
206 Vgl. z.B. PFOHL/ LARGE (1992).
207 Vgl. z.B. KLEER (1991).
208 PICOT (1982), S. 268.
209 Vgl. PICOT (1992), S. 80.
210 Vgl. PICOT (1985), S. 224.
211 ARROW (1969), S. 48.

lichen Zusagen anfallen. Dabei betont er den wechselseitigen Zusammenhang zwischen ex ante- und ex post-Transaktionskosten, der eine gleichzeitige Berücksichtigung der Transaktionskostenarten erforderlich macht.[212] In Anlehnung an WILLIAMSON teilt auch PICOT die Transaktionskosten entsprechend den Phasen einer Transaktion ein. Er unterscheidet dabei:[213]

- Anbahnungskosten, z.B. für Kosten der Informationsbeschaffung über potentielle Transaktionspartner und deren Konditionen,
- Vereinbarungskosten, z.B. Verhandlungs- und Vertragskosten,
- Kontrollkosten, z.B. Kosten der Termin-, Qualitäts-, Mengen- und Preiskontrolle,
- Anpassungskosten, z.B. Kosten zur Durchsetzung von Vertragsänderungen, die infolge während der Vertragslaufzeit geänderter Rahmenbedingungen notwendig werden.[214]

Der obige Hinweis auf unvollkommene Information gibt bereits Aufschluss über eine der Verhaltensannahmen im Transaktionskostenansatz. Die erste Verhaltensannahme unterstellt den Wirtschaftssubjekten begrenzte Rationalität. Sie gelten demnach als intendiert rational, was ihnen wegen begrenzt verfügbarer Informationen und beschränkter Informationsverarbeitungskapazitäten jedoch nur unvollkommen gelingt.[215] Die zweite Verhaltensannahme unterstellt den Wirtschaftssubjekten Opportunismus, der sich in der Verfolgung von Eigeninteresse und der Möglichkeit des Einsatzes von List, Täuschung, Verzerrung oder Zurückhaltung von Informationen u.ä. ausdrückt.[216] Diese beiden Verhaltensannahmen stellen eine notwendige Voraussetzung für die Existenz des institutionellen Gestaltungsproblems dar: bei vollkommener Rationalität und dem Fehlen jeglichen Opportunismus herrschten „paradiesische Zustände",[217] in denen die Formulierung von Verträgen gänzlich überflüssig wäre.

Die Koordination wirtschaftlicher Leistungserstellung erfolgt im Transaktionskostenansatz, der das Problem der ökonomischen Organisation als Vertragsproblem formuliert, in einem Kontinuum zwischen den Extremen »Markt« und »Hierarchie«, das sich über verschiedene Formen der Kooperation mit steigendem Integrationsgrad erstreckt. Als Kriterien der Leistungstiefenentscheidung

[212] Vgl. WILLIAMSON (1988), S. 21ff.
[213] Vgl. PICOT (1982), S. 270.
[214] Teilweise wird eine noch feinere Differenzierung der Transaktionskostenarten vorgenommen. So unterscheiden etwa ISERMANN/ LIESKE (1998), S. 409 zusätzlich Such-, Verhandlungs-, Entscheidungs- und Beendigungskosten; ähnlich auch PFOHL/ LARGE (1992).
[215] Vgl. WILLIAMSON (1988), S. 50f.
[216] Vgl. WILLIAMSON(1988), S. 54.
[217] WILLIAMSON (1988), S. 76.

und Grenzgestaltung werden neben den Produktionskosten[218] die Determinanten der Höhe der Transaktionskosten herangezogen. Zu diesen zählen nach WILLIAMSON drei Eigenschaften von Transaktionen und zwar die Faktorspezifität, die Transaktionsunsicherheit und die Häufigkeit der Transaktion.[219] In den Ausführungen von PICOT werden diese drei Transaktionseigenschaften noch um die Eigenschaft der strategischen Relevanz ergänzt.[220] Allgemein gesprochen lässt sich mit zunehmendem Ausmaß dieser Eigenschaften ein Anstieg der Transaktionskosten bei marktlich orientierten Koordinationsformen und eine Tendenz zur Koordination der Transaktionen in eher hierarchisch orientierten Formen feststellen. Der Transaktionskostenansatz bietet somit die Möglichkeit, vielfältige Einbindungsformen in die Analyse alternativer Koordinationsformen aufzunehmen und zwischen den Extremen Markt und Hierarchie je nach den transaktionsspezifischen Bedingungen einen differenzierten (optimalen) Integrationsgrad zu beschreiben. Einen Überblick über mögliche institutionelle Arrangements mit steigendem Integrationsgrad gibt die folgende Abbildung.

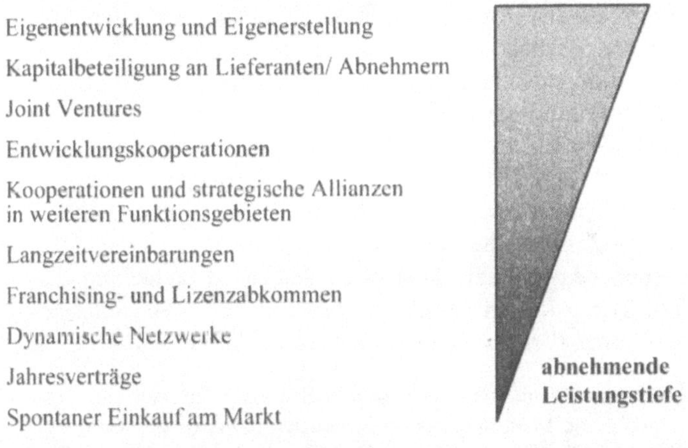

Abbildung 2-8: Koordinationsformen zwischen Markt und Hierarchie
Quelle: PICOT/ REICHWALD/ WIGAND (1998), S. 46.

[218] Eine vergleichende Transaktionskostenanalyse beschränkt sich nicht allein auf die Betrachtung der Transaktionskosten, vielmehr werden die Produktionskostenunterschiede aus Skalenerträgen, die in den Organisationsalternativen jeweils erreicht werden können, einbezogen; vgl. WILLIAMSON (1988), S. 105ff.

[219] Vgl. WILLIAMSON (1988), S. 61ff, S. 108ff.

[220] Vgl. PICOT (1991), S. 345ff berücksichtigt hierdurch den Aspekt der Geheimhaltung und Know-how-Sicherung für Leistungen, die nicht unbedingt hochspezifisch, aber von strategischer Bedeutung für das Unternehmen sind.

Während die Anwendung des produktionskostenorientierten Ansatzes zur Bestimmung der Leistungstiefe eines Unternehmens vornehmlich aus der Perspektive erfolgt, ein bestehendes Leistungsspektrum zu reduzieren[221], nimmt der Transaktionskostenansatz hier eine neutralere Stellung ein. So vergleicht der Transaktionskostenansatz grundsätzlich die relative Vorteilhaftigkeit institutioneller Arrangements und ist entsprechend von vornherein auch auf die Analyse von Möglichkeiten zur Einbindung bestimmter Leistungen in das unternehmensinterne Aktivitätengebiet ausgelegt. Der Transaktionskostenansatz bietet somit eine theoretische Grundlage, auf der sowohl die Erweiterung als auch die Verkürzung der Grenzen eines Unternehmens erklärt werden kann.

Die Erkenntnisse des Transaktionskostenansatzes wurden in einer Reihe von Beiträgen auf die Logistik übertragen.[222] Für den Fließsystemansatz sind insbesondere solche Untersuchungen interessant, die sich mit unternehmensübergreifenden Organisationsformen befassen. Hervorzuheben ist deshalb der Beitrag von PFOHL/ LARGE, in dem u.a. die Organisationsform der Kooperation im Bereich logistischer Leistungserstellung auf die Transaktionskosten, die in den einzelnen Phasen der Transaktionen entstehen, analysiert wird.[223] Es wird nachgewiesen, dass Kooperationen im Logistikbereich für Transaktionen mit gemischter und hoher Faktorspezifität als effiziente Organisationsformen charakterisiert werden können. Allerdings entstehen in den vorvertraglichen Phasen, die dem Abschluss eines Kooperationsvertrages notwendig vorangehen, Transaktionskosten in nicht unerheblichem Ausmaß. Diese als Suchkosten bezeichneten Transaktionskosten, die für Analysen, Informationsbeschaffung, Dokumentation etc. entstehen, sind als Investitionskosten zu betrachten. Demnach können die Transaktionskosten bereits in der Phase, die der Generierung von potentiellen Institutionen dient, so hoch sein, dass sich die Frage stellt

> „ob eine Analyse alternativer Institutionen überhaupt und wenn ja, in welchem Umfang durchgeführt wird. ... die Erwartung hoher Suchkosten (dämpft) die Reorganisationsdynamik, selbst wenn die Notwendigkeit zu Reorganisation erkannt wurde."[224]

Vor Abschluss eines Kooperationsvertrages entstehen weitere Transaktionskosten u.a. im Rahmen der Partnersuche und der Vertragsverhandlung.

In den Transaktionskosten sehen auch ECKSTEIN/ SZAFERA ein gravierendes Hemmnis der erfolgreichen Realisation von Kooperationen in der Transportwirtschaft. Sie weisen darauf hin, dass die Transaktionskosten für das Management

[221] So wird die Make-or-Buy-Problematik in erster Linie unter dem Aspekt des Outsourcing, weniger unter der prinzipiell vorhandenen Möglichkeit des Insourcing behandelt.

[222] Vgl. z.B. DIEMER (1994); ISERMANN/ LIESKE (1998); KLEER (1991); PFOHL/ LARGE (1992); TEICHMANN (1995); WEGNER (1993).

[223] Vgl. PFOHL/LARGE (1992).

[224] PFOHL/ LARGE (1992), S. 42.

von Kooperationen[225] häufig unterschätzt werden. Hieraus entsteht die Gefahr, dass die durch die Kooperation erzielbaren Prozessgewinne durch die Kosten der Transaktion aufgezehrt werden. Als unabdingbar wird deshalb die Bereitstellung entsprechender Budgets betrachtet.[226] Einen Ansatz zur Erfassung von Transaktionskosten des Beschaffungsbereiches von Unternehmen, die für die Suche von Lieferanten, dem Abschluss von Verträgen, der Überwachung der Vertragserfüllung und der Pflege von Lieferantenbeziehungen anfallen, entwickelte MATJE. Durch die im „kostenorientierten Transaktionscontrolling" – so der Titel der Arbeit – vorgenommene differenzierte Erfassung dieser Kosten wird eine aussagekräftige Informationsgrundlage für die Planung und Steuerung des Beschaffungsbereiches und für die Beurteilung und Auswahl von Transaktionsalternativen geschaffen.[227] Dabei behandelt MATJE auch die Frage, inwieweit Transaktionskosten in Form von Errichtungskosten für Verträge als Investitionen betrachtet werden können und welche Abschreibungsverfahren hierauf Anwendung finden können.

2.2.2.2.4 Folgerungen aus den Abgrenzungsverfahren für die Anpassungs- und Entwicklungsfähigkeit von Fließsystemen

Mit den produktionskosten-, strategie- und transaktionskostenorientierten Verfahren steht der Logistik ein differenziertes Instrumentarium zur Unterstützung von Entscheidungen über die Leistungstiefe zur Verfügung, die jeweils unterschiedliche Aspekte der Leistungstiefenentscheidung betonen. Je nach Entscheidung über die Gestaltung der Leistungstiefe werden die Grenzen eines Fließsystems – das aus Elementen und den zwischen diesen bestehenden Beziehungen besteht – durch die Aufnahme oder Abgabe von Systemelementen, die zur Erbringung der jeweiligen Leistungen erforderlich sind, erweitert oder verkürzt.[228] Die Anwendung der vorgetragenen Verfahren im Prozess der Entscheidungsfindung kann somit offensichtlich zu einer Veränderung der Systemgrenzen beitragen. Dies allerdings nur dann im Sinne der bei einer bestimmten Entscheidung herangezogenen Kriterien, wenn die getroffenen Entscheidungen tatsächlich umgesetzt werden.

Das produktionskostenorientierte Verfahren und die strategieorientierten Verfahren zur Bestimmung der Leistungstiefe erscheinen im Hinblick auf ihre

---

225 Unter dem Management von Kooperationen wird hier die erste Funktionsebene eines Modells kooperierender Betriebswirtschaften verstanden, das sich auf die Aufgabenbereiche der Initiierung/ Planung, Durchführung und Kontrolle im Sinne der Kooperationssteuerung und -führung bezieht, vgl. ECKSTEIN/SZAFERA (1998), S. 20.

226 Vgl. ECKSTEIN/ SZAFERA (1998), S. 42f sowie S. 57f.

227 Vgl. MATJE (1996).

228 Die Frage des „woher bzw. wohin mit den Elementen" soll an dieser Stelle nicht noch einmal aufgegriffen werden, vgl. dazu Abschnitt 2.2.1.

Objektivität mit einem Fragezeichen versehen werden zu müssen. Im produktionskostenorientierten Verfahren wird dies besonders sichtbar an der als notwendig erachteten Erweiterung um eine Nutzwertanalyse, bei der die Gewichtung und Bewertung der einzelnen Kriterien von der Einschätzung derjenigen abhängt, die an der Durchführung des Entscheidungsverfahrens beteiligt sind. Aber auch schon eine reine Kostenbetrachtung kann nicht als objektiv bewertet werden, weil die Entscheidung darüber, welche Kosten für die zu treffende Entscheidung relevant sind und welcher Zeithorizont zu berücksichtigen ist, entschieden werden muss und damit in den Bereich der Subjektivität gelangt. Entsprechende Argumente lassen sich auch für die strategieorientierten Verfahren finden. Beispielsweise hängt die Feststellung, welche der in einem Unternehmen verfügbaren Kompetenzen den Komplementärkompetenzen zuzuordnen ist, um eine Entscheidung über deren Beibehaltung oder Ausgrenzung anzubahnen, nicht von objektiven Gegebenheiten ab, sondern von einer vorangegangenen Entscheidung, die jemand getroffen hat. Merkmale, wie sie zur Bestimmung von Kernkompetenzen aufgeführt sind, können vielleicht gerade bei solchen Kompetenzen festgestellt werden, die in dem Unternehmen bislang ein Schattendasein geführt haben, so dass sie aus der Peripherie in das Zentrum der Kompetenzen verlegt werden. Auch hier hängt die Einteilung an der Wahrnehmung und dem Entscheidungsverhalten der jeweiligen Entscheider.

Die Ausführungen zu den aus Errichtungskosten für Verträge anfallenden Transaktionskosten weisen darauf hin, dass nicht allein die Effizienz bestimmter Organisationsformen entscheidend für die Wahl und Herausbildung einer Alternative ist. Wenn die Realisation einer effizienteren Organisationsalternative an den als Investitionskosten zu betrachtenden Transaktionskosten scheitert, so lässt sich daraus schließen, dass der Rentabilität und Liquidität der in die Entscheidungssituation eingebundenen Unternehmen erhebliche Bedeutung zukommt.[229] Die Rentabilität nimmt dabei Einfluss auf die Investitionsbereitschaft, d.h. die für die Errichtung eines (Kooperations-)Vertrages bereitzustellenden investiven Mittel können auch einer anderen Verwendung zugeteilt werden, die nicht zu einer Effizienzsteigerung des Systems führen – wenn das so gewollt wird.

Die Liquidität der Unternehmen setzt der Investitionsfähigkeit darüber hinaus bestimmte Grenzen. Fasst man den Transaktionskostenbegriff in einer weiteren Auslegung, an der oftmals als Schwachstelle kritisierten unzureichenden Operationalisierbarkeit,[230] nicht als monetäre Größe, sondern als

[229] ORTMANN (1995), S. 105, Anmerkung 5, führt hierzu aus, „dass es in der kapitalistischen Unternehmung gar nicht primär um Effizienz, sondern um Profit(abilität) geht, und dass erstere jederzeit der letzteren geopfert zu werden pflegt, sofern das vorteilhaft ist.“.

[230] Vgl. z.B. SCHNEIDER (1985); BRETZKE (1999).

„alle mit der Transaktion verbundenen Anstrengungen und Opfer (Kosten im Sinne von hinzunehmenden Nachteilen)",[231]

so lässt sich schließen, dass tatsächlich nicht nur monetäre Gesichtspunkte, sondern auch ganz subjektive Wahrnehmungen und Empfindungen als Investitionskosten gewertet werden können. Diese Subjektivität nimmt damit Einfluss auf die Investitionsbereitschaft und die dann mehr oder weniger effiziente Gestaltung der Organisationsformen. Die Schwachstelle des Transaktionskostenansatzes erweist sich hier als Stärke, denn der weit gefasste Begriff der Transaktionskosten erlaubt den Nachweis, dass die vermeintliche Zweckrationalität ökonomischer Gestaltung ihren Ausschließlichkeitsanspruch nicht halten kann.

Auffällig ist, dass die Grenze der Fließsysteme selbst in den vorgestellten Verfahren an keiner Stelle thematisiert wird.[232] Eine besondere Funktion wird ihr damit nicht zugewiesen. Diese Sichtweise spiegelt sich auch im graphentheoretischen Netzwerkmodell wider: ein solcher Graph weist keine Grenze auf.[233] Das Nichtdefinieren einer Grenze, obwohl eben diese den Gegenstand der Untersuchung darstellt, erscheint paradox. Insgesamt ist deshalb festzustellen, dass die verfügbaren Instrumente zur Behandlung des Grenzproblems von Fließsystemen in sich widersprüchlich bleiben. Inwieweit die ein oder andere nach diesen Verfahren ermittelte Lösung tatsächlich eine höhere Anpassungsfähigkeit oder eine gesteigerte Entwicklungsfähigkeit eines Fließsystems gewährleisten kann, bleibt im Rahmen von Plausibilitätsannahmen zu beantworten.

2.2.2.3 Abschließende Betrachtung der Methoden

Dieser Abschnitt, der sich mit den Methoden einer flussorientierten Gestaltung von logistischen Systemen befasst, wurde durch die Frage eingeleitet, inwieweit diese Methoden trotz der festgestellten Defizite des im Fließsystemansatz zu Grunde gelegten Systemmodells dazu beitragen können, die Anpassungsfähigkeit und die Entwicklungsfähigkeit logistischer Systeme zu unterstützen. Für beide Methoden, sowohl für den Prozessansatz als auch für die Verfahren zur Bestimmung der Leistungstiefe logistischer Systeme, wurden Argumente gefunden, die gegen diese Annahme sprechen. Zunächst scheinen die Entscheidungen, die mit diesen Methoden gefunden werden sollen, stets von den Entscheidern selbst abzuhängen. Dabei beginnt diese Entscheiderabhängigkeit bereits mit der Entscheidung für oder gegen eine dieser Methoden. Ob ihre Entscheidungen sich tatsächlich als Strukturveränderung realisieren lassen, ergibt sich aus ihrer

[231] PICOT (1985), S. 224.

[232] Vgl. TACKE (1997), S. 3, die ebenfalls feststellt, dass die Organisationsgrenzen bisher kaum explizit zum Thema innerhalb Betriebswirtschaft, Managementforschung und Industriesoziologie gemacht wurden.

[233] Vgl. Abschnitt 2.2.1.

Fähigkeit, ihre Entscheidungen im weiteren Verlauf durchsetzen zu können, so dass entweder Macht- oder Motivationsaspekte relevant werden. Gemäß der Definitionen von Anpassungsfähigkeit und Entwicklungsfähigkeit sind beide an die Fähigkeit zu Strukturveränderungen gebunden.[234]

Weiterhin gründen sich Annahmen, wie diejenige, dass ein prozessgestaltetes Logistiksystem ein schnelleres Reaktionsvermögen auf geänderte Marktanforderungen aufweise, auf Plausibilitätsannahmen. So mag es zwar sein, dass die Bereitstellung alternativer Prozessmodule in einem Hauptprozess ein flexibles Wechseln von einer Leistung auf eine andere erlaubt. Genauso gut kann aber auch eine Leistung verlangt werden, die mit den bereitgestellten Modulen nicht erbracht werden kann oder dass nach kurzer Zeit grundsätzlich andere Leistungen nachgefragt werden. Eine dann erforderliche komplette Umstellung auf gänzlich andere Prozesse kann mit einem wesentlich höheren Aufwand an Zeit und Investitionen verbunden sein oder vielleicht auch gar nicht erfüllt werden. In solchen Fällen dürfte auch ein prozessorientiertes Unternehmen nicht anpassungsfähiger sein, als etwa ein funktionenorientiertes Unternehmen.[235]

Anpassungsfähigkeit, verstanden als Reaktionsfähigkeit auf geänderte Umweltfaktoren, setzt weiterhin voraus, dass die Änderung von Umweltfaktoren erkannt wird. Weder das Vorhandensein von Prozessmodulen noch das Verfolgen einer Strategie der Differenzierung oder die Förderung der vorhandenen Kernkompetenzen gehen notwendig damit einher, den „Wahrnehmungsapparat" des jeweiligen Logistiksystems zu stärken. Selbst wenn die Systemstrukturen infolge der Anwendung der beschriebenen Methoden tatsächlich flexibler geworden sein sollten, ist mithin nicht gewährleistet, dass das vorhandene Erkennenkönnen von Umweltveränderungen ausreicht, um die erforderliche Anpassung auch vorzunehmen.

Entwicklungsfähigkeit, verstanden als Fähigkeit, eigeninitiativ Strukturveränderungen vorzunehmen, setzt hingegen einerseits die Fähigkeit voraus, Entscheidungen im Hinblick auf eine Umstrukturierung zu treffen, andererseits wie oben bereits angeführt die Durchsetzbarkeit dieser Entscheidungen. Die Anwendung der im Fließsystemansatz vorgeschlagenen Gestaltungsmethoden garantiert jedoch nicht, dass letztlich eine Entscheidung getroffen wird. Noch bevor es an die Frage der Durchsetzbarkeit geht, kann die Entwicklungsfähigkeit mit dem Nicht-Treffen von Entscheidungen ausgebremst werden.

Diese Kritik an den Methoden des Fließsystemsansatzes relativiert sich vor dem Hintergrund, dass sowohl die Anpassungsfähigkeit als auch die Entwicklungsfähigkeit auf Basis eines Systemmodells definiert wurden, das gerade diese

---

[234] Vgl. Abschnitt 2.1.2.2.2.

[235] Vgl. ähnlich auch WEICK (1995).

Eigenschaften konzeptionell ausschließt. Auf der Basis eines Systemmodells, das eine Erklärung von Strukturveränderungen ermöglicht, ergeben sich andere Interpretationen, die im weiteren Verlauf dieser Arbeit festgestellt werden.

2.3 Unternehmensnetzwerke als anpassungs- und entwicklungsfähige Organisationsformen in der Logistik?

Das zentrale Ziel des Fließsystemansatzes liegt in der Verbesserung der Anpassungs- und Entwicklungsfähigkeit von Fließsystemen. Unternehmensnetzwerke gelten als Organisationsform, die dieses Ziel in besonderer Weise zu unterstützen vermögen. So gilt die Fähigkeit zur Anpassung an sich wandelnde Märkte als grundsätzliche Eigenschaft von Unternehmensnetzwerken.[236] Unternehmensnetzwerke sind damit zum Inbegriff flexibler und wettbewerbsfähiger Organisationsformen in der Logistik geworden. Im folgenden Abschnitt geht es darum, das in der Logistik vorherrschende Verständnis von Unternehmensnetzwerken darzustellen und auf seinen Beitrag als theoretischem Rahmen für die organisatorische Gestaltung von Fließsystemen zu untersuchen. Dazu werden ausgehend von der Beschreibung der Rahmenbedingungen und einer allgemeinen Definition von Unternehmensnetzwerken die ihnen zugesprochenen Vorteile erläutert (Abschnitt 2.3.1). Es folgen eine Untersuchung der in der Logistik vorgenommenen Typisierung von Unternehmensnetzwerken in Abschnitt 2.3.2 und eine Diskussion des Verhältnisses von Unternehmensnetzwerken, Märkten und Hierarchien in Abschnitt 2.3.3. Eine abschließende Betrachtung von Unternehmensnetzwerken als anpassungsfähige und/ oder entwicklungsfähige Organisationsform bleibt Abschnitt 2.3.4 vorbehalten.

2.3.1 Die Vorteilhaftigkeit einer Vernetzung in der Logistik

2.3.1.1 Voraussetzungen und Kennzeichen von Unternehmensnetzwerken

Die in der Logistik als Fließsystemansatz eingenommene unternehmensübergreifende Betrachtung wird als Folge auf veränderte Bedingungen des Wettbewerbsumfeldes betrachtet, die insbesondere durch die Globalisierung und den Fortschritt in den Informations- und Kommunikationstechnologien geprägt werden. In der Intensivierung internationaler Marktbeziehungen auf Seiten von Produktion und Absatz und der rasanten Entwicklung in den Informations- und Kommunikationstechnologien werden erhebliche Steigerungen der Komplexität und Dynamik wirtschaftlicher Leistungserstellung gesehen. Demnach erhöht die

---

[236] Vgl. BUSE (1997), S. 73.

Globalisierung der Märkte die Komplexität der Arbeitsteilung nicht nur in räumlicher Hinsicht. Die Handlungsfelder und –formen der Wirtschaft erfahren insgesamt eine Erweiterung. Die Informations- und Kommunikationstechnologien bieten neue Formen der Koordination arbeitsteiliger Prozesse, indem nicht nur der Umfang und das Tempo der Informationsflüsse erhöht wird, sondern auch der Umgang mit Informationen Veränderungen erfährt. Begleitet werden diese Entwicklungen von individuellen, differenzierten Kundenwünschen, hohen Anforderungen an die Qualität der erbrachten Leistungen und kurzen Produktlebenszyklen.[237] Eine unternehmensübergreifende Sicht auf die von solchermaßen hohen Anforderungen geprägten wirtschaftlichen Leistungserstellung und eine dementsprechende Gestaltung von Wertschöpfungsprozessen über die Grenzen einzelner Unternehmen hinweg wird als erforderlich erachtet. Optimierungsansätze, die sich allein auf die innerhalb eines Unternehmens erschließbaren Rationalisierungspotentiale konzentrieren, erscheinen unzureichend.[238]

Vor dem Hintergrund dieser Anforderungen zielt die Logistik in ihrer Ausprägung als Fließsystemansatz auf die Gestaltung von Wertschöpfungsprozessen von der „source of supply“ bis zum „point of consumption“.[239] Dafür ist die Kooperation der in eine solche Supply Chain[240] eingebundenen Unternehmen erforderlich, die in der Regel mehr als zwei Unternehmen umfasst. Die unternehmensübergreifende und (vertraglich)[241] vereinbarte Zusammenarbeit mehrerer Unternehmen wird als Unternehmensnetzwerk bezeichnet.[242] Nach SYDOW definieren sich Unternehmensnetzwerke als

> „... eine auf die Realisierung von Wettbewerbsvorteilen zielende Organisationsform ökonomischer Aktivitäten, die sich durch komplex-reziproke, eher kooperative denn kompetitive und relativ stabile Beziehungen zwischen rechtlich selbständigen, wirtschaftlich jedoch zumeist abhängigen Unternehmen auszeichnet.“[243]

---

[237] Vgl. zu den Ausführungen bzgl. der Veränderungen des Umfeldes der Logistik beispielhaft und stellvertretend für viele STABENAU (2002), S. 1ff; WEBER/ KUMMER (1998), S. 345ff; DANGELMAIER (1997), (1997a), S. 3ff; BAUMGARTEN (1997); sowie für eine ausführlichere Übersicht der veränderten Rahmenbedingungen der Logistik ALT (1997).

[238] Vgl. VON STENGEL (1999), S. 911; WEBER/ KUMMER (1998), S. 345.

[239] WEBER (2002), S. 19.

[240] Die Verbindung dieser beiden Punkte ergibt, bei Berücksichtigung der diversen Zwischenstationen, eine Verkettung von Prozessen und beteiligter Akteure, die mit dem Begriff der Supply Chain beschrieben wird. Vgl. zum Begriff der Supply Chain z.B. KOTZAB (2001).

[241] Ob die vertragliche Vereinbarung Voraussetzung für ein Unternehmensnetzwerk ist oder ob auch eine weniger formale Vereinbarung hinreicht, wird in der gesichteten Literatur nicht explizit erklärt.

[242] Vgl. PICOT/ REICHWALD/ WIGAND (1998), S. 293.

[243] SYDOW (1992), S. 79.

Betrachtet man die in eine Supply Chain eingebunden Unternehmen von den Zulieferern der Hersteller, über die Hersteller, Logistikdienstleister und Handelsunternehmen bis zum (End-)Kunden, so wird deutlich, dass es sich bei den Netzwerkbeziehungen in der Logistik vornehmlich um vertikale Beziehungen handelt. Das allgemeine Verständnis von Unternehmensnetzwerken umfasst aber ebenso horizontale Beziehungen zwischen Unternehmen. Ein Beispiel hierfür stellen die Logistikservice-Netzwerke bei FREICHEL dar, die ein interorganisatorisches Beziehungsgefüge zwischen Betrieben logistischer Dienstleistungsunternehmen bezeichnen.[244]

Als kennzeichnend für Unternehmensnetzwerke gilt, dass die im Rahmen der Netzwerkbeziehungen zu erstellenden Leistungen zum Zeitpunkt des Eingehens der Beziehungen noch nicht vollständig definiert sind.[245] Die Konstitution eines Unternehmensnetzwerkes dient damit der Schaffung eines organisatorischen Rahmens, innerhalb dessen Leistungen erbracht werden können.

2.3.1.2 Vorteile von Netzwerken

Ihren Stellenwert als herausragende Organisationsform der Zukunft erhalten Unternehmensnetzwerke durch die Zuschreibung einer, wie es scheint, nahezu unerschöpflichen Anzahl von Vorteilen. Da Unternehmensnetzwerke als eine Form von Kooperation zu betrachten sind, ergeben sich als Vorteile einer Vernetzung zunächst die klassischen Kooperationsgründe. Dazu zählen u.a.[246]

- Investitionsgröße (gemeinsame Auslastung und/ oder Errichtung von Kapazitäten, die das Investitionsvermögen Einzelner übersteigen),
- Risikostreuung durch Bündelung,
- Schaffung eines Gegengewichts zu Konzentrationstendenzen (Machtausgleich im Markt),
- Synergien (bessere Ausnutzung vorhandener Ressourcen durch Vermeidung von Redundanzen sowie Produkt-/ Leistungssynergien),
- Definition von Standards.

Darüber hinaus werden der Organisationsform des Unternehmensnetzwerkes eine Reihe weiterer Vorzüge zugeschrieben. VON STENGEL führt in diesem Zusammenhang folgende Aspekte an:[247]

---

[244] Vgl. FREICHEL (1992), S. 13, S. 60.
[245] Vgl. VON STENGEL (1999), S. 911, 916.
[246] Vgl. PFOHL (2000), S. 331; VON STENGEL (1999), S. 912 und die dort angegebene Literatur.
[247] Vgl. VON STENGEL (1999), S. 912ff.

- Möglichkeit zu unternehmensübergreifender Optimierung des Leistungserstellungsprozesses, insbesondere durch eine bessere Informationsversorgung und erzielbare Zeitgewinne durch frühzeitige Einbindung der Partnerunternehmen,
- Konzentration auf die Eigenleistung, Vorteile durch Spezialisierungseffekte im Bereich der jeweiligen Kernkompetenzen,
- hohe Leistungstransparenz, insbesondere durch Einsatz von Informations- und Kommunikationstechnologie und hohe Leistungsanreize durch Möglichkeit zur Beendigung der Leistungsbeziehung und dem damit verbundenen Investitionsrisiko,
- Möglichkeit zum flexiblen Angebot von Komplettleistungen (Produktsynergien),
- Möglichkeit zum Angebot von Leistungen, die aus eigener Kraft nicht, zu langsam oder ineffizient erstellt werden können (Investitionsgröße, Innovation und Ressourcennutzung),
- Wandelbarkeit durch die Möglichkeit zur Aufnahme oder Ausgrenzung beteiligter Partnerunternehmen,
- schnelle Wissensgenerierung durch Verfügbarkeit des Know-hows mehrerer und wechselnder Partner.

Insgesamt gelten Unternehmensnetzwerke als eine Organisationsform, mittels derer die Vorteile der idealtypischen Organisationsformen des Marktes und der Hierarchie kombiniert und deren jeweilige Nachteile kompensiert werden können.[248]

2.3.1.3 Doppeldeutigkeit des Netzwerkbegriffs

Dem Begriff des Netzwerks werden nunmehr in der Logistik zwei von einander zu unterscheidende Bedeutungsinhalte zugewiesen. Zum einen erscheinen Netzwerke in Form der graphentheoretischen Modelle, die die raum-zeitlichen Strukturen des Fließsystems einer Supply Chain abbilden,[249] zum anderen werden Netzwerke als Organisationsformen diskutiert. Zu hinterfragen ist deshalb, ob sich die mit den beiden Netzwerkbegriffen bezeichneten Inhalte decken oder inwieweit Differenzen vorliegen.

Übereinstimmung der beiden Netzwerkbegriffe besteht hinsichtlich der Beschreibung der Supply Chain als einer Abfolge verschiedener Stationen, im einen Fall durch raum-zeitliche Knotenpunkte, im anderen Fall durch beteiligte

---

[248] Vgl. SYDOW (1992a), S. 260; WILDEMANN (1997), S. 420.
[249] Vgl. Abschnitt 2.2.1.2.

Unternehmen. Eine Differenz der beiden Netzwerkbegriffe kann im Hinblick auf die Reichweite festzustellen sein. Die Reichweite der Netzwerke unterscheidet sich dann, wenn nicht alle Unternehmen der Supply Chain in einem Unternehmensnetzwerk, also einem multilateralen Beziehungszusammenschluss, kooperieren. Denkbar ist auch, dass sich innerhalb einer Supply Chain zwei oder mehrere Unternehmensnetzwerke herausbilden. Folglich stimmen die »Elemente« eines graphentheoretischen Netzwerkmodells nicht zwangsläufig mit den »Elementen« eines Unternehmensnetzwerkes überein. Auf diese Differenz können u.a. die Unterschiede in den Beschreibungen der Knoten des Fließsystemmodells zurückzuführen sein.[250] Die Unterscheidung ist aber deshalb wichtig, weil die o.g. Vorteile nur dem Netzwerk im Sinne einer Organisationsform zugesprochen werden.

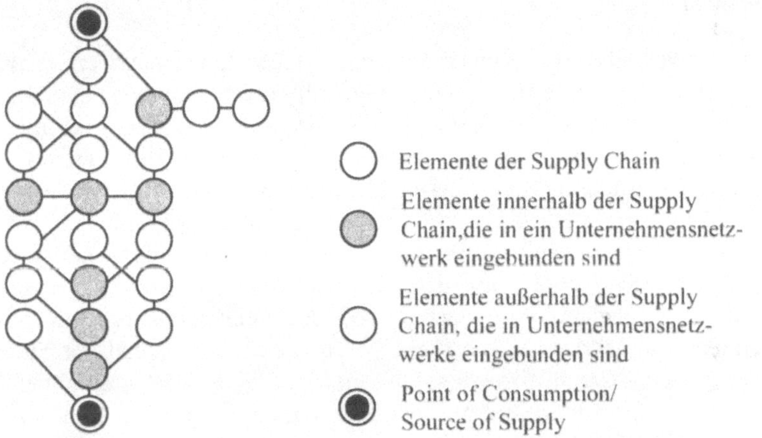

Abbildung 2-9: Differenzen zwischen graphentheoretischen Netzwerken und Unternehmensnetzwerken
Quelle: Eigene Darstellung.

2.3.2 Typologie von Unternehmensnetzwerken in der Logistik

2.3.2.1 Notwendigkeit und Anforderungen einer Typologie

Die bisherigen Ausführungen zu Unternehmensnetzwerken lassen noch wenig Schlüsse auf die organisatorische Ausgestaltung der Unternehmensbeziehungen zu. Die Fülle an begrifflichen Bestimmungen von Unternehmensnetzwerken in

[250] Die Knoten des graphentheoretischen Modells werden teils als Akteure, teils als produktionstechnische Einrichtungen definiert, vgl. Abschnitt 2.2.1.

der Literatur, die sich mit Unternehmensnetzwerken beschäftigt, weist teilweise sehr unterschiedliche Auffassungen oder Akzente auf. So werden beispielsweise »strategische Netzwerke«[251] und »dynamische Netzwerke«[252], »systemische Produktionsnetzwerke«[253] oder auch »industrielle Netzwerke«[254] diskutiert. In den meisten Fällen liegt in der Netzwerkdiskussion eine interorganisatorische Betrachtungsweise vor; die Spanne der in die jeweilige Betrachtung einbezogenen Unternehmen reicht dabei allerdings von mindestens drei Unternehmen bis zur Einbeziehung aller auf Märkten agierenden Unternehmen. In anderen Fällen bezieht sich der Netzwerkbegriff auch auf intraorganisatorische Unternehmenszusammenhänge.[255] Auch die Logistikliteratur weist eine Vielzahl von Netzwerkbegriffen auf, so zum Beispiel »Distributionsnetzwerke«[256], »Logistikservice-Netzwerke«[257] oder auch ganz schlicht »Logistiknetzwerke«,[258] um nur einige zu nennen.

Um einen Überblick über das Verständnis von Unternehmensnetzwerken und ihren Ausprägungen in der Logistik zu erhalten, soll im folgenden die Typologie von Unternehmensnetzwerken, wie sie in der einschlägigen Logistikliteratur vorgenommen wird, dargelegt und auf ihren Aussagegehalt im Hinblick auf die Gestaltung von Unternehmensnetzwerken als Organisationsformen untersucht werden. Eine Typologie stellt ein methodisches Hilfsmittel dar, mit dem reale Erscheinungen geordnet und überschaubar gemacht werden sollen, indem das als wesentlich Erachtete zum Ausdruck gebracht werden soll. Der einzelne Typus repräsentiert alsdann eine Menge von Erscheinungen, die ein oder mehrere gemeinsame Merkmale aufweisen.[259] Vor dem Hintergrund der Suche nach geeigneten Organisationsformen sollte eine Typologie von Unternehmensnetzwerken nicht nur zur besseren Überschaubarkeit beitragen. Sie sollte darüber hinaus ein Hilfsmittel für die Bestimmung derjenigen Bedingungen und Eigenschaften sein, über deren Feststellung die Netzwerkformen und Verfahren ausgewählt werden können, die zur größtmöglichen Effizienz führen oder in denen das Prinzip der Flussorientierung bestmöglich umgesetzt werden kann.[260] Etwas allgemeiner gefasst bedeutet diese Anforderung, dass eine Typologie die Vergleichbarkeit realer Erscheinungen unterstützen soll. Vergleichbarkeit wird

[251] Vgl. SYDOW (1992).
[252] Vgl. MILES/ SNOW/ COLEMAN (1992).
[253] Vgl. ALTER/ HAGE (1993).
[254] Vgl. HAKANSSON (1989).
[255] Vgl. z.B. WEGNER (1993).
[256] Vgl. BORCHERT (2001).
[257] Vgl. FREICHEL (1992).
[258] Vgl. WEBER/ KUMMER (1998), S. 346ff; VON STENGEL (1999).
[259] Vgl. GABLER (1988), Sp. 2004.
[260] Vgl. NOWAK (1954), S. 484ff, der sich in seinem Beitrag allerdings nicht auf Unternehmensnetzwerke, sondern auf Betriebe bezieht.

jedoch nur möglich, wenn man von der gleichen Analyseebene ausgeht[261] und auf dieser Analyseebene auch verschiedene Erscheinungen abgebildet sind. So macht es Sinn, Äpfel mit Birnen zu vergleichen, der Vergleich von Äpfeln mit Obst hingegen hinkt genauso wie ein Vergleich von Äpfeln mit Äpfeln, weil Äpfel im ersten Fall auf der dem Obst untergeordneten Analyseebene angeordnet sind und im zweiten Fall keine Vergleichsgröße auf dieser Analyseebene gegeben ist.

2.3.2.2 Typologie von Unternehmensnetzwerken

Eine Typisierung von Unternehmensnetzwerken erfolgt in der Logistikliteratur oftmals anhand der Einteilung in vier verschiedene Arten oder Typen von Netzwerken. Dazu zählen das strategische Netzwerk, das virtuelle Unternehmen, das regionale Netzwerk und das operative Netzwerk.[262] Abbildung 2-10 zeigt diese vier Typen von Unternehmensnetzwerken.

Ein »Strategisches Netzwerk«[263] zeichnet sich dadurch aus, dass seine Führung einem „fokalen Unternehmen"[264], das auch als „hub-firm"[265] bezeichnet wird, obliegt. Das strategische Netzwerk zielt auf das Erreichen von Wettbewerbsvorteilen auf relativ gut prognostizierbaren Märkten.[266] FREICHEL subsumiert unter dem Begriff des strategischen Netzwerks

> „eine gesamte Wertschöpfungskette mehrerer Partner, die durch ihre jeweils eingebrachten Wertschöpfungsaktivitäten einen spezifischen Beitrag zur Erlangung dauerhafter strategischer Wettbewerbsvorteile liefern."[267]

SYDOW bezeichnet die strategische Ausrichtung des Netzwerkes als

---

[261] Vgl. LUHMANN (1987), S. 17.

[262] Vgl. so z.B. bei PFOHL/ BUSE (1998), S. 50ff; BUSE (1997), S. 77ff; PFOHL (2000), S. 329f; PIONTEK (1998), S. 28f; BORCHERT (2000), S. 78f und S. 94ff, der sich allerdings nicht auf regionale Netzwerke bezieht; GÖPFERT (2000) S. 247ff unterscheidet das virtuelle Wertschöpfungsnetz und das strategische Wertschöpfungsnetzwerk; zu den folgenden Ausführungen vgl. PFOHL/ BUSE (1998).

[263] Von strategischen Netzwerken werden teilweise strategische Allianzen nach der Beziehungsrichtung der Kooperation unterschieden. Demnach gelten strategische Netzwerke als vertikale, strategische Allianzen als horizontale Kooperationsformen. Dieser Ansicht folgen allerdings nicht alle Autoren; vgl. FREICHEL (1992), S. 59 und die dort angegebene Literatur.

[264] Vgl. SYDOW (1995), S. 162.

[265] Vgl. JARILLO (1988), S. 32.

[266] Vgl. PFOHL (2000), S. 329.

[267] FREICHEL (1992), S. 59.

„proaktive, vor allem von marktökonomischen Erfordernissen und technischen Möglichkeiten bedingte und auf die Erschließung und dauerhafte Absicherung wettbewerbsrelevanter Potentiale gerichtete Organisation“.[268]

Der Leistungsaustausch zwischen den Unternehmen ist von hoher Spezifität und Intensität geprägt[269] und erfordert mithin Investitionen in netzwerkspezifische Ressourcen. Die Beziehungen zwischen den beteiligten Unternehmen erlangen hierdurch eine relativ hohe Stabilität. Das fokale Unternehmen hat maßgeb-

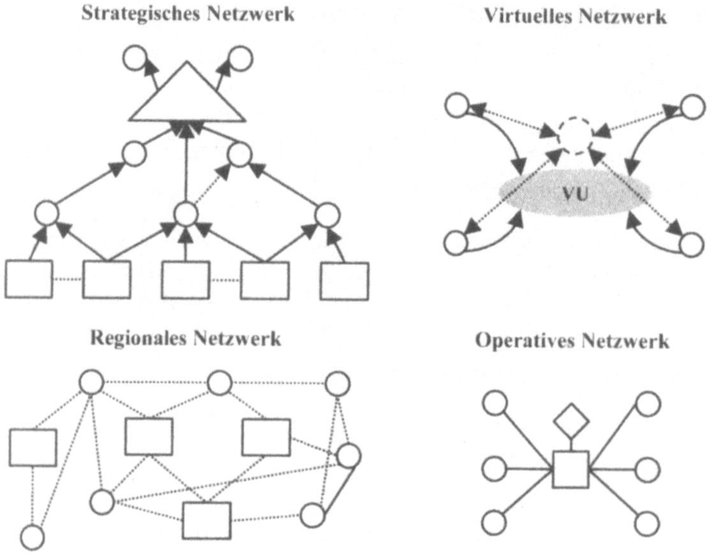

Abbildung 2-10: Schematische Übersicht der Typen von Unternehmensnetzwerken
Quelle: BUSE (1997), S. 79 (verkürzte Darstellung).

lichen Einfluss auf die Organisation des Netzwerkes, indem es die strategisch wichtigen Entscheidungen trifft sowie die Koordination und Kontrolle der Erfüllung der strategischen Aufgaben ausübt. Die enge Bindung der anderen Netzwerkunternehmen und die asymmetrische Kompetenz- und Machtverteilung zu Gunsten des fokalen Unternehmens im strategischen Netzwerk wird durch zwei Aspekte relativiert. Zum einen sind die Beziehungen zwischen den Unternehmen von einer gegenseitigen Abhängigkeit geprägt, denn die angestrebten Vorteile sollen ja gerade durch die gemeinschaftliche Zusammenarbeit erzielt werden. Anreize zur Kooperation werden durch die Errichtung von win-win-

[268] SYDOW (1992), S. 81.
[269] Vgl. GÖPFERT (2000), S. 247f.

Beziehungen geschaffen, das heißt die erreichten Vorteile kommen nicht nur dem fokalen, sondern allen Netzwerkunternehmen zu gute. Zum anderen unterhalten die Netzwerkunternehmen oftmals auch Beziehungen zu Dritten und sichern so ihre Unabhängigkeit.[270] Ob tatsächlich das Merkmal der Strategie die Herausbildung eines eigenständigen Typs von Unternehmensnetzwerken rechtfertigt, wird von manchen Autoren bezweifelt. WINDELER weist darauf hin, dass „in allen Netzwerken strategisch gehandelt (wird)“[271] und sieht das entscheidende Merkmal sogenannter strategischer Unternehmensnetzwerke in ihrer hierarchischen Führung.

Ein »virtuelles Unternehmen« ist durch die Zusammenarbeit unabhängiger Unternehmen auf der Grundlage eines gemeinsamen Geschäftsverständnisses gekennzeichnet. Die Zusammenarbeit zielt darauf, synergetische Kompetenzen und Ressourcen für sich bietende Geschäftsgelegenheiten verfügbar zu halten, um auf eine entstehende Nachfrage schnell und qualifiziert reagieren zu können.[272] Die Konditionen der Zusammenarbeit werden im virtuellen Unternehmen quasi im Vorfeld der eigentlichen Leistungserbringung abgestimmt und vereinbart. Die Leistungserbringung selbst erfolgt in einer projektähnlichen Organisation mit den Teilnehmern des Netzwerkes, die die jeweils erforderlichen Ressourcen einbringen können. Das Wechseln der Partner bei der Leistungserstellung bedingt, dass auch die Führungsrolle innerhalb des Projektnetzes wechseln kann.[273] PFOHL und BUSE sehen die charakteristischen Merkmale von virtuellen Unternehmen in projektähnlicher Zusammenarbeit, gegenseitigem Vertrauen, einer beliebigen räumlichen Verteilung der beteiligten Unternehmen, in einer intensiven Nutzung der Informations- und Kommunikationstechnologie, dem Verzicht auf detaillierte Verträge und spezifische Investitionen sowie im einheitlichen Auftreten den Kunden gegenüber.[274] Anwendungsfelder von virtuellen Unternehmen liegen einerseits in Wertschöpfungsprozessen, die von hoher Leistungsspezifität und geringer Leistungsintensität[275] geprägt sind. Andererseits werden virtuelle Unternehmen auch im umgekehrten Fall als vorteilhaft eingeschätzt, wenn die Wertschöpfungsprozesse von hoher Leistungsintensität und geringer Leistungsspezifität gekennzeichnet sind.[276] Als Beispiel für den zweiten Fall führt GÖPFERT einen Logistik-Systemanbieter an, der in einem regelmäßi-

---

[270] Vgl. PFOHL (2000), S. 329;

[271] WINDELER (2001), S. 40.

[272] Vgl. PFOHL (2000), S. 330; ECKSTEIN/ SZAFERA (1998), S. 2.

[273] Vgl. PIONTEK (1998), S. 28, der die Ansicht vertritt, das dem Kunden am nächsten stehende Netzwerkunternehmen solle die Führung übernehmen.

[274] Vgl. PFOHL (2000), S. 330; BUSE (1997), S. 81.

[275] Die Leistungsintensität wird durch die Häufigkeit und Regelmäßigkeit des Leistungsaustausches bestimmt, vgl. GÖPFERT (2000), S. 247.

[276] Vgl. zu den Anwendungsfeldern virtueller Unternehmen GÖPFERT (2000), S. 248f, sie bezeichnet virtuelle Unternehmen jedoch als „virtuelle Wertschöpfungsnetze“.

gen und standardisierten Transportnetz, das aus einer großen Zahl von Frachtführern besteht, die Rolle eines Brokers übernimmt.[277] In diesem Beispiel scheint es wahrscheinlich, dass die Führung des Netzwerkes grundsätzlich bei dem Logistik-Systemanbieter liegt. Eine eindeutige Aussage über die Führungsstruktur von virtuellen Unternehmen lässt sich mithin nicht treffen.

Ein »regionales Netzwerk« umfasst die fallweise wiederholte Zusammenarbeit vieler (kleinerer) Unternehmen, deren Standorte in unmittelbarer räumlicher Nähe liegen. Das Netzwerk basiert auf den latenten Beziehungen zu einer großen Anzahl potentieller Partner, über die die regionalen Unternehmen verfügen. Kennzeichnend für regionale Netzwerke sind persönliche Kontakte, vergleichbare Unternehmenskulturen und eine hohe Spezialisierung der Unternehmen.[278] Die Steigerung der Flexibilität bei geringen Gemein- oder Overheadkosten spielen für die Zusammenarbeit im regionalen Netzwerk eine bedeutende Rolle, während der Einzigartigkeit von Kompetenzen eher nachgeordnete Bedeutung zugeordnet wird.[279] Über die Führungssituation in regionalen Netzwerken finden sich in der Logistikliteratur wenig konkrete Aussagen. BUSE erläutert allerdings am Beispiel der norditalienischen Textilindustrie, dass „ein großes Unternehmen ... teilweise die strategische Führung übernimmt“[280]. Fraglich bleibt dabei, ob die Größe eines Unternehmens maßgebliches Kriterium bei der Vergabe der Führungsposition ist. Implizit verdeutlicht diese Aussage jedoch, dass man grundsätzlich von einer nicht hierarchischen Führung regionaler Netzwerke ausgeht. In puncto Führung herrscht auch in der Literatur zu Unternehmensnetzwerken Uneinigkeit. Die Unterscheidung von regionalen Netzwerken als eine typische Ausprägung von Unternehmensnetzwerken nimmt beispielsweise SYDOW vor, der in einer Systematisierung Unternehmensnetzwerke u.a. nach ihrem Geltungsbereich in intra- und interorganisationale Netzwerke einteilt. Die interorganisationalen Unternehmensnetzwerke differenziert er in strategische und regionale Netzwerke.[281] Regionale Netzwerke würden im Unterschied zu strategischen Netzwerken jedoch nicht durch eine zentrale Autorität geführt.[282] WINDELER hingegen widerspricht dieser Auffassung, denn er sieht im Begriff des regionalen Netzwerks eine „logisch unzulässige und unfruchtbare“[283] Vermengung von Regionalität und einer speziellen Form der Führung. Darüber hinaus weist er auf eine Untersuchung eines Netzwerkes von Versicherungsmaklern hin, deren Standort und Aktivitätenschwerpunkt in einer

[277] Vgl. GÖPFERT (2000), S. 249.
[278] Vgl. PFOHL (2000), S. 330.
[279] Vgl. BUSE (1997), S. 80.
[280] BUSE (1997), S. 80, Anmerkung 20.
[281] Vgl. SYDOW (1995a), Sp. 1625ff.
[282] Vgl. SYDOW (1992), S. 47.
[283] WINDELER (2001), S. 40.

Region liegen, bei dem eine hierarchische Führung festgestellt wurde.[284] Die Frage der Führung in regionalen Netzwerken kann an dieser Stelle mithin nicht eindeutig beantwortet werden. Als prominente Anwendungsbeispiele werden auch in der Logistikliteratur oftmals die Netzwerke in der Emilia Romagna und im Silicon Valley genannt.[285]

Einem »operativen Netzwerk«[286] liegt ein interorganisationales Informationssystem (IOS) zu Grunde, das den beteiligten Unternehmen den Zugriff auf Leistungen, insbesondere freie Kapazitäten im Produktions- und Logistikbereich (z.B. Lager-, Transport-, Verpackungskapazitäten) ermöglicht. Mittels des IOS werden Informationen über freie Kapazitäten gepoolt, so dass diese kurzfristig abgerufen und genutzt werden können. Möglich ist auch eine Poolung der Ressourcen selbst, indem beispielsweise ein gemeinsames Lagerhaus betrieben wird. Charakteristische Merkmale von operativen Netzwerken liegen in der Abwicklung weitgehend standardisierter, eher kurzfristiger Transaktionen und dem Handel von Kapazitäten statt physischer Güter oder Dienstleistungen. Hiermit lässt sich eine Unterscheidung von virtuellen Unternehmen begründen, die sich eher auf eine projektbezogene Leistungserstellung ausrichten, sonst aber gewisse Überschneidungen zu operativen Netzwerken aufweisen. Mit dem Einsatz eines IOS wird eine marktanaloge Koordination der Austauschprozesse in einen Zusammenhang gebracht, weshalb operative Netzwerke auch mit elektronischen Märkten verglichen, durch ihre höhere soziale Organisiertheit aber von diesen unterschieden werden. Während die Schaffung der informationstechnischen Voraussetzungen oftmals als unproblematisch bewertet wird, sieht PIONTEK hierin ein nicht zu unterschätzendes Hemmnis. Er betrachtet die Verfügbarkeit entsprechender IOS skeptisch, so sei selbst die Etablierung verhältnismäßig einfacher Anwendungen wie EDI relativ langsam erfolgt.[287] Die Frage der Führung von operativen Netzwerken wird in den zitierten Beiträgen nicht angesprochen. Geht man von einer freiwilligen Initiierung eines operativen Netzwerkes aus, so liegt es nahe, eine heterarchische Führung anzunehmen, zumal der Status der eingebundenen Unternehmen relativ homogen erscheint. Dies kann sich ändern, wenn das Ausmaß der von den Netzwerkunternehmen eingebrachten Kapazitäten in Quantität oder Qualität gravierende Unterschiede aufweist. Hieraus kann ein Bedeutungszuwachs der Teilnahme bestimmter einzelner Unternehmen am Netzwerk resultieren, so dass einem solchen Unternehmen weitreichendere Führungskompetenzen zugewiesen werden als anderen.

---

[284] Vgl. WINDELER (2001), S. 41.

[285] Vgl. zur Darstellung des Netzwerkes der Versicherungsmakler SYDOW/ KLOYER (1995); zu den Netzwerken in der Emilia Romagna PIORE/ SABEL (1985); zum Silicon Valley SAXENIAN (1990); Literaturhinweise entnommen bei WINDELER (2001).

[286] Vgl. PFOHL (2000), S. 330; BUSE (1997), S. 80f und die bei BUSE angegebene Literatur.

[287] Vgl. PIONTEK (1998), S. 29.

Ein weiterer Aspekt, der das Ausmaß der Heterarchie in den Führungsstrukturen eines operativen Netzwerkes mindern könnte, liegt im Know-how der Netzwerkwerkunternehmen im Hinblick auf die Informationstechnologie. Unter diesem Gesichtspunkt kann es erforderlich oder zumindest sinnvoll erscheinen, die Errichtung einer zentralen (überbetrieblichen) Organisationseinheit mit hoher IT-Kompetenz zu initiieren, der auch gewisse Führungskompetenzen übertragen werden. Dies kann selbst dann der Fall sein, wenn die Kompetenz zu der sich ursprünglich gestellten Sachaufgabe bei einem anderen Unternehmen liegt. Schließlich kann auch der Fall eintreten, dass ein operatives Netzwerk weniger auf rein freiwilliger Basis ins Leben gerufen wird, sondern den Teilnehmern eines bereits bestehenden strategischen Netzwerkes vom fokalen Unternehmen, dem die strategische Führung bereits obliegt, mehr oder minder „empfohlen" wird. Ob operative Netzwerke eher heterarchisch oder hierarchisch geführt werden, scheint mithin von verschiedenen Aspekten abzuhängen.

2.3.2.3 Zusammenfassende Betrachtung der Typologie

Insgesamt ergibt die Darstellung der vier Typen von Unternehmensnetzwerken eine breite Vorstellung über die Gestaltungsmöglichkeiten und Ausprägungen dieser Kooperationsform. Überprüft man die vorliegende Typologie im Hinblick auf das für Organisationsstrukturen als wesentlich zu Erachtende, so lässt sich allerdings ein gewisses Defizit feststellen. Eine Organisationsstruktur im Sinne eines Regelwerks, das auf die Verhaltensweisen der Mitglieder einwirken soll, wird weniger über die Beschreibung der Planungsebene (strategisch, operativ), die räumliche Verteilung (regional) oder den Grad der Virtualität geprägt, als vielmehr über die Art der Führung als Regulationsgröße. Insofern liegt für eine Typologie von Unternehmensnetzwerken eine Unterscheidung in hierarchisch oder heterarchisch geführte Unternehmensnetzwerke näher. [288] So unterscheiden auch PICOT/ REICHWALD/ WIGAND Unternehmensnetzwerke, die „entweder mehr hierarchischen oder mehr marktlichen Charakter besitzen".[289] Die Frage der Führung konnte jedoch in keinem Fall eindeutig beantwortet werden.[290] Ebenso bleibt offen, welcher Typ von Unternehmensnetzwerk eine besonders hohe Anpassungsfähigkeit oder Entwicklungsfähigkeit aufweist und wie dies zu vergleichen wäre.

Ein weiteres Defizit der beschriebenen Typologisierung liegt darin, dass mit den Begriffen strategisch, virtuell, regional und operativ keine Analyseebene

[288] Zu diesem Schluss kommt auch WINDELER (2001), S. 40ff.

[289] Picot/ Reichwald/ Wigand (1998), S. 293.

[290] Das gilt auch für strategische Netzwerke, denn wenn nach WINDELERS Aussage alle Unternehmensnetzwerke in welcher Intensität auch immer strategisch agieren, kann auch das Merkmal der hierarchischen Führung nicht an das Merkmal der Strategie geknüpft werden.

geschaffen wird, die einen Vergleich im Hinblick auf die Organisationsstrukturen überhaupt ermöglichen würde. Ob zur Realisierung einer bestimmten Aufgabe ein regionales oder ein operatives Unternehmensnetzwerk geeigneter ist, entspricht der Frage ob ein grüner oder ein säuerlicher Apfel besser schmeckt, um das Obstbeispiel noch einmal aufzugreifen. Farbe und Säuregehalt sind im Hinblick auf den Geschmack eines Apfels genauso wenig vergleichbar, wie Ausmaß der räumlichen Standortverteilung und gemeinsame Planungsebene im Hinblick auf Organisationsstrukturen von Unternehmensnetzwerken. Ein grüner Apfel kann gleichzeitig einen hohen Säuregehalt aufweisen, so wie ein regionales Unternehmensnetzwerk gleichzeitig auf einer gemeinschaftlichen operativen Planungsebene agieren kann. Aber ein »Granny Smith« ist deshalb noch kein »Boskop«[291], ob aber ein Unternehmensnetzwerk regional ansässiger Unternehmen ein »regionales Unternehmensnetzwerk« bleibt, wenn dieses auf operativer Ebene kooperiert, oder ob es deshalb dem Typ »operatives Unternehmensnetzwerk« zugerechnet werden muss, bleibt hingegen offen. Dieses Defizit mag wohl WINDELER meinen, wenn er von einer logisch unzulässigen Vermengung verschiedener Merkmale spricht.[292]

Demnach finden sich die methodischen Anforderungen in der Typologisierung von strategischen, virtuellen, operativen und regionalen Unternehmensnetzwerken nicht ausreichend berücksichtigt. Dennoch gehen aus den Beschreibungen wesentliche Aspekte einer unternehmensübergreifenden Kooperationsgestaltung hervor.

2.3.3 Das Verhältnis zwischen Netzwerken, Märkten und Hierarchien

2.3.3.1 Netzwerke im Vergleich mit Märkten und Hierarchien

Eine Konkretisierung der Vorstellungen über Unternehmensnetzwerke erfolgt in organisationstheoretischen Arbeiten und auch in der Logistikliteratur häufig über einen Vergleich mit den idealtypischen Organisationsformen des Marktes und der Hierarchie. Die Ausführungen zur Behandlung des Grenzproblems von Organisationen machen es schon deutlich: Unternehmensnetzwerke werden im Verständnis der Logistik als hybride Organisationsformen zwischen Markt und Hierarchie klassifiziert.[293]

---

[291] Granny Smith und Boskop sind Apfelsorten, also Typen der Erscheinung »Apfel«.

[292] WINDELER (2001), S. 40.

[293] Vgl. die in der Logistikliteratur vorgenommene Einordnung von Unternehmensnetzwerken als Hybridstruktur zwischen Markt und Hierarchie z.B. bei BORCHERT (2001), S. 81ff; WITTIG/ ZENTES (2002), S. 377ff; FREICHEL (1992), S. 49f; WEBER/ KUMMER (1998), S. 233.

Diese Einordnung von Unternehmensnetzwerken zwischen Markt und Hierarchie folgt vor allem der transaktionskostentheoretischen Argumentation, die hier anhand der Aussagen von WILLIAMSON dargelegt werden soll. WILLIAMSON beschreibt die für Organisationsformen („governance structures") charakteristischen Merkmale und untersucht diese in ihren Ausprägungen bei Märkten, Hybridformen und Hierarchien. Seine Ergebnisse fasst er in der folgenden Abbildung zusammen:

Merkmale	Organisationsform (governance structure)		
	Markt	Hybridform	Hierarchie
Instrumente			
Anreizintensität	++	+	0
Administrative Kontrollen	0	+	++
Leistungsmerkmale			
Anpassung durch Autonomie	++	+	0
Anpassung durch Kooperation	0	+	++
Vertragsrecht	++	+	0

Abbildung 2-11: Merkmale der Organisationsformen Markt, Hybridform und Hierarchie
Quelle: WILLIAMSON (1991), S. 105.

WILLIAMSON unterscheidet die Merkmale der Anreizintensität, die Anwendung administrativer Kontrollen, zwei Formen von Anpassung sowie die Wirksamkeit des Vertragsrechts für die verschiedenen Organisationsformen. Es zeigt sich, dass die Ausprägung der Merkmale bei den Hybridformen, als Oberbegriff für vielfältigste Formen der Kooperation, jeweils einen mittleren Wert aufweisen. Als Folge ergibt sich die Einordnung von Unternehmensnetzwerken zwischen Markt und Hierarchie. Den beiden Formen der Anpassung ordnet WILLIAMSON je einen eigenen Steuerungsmechanismus zu. Demnach erfolgt die Regulierung autonomer Anpassung durch Preise – „autonomous adaptation through markets" – die Regulierung kooperativer Anpassung durch Anweisungen – „cooperative adaptations through hierarchies".[294]

[294] WILLIAMSON (1996), S. 89.

Fraglich ist nun, inwieweit aus der Einordnung von Unternehmensnetzwerken zwischen Markt und Hierarchie der Schluss gezogen werden kann, dass Unternehmensnetzwerke eine größere Anpassungsfähigkeit an Umweltveränderungen aufweisen, als andere Organisationsformen. Ein erster Hinweis, der gegen diese Annahme spricht, ergibt sich aus der von WILLIAMSON vorgenommenen und in der Abbildung vermerkten Bewertung der drei alternativen Organisationsformen. Demnach kann jede der drei Formen jeweils nur zwei +-Zeichen im Hinblick auf die Anpassungsmerkmale – Anpassung durch Autonomie bzw. Anpassung durch Kooperation – für sich verzeichnen. Hybride haben demnach in der Summe keine größeren oder höheren Fähigkeiten in puncto Anpassung. Vielmehr liegt bei Hybriden eine Kombination von zwei Anpassungsformen vor, während die beiden anderen Organisationsformen durch nur eine Anpassungsform – allerdings von höherer Intensität – gekennzeichnet sind. Die Bestimmung von Unternehmensnetzwerken als Organisationsform zwischen Markt und Hierarchie führt demnach nicht zu einer plausiblen Einschätzung ihrer höheren Anpassungsfähigkeit.

Nicht nur ausgehend von der Transaktionskostentheorie wird ein Vergleich von Unternehmensnetzwerken zu den Organisationsformen des Marktes und der Hierarchie vorgenommen. In der Literatur zu Unternehmensnetzwerken finden sich unterschiedliche Ansätze, das Verhältnis von Märkten, Hierarchien und Netzwerken zu bestimmen.[295] Zu den Vertretern, die Netzwerke ebenfalls zwischen den Organisationsformen Markt und Hierarchie einordnen, zählen u.a. SIEBERT und SYDOW. Nach SIEBERT vereinen Unternehmensnetzwerke bestimmte Merkmalsausprägungen des Marktes und der Hierarchie – sie stellen demnach eine Art Mischform dar.[296] Nach SYDOW entstehen Netzwerke durch Quasi-Externalisierung (Funktionsausgliederung), die maßgeblich durch die Strategie der Konzentration auf Kernkompetenzen ausgelöst wird sowie durch Quasi-Internalisierung, die sich durch eine intensivere Zusammenarbeit zwischen Unternehmen auszeichnet, als marktliche Beziehungen.[297] Ein anderes Verhältnis zwischen Markt, Hierarchie und Netzwerk beschreibt POWELL, der Netzwerke als eigenständige Organisationsform neben Markt und Hierarchie stellt.[298] Demnach weisen Unternehmensnetzwerke nicht die Merkmale von Markt und Hierarchie in nur anderer Ausprägung auf, sondern sind durch ihnen eigene Merkmale gekennzeichnet. Diese werden durch die in Netzwerken zu Grunde liegenden reziproken, auf Vertrauen fußenden Kooperationsbeziehungen

295 Vgl. die Übersicht über die unterschiedlichen Positionen und Argumentationen zur Bestimmung des Verhältnisses zwischen den drei Organisationsformen bei RENZ (1997), S. 9ff, die für die folgenden Ausführungen grundlegend herangezogen wurde.

296 Vgl. SIEBERT (1991).

297 Vgl. SYDOW (1992), S. 105.

298 Vgl. POWELL (1990).

bestimmt. So haben Märkte, Hierarchien und Netzwerke jeweils ein eigenes Faktorenbündel von Eigenschaften im Hinblick auf die normative Basis, die Kommunikation, das Klima und die Präferenz der Aktoren.[299] Die Eignung und Vorteilhaftigkeit der Organisationsformen hängt auch nach POWELLs Auffassung von bestimmten situativen Bedingungen ab. Die Eigenschaften von Netzwerken und die Steuerung von Anpassungen über vertrauensbasierte Beziehungen weisen demnach insbesondere in hochdynamischen und risikobehafteten Situationen eine besondere Eignung auf.[300]

Gemeinsam ist allen diesen Vergleichen von Netzwerken, Märkten und Hierarchien die Grundannahme, dass die jeweilige Situation bestimmt, welche der Organisationsformen eine besondere Eignung aufweist. Dass diese Annahme Probleme aufwirft, wurde bereits in den Abschnitten 2.1.2 sowie 2.2.1 ausgeführt. Demnach ist es erstens anzuzweifeln, ob zwischen situativen Faktoren und einer Organisationsform ein Einflusszusammenhang besteht. So kann es zwar als plausibel betrachtet werden, dass eine hohe Marktdynamik zu einer Vernetzung von Unternehmen führt, weil die Beteiligten der Meinung sind, Wechsel im Leistungsangebot am schnellsten und sichersten in einem Unternehmensverbund realisieren zu können. Genauso plausibel kann aber auch die Ansicht vertreten werden, eine größere Anpassungsfähigkeit sei etwa durch ein geändertes Anweisungsverhalten innerhalb eines Unternehmens zu erlangen. Zweitens ergeben sich bei der Zurechnung der Anpassungsfähigkeit einer Organisation auf ihre Struktur die gleichen erheblichen Schwierigkeiten, die auch bei der Zurechnung von Effizienz auf die Organisationsstruktur entstehen. Wenn ein bestimmtes Unternehmensnetzwerk als besonders anpassungsfähig beurteilt wird, bleibt fraglich, ob diese Anpassungsfähigkeit auf die Organisationsform eines Unternehmensnetzwerkes zurückzuführen ist. Ausschließen lässt sich nicht, dass auch andere Faktoren zu dieser Fähigkeit beitragen könnten. Weder aus der Einordnung von Unternehmensnetzwerken als Organisationsform zwischen Markt und Hierarchie noch die Feststellung einer eigenständigen Organisationsform »Netzwerk« kann insofern als schlüssige Begründung einer höheren Anpassungsfähigkeit von Netzwerken interpretiert werden.

Ein anderes Argument gegen die Annahme, Netzwerke wiesen eine besonders ausgeprägte Anpassungsfähigkeit auf, ergibt sich aus der Überlegung, dass nicht nur Märkte und Hierarchien, sondern genauso auch Unternehmensnetzwerke sich zunächst konstituieren müssen. Damit die Vorteile eines Netzwerkes gegenüber denen des Marktes oder der Hierarchie überhaupt zum Tragen kommen können, muss ein solches Netzwerk zunächst einmal existieren. Es müssen

---

[299] Vgl. RENZ (1997), S. 12.

[300] Als weitere Vertreter der Position, Netzwerke neben Markt und Hierarchie gelten SEMLINGER (1993) sowie TEUBNER (2000), vgl. RENZ (1997), S. 12.

sich bereits Partner gefunden haben, die sich auf eine vertrauensvolle Zusammenarbeit geeinigt und ein differenziertes Anreiz- und Kontrollsystem vereinbart haben, damit ein flexibler Leistungsaustausch stattfinden kann, umfangreiches Know-how verfügbar ist, eine nicht nur kostensenkende sondern auch risikobehaftete Konzentration auf Kernkompetenzen vorgenommen werden kann usw. Die Konstitution eines Unternehmensnetzwerkes kann sich durchaus komplizierter und langwieriger gestalten, als die Konstitution eines Unternehmens. Welche Schwierigkeiten in einem Entstehungsprozess von Unternehmensnetzwerken auftreten können und dass trotz aller Effizienzgründe und trotz aller in Aussicht gestellter Anpassungsfähigkeit die Errichtung von Netzwerken nicht immer gelingt, wurde in dieser Arbeit bereits dargelegt.[301] KAPPELHOFF führt in diesem Zusammenhang Folgendes aus:

> „Nicht nur der Markt leidet oft an Marktversagen, wenn sich das segensreiche Wirken der unsichtbaren Hand nicht einstellen will. Auch Netzwerkversagen im Hinblick auf die ... idealtypische Form der Netzwerkkoordination muss als Möglichkeit immer in Rechnung gestellt werden."[302]

Auch aus diesen Schwierigkeiten führt die Bestimmung des Verhältnisses von Netzwerken zu Märkten und Hierarchien als Zwischenform oder dritte Form nicht hinaus. Denn offensichtlich besteht ein solcher Automatismus nicht, der die Entstehung von Netzwerken (oder anderer ökonomischer Formen) auslöst.[303] Vielmehr sind es individuelles Engagement und soziale Aspekte, die für ihre Konstitution notwendig sind:

> „economic institutions do not emerge automatically in response to economic needs. Rather, they are constructed by individuals whose action is both facilitated and constrained by the structure and resources available in social networks in which they are embedded."[304]

Insgesamt scheint sich die Annahme, dass Unternehmensnetzwerke von höherer Anpassungsfähigkeit gekennzeichnet seien als Märkte oder Hierarchien, nicht aufrechterhalten zu lassen.

---

[301] Vgl. Abschnitt 2.1.1 sowie Abschnitt 2.2.2.

[302] KAPPELHOFF (2000), S. 30.

[303] Das zeigt sich besonders deutlich am Beispiel der Transportbörsen: Obwohl ihre Nutzung bei Suche nach einem Geschäftspartner Transaktionskostenvorteile erwarten lässt, hat sich diese Form der Vernetzung bis heute nicht am deutschen Logistikmarkt etablieren können, vgl. BRUNS (2001).

[304] GRANOVETTER (1992), S. 7; vgl. GRANOVETTER (1985).

2.3.3.2 Eignung der Transaktionskostentheorie zur Charakterisierung von Netzwerken

Wie oben bereits angeführt, wird die Vorteilhaftigkeit von Unternehmensnetzwerken oftmals unter Heranziehung der Transaktionskostentheorie dargelegt. Zu prüfen ist deshalb, inwieweit die Transaktionskostentheorie die geeignete Grundlage für eine Beurteilung von Unternehmensnetzwerken bieten kann.

Zunächst ist festzustellen, dass WILLIAMSON seine Überlegungen zur Charakterisierung von Organisationsformen auf der Basis bilateraler Beziehungen entwickelt.[305] Der von ihm verwendete Begriff der Hybride zur Beschreibung einer Markt und Hierarchie zwischengestellten Organisationsform umfasst damit zunächst auch nur bilaterale Kooperationen. Bei Netzwerken handelt es sich hingegen um Kooperationen, die mehr als zwei Kooperationspartner umfassen. Es wäre mithin zumindest zu überprüfen, ob die Merkmalsausprägungen, die für bilaterale Kooperationen festgestellt wurden, unverändert auf erweiterte Kooperationsformen übertragbar sind. Auch WINDELER sieht hierin ein Problem und bemerkt, dass der Transaktionskostenansatz „jedenfalls nicht von Geburt“[306] die Erklärung von Unternehmensnetzwerken zum Gegenstand habe.

Weiterhin ist zu bemerken, dass die Transaktionskostentheorie von einer ganz bestimmten Analyseeinheit ausgeht, die jedem Vergleich möglicher Organisations- bzw. Vertragsformen zu Grunde gelegt werden muss. Diese Analyseeinheit ist die Transaktion, sie wird von WILLIAMSON wie folgt definiert:

> „A transaction occurs when a good or service is transferred across a technologically separable interface.“[307]

Das Vorhandensein einer Analyseeinheit Transaktion wird hier explizit an eine Übergabe einer oder mehrerer bestimmter Leistungen gebunden. PICOT erweitert diese Übergabe zu einem »Leistungstausch« und bindet die Übergabe einer Leistung an eine Gegenleistung.[308] Damit Unternehmensnetzwerke in das Vergleichsschema der Transaktionskostentheorie eingeordnet werden können, müssten sie sich deshalb grundsätzlich durch einen solchen Leistungsaustausch auszeichnen. Aus der Definition von Unternehmensnetzwerken geht dies jedoch nicht hervor. Dort ist vielmehr sehr allgemein von »Beziehungen« die Rede, was noch keinen Leistungstausch notwendig beschreibt. Dem Verständnis des Fließsystemansatzes folgend, liegen Beziehungen dort vor, wo Flussobjekte ausgetauscht werden. Die definierten Arten von Flussobjekten lassen sich zwar als

---

305 Vgl. zur bilateralen Perspektive des Transaktionskostenansatzes RICHTER/ FURUBOTN (1996).
306 WINDELER (2001), S. 18.
307 WILLIAMSON (1996), S. 379.
308 Vgl. PICOT (1985), S. 224.

Leistungen interpretieren, die auch eine Gegenleistung erfordern, diese Interpretation ergibt sich aber nicht in jedem Fall zwangsläufig. So könnte beispielsweise das Flussobjekt »Information« an mehrere andere Unternehmen übertragen werden, ohne dass eine gegenläufige Leistung eingefordert wird.

Deutlich wird dieser Zusammenhang auch aus anderer Perspektive, beginnend mit der Definition von Unternehmensnetzwerken. Unternehmensnetzwerke werden verstanden als Kooperationen, die der Erhaltung oder Steigerung der Wettbewerbsfähigkeit dienen. Dieses Ziel kann z.B. durch eine Einkaufskooperation, durch die Initiierung einer unternehmensübergreifenden Marketing-Strategie oder die gemeinschaftliche Nutzung eines Tourenplanungs- und Dispositionssystems angestrebt werden. Findet in diesen Beispielen, mit denen Unternehmensnetzwerke unterschiedlichen Inhalts beschrieben werden, ein Leistungstausch im Sinne einer Transaktion statt? Die Beziehungen innerhalb eines Unternehmensnetzwerkes können zwar durchaus auf den Austausch von Leistungen gerichtet sein, sie sind es aber nicht notwendigerweise. In einer Beschreibung von Netzwerken führt VON STENGEL als Unterscheidungsmerkmal zu sonstigen Leistungsbeziehungen an, dass die zu erstellende Leistung zum Zeitpunkt des Eingehens der Beziehung noch nicht vollständig definiert sei. Die vollständige Definition der Leistung erfolge vielmehr nach der Einigung über die gemeinsame Erstellung und dem Schaffen einer unternehmensübergreifenden Vertrauensbasis.[309] Ein transaktionskostentheoretischer Vergleich ist auf den Vergleich von Transaktionen gerichtet, die im Rahmen marktlicher, hierarchischer oder netzwerkartiger Beziehungen stattfinden. Netzwerke weisen offensichtlich nicht grundsätzlich Aktivitäten auf, die als Transaktionen zu fassen sind. Ein transaktionskostentheoretischer Vergleich von Netzwerken mit Märkten und Hierarchien ist mithin nur in den Fällen möglich, bei denen innerhalb der Netzwerke Transaktionen stattfinden. Netzwerke ohne Transaktionsaktivität fallen hingegen aus diesem Vergleichsschema heraus.

Die offensichtliche Notwendigkeit einer solchen Differenzierung in vergleichsgeeignete und -ungeeignete Netzwerke kann auch als Indiz dafür gewertet werden, dass die Übertragung der Transaktionskostentheorie nicht unmodifiziert auf Netzwerke übertragen werden kann. Die ursprüngliche Anlage der Transaktionskostentheorie als bilateraler Ansatz, wie oben angeführt, scheint sich in diesem Aspekt bemerkbar zu machen. Ein Tausch von Leistungen kann stets nur zwischen zwei Transaktionspartnern erfolgen, weil dieselbe Leistung nicht an mehrere Partner gegeben werden kann. Jede Theorie, die mehr als zwei Partner betrachten will, muss sich deshalb vom Leistungstausch als Beziehungsgrundlage lösen und etwas definieren, was als gemeinsamer Bezugspunkt gelten kann. Erst von einem solchen gemeinsamen Bezugspunkt lassen sich Verbindungen in

[309] Vgl. VON STENGEL (1999), S. 911.

mehrere Richtungen, d.h. zu mehreren Partnern, ziehen. In der Transaktionskostentheorie scheint ein solcher Bezugspunkt nicht definiert zu sein.

2.3.4 Abschließende Betrachtung von Unternehmensnetzwerken als anpassungsfähige Organisationsform

Im Folgenden soll die vorgestellte Diskussion des Verständnisses von Unternehmensnetzwerken in ihren wesentlichen Punkten zusammengefasst werden:

- Die Mehrdeutigkeit des Netzwerkbegriffs führt zu Problemen bei der Zurechnung der Vorteile, die einer Netzwerkkooperation zugeschrieben werden.
- Die häufig benutzte Typologie von Unternehmensnetzwerken weist konzeptionelle Mängel auf: Einerseits wird ein Vergleich der Organisationsstrukturen nicht möglich, weil die Aussagen nur wenige Informationen über die Art der Führung in den einzelnen Typenbeschreibungen aufweisen, die Art der Führung aber für die Strukturierung einer Organisation als maßgeblich gilt. Andererseits lässt die Typologie keine Schlussfolgerung über den Grad der Anpassungs- oder der Entwicklungsfähigkeit der einzelnen Typen zu.
- Die Annahme, Unternehmensnetzwerke wiesen im Vergleich zu Märkten und Hierarchien eine besondere Anpassungsfähigkeit auf, lässt sich theoretisch nicht begründen. Die Zurechnung einer festgestellten Anpassungsfähigkeit auf die jeweilige Organisationsstruktur ist theoretisch nicht einwandfrei möglich. Vernachlässigt wird bei den vergleichenden Betrachtungen darüber hinaus eine Erklärung der Konstitution der Organisationsformen.
- Die Transaktionskostentheorie ist ursprünglich als bilateraler Ansatz angelegt und deshalb nicht unmodifiziert auf Unternehmensnetzwerke mit mehr als zwei Partnern übertragbar. Durch die definitorische Bindung einer Transaktion an einen Leistungstausch wird das Geltungsspektrum der Transaktionskostentheorie auf bilaterale Beziehungen eingeschränkt.

Die Reichweite dieser Kritik an dem in der Logistik vertretenen Netzwerkansatz erscheint fundamental. Es lässt sich deshalb vermuten, dass tatsächlich im theoretischen Fundament dieses Netzwerkansatzes bestimmte Aspekte unzureichend berücksichtigt werden. Grundsätzlich wirken Unternehmensnetzwerke in breiten Teilen der Literatur nahezu als Heilmittel für alle Probleme ökonomischer Natur. Netzwerke stellen in vielen Ausführungen quasi das geöffnete Tor zu jedweder Art gerade benötigter Ressourcen dar und ermöglichen ganz nebenbei die Erschließung von »economies of scale and scope«, den Transfer von Wissen und sogar noch die Wirkungssteigerung eigener, bereits verfügbarer Ressourcen.[310] Dass solche Vorteile in dieser geballten Form auftreten können, lässt sich plausibel begründen und auch an verschiedenen Beispielen belegen. Zu bezweifeln ist jedoch, dass sich all diese Vorteile oder auch nur Teile davon, bei jedem gegründeten Unternehmensnetzwerk einstellen werden. Kann man also diese Vorteile tatsächlich der Organisationsform »Netzwerk« zurechnen? Und ganz wesentlich ist hierbei die Frage, wie es überhaupt zur Gründung, zur Konstitution eines Unternehmensnetzwerkes kommt. Diese Frage bleibt stets unbeantwortet. KAPPELHOFF fasst die netzwerktheoretischen Konzepte, wie sie auch in der Logistik vertreten werden, „etwas polemisch", wie er sagt, zusammen:

> „so soll das Ideal eines lose gekoppelten Netzwerkes gleichberechtigter Kooperationsbeziehungen die Steuerungsprobleme von Organisationen in sich schnell verändernden, sachlich und sozial nichtlinear vernetzten Umwelten lösen – und zwar letztlich durch Selbstorganisation."[311]

Der hier verwendete Ausdruck der Selbstorganisation kann interpretiert werden als ein Impuls oder ein Automatismus, der Netzwerke dort entstehen lässt, wo die ökonomischen Anforderungen es vermeintlich erfordern. Diese Auffassung wird besonders deutlich im transaktionskostentheoretischen Ansatz, nach dem andere Organisationsformen dann entstehen, wenn sie gegenüber den bestehenden Formen Transaktionskostenvorteile bringen. Aber auch im Situativen Ansatz, der in der Logistik aufgegriffen wird, weist die Annahme, dass die Situation die Organisationsform bestimme, auf einen solch vermuteten Automatismus hin. KAPPELHOFF schließt einen solchen Automatismus aus, indem er feststellt, dass nicht nur der Markt an Marktversagen leide, wenn sich das segensreiche Wirken der unsichtbaren Hand nicht einstellen wolle, sondern dass auch ein Netzwerkversagen grundsätzlich in Rechnung gestellt werden müsse.[312] Der Annahme eines „Automatismus der Konstitution von Organisationsformen" erteilt auch GRANOVETTER eine ausdrückliche Absage.[313]

Dieses Fehlen einer Erklärung der Konstitution von Netzwerken kann als ein Defizit der theoretischen Grundlagen des im Fließsystemansatz vertretenen Netzwerkverständnisses betrachtet werden.

Eng damit verbunden ist der Aspekt, dass soziale Phänomene aus den bisherigen Netzwerkkonzeptionen, die im Fließsystemansatz aufgegriffen werden, ausgeblendet bleiben. Nach GRANOVETTER sind Unternehmen, Netzwerke und ganze

---

310 Vgl. z.B. VAN WELL (2001), S. 156.

311 KAPPELHOFF (2000), S. 30; ähnlich auch STABER (2000), S. 58, der ausführt, dass ein Problem der Netzwerkorganisation darin bestehe, ihre Vorzüge gegenüber Markt und Hierarchie nicht zwangsweise und nicht ohne Schwierigkeiten in die Praxis umsetzen zu können.

312 Vgl. KAPPELHOFF (2000), S. 30.

313 Vgl. GRANOVETTER (1992), S. 7.

Industriebranchen „soziale Konstruktionen".[314] Es konstituieren sich demnach solche Organisationsformen, die durch die in einem Sozialgefüge bestehenden Verhaltensweisen hervorgebracht und gestützt werden. Die Frage nach der Konstitution von Netzwerken und anderen Organisationsformen wird mithin über eine Betrachtung des Sozialen zu beantworten gesucht. Versteht man Netzwerke als soziale Systeme, lässt sich fragen, wie individuelle Verhaltensweisen oder Handlungen einzelner Akteure selektiert werden können, dass sie einem sozialen System als Einheit, z.B. einem Unternehmensnetzwerk, zugerechnet werden können. WINDELER fordert für die Ausarbeitung einer Netzwerktheorie ein Modell, das es erlaubt, ein Verständnis für die „Vermittlung von Handlung und Struktur"[315] zu entwickeln. Wie entsteht aus individuellen Handlungen eine soziale Struktur oder umgekehrt wie grenzen soziale Strukturen individuelle Verhaltensweisen aus und wie werden andere individuelle Verhaltensweisen durch soziale Strukturen hervorgerufen? Antworten auf diese Fragen können zu einem Verständnis der Konstitution sozialer Systeme im Allgemeinen und der Konstitution von Netzwerken oder anderen Organisationsformen im Besonderen beitragen.

Ein dritter Aspekt ergibt sich aus dem in Abschnitt 2.3.3.2 angesprochenen Aspekt, der Übertragung eines bilateralen Ansatzes auf ein System, das mehr als zwei Akteure umfasst. Im Fließsystemansatz bilden sich Beziehungen durch den Fluss verschiedener Objekte von einem Knoten zu einem zweiten, so dass auch der Fließsystemansatz grundsätzlich als bilateraler Ansatz verstanden werden muss. Zwar werden die Objekte, z.B. Halbfertigprodukte, von einem Zweiten (B) an einen Dritten (C) bis hin zu einem n-ten (Z) weitergegeben, dies aber immer von dem jeweils vorangegangenen oder dem (n-1)-ten. Gehören B und Z noch zur selben sozialen Einheit »Netzwerk«? Dies könnte so sein, indem ihre Flussbeziehung als »indirekte Beziehung« charakterisiert wird. Aber nach welchem Kriterium lässt sich bestimmen, dass ein weiterer Akteur (W) nicht zum Netzwerk gezählt wird, obwohl auch zu ihm eine Objektflussbeziehung ausgehend von B besteht? Zu unterscheiden sind offensichtlich bereits vier unterschiedliche Arten von Flussbeziehungen: direkte und indirekte Beziehungen, die sich jeweils in netzwerkinterne und netzwerkexterne Beziehungen unterteilen. Eine Analyse der Wechselwirkungen und Abhängigkeiten zwischen diesen vier Beziehungsarten muss an der Komplexität eines auf diese Weise abgebildeten Gefüges von Flussbeziehungen scheitern. Jeder beliebige Akteur oder anders definierte Knoten steht nach diesem Modell mit jedem anderen beliebigen Akteur entweder auf direkte oder auf indirekte Weise in Verbindung, so dass ein Netz von Objektflüssen entsteht, dessen Grenze etwa durch den

[314] Vgl. GRANOVETTER (1992), S. 8.
[315] Vgl. WINDELER (2001), S. 119.

Markt oder eine vergleichbar weit gefasste Einheit gebildet wird.[316] Verkompliziert wird dieses Netzwerkmodell, dessen Beziehungen durch Objektflüsse definiert werden, noch durch die Existenz verschiedener Objektarten. Sind netzwerkinterne Flussbeziehungen, die auf dem Fließen verschiedener Objektarten beruhen, unterschiedlich zu bewerten?

In seinen Grundzügen ähnelt der im Fließsystemansatz verwendete Netzwerkansatz durchaus einem im soziologischen Umfeld entwickelten Netzwerkansatz, der auch als »tauschsystemischer Ansatz« bezeichnet wird:

> „Der tauschsystemische Ansatz betrachtet die ein soziales Netzwerk konstituierenden Beziehungen abstrakt als Tauschbeziehungen, d.h. soziale Interaktionen werden als Austausch materieller bzw. immaterieller Ressourcen analysiert."[317]

Der tauschsystemische Ansatz hat meines Erachtens mit den gleichen Problemen zu kämpfen, wie der logistische Netzwerkansatz, nämlich die Verbundenheit einer abgegrenzten Anzahl von Akteuren in den Blick zu nehmen. Diese Verbundenheit sieht KAPPELHOFF u.a. in Regeln zur Erfassung und Beurteilung von Situationen, darauf bezogene Handlungsregeln sowie situationsübergreifende Regeln der normativen Steuerung und Identifikation und will den tauschsystemischen Ansatz um eine mit diesen Regeln angereicherte Handlungstheorie erweitert sehen.[318] Fraglich bleibt aber auch hier, wie es zur Herausbildung solcher Regeln und der tatsächlichen Bezugnahme der einem Unternehmensnetzwerk zugerechneten Akteure auf diese Regeln kommt. Diese Schwierigkeiten, die Verbundenheit und die Abgegrenztheit von Unternehmensnetzwerken zu beschreiben, veranlassten die in Abschnitt 2.3.3.2 aufgestellte These, dass sich jede Theorie, die mehr als zwei Akteure als Mitglieder eines Systems betrachten will, von der Vorstellung lösen müsse, dass Beziehungen durch den Tausch von Leistungen – jetzt lässt sich ergänzen: durch den Fluss von Objekten oder den Tausch von Ressourcen – konstituiert werden. Eine Bestätigung dieser These findet sich bei WINDELER, der in der Gleichsetzung von Sozialstruktur und Beziehungsstruktur einen Reduktionismus sieht und fragt:

> „Sind Beziehungsmuster nicht nur ein Typ von Einflussfaktor auf soziale Aktivitäten und Ereignisse neben anderen? Vieles spricht dafür."[319]

---

[316] Ein entsprechender Netzwerkansatz hat sich bspw. in der schwedischen Managementschule herausgebildet, wonach Netzwerke Märkte sind, so dass sich mit FORSGREN/ PEDERSEN (1996), S. 6, sagen lässt: „The business network is there and has always been (although changing over time)."; vgl. zu einer ausführlichen Darstellung des schwedischen Netzwerkansatzes RENZ (1997).

[317] KAPPELHOFF (2000), S. 42.

[318] Vgl. KAPPELHOFF (2000), S. 43f.

[319] WINDELER (2001), S. 122f.

Insgesamt erscheint es erforderlich, einen Netzwerkansatz zu formulieren, der es erlaubt, die Art und Weise der Konstitution einer abgegrenzten sozialen Einheit zu beschreiben, um Aussagen darüber gewinnen zu können, wie sie ihr Verhältnis zu ihrer Umwelt, sei es durch Anpassung oder durch Entwicklung oder andere Mechanismen, regelt.

2.4 Zusammenfassende Diskussion des logistischen Fließsystemansatzes

Die Sicherung und Erhaltung der Anpassungs- und Entwicklungsfähigkeit von Unternehmen und unternehmensübergreifenden Wertschöpfungssystemen stellt für den logistischen Fließsystemansatz ein zentrales Ziel dar. Hiervon ausgehend sollte innerhalb dieses Kapitels untersucht werden, inwieweit die im Fließsystemansatz eingenommene Perspektive und die verwendeten Methoden organisatorischer Gestaltung eine angemessene Behandlung des Problems der Anpassungs- und der Entwicklungsfähigkeit von Wertschöpfungssystemen ermöglichen. Hierbei spielte zum einen die Frage eine Rolle, welchen Beitrag die in der Logistik eingenommene Perspektive auf Wertschöpfungssysteme als Fließsysteme zur Erreichung des Ziels einer Steigerung der Anpassungs- und Entwicklungsfähigkeit leisten kann. Zum anderen sollte untersucht werden, inwieweit der Fließsystemansatz einen Beitrag zur Erklärung dieses Phänomens bereitstellen kann.

Die Anpassungs- und die Entwicklungsfähigkeit von Wertschöpfungssystemen wurden definiert einerseits durch die Fähigkeit zu Mengenanpassungen, andererseits durch die Fähigkeit zu Strukturveränderungen. Der Begriff der Anpassung betont dabei die Fähigkeit, auf situative Veränderungen der Umwelt zu reagieren, der Begriff der Entwicklung betont hingegen die Fähigkeit, Mengen- und Strukturveränderungen eigendynamisch zu initiieren und umzusetzen.[320]

> „Mit Metaphern werden *neue Wirklichkeiten* konstruiert."[321]

Mit diesem Zitat aus einem Beitrag von SCHLEE und KIESER sollen die im ersten Teil dieses Kapitels dargelegten Argumente zur Metapher des Fließsystems zusammenfassend charakterisiert werden. Die Ausführungen zeigten, dass der Begriff des Fließsystems in verschiedener Hinsicht als eine Metapher betrachtet werden kann, der eine solch Wirklichkeiten konstruierende Wirkung zugesprochen werden kann. Dazu zählt insbesondere das aufgezeigte breite Interpretationsspektrum, das die Metapher des Fließsystems durch die Verknüpfung

---

[320] Vgl. Abschnitt 2.1.2.2.

[321] SCHLEE/ KIESER (2000), S. 164 (Hervorhebung im Original).

bestehender Vorstellungen über Flüsse, Fließen und Eigenschaften von Flüssigkeiten mit dem eigentlichen Betrachtungsgegenstand, logistischen Wertschöpfungssystemen, bietet. Die in hiesigem Kulturkreis wohl zu Recht unterstellbare Annahme einer positiven emotionellen Besetzung des Begriffs »Fließsystem« und dessen Akzeptanz vor dem Hintergrund seiner als plausibel erscheinenden Verknüpfung mit dem Begriff des »Wertschöpfungssystems« schaffen günstige Voraussetzungen für das Wirksamwerden der Metapher: Das bestehende Wissen, die Vorstellungen und Erfahrungen über Flüsse können auf Wertschöpfungssysteme übertragen werden. SCHLEE und KIESER führen aus, dass auf Basis von Metaphern neue Denkstrukturen entwickelt werden.[322] Diese neuen gedanklichen Strukturen können nun in Handlungen eingebracht werden, mit denen dingliche Strukturen geschaffen, gestaltet oder verändert werden. Die Veränderung kognitiver Strukturen wird damit zu einer Voraussetzung von Veränderung gegenständlicher Strukturen.

KLAMER und LEONARD weisen in ihrer Untersuchung ökonomischer Metaphern darauf hin, dass neue Denkstrukturen grundsätzlich auf der Basis bereits bekannten Wissens entwickelt werden:

> „what we see depends on what we already know."[323]

Daraus ist zu folgern, dass die Veränderung der kognitiven Strukturen im Hinblick auf Wertschöpfungssysteme durch Rückgriff auf bereits bestehendes Wissen erfolgt und nicht etwa durch Informationen aus der Umwelt. Auch wenn die Metapher des Fließsystems von außen an Mitglieder eines Wertschöpfungssystems heran getragen werden mag, so muss die kognitive Verarbeitung, die Reflexion der Metapher im Hinblick auf Wertschöpfungssysteme, von den Mitgliedern eines Wertschöpfungssystems selbst vorgenommen werden. Die Entwicklung neuer Denkstrukturen ist damit als ein interner Prozess zu betrachten.

Die Einführung der Metapher des Fließsystems kann demnach einen Beitrag zur Entfaltung der Entwicklungsfähigkeit von Wertschöpfungssystemen leisten, sofern sie als Impuls für eine interne, eigendynamische Reflexion in Wertschöpfungssystemen aufgegriffen wird, die zunächst zu neuen Denkstrukturen führen und daraufhin als „dingliche Strukturveränderung" wirksam werden kann. Die Fähigkeit zur Anpassung im Sinne einer angemessenen Reaktion auf situative Veränderungen in der Umwelt des Wertschöpfungssystems wird hingegen durch die Metapher des Fließsystems nicht herausgebildet, weil Informationen über Umweltveränderungen in den durch die Metapher ausgelösten Strukturveränderung keine Rolle spielen. Die Konstruktion neuer Wirklichkeiten findet unter Rückgriff auf intern bestehendes Wissen statt.

---

[322] Vgl. SCHLEE/ KIESER (2000), S. 169.

[323] KLAMER/ LEONARD (1994), S. 41; zitiert nach SCHLEE/ KIESER (2000), S. 169.

Die hier vorgeschlagene Interpretation steht im Gegensatz zu den Interpretationen, die im Fließsystemansatz selbst vorgenommen werden. Im Fließsystemansatz sollen Anpassungsfähigkeit und Entwicklungsfähigkeit im System durch die Installation bestimmter Strukturen verankert werden, von denen angenommen wird, dass sie diese Fähigkeiten eher bereitzustellen in der Lage sind, als andere Strukturen. Diese Vorstellung wird aus den theoretischen Grundlagen des Fließsystemansatzes abgeleitet, die hier stichwortartig noch einmal zusammengefasst werden sollen:

- Die Grundlagen des Fließsystemansatzes bilden das sozialwissenschaftliche Paradigma des positivistischen Funktionalismus und die klassische Systemtheorie.
- Systeme werden als Ganzheiten beschrieben, die aus Elementen und den zwischen diesen existierenden Beziehungen bestehen. Die Beziehungen werden als Fließbeziehungen charakterisiert.
- Fließsysteme werden als objektiv beschreibbare, personenunabhängige Einheiten betrachtet, die durch die Bestimmung von Strukturdimensionen operationalisierbar und damit messbar werden.
- Als objektive Einheiten werden Systeme von bestimmten situativen Bedingungen determiniert, die ebenfalls objektiv beschreibbar sind und operationalisiert werden können.
- Die Systemstruktur dient der Erreichung bestimmter Sachziele und wird damit als technisches Mittel zur Erfüllung von Zwecken betrachtet. Der dynamische Kausalmechanismus Mittel $\Rightarrow$ Zweck und das statische Systemmodell Elemente + Beziehungen werden damit gleichgesetzt.
- Rationalität dient der Verbesserung der Zweckerfüllung durch Verbesserung des Mittel/ Zweck-Verhältnisses (= Input/ Output-Verhältnis) und ist damit als Zweckrationalität zu verstehen.
- Aus Veränderungen der Umwelt ergibt sich die Notwendigkeit von Anpassungen. Die Strukturen des Systems müssen deshalb über ein hinreichendes Maß von Anpassungsfähigkeit verfügen.

Auf dieser Basis ergeben sich eine Reihe von offenen Fragen und Widersprüchen im Umgang mit dem Problem der Anpassungs- und Entwicklungsfähigkeit von Fließsystemen, die in den einzelnen Abschnitten dieses Kapitels dargelegt wurden.

So bleibt vor allem fraglich, wie die im Fließsystemansatz vorgeschlagenen Idealstrukturen – Prozessorganisation, konzentriert gestaltete Leistungstiefe sowie Unternehmensnetzwerke – mittels derer eine erhöhte Anpassungs- und Entwicklungsfähigkeit implementiert werden soll, überhaupt zu Stande kommen. Unterstellt man, dass diese Idealstrukturen umgesetzt werden können, wird die Problemstellung einer strukturellen Anpassungs- und Entwicklungsfähigkeit in sich widersprüchlich. Denn wenn ein System in der Lage ist, eine gewünschte Idealstruktur einzunehmen, dann verfügt es bereits über beträchtliche Fähigkeiten, seine Strukturen verändern zu können. Diese Fähigkeit müsste mithin gar nicht mehr speziell herausgebildet werden. Die Anpassungs- und Entwicklungsfähigkeit von Fließsystemen ist aber gerade deshalb problematisch, weil angenommen wird, dass die Fähigkeit zu Strukturveränderungen fehlt oder zumindest zu gering ausgeprägt ist. Wenn die Fähigkeit zu Strukturveränderung vorhanden ist, dann stellt sich, kurz gesagt, das Problem gar nicht als Problem.

Da allerdings nicht geklärt wird, ob sich das unterstellte Erreichen der Idealstruktur als Folge einer freigesetzten Eigendynamik oder als Folge von Informationen über geänderte Umweltbedingungen ergibt, kann eine eindeutige Zuordnung der „Selbstaufhebung des Problems“ auf die Anpassungsfähigkeit oder auf die Entwicklungsfähigkeit nicht vorgenommen werden. Ob mit der unterstellten Fähigkeit zu Strukturveränderung also tatsächlich die Voraussetzungen für Anpassungsfähigkeit oder Entwicklungsfähigkeit gegeben sind, kann weder mit einem „Ja“, noch mit einem „Nein“ und nicht einmal mit einem „Teils“ beantwortet werden. Als Antwort oder Lösung dieser Frage bleibt so etwas wie eine „leere Menge“. Dieser Umstand führt zu einem weiteren Widerspruch in der Argumentation des Fließsystemansatzes, der in Abschnitt 2.2.1.2 angeführt wurde. Die Anpassungs- und Entwicklungsfähigkeit wird zwar als Eigenschaft formuliert, die sich aus der Veränderbarkeit der Systemstruktur ergeben soll, die Thematisierung dieser Struktureigenschaft wird aber durch die Definition des Systemmodells konzeptionell ausgeschlossen.

Ein System wird im logistischen Fließsystemansatz definiert als Ganzheit, die sich aus einer Menge von durch Fließbeziehungen verbundenen Elementen bildet, aber mehr ist als die Summe seiner Teile. Die so beschriebene Struktur dient als Mittel, um bestimmte Handlungszwecke zu erreichen. Das Systemmodell ist damit ein statisches Ordnungsmodell, mit dessen Hilfe sich zeitpunktbezogene Zustände des Systems veranschaulichen lassen.[324] Entsprechend lassen sich Vorher-/ Nachher-Zustände abbilden, die die Erfüllung jeweils zustandsbezogener Zwecke bewirken (sollen oder bewirkt haben). Sollen die Zwecke geändert werden, weil z.B. der Markt nach anderen Produkten verlangt, müssen die Strukturen des Systems entsprechend verändert werden. Der Prozess, der die Veränderung des Systemzustandes bewirkt, kann jedoch infolge der Statik des Systemmodells nicht dargestellt werden. Wie es zur Veränderung von Systemzuständen kommt, bleibt offen.

[324] Vgl. Abschnitt 2.2.1.2 unter Verweis auf LUHMANN (1999).

An dieser Statik ändert auch die Tatsache nichts, dass die Beziehungen zwischen den Elementen als dynamische Fließbeziehungen definiert werden. Dynamisch wird dadurch nämlich nicht das System als Ganzes, denn die Elemente des Systems werden durch die Fließdynamik in den Beziehungen selbst nicht dynamisiert: weder verändern die Elemente plötzlich ihre Position noch wird ihre Anzahl oder Eigenschaft verändert. Wäre dies der Fall, ginge die grundlegende Ordnung des Systems verloren.[325] Die Elemente des Systems müssen notwendigerweise stabil bleiben, damit überhaupt eine Beziehung zwischen zwei Elementen angenommen werden kann. HEJL und STAHL fragen in diesem Zusammenhang:

> „Wie soll man sich Beziehungen zwischen Komponenten [= Elementen; Anm. d. Verf.] vorstellen, die unabhängig von den Eigenschaften der Komponenten bestehen sollen?“[326]

Die Eigenschaften der Elemente und damit die Elemente selbst müssen folglich stabil bleiben. Strukturveränderungen, die mit einer Veränderung der Elemente verbunden sind, können deshalb mit diesem Systemmodell nicht thematisiert werden, weil sonst die Ganzheit des Systems zerbrechen würde.

Dieser Widerspruch wird im Fließsystemansatz nicht dadurch aufgelöst, dass die Anpassungs- und Entwicklungsfähigkeit nunmehr den dynamischen Fließbeziehungen zugerechnet wird. Das ist zunächst insofern plausibel, als der wie auch immer sich gestaltende vorhandene Bestand der Systemelemente ja nicht als Selbstzweck angesehen werden soll, sondern als Mittel, mit dem bestimmte Zwecke erfüllt werden sollen.[327] Betrachtet wird in dieser Prozesssicht nunmehr die Dynamik der Fließbeziehungen, die als Ursache/ Wirkungsmechanismus der Transformation von Mitteln in Zwecke zu Grunde liegen. Wird ein Mehr an Zweckerfüllung erforderlich, so ist die Intensität der jeweiligen Beziehung zu steigern, die Fließgeschwindigkeit oder Fließdichte zu erhöhen. Wird ein Weniger erwartet, ist die Intensität zu reduzieren, die Fließgeschwindigkeit zu verlangsamen, die Fließdichte auszudünnen. Demzufolge kann das System seinen Zweck erfüllen, Zwecke zu erfüllen – mit den richtigen Produkten, in der richtigen Anzahl, der richtigen Qualität und am richtigen Ort – indem es die mengenmäßig beschreibbaren Beziehungen variiert. Die Fähigkeit zu Anpassungen und Entwicklungen scheint damit über die in Aussicht gestellte Möglichkeit zur Variation der Fließbeziehungen herausgebildet werden zu können.

---

[325] Etwas überspitzt formuliert könnte es dann beispielsweise passieren, dass ein Element, zu dem eine Beziehung besteht, durch die Beziehungsdynamik aufgelöst würde.

[326] HEJL/ STAHL (2000), S. 111.

[327] So bereits GUTENBERG (1929), S. 11f; zitiert nach LUHMANN (1999), S. 62.

Doch auch hier widersetzt sich das System dem Erwerb der gewünschten Fähigkeiten erfolgreich: im Fließsystemansatz wird dieses sich Widersetzen u.a. durch den Terminus »Kapazitätsproblem in den Knoten« ausgedrückt. Hier tritt wiederum der oben mit dem Zitat von HEJL und STAHL erläuterte Umstand ein, dass (Fließ-) Beziehungen nicht unabhängig von den Eigenschaften der Elemente, zwischen denen sie aufgehängt sind (oder werden sollen), existieren können. Um die Beziehungen mengenmäßig variieren zu können, müssen auch die Elemente variiert werden und damit kommt das durch die Prozesssicht in die zweite Reihe der Sekundärprobleme geschobene Strukturveränderungsproblem quasi durch die Hintertür wieder herein. Man gelangt dann wieder zum Beginn dieser Argumentation und der Notwendigkeit, die Veränderbarkeit der Elemente entweder vorauszusetzen oder über die damit verbundenen Schwierigkeiten hinweg zu sehen, womit sich der Kreis der Widersprüchlichkeiten schließt.

Dass diese Widersprüche erkannt werden, ergibt sich zum einen bereits aus den bezeichneten Kapazitätsproblemen in den Knoten, zum anderen aus dem als »Wechselbeziehung« charakterisierten Verhältnis zwischen Prozessen und Struktur bzw. Ablauforganisation und Aufbauorganisation,[328] die umfassende Koordinationsleistungen erfordere, und steht außer Frage. Verdeckt bleibt jedoch, dass diese Koordinationsleistungen gleichsam von außen auf das System einwirken müssen, das sich offensichtlich alleine nicht bewegen will, obwohl die Koordinatoren, die Führung des Systems, einen internen Systembestandteil darstellen. Damit stellt sich eine weitere Paradoxie: Weil die Selbstkoordination versagt, wird Fremdkoordination notwendig, aber das Systemmodell bietet niemanden an, der diese Aufgabe wahrnehmen könnte.[329]

Diese Paradoxie wird jedoch nicht dem Systemmodell angelastet, was zu der Folgerung führte, dass sich auf dessen Basis Strukturveränderungen nicht beschreiben lassen. Der Weg zum Umgang mit dieser Paradoxie wird statt dessen über die Heranziehung ergänzender Theorien gesucht, mit deren Hilfe sich die Starrheit (Starrsinnigkeit?) der Strukturen erklären und möglichst überwinden lässt. Die Lücke zwischen objektiv ermittelter Idealstruktur und tatsächlich realisierter Struktur wird regelmäßig auf verschiedene soziale Verhaltensweisen oder subjektive Einstellungen der Systemmitglieder zurückgeführt. Dies zeigte sich anhand der in Abschnitt 2.1.1 dargelegten stufenweisen Entwicklung der Logistik genauso, wie auch in den Schwierigkeiten, etwa eine Prozessorga-

---

[328] Vgl. z.B. WITTIG/ ZENTES (2002), S. 365.

[329] Die Unklarheit, ob eine Geschäftsführung dem System zuzurechnen ist oder nicht, zeigt sich schon bei GUTENBERG (1975), S. 49. Dort heißt es: „Nach der hier vertretenen Auffassung ist die Betriebsorganisation lediglich als ein verlängerter Arm der Geschäfts- und Betriebsleitung aufzufassen." In der Logistikliteratur werden Führungs- und Ausführungssysteme als voneinander differenzierte Systeme betrachtet, vgl. z.B. WEBER/ KUMMER (1998); GÖPFERT (2000).

nisation einzuführen oder ein Unternehmensnetzwerk zu errichten. Machtinteressen, Bereichsegoismen, mangelnde Motivation u.ä. führen, einer irrationalen Abweichung gleich, dazu, „eine effiziente unternehmensinterne Abstimmung zu verhindern“[330] und werden insgesamt als die „veränderungsfeindlichen Verhaltensweisen von Menschen“[331] charakterisiert.

Wesentlich hieran ist, dass das Systemmodell um Ansätze ergänzt werden muss, mit denen Möglichkeiten zum Umgang mit Konflikten und Motivationsdefiziten aufgezeigt werden, um eine Basis zur Erklärung von Strukturveränderungen zu finden,[332] denn eine solche Basis bietet das Systemmodell selbst nicht. In der Logistikliteratur finden sich umfassende und detailliert ausgearbeitete Ansätze solcher Komplementärtheorien[333], die in dieser Arbeit bisher kaum gewürdigt werden konnten. An dieser Stelle sei deshalb beispielhaft hingewiesen auf die Ausführungen von WEBER und KUMMER zum Wertesystem sowie zur Organisationsentwicklung, mittels derer die logistische Idee der Flussorientierung in Organisationen verankert werden kann oder auf die Ausarbeitung einer kulturellen Steuerung von Logistiknetzwerken bei WITTIG und ZENTES oder auf die Konzeption eines Visionsmanagements bei GÖPFERT.[334] Alle diese Ansätze betonen, dass Veränderungen der Strukturen nur möglich sind, wenn die subjektiven Einstellungen und Vorstellungen der Systemmitglieder Veränderungen erfahren. In diesen ergänzenden Theorien wird die strukturbildende und strukturverändernde Wirksamkeit der Interaktions- und Kommunikationsprozesse explizit beschrieben und betont. Das bestätigt die Interpretation der Konstruktivisten, die der Metapher des Fließsystems eine strukturverändernde Wirkung zuschreiben, indem sie in Kommunikationen aufgegriffen wird und zu Kommunikationen anregt.

Wenn damit die im logistischen Fließsystemansatz vertretene klassische Organisationstheorie und die konstruktivistische Sichtweise im Ergebnis auf das Gleiche hinaus laufen, dass nämlich Realitäten subjektiv konstruiert werden, bleibt die Frage, wozu der Aufwand dieser Kritik eigentlich nutzt. Die Antwort gibt wieder einen Hinweis auf eine Paradoxie: einerseits ist der Erwerb von Motiva-

---

[330] WITTIG/ ZENTES (2002), S. 369.

[331] WEBER/ KUMMER (1998), S. 325f, die allerdings auch betonen, dass solche Widerstände nicht generell als negative Erscheinungen auszumerzen seien, sondern auch als Warnsignal des Systems aufzufassen sind.

[332] Vgl. ähnlich ORTMANN (1995), S. 285, der nach einer Sozialtheorie verlangt, „mit deren Hilfe die interpretativ-kommunikativen, die normativen, politischen und ökonomisch-technischen Problemaspekte sozialer Realität (...) thematisiert und theoretisch integriert werden können.“

[333] Vgl. zum Begriff der »Komplementärtheorie« LUHMANN (1999).

[334] Vgl. WEBER/ KUMMER (1998), S. 159-167, S. 321-344; WITTIG/ ZENTES (2002), S. 393-403; GÖPFERT 2000), S. 159-199.

tion und Konsens mit Kosten verbunden, erhöht also den Input,[335] andererseits lässt sich eine bestmögliche Zweckerfüllung, ein hoher Output, nur unter den Voraussetzungen von Motivation und Konsens erreichen.[336] In der Praxis steht man dann vor der Frage, entweder in Motivationsmaßnahmen zu investieren und zu hoffen, dass Einstellungen erzeugt werden, die zur Umsetzung effizienter Strukturen führen oder die angestrebten Strukturen auf hierarchischem Wege quasi per Dekret durchzusetzen und sich dabei dem Risiko auszusetzen, dass die Verhaltensweisen der Mitarbeiter oder Geschäftspartner zum Hindernis werden.[337]

Die Auflösung des Zielkonfliktes gelingt nicht, solange dem System Subjektivität und soziales Verhalten lediglich als eine Art normativer Überbau aufgesetzt werden, ohne integriert zu werden und solange das System als Mittel zur Zweckerfüllung betrachtet wird, weil damit Statik und Dynamik in unvereinbarer Weise in einer Einheit behandelt werden. Dies formuliert LUHMANN nachdrücklich:

> „Wenn man (..) mit der klassischen Organisationslehre daran festhält, dass das Systemverständnis nach den Kategorien Ganzes und Teil und das Handelnsverständnis nach den Kategorien Zweck und Mittel aufeinander projiziert und miteinander verschmolzen werden, kann die Frage nach dem Verhältnis von Systemauslegung und Handlungsauslegung nicht gestellt werden. Auch eine Entscheidung der Frage, ob Begriff und Zielsetzung der Rationalisierung auf Systeme oder auf Handlungen zu beziehen sind, ist auf dieser Grundlage nicht möglich. Diese Mängel erscheinen in der klassischen Organisationslehre natürlich nicht als Thema, aber sie zeigen sich implizit an zahlreichen Sekundärproblemen. ...
> Solange Zwecke als Handlungszwecke interpretiert werden, kann man organisierte Sozialsysteme nicht auf Zwecke gründen, ohne sich der Frage auszusetzen: wessen Zwecke? Diese Frage ist mit dem Zweckbegriff selbst nicht beantwortet. Sie verweist auf die Notwendigkeit einer Komplementärtheorie, zum Beispiel einer Macht- oder Konsenstheorie, die selbst nicht mehr im Zweck/ Mittel-Schema expliziert werden kann, weil sie gerade die Zwecksetzung erklären soll. Die Unzulänglichkeit des Zweck/ Mittel-Schemas als Systeminterpretation findet ihren Ausdruck daher in einer Spaltung, welche die gesamte Organisationswissenschaft durchzieht.“[338]

Kritikpunkte, wie sie hier im Hinblick auf den in der Logistik entwickelten Fließsystemansatz formuliert wurden, sind in der Diskussion um den organisa-

[335] Vgl. bspw. das Verfahren zur transaktionskostentheoretischen Bewertung von personalwirtschaftlichen Maßnahmen, die der „zielgerichtete[n] Beeinflussung von Motivation, Einstellungen und Verhaltensweisen von Mitarbeitern“ dienen, EIGLER (1996), hier S. 146; entsprechend im Hinblick auf die Errichtung von Zuliefererbeziehungen MATJE (1996).
[336] Vgl. LUHMANN (1999), S. 60.
[337] Vgl. z.B. STOCK (2001) zum Zusammenhang von Mitarbeiterzufriedenheit, Führung und Produktivität.
[338] LUHMANN (1999), S. 59f.

tionstheoretischen Situativen Ansatz, der dem Fließsystemansatz zu Grunde liegt, keineswegs neu. KIESER hat in einem Beitrag die am Situativen Ansatz vorgenommene Kritik zusammengefasst. Im Hinblick auf die Erklärung von Anpassungs- und Entwicklungsfähigkeit heißt es dort, dass der Situative Ansatz kein Konzept enthalte, das die Anpassung der Organisationsstruktur an die Situation erklärt. So zeige der Situative Ansatz keinen kausalen Mechanismus zwischen einer Situation und dem Aufkommen bestimmter Organisationsstrukturen auf und müsse sich deshalb sogar den Vorwurf der Theorielosigkeit gefallen lassen.[339] Das gleiche Defizit liege bei intern angestoßenen Umstrukturierungen, die infolge von Strategieänderungen vorgenommen werden (sollen). Hier würden zwar verschiedene organisatorische Muster beschrieben, nicht jedoch die Kräfte, die die Wahl der neuen Konfigurationen bestimmt hätten.[340]

Ein weiterer Aspekt ist in dieser systemtheoretischen Betrachtung bislang nur implizit angesprochen worden. Fraglich bleibt, wo im System überhaupt eine Art „Sensor" liegt, der sensibel die stattfindenden Umweltveränderungen erfassen könnte, auf die ein Wertschöpfungssystem mit Anpassungen reagieren sollte. Diese Aufgabe wird im Fließsystemansatz letztlich der Führung oder dem Management eines Wertschöpfungssystems zugeschrieben.[341] Es obliegt dem Management, auf Basis gewonnenen Wissens über Umweltveränderungen adäquate Handlungsweisen und Ziel(Zweck-)änderungen zu planen, zu organisieren und damit regelnd tätig zu werden. HEJL und STAHL führen aus, dass das Management zur Erfüllung dieser Aufgabe alle potentiellen Umweltveränderungen und alle zu regelnden Systemzustände kennen und jeweils eine adäquate, passende, angepasste Reaktionsmöglichkeit anbieten können müsste. Die Zuweisung dieser Aufgabe liefe „auf die Forderung nach nahezu göttlichem Wissen hinaus".[342]

Das im Fließsystemansatz formulierte zentrale Problem organisatorischer Gestaltung, nämlich der Aufbau und die Veränderung anpassungs- und entwicklungsfähiger Strukturen, kann zusammenfassend auf Basis des herangezogenen Systemmodells nicht angemessen behandelt werden. Dies äußert sich insbesondere darin, dass

---

339 Vgl. z.B. TÜRK (1989); KIESER (2001a), S. 188 unter Bezug auf SILVERMAN (1968), BURRELL/ MORGAN (1987) sowie TURNER (1977).

340 Vgl. KIESER (2001a), S. 197 unter Bezug auf BREILMANN (1990).

341 Vgl. zur Definition der Logistik als Führungsansatz in Abschnitt 2.1.1.3.

342 HEJL/ STAHL (2000), S. 104ff, hier zitiert S. 106.

- eine Erklärung, wie es zu Strukturveränderungen kommt, nicht möglich ist und
- eine Erklärung der Wahrnehmung von Umweltveränderungen unvollständig bleibt.

Eine Betrachtungsweise, in der subjektiv geprägte Verhaltensweisen in erster Linie als hinderlich und egoistisch interpretiert werden müssen, lässt den Raum vermissen, in dem ein Unternehmertyp á la SCHUMPETER innovativ tätig wird – und das auf Grund einer ganz subjektiv erdachten Idee und sicherlich mit einer gehörigen Portion Egoismus und es ist zu vermuten, dass deshalb ein Teil des ggf. vorhandenen Potentials an Entwicklungsfähigkeit ungenutzt bleibt.

3 Soziale Systeme im Systemverständnis des Radikalen Konstruktivismus

Der Fließsystemansatz formuliert seine Modellkonzeptionen – System, Situation, Organisation – und seine Methoden zur Etablierung anpassungs- und entwicklungsfähiger Strukturen auf der Basis des sozialwissenschaftlichen Paradigmas des Funktionalismus bzw. Positivismus, wonach die Realität, wie sie ist, objektiv gegeben ist. Die im Fließsystemansatz beschriebene objektive Realität fußt dabei gleichzeitig auf der Metapher des Fließsystems und konstruiert sich damit über die Herausbildung einer einheitlichen subjektiven Vorstellung. In dieser Hinsicht folgt der Fließsystemansatz somit dem Interpretativen Paradigma, wonach Realitäten von den Mitgliedern einer sozialen Gemeinschaft subjektiv konstruiert und interpretiert werden.[343]

Dieser in Kapitel 2 erarbeitete Widerspruch soll in dieser Arbeit zum Anlass genommen werden, die hinter dem Interpretativen Paradigma stehenden systemtheoretischen Überlegungen genauer zu betrachten. Im Vordergrund steht dabei, den anhand der Metapher des Fließsystems noch recht oberflächlich skizzierten Ansatz zur Erklärung von Strukturveränderungen zunächst allgemein für soziale Systeme zu erschließen. Strukturveränderungen in logistischen Organisationen ergeben sich offenbar auf der Ebene des Sozialen. Aus der dem funktionalistischen Paradigma folgenden Perspektive des Fließsystemansatzes und den damit objektiv gegebenen Organisationen kann die soziale Ebene zwar außerhalb der Modelle betrachtet, aber nicht in diese eingebunden werden. Die Einbindung der sozialen Ebene in ein Systemmodell verlangt die Berücksichtigung subjektiver Perspektiven, die in der Objektivität aber gerade ausgeschlossen werden.

Das Interpretative Paradigma liegt einer erkenntnistheoretischen Denkrichtung zu Grunde, die unter der Bezeichnung des Konstruktivismus oder auch des Radikalen Konstruktivismus vertreten wird.[344] Der Radikale Konstruktivismus bildet keine in sich geschlossene Theorie, vielmehr gilt er als ein interdiszipli-

---

[343] Vgl. SCHERER (2001), S. 15f.

[344] Die Bezeichnungen »Konstruktivismus« und »Radikaler Konstruktivismus« werden in der Literatur oftmals nebeneinander geführt, so dass die wechselnde Verwendung der Bezeichnungen auch in dieser Arbeit legitim erscheint; vgl. SCHMIDT (1996), S. 76, Anmerkung 1.

närer Diskurs, der auf Basis einer bestimmten wahrnehmungs- oder erkenntnistheoretischen Position geführt wird.[345] Diese Position unterscheidet sich grundlegend – oder eben radikal – von derjenigen, die traditionell in der Erkenntnis- oder Kognitionstheorie vertreten wird und ihren Niederschlag in nahezu allen von westlicher Philosophie geprägten Wissenschaftszweigen gefunden hat.[346] Zur Illustration dieser radikal anderen Position im Konstruktivismus bietet sich der durchaus provokativ auffassbare Titel eines Beitrags von WATZLAWICK an, der die Frage aufwirft „Wie wirklich ist die Wirklichkeit?"[347] Dieser Titel bringt plakativ zum Ausdruck, dass der Radikale Konstruktivismus die Existenz, oder besser die Wirksamkeit, einer objektiven, das heißt für jedes Individuum gültigen, Realität ablehnt. Besondere Reputation hat die Position des Radikalen Konstruktivismus erlangt, seit das wahrnehmungsgebundene und subjektive Hervorbringen von Realität als ein biologisches Phänomen nachgewiesen wurde und damit eine naturwissenschaftliche Argumentationsbasis gefunden hat. Als ebenso entscheidend für die wachsende Anerkennung und Verbreitung des Radikalen Konstruktivismus erweisen sich Arbeiten aus den Bereichen der Kybernetik zweiter Ordnung sowie der Entwicklungs- und Sprachpsychologie.[348]

Die Umstellung von der positivistischen auf die konstruktivistische Erkenntnistheorie führt zu weitreichenden Umstellungen auch bei der Behandlung von Fragen nach der Anpassungs- und Entwicklungsfähigkeit oder nach der Vernetzung von Wertschöpfungssystemen. Aus einer radikal konstruktivistischen Perspektive lassen sich Konzepte zur Beschreibung des Verhaltens von Systemen in veränderlichen Umwelten einbeziehen, die über die im Fließsystemansatz vertretene positivistische Sicht unzugänglich bleiben. Diese Konzepte gründen sich auf Begriffe wie beispielsweise Selbstorganisation, Rekursivität, Selbststeuerung oder Autopoiese und konzipieren Wertschöpfungssysteme als soziale Systeme. Betont wird jeweils die Subjektivität von Systemen, woraus sich u.a. die Erschließung zirkulär-kausaler Erklärungsmuster ergibt, die zur Lösung von Paradoxien beitragen können.

Eine für ökonomische Fragestellungen und die Logistik besonders wesentliche Konsequenz aus der Umstellung auf die radikal konstruktivistische Perspektive ist die Änderung des Rationalitätsverständnisses. Rationalität drückt sich in der Logistik als Effizienz aus und das Effizienzdenken wird als ein wesentlicher Bestandteil des logistischen Fließsystemansatzes betrachtet.[349] Das Abrücken

---

[345] Vgl. HEJL (2000), S. 33; SCHMIDT (1996), S.7.
[346] Vgl. GLASERSFELD (1997), S. 186.
[347] WATZLAWICK (1976).
[348] Vgl. HEJL/ SCHMIDT (1996), S. 466, die diese Wissenschaftsdisziplinen als die theoretischen Wurzeln des Radikalen Konstruktivismus betrachten.
[349] Vgl. beispielsweise PFOHL (2000), S. 41f.

von diesem Rationalitätsverständnis kann die Frage aufwerfen, inwieweit die radikal konstruktivistische Perspektive überhaupt geeignet sein kann, zur Problemlösung in der Logistik herangezogen zu werden oder inwieweit einem solchen Ansatz sogar Arationalität unterstellt werden müsse. Diese Überlegung nimmt Einfluss auf die Gestaltung der weiteren Vorgehensweise in diesem Kapitel:

Zunächst erfolgt eine vergleichende Darstellung verschiedener Rationalitätskonzepte, die zeigen soll, inwieweit das Abrücken vom Effizienzbegriff notwendig ist, um die Eigenschaften von Systemen betrachten zu können (Abschnitt 3.1). Anschließend werden die Positionen des Radikalen Konstruktivismus und seine Einordnung ins wissenschaftliche Umfeld grundlegend untersucht (Abschnitt 3.2). In Abschnitt 3.3 erfolgt die Ausarbeitung des Modells selbstreferentieller Systeme anhand der Aussagen der aus sehr verschiedenen Wissenschaftsgebieten stammenden Vertreter des Radikalen Konstruktivismus. Die Theorie selbstreferentieller Systeme wurde in unterschiedlicher Weise auf soziale Systeme übertragen. Dargelegt werden sollen hier die Ansätze des Neurophysiologen MATURANA und der Soziologen HEJL und LUHMANN (Abschnitt 3.4).

3.1 Von der Zweckrationalität zur Systemrationalität

Als zweckrationale Konzepte werden solche Rationalitätsverständnisse betrachtet, deren Ausgangspunkt die Entwicklung eines Verständnisses zu einer mehr oder weniger optimalen Erfüllung eines Zweckes ist. Eine Theorie, die von einer solchen zweckrationalistischen Sicht abrückt und die Effizienz von Handlungen nicht als dominierenden Beurteilungsmaßstab betrachtet, kann auf den ersten Blick eher ungeeignet erscheinen, bei der Beantwortung ökonomischer Fragestellungen herangezogen werden zu können. In der Ökonomie und entsprechend auch in den bisherigen Logistikkonzeptionen ist der Rationalitätsbegriff so eng mit der Erfüllung von Zwecken verbunden, dass der Versuch einer anderen Betrachtungsweise dieses Verhältnisses von vornherein als arational aufgefasst werden könnte. In Kapitel 2 wurde der Versuch unternommen zu zeigen, dass das einer Zweckrationalität folgende Systemmodell jedoch die Problematik der Anpassungs- und Entwicklungsfähigkeit nur eingeschränkt zu behandeln erlaubt. Deshalb sollen im folgenden verschiedene Rationalitätskonzepte diskutiert werden, um die Entwicklung eines in der Organisationstheorie entworfenen systembezogenen Rationalitätsverständnisses zu verdeutlichen, das den Effizienzbegriff in einem anderen Sinne fasst. Mit dem Konzept der Systemrationalität soll ein Rationalitätsverständnis dargelegt werden, das eine anhaltende Handlungsfähigkeit sozialer Systeme zum Ausgangspunkt seiner Überlegungen macht.

Ausgehend vom Konzept vollkommener Rationalität (Abschnitt 3.1.1), das die klassische Sichtweise der Ökonomie repräsentiert, wird das Konzept der begrenzten Rationalität im Zusammenhang der Transaktionskostentheorie (Abschnitt 3.1.2.1) sowie im Zusammenhang der verhaltenswissenschaftlichen Entscheidungstheorie (Abschnitt 3.1.2.2) diskutiert. Anschließend sollen die Aussagen des Fließsystemansatzes in ein Rationalitätskonzept gefasst werden (Abschnitt 3.1.3), das sich auf die Gestaltung verknüpfter Zweck/ Mittel-Relationen konzentriert. Und schließlich soll das Konzept der Systemrationalität vorgestellt werden (Abschnitt 3.1.4), das maßgeblich LUHMANN im Rahmen der neueren Systemtheorie entwickelt hat.

3.1.1 Das Konzept der vollkommenen Rationalität

Die tiefgehende Bedeutung der auf die Erfüllung von Zwecken ausgerichteten Rationalität in der Betriebswirtschaftslehre und ihren Teildisziplinen wurzelt in dem als Ausgangsproblem der Ökonomie formulierten Grundprinzip, nach dem mit einem gegebenen Aufwand an Produktionsfaktoren ein größtmöglicher Gütertrag zu erzielen ist (Maximalprinzip) oder ein bestimmter Gütertrag mit einem geringstmöglichen Faktoreinsatz zu erwirken ist (Minimalprinzip).[350] Im ersten Fall ist die Zweckerfüllung zu maximieren, im zweiten Fall der Mitteleinsatz zu minimieren. Beide Fälle liegen auf der Relation von Mittel und Zweck und weisen auf das Bestreben der Optimierung sowie die ökonomische Grundannahme individueller Nutzenmaximierung hin. Die folgende Abbildung zeigt das Konzept der vollkommenen Rationalität in einer schematischen Darstellung.

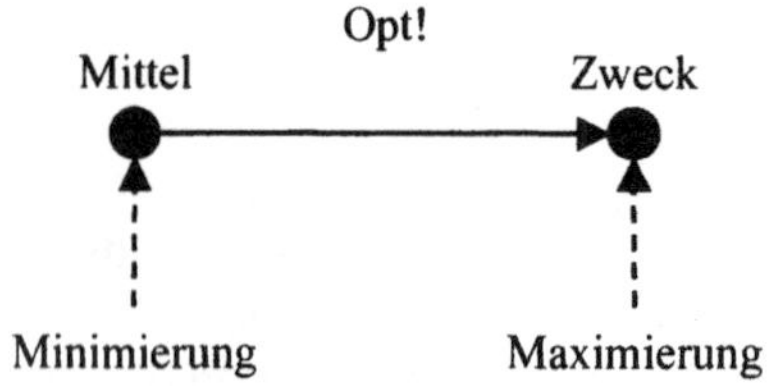

Abbildung 3-1: Optimierung von Mitteln und Zwecken
Quelle: Eigene Darstellung.

In diesem ökonomischen Prinzip spiegelt sich das für „alles menschliche, auf die Erfüllung von Zwecken gerichtete Handeln" geltende Rationalprinzip auf der Ebene des wirtschaftlichen Handelns wider.[351] Rationalität ist damit individuell

[350] Vgl. WÖHE (1990), S. 1.
[351] Vgl. WÖHE (1990), S. 1.

in Handlungen eingebunden und ausschließlich auf Zwecke und deren Optimierung gerichtet, sie äußert sich demnach in Entscheidungen über verschiedene Alternativen. In Reinform ergibt sich dieses Verständnis als vollkommene, individuelle Rationalität, wobei unterstellt wird, dass das Wissen und die Informationsverarbeitungsmöglichkeiten von Akteuren unbegrenzt sind.[352] Ökonomische Akteure kennen damit alle Entscheidungsalternativen, können sie im Hinblick auf ihre Folgen bewerten und so diejenige Alternative, die den angestrebten Zweck optimal erfüllt, auswählen.[353] Die Annahme vollkommener Rationalität wird in der Ökonomie arbeitshypothetisch, nicht realistisch aufgefasst, um ökonomische Effekte, „die nicht mit Informationsproblemen zusammenhängen“[354] analysieren zu können.

3.1.2 Das Konzept der begrenzten Rationalität

Das Verständnis von Rationalität in seiner Idealform als vollkommener Rationalität hat von verschiedenen Seiten eine Relativierung erfahren, die sich vornehmlich auf den Optimierungsanspruch bezieht. Als einer der prominentesten Relativierungsansätze im Umfeld der Logistik dürfte das Konzept der »begrenzten Rationalität« angesehen werden, das mit der Transaktionskostentheorie eng verbunden ist und in der Logistikliteratur entsprechend Verbreitung gefunden hat. Das Konzept begrenzter Rationalität in der Transaktionskostentheorie ist Gegenstand von Abschnitt 3.1.2.1. Ursprünglich stammt das Konzept der begrenzten Rationalität aus einem anderen organisationstheoretischen Bereich als der Transaktionskostentheorie. Zurückgeführt wird es vor allem auf die Arbeiten von SIMON, die im deutschsprachigen Raum unter der Bezeichnung der »verhaltenswissenschaftlichen Entscheidungstheorie« geführt werden.[355] Das Konzept begrenzter Rationalität in der verhaltenswissenschaftlichen Entscheidungstheorie, das zu anderen Folgerungen als in seiner transaktionskostentheoretischen Interpretationen führt, ist Gegenstand von Abschnitt 3.1.2.2.

[352] Vgl. PICOT/ DIETL/ FRANCK (1999), S. 39.

[353] Vgl. SIMON (1957), S. 241.

[354] PICOT/ DIETL/ FRANCK (1999), S. 40; ob es solche Effekte gibt, darf allerdings angezweifelt werden: „Alle wirtschaftlichen Erscheinungen hat man sich in einer Umgebung vorzustellen, in der kostspielige Transaktionen, unvollständige Information und begrenzte Rationalität die Regel sind.“; RICHTER/ FURUBOTN (1996), S. 486.

[355] Vgl. RICHTER/ FURUBOTN (1996), wonach SIMON das Konzept begrenzter Rationalität erstmalig 1957 veröffentlichte. Auch WILLIAMSON zitiert bei der Entwicklung der transaktionskostentheoretischen Grundannahmen die Arbeiten von SIMON.

3.1.2.1 Begrenzte Rationalität in der Transaktionskostentheorie

In der Transaktionskostentheorie, als einem Zweig der Neuen Institutionenökonomik, geht man davon aus, dass das Wissen und die Informationsverarbeitungskapazitäten der Menschen begrenzt sind.[356] Als Ansatz, der das organisatorische Problem in der Ökonomie als Vertragsproblem behandelt, wird die begrenzte Rationalität in der Transaktionskostentheorie in ihrem Einfluss auf die Ausgestaltung von Verträgen und auf die daraus resultierenden Transaktionskosten betrachtet.

Die Begrenztheit des Wissens führt nach den Aussagen der Transaktionskostentheorie im Zusammenhang mit einem ökonomischen Leistungstausch zu Informationsproblemen im Hinblick auf die Verhaltensweisen des Transaktionspartners und im Hinblick auf den Wert der erwarteten Leistung. Um diese mit Unsicherheiten belasteten Informationsprobleme zu überwinden und damit die Voraussetzung für den vorgesehenen Leistungstausch zu schaffen, ist ein hinreichender Prozess der Klärung und Vereinbarung notwendig.[357] Die dabei entstehenden Kosten stellen die Transaktionskosten dar.[358] Transaktionskosten werden deshalb definiert als

> „der monetär bewertete Ressourcenaufwand, der mit der rechtlichen Transformation, d.h. mit dem Tausch von Verfügungsrechten an Gütern und Produktionsfaktoren, verbunden ist."[359]

Das bedeutet für die Betrachtung einer Zweck/ Mittel-Relation wie sie im Konzept der vollkommenen Rationalität schematisch dargestellt wurde, dass die im Zuge eines Leistungstausches entstehenden Transaktionskosten der Optimierungsgröße der Mittel hinzugerechnet werden muss. Das Zweck/ Mittel-Schema ist deshalb um die Transaktionskosten zu erweitern, weil sie ein Mittel darstellen, um den Zweck einer Vertragsvereinbarung zu erreichen, mit der die Verfügbarkeit von Mitteln zur Erfüllung eines Sachzwecks durchgesetzt werden soll. Graphisch veranschaulicht wird dieser Zusammenhang in der folgenden Abbildung 3-2.

Die Abbildung zeigt, dass in der transaktionskostentheoretischen Interpretation des Konzepts begrenzter Rationalität der Optimierungsgedanke selbst, der dem Konzept vollkommener Rationalität zu Grunde liegt, beibehalten wird. Im Opti-

---

[356] Vgl. Abschnitt 2.2.2.2.
[357] Vgl. PICOT (1985), S. 224, (1982), S. 270.
[358] Vgl. WILLIAMSON (1988), S. 50.
[359] LÖCHEL (1995), S. 25.

mierungskalkül sind nunmehr jedoch die zu minimierenden Mittel um die anfallenden Transaktionskosten zu ergänzen.[360]

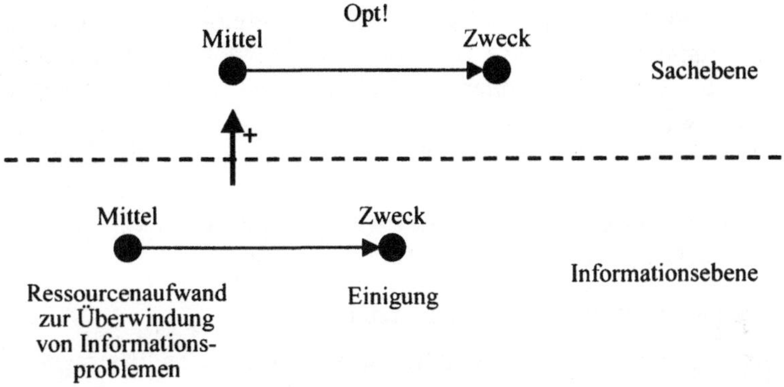

Abbildung 3-2: Das Zweck/ Mittel-Schema im transaktionskostentheoretischen Konzept der begrenzten Rationalität
Quelle: Eigene Darstellung.

Dass die Transaktionskosten als Teil der Mittel, die zur Erreichung des mit dem Leistungstauschs angestrebten Sachzwecks eingesetzt werden müssen, als Gegenstand der Optimierungsbemühungen betrachtet werden, erläutern auch RICHTER und FURUBOTN. Sie beschreiben Effizienz und rationales Verhalten aus der Perspektive der Transaktionskostentheorie als Reduzierung von Transaktionskosten, indem die Kosten der Durchsetzung und des Vollzugs von Transaktionen gesenkt werden.[361] Besonders deutlich kommt diese Sicht von Rationalität auch in dem WILLIAMSON'schen Leitsatz zum Ausdruck:

> „Organisiere Transaktionen so, dass die begrenzte Rationalität sparsam eingesetzt wird, die Transaktionen aber gleichzeitig vor den Risiken des Opportunismus geschützt werden."[362]

In der Transaktionskostentheorie wird die begrenzte Rationalität von Menschen als „Manko" interpretiert, da die Unvollkommenheit des Wissens einen ressourcen- und kostenintensiven Informationsprozess notwendig macht. PICOT/ DIETL/ FRANCK erläutern, dass die begrenzte Rationalität sich erst bei Überschreitung ihrer Grenze als problematisch erweise, wobei die Unsicherheit

---

[360] Vgl. ORTMANN (1995), S. 11, der ebenfalls auf die Beibehaltung des Optimierungsgedankens in Form einer Transaktionskostenminimierung verweist.

[361] Vgl. RICHTER/ FURUBOTN (1996), S. 507.

[362] WILLIAMSON (1988), S. 36.

über künftige Umweltzustände eine besondere Rolle spiele.[363] Der Eintritt von Umweltveränderungen kann dazu führen, dass eine Transaktionsvereinbarung im Verlauf ihrer Gültigkeit angepasst werden muss. Dies eröffnet dem Transaktionspartner ex post Verhaltensspielräume, die opportunistisch ausgenutzt werden könnten. Entsprechend sind die Bemühungen in der Vereinbarungsphase darauf gerichtet, die durch möglicherweise auftretende Umweltänderungen erforderlich werdenden Transaktionsanpassungen ex ante zu bestimmen. Diese Berücksichtigung möglicher Umweltveränderungen erhöht jedoch die Transaktionskosten in der Vereinbarungsphase einer Transaktion, weil die Aufnahme etwa von Eventualitätsklauseln den Vertragsabschluss verkompliziert.[364] Es entstehen mithin Informationsunsicherheiten in zwei Bereichen:

- Welche Umweltveränderungen können eintreten?
- Mit welchen opportunistischen Verhaltensweisen kann der Vertragspartner reagieren?

Zur Minderung der Informationsunsicherheit hinsichtlich der ersten Frage können alle in der Betriebswirtschaft eingesetzten und entwickelten Verfahren gerechnet werden, die in irgendeiner Weise dazu beitragen sollen, das Informationsdefizit der Akteure über gegenwärtige und erwartbare situative Faktoren zu schmälern. Die Verbesserung von Prognoseverfahren, eine möglichst genaue Beschreibung von Umweltdimensionen und der Versuch der Erfassung aller relevanten Faktoren oder auch die Aufbereitung und Verdichtung verfügbarer Informationen, können hierzu beispielhaft genannt werden. Darüber hinaus ist anzunehmen, dass die Erfahrungswerte der beteiligten Akteure eine wesentliche Rolle spielen. Trotz aller Prognosen kann die Unsicherheit über zukünftige Entwicklungen nicht aufgehoben werden, weil die Annahme begrenzter Rationalität auch für die Prognoseverfahren gelten muss. Prognosen können deshalb lediglich als Plausibilitätsannahmen über die Zukunft betrachtet werden.

Zur Minderung der Informationsunsicherheit hinsichtlich möglicher opportunistischer Verhaltensweisen eines Transaktionspartners sei an dieser Stelle beispielhaft auf die Spieltheorie hingewiesen, die u.a. Ansätze bereitstellt, mit denen berechnet werden soll, unter welchen Bedingungen die Wahrscheinlichkeit opportunistischen Verhaltens groß bzw. gering ist. Allerdings weist STIGLITZ nachdrücklich darauf hin, dass die Berechnungen künftiger Verhaltensweisen von Akteuren unter der Annahme begrenzter Rationalität immer unvollständig bleiben werden:

---

[363] PICOT/ DIETL/ FRANCK (1999), S. 69.
[364] Vgl. WILLIAMSON (1979).

> „Die Hoffnung der Spieltheorie, dass irgend eine simple Version der Rationalität zu wohldefinierten oder gar einleuchtenden Verhaltensprognosen führen könnte, ist zerstört.“[365]

RICHTER und FURUBOTN führen aus, dass eine gegenwärtige Situation und ihre zukünftige Entwicklung niemals vollständig beschrieben werden können. Der Informationsumfang einer Situation sei unbegrenzt komplex. Der Informationsstand eines Akteurs könne zwar durch den Einsatz verschiedener Methoden der Informationsgewinnung und Informationsaufbereitung erweitert werden, dennoch werde der vollständige Informationsumfang nicht erreicht. Das Wissen eines Akteurs über eine Situation und ihre Entwicklung bleibe immer partiell. Zudem werden die verfügbaren Informationen von individuellen Akteuren unterschiedlich interpretiert. Die subjektive Wahrnehmung und Erfassung von Informationen führe demnach dazu, dass der Wissenstand verschiedener Akteure tendenziell differiert.[366]

Die nicht zu schließenden Informationslücken, sowohl bei der Erfassung der situativen Entwicklung als auch bei der Beschreibung möglichen Verhaltens, führen in der Transaktionskostentheorie zu einer Veränderung der Rationalitätsinstrumente:

> „Ökonomische Akteure mit eingebauten Rationalitätslücken optimieren, indem sie **Institutionen als Rationalitätssurrogate** gestalten." [367]

So können als Rationalitätssurrogate beispielsweise vertraglich vereinbarte Anreiz- und Sanktionsmechanismen oder die normative Wirkung übergeordneter Institutionen zur Sicherung der Vertragsdurchsetzung betrachtet werden. Durch die Mechanismen der Institutionen werden Optionen zur Steuerung des Transaktionsverlaufes auch in den Bereichen bereitgestellt, die außerhalb des Informationsstandes eines Akteurs, außerhalb seines Wissens liegen und in nicht vorhersehbaren Situationen greifen. Trotz eines bestehenden Informationsdefizits können Institutionen als Rationalitätssurrogate somit ein als hinreichend bewertetes Maß an Sicherheit für die Durchsetzungs- und Anpassungswahrscheinlichkeiten eines Vertrages geben.

Wenn auch der Informationsstand durch den Einsatz von Institutionen als Rationalitätssurrogate nicht erweitert wird, so geht ihre Wirkung in eine Richtung, die man als einen »Als-ob-Informationsstand« bezeichnen könnte, weil sie in einem Ungewissheitsbereich so wirken sollen, »als ob« man die Information hätte, die zur Steuerung der eintretenden Verhaltensweise notwendig wird. Das »Rationalitätsinstrument Wissen« wird quasi durch das »Rationalitätsinstrument Institu-

[365] STIGLITZ (1991), S. 138; zitiert nach RICHTER/ FURUBOTN (1996), S. 399.
[366] Vgl. RICHTER/FURUBOTN (1996), S. 488ff.
[367] PICOT/ DIETL/ FRANCK (1999), S. 40 (Hervorhebung im Original).

tion« ersetzt. In der Argumentation der Transaktionskostentheorie wird in dieser Substitution eine Optimierung – zumindest jedoch eine Reduzierung – der Transaktionskosten gesehen, wenn die Kosten der Installation von Institutionen geringer sind, als die Kosten, die zur Erreichung des gleichen Informationsstandes durch eine „reelle“ Informationsgewinnung anfallen würden.

Die folgende Abbildung soll die Wirkungen der Erweiterung des Informationsstandes eines Akteurs durch Informationsgewinnung und durch Rationalitätssurrogate vor dem Hintergrund eines unbegrenzten Informationsumfangs einer Vereinbarungssituation darstellen.

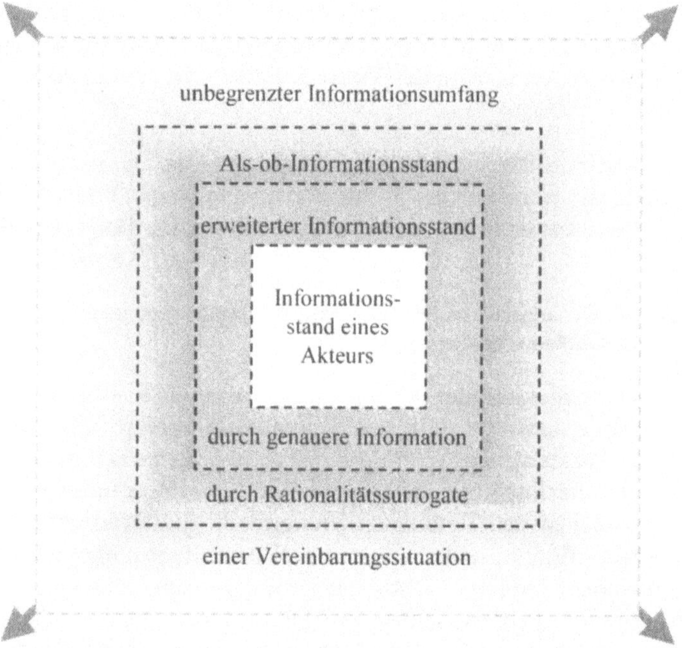

Abbildung 3-3: Differenz zwischen Informationsstand, Als-ob-Informationsstand und Informationsumfang einer Vereinbarungssituation
Quelle: Eigene Darstellung.

Sowohl die Methoden der Informationsbeschaffung als auch der Einsatz von Rationalitätssurrogaten erweist sich deshalb als Möglichkeit, den Informationsstand eines Akteurs auszudehnen bzw. einen erweiterten Raum des unbegrenzten, komplexen Informationsumfanges einer Vertragsvereinbarungssituation zu steuern, zu kontrollieren oder zu beherrschen. Die Interpretation des Konzeptes begrenzter Rationalität in der Transaktionskostentheorie erweist sich damit als eine Sichtweise, die auf Komplexitätsbeherrschung zielt. Es zeigt sich jedoch, dass zwischen Informationsstand und -umfang eine beständige Differenz bestehen bleibt.

Aus dem beschriebenen Umstand, dass alle Methoden zur Erfassung einer Vertragsvereinbarungssituation und ihrer Entwicklung unvollständig bleiben, ziehen RICHTER/ FURUBOTN eine weitreichende Konsequenz für die Betrachtung von Effizienz, dem ökonomischen Maßstab für die Bewertung zweckgerichteter Handlungen:

> „Ökonomen sprechen oft von Effizienz, aber eine Folge ... [der Annahme begrenzter Rationalität und positiver Transaktionskosten, Anm. d. Verf.] ist die, dass wir inzwischen kein allgemeines und logisch einwandfreies Effizienzkriterium mehr haben."[368]

Eine objektive Beurteilung darüber, ob die eingesetzten Mittel – Kosten für Informationsbeschaffung und Installation von Institutionen – ausreichen, die Durchsetzung und den Vollzug einer Vereinbarung zu garantieren, erweist sich als unmöglich. Fraglich ist deshalb, worauf sich das Kriterium der Effizienz als Maßstab rationalen Verhaltens überhaupt richten soll. Wann eine hinreichende Sicherheit angenommen werden kann, muss letztlich der subjektiven Einschätzung der Akteure überlassen bleiben. In der Neuen Institutionenökonomik und der Transaktionskostentheorie wird diese Überlegung in dem Ausdruck der »Glaubhaften Selbstverpflichtung« deutlich:

> „In gewissem Sinn sind glaubhafte Selbstverpflichtungen (Glaubwürdigkeit) das Bindemittel, das .. Verträge zwischen Einzelpersonen zusammenhält."[369]

Da weder „tatsächliche Information" noch „institutionelle Rationalitätssurrogate" alle möglichen und ggf. opportunistischen Verhaltensweisen eines Transaktionspartners zu erfassen vermögen, bleibt jede Vertragsvereinbarung letztlich unvollständig. Denn auch mit Institutionen – sei es in Form von vertraglich verankerten Anreizen und Sanktionen oder in Form eines normativen Überbaus – ist noch nicht garantiert, dass ein Transaktionspartner sich zweckmäßig verhält und den in der Transaktion vereinbarten und im Zuge von Umweltveränderungen anzupassenden Zweck tatsächlich erfüllt. Für manche mag in den formulierten Anreizen die Motivation, in den ausgesprochenen Sanktionen der Zwang und in normativen Regeln die moralische Verpflichtung liegen, sich so zu verhalten, wie es vorgesehen ist. Für andere gilt das nicht.

Institutionen als Rationalitätssurrogate folgen zwangsläufig einem auf das Verhalten Anderer gerichtetes und lediglich vermutbares Ursache-Wirkungs-

---

[368] RICHTER/ FURUBOTN (1996), S. 505.
[369] RICHTER/ FURUBOTN (1996), S. 300.

muster, das auf eigenen Plausibilitätsannahmen fußt. Betrachtet man die zur vollständigen Beschreibung einer Vereinbarungssituation notwendige Informationsmenge als unbegrenzt, so verringert sich im Grunde nicht einmal die Differenz zwischen erreichtem und notwendigem Informationsstand. Insofern wird die Lücke der begrenzten Rationalität nicht vollständig geschlossen und kann nur über glaubhafte Selbstverpflichtung geschlossen werden. In der Transaktionskostentheorie und dem weiteren Feld der Neuen Institutionenökonomik kommt glaubhaften Selbstverpflichtungen beispielsweise unter den Begriffen des »relationalen Vertrages«, des »unvollständigen Vertrags« oder der »sich selbst durchsetzenden Verträge« eine hohe Bedeutung zu.[370]

Der Begriff der glaubhaften Selbstverpflichtung selbst bringt eine in zwei Richtungen weisende Wirksamkeit zum Ausdruck: auf der einen Seite muss jemand stehen, der sich selbst verpflichtet, auf der anderen Seite jemand, der daran glaubt. Diese Überlegung führt dann entweder zu der Verhaltensannahme, die derjenigen der Transaktionskostentheorie entgegensteht, so dass man vom Opportunismus zum Vertrauen gelangt. Denn erst das Voraussetzen von begrenzter Rationalität und Opportunismus führt zu Transaktionskosten. Fehlt der Opportunismus, lassen sich in WILLIAMSONS´ Worten „Verträge mit Generalklausel“[371] schließen, da keine Absicherungen notwendig sind. Oder man interpretiert die Verhaltensannahme des Opportunismus um, die für jeden einzelnen der Transaktionspartner unterstellt wird und nimmt die „schnelle und bedenkenlose Anpassung an die jeweilige Lage aus Nützlichkeitserwägungen“[372] als gemeinsame und mit dem Anderen abgestimmte Anpassung, die sich in einem letztlich zu schließenden gegenseitigen Vertrag manifestiert. Die Frage nach Vertrauen oder Opportunismus dreht sich mithin nicht mehr darum, inwieweit das eine mit Naivität, das andere mit reeller Skepsis bei der Einschätzung des Verhaltens anderer Akteure verbunden ist. Vielmehr scheint das eine das andere zu bedingen. Die Opportunismusannahme nötigt zu Verhandlungen, die die Vertrauensannahme rechtfertigen können – ohne Vertrauen in die Möglichkeit eines gemeinsamen Abschlusses bräuchten die Verhandlungen gar nicht erst begonnen zu werden. Beide Annahmen haben insofern ihre Berechtigung und ihre Funktion in einem sozialen Vereinbarungsprozess, der in einen Vertrag münden soll.[373]

---

[370] Vgl. RICHTER/ FURUBOTN (1996) und die dort angegebene Literatur; PICOT/ REICHWALD/ WIGAND (1998), S. 52f.

[371] WILLIAMSON, (1988), S. 76.

[372] DROSDOWSKI (1997), Sp. 500.

[373] Vgl. zur Frage von Vertrauen und Misstrauen LUHMANN (2000); ORTMANN (1995), S. 329ff.

3.1.2.2 Begrenzte Rationalität in der verhaltenswissenschaftlichen Entscheidungstheorie

Das auf die Arbeiten von SIMON zurückgeführte Konzept begrenzter Rationalität gleicht den Interpretationen in der Transaktionskostentheorie insofern, als auch hier im weitesten Sinne die Einsparung von Informationskosten betrachtet werden kann. Der Aspekt, unter dem dies in der verhaltenswissenschaftlichen Entscheidungstheorie geschieht, ist aber ein anderer. Nicht die Vereinbarung von Transaktionen und ihre Durchsetzung, sondern der Prozess der Entscheidung für eine Entscheidungsalternative wird hier untersucht. Die Konsequenzen aus der Annahme begrenzter Rationalität in der verhaltenswissenschaftlichen Entscheidungstheorie unterscheiden sich deshalb von den Folgerungen, die in der Transaktionskostentheorie gezogen werden.

SIMON charakterisiert das Handeln ökonomischer Akteure als zwar intendiert rational, aber nur begrenzt rational.[374] Die Begrenztheit der Rationalität wird auf drei Aspekte zurückgeführt:[375]

- **Unvollständigkeit des Wissens**
  Ökonomische Akteure verfügen lediglich über ein fragmentarisches Wissen über die Bedingungen, die die Folgen von Entscheidungsalternativen beeinflussen.
- **Schwierigkeit der Bewertung zukünftiger Ereignisse**
  Bewertungsmaßstäbe können sich im Zeitablauf ändern, so dass selbst bei Kenntnis der Folgen von Entscheidungsalternativen Unklarheit darüber besteht, ob die Bewertungsmaßstäbe zum Zeitpunkt der Entscheidung und zum Zeitpunkt des Eintritts eines Ereignisses die gleichen sind und ob im Zuge der Entscheidung überhaupt die relevanten Bewertungsmaßstäbe herangezogen wurden. So können „unerwartete Enttäuschungen auftreten, selbst wenn diese [die angestrebten Folgen der Entscheidungsalternative; Anm. d. Verf.] wirksam sind. ... Wir stellen dann fest, dass wir nicht wünschten, was wir zu wünschen glaubten."[376]
- **Begrenzte Auswahl an Entscheidungsalternativen**
  Die Unvollständigkeit des Wissens von Akteuren wirkt sich nicht nur auf das Vermögen zur Bewertung der Folgen von Entscheidungsalternativen aus, sondern begrenzt gleichzeitig das Spektrum der wahrnehmbaren oder wahrgenommenen Entscheidungsalternativen, die einer (begrenzten) Be-

[374] Vgl. SIMON (1957), S. 196ff.
[375] Vgl. SIMON (1957), S. 196ff ; SIMON (1976), S. 81f., zitiert nach BERGER/ BERNHARD-MEHLICH (2001), S. 140f.
[376] BARNARD (1970; 1938), S. 29.

wertung unterzogen werden. Einem Entscheider ist es mithin niemals möglich, alle möglichen Entscheidungsalternativen in Betracht zu ziehen.

Als Folge der begrenzten Rationalität zeigt sich, dass Entscheidungen nicht unter dem Gesichtspunkt der Optimalität, sondern im Hinblick auf zufriedenstellende, akzeptable oder hinreichende Ergebnisse vorgenommen werden. Der Wechsel von einem optimalen zu einem befriedigenden Entscheidungsverhalten äußerst sich auf der Rationalitätsrelation von Mittel zu Zweck damit als Flexibilisierung des Anspruchsniveaus, wobei die Rationalitätsrelation selbst jedoch erhalten bleibt. Die Flexibilisierung des Anspruchsniveaus kann als Absenkung wirksam werden und mag dann zunächst als negative Folge der Unzulänglichkeit menschlicher Natur erscheinen. Die weiteren Ausführungen zeigen jedoch das Rationalisierungspotential, das in einem auf Zufriedenstellung gerichteten Entscheidungsverhalten liegt.

Nach SIMON und MARCH ist bereits das Auffinden von Handlungsalternativen mit dem Einsatz von Ressourcen und Zeitaufwand verbunden, die in ihrem Umfang nicht abgeschätzt werden können – es ist nicht mal sicher, ob und wann sich eine Alternative abzeichnet, die dann allerdings noch bewertet werden müsste. Kosten und Nutzen lassen sich deshalb nicht gegeneinander abwägen.[377] Zur Vereinfachung des Entscheidungsproblems unterscheiden Akteure verschiedene Alternativen deshalb lediglich nach befriedigenden und unbefriedigenden Lösungen und wählen in der Regel die erste als befriedigend wahrgenommene Lösung aus.[378] Entscheidung als Wahl der erstbesten Gelegenheit – dies scheint allen ökonomischen Vorstellungen zu widersprechen, dem ökonomischen Selbstverständnis sogar entgegenzustehen. Vor dem Hintergrund der Tatsache, dass aber eine weitere Suche nach Lösungen kein besseres Ergebnis garantiert, kann ein solches Entscheidungsverhalten durchaus als rational, als „vernünftig" betrachtet werden: Wenn das Finden einer besseren Lösung ungewiss, aber möglich ist, ist die Auswahl einer Alternative prinzipiell unentscheidbar. Denn selbst bei Auffinden einer besseren Lösung bleibt die Frage, ob es nicht vielleicht eine noch bessere gibt, für die es eine noch bessere gibt usw. Die Unentscheidbarkeit des Problems zwingt quasi zur Entscheidung, damit überhaupt eine Lösung gefunden wird, die in weiteren Handlungen umgesetzt werden kann. BAECKER führt hierzu folgendes aus:

---

[377] Vgl. BERGER/ BERNHARD-MEHLICH (2001), S. 141 und den dortigen Hinweis auf das Beispiel der Suche nach der Nadel im Heuhaufen, die eingestellt wird, sobald eine Nadel gefunden wird, statt sie fortzusetzen, um eine noch spitzere Nadel zu finden, bei MARCH/ SIMON (1958), S. 141.

[378] Vgl. COHEN/ CYERT (1975), S. 307ff.

> „Wenn man den Zusammenhang von Problemen, Lösungen und Entscheidungen noch mehr zusammenzieht, kann man formulieren, dass Entscheidungen die Lösung des Problems der Entscheidungen darstellen. Wichtig ist, dass überhaupt etwas passiert.“[379]

Auch in der Logistikliteratur finden sich Beispiele für Entscheidungen, die auf die erste sich bietende Lösung gerichtet sind. In Kapitel 2 wurde das von PFOHL/ LARGE in ihrer Untersuchung über Kooperationen beobachtete Verhalten beschrieben, wonach selbst bei Erkenntnis der Notwendigkeit einer Re-Organisation die Suche nach alternativen Organisationsmöglichkeiten unterbleibt.[380] Die bestehende Lösung wird mithin nicht einmal als „gute“ Lösung empfunden, dennoch wird sie beibehalten. Diese Lösung ist die erste, die sich anbietet und sie erweist sich als befriedigend „solange der Laden noch läuft“. Die Suche nach besseren Alternativen hingegen, etwa in Form einer Kooperation, ist mit Aufwendungen verbunden, die ggf. an anderer Stelle eingespart werden müssten und den Bestand der bestehenden Lösung sogar gefährden könnten. In einem Entscheidungsverhalten, das auf die erste befriedigende Lösung gerichtet ist, wird eine Mehrzahl von Entscheidungsalternativen somit irrelevant. COHEN und CYERT empfehlen deshalb explizit, Ressourcen nicht übermäßig in die Generierung von Alternativen zu investieren:

> „Firms should not devote scarce resources to formulating irrelevant anticipations or plans.“[381]

Das in den Arbeiten der verhaltenswissenschaftlichen Entscheidungstheorie entwickelte Rationalitätsverständnis führt mithin zu einem beinahe paradox wirkenden Ergebnis: trotz der Annahme begrenzter Rationalität, erfährt das Rationalitätsverständnis eine Erweiterung. Diese Erweiterung liegt darin, dass die dem ökonomischen Prinzip folgende Ressourcensparsamkeit nicht unmittelbar in der sich aus einem Sachziel ergebenden Zweck/ Mittel-Relation erfolgt, sondern in dem einer solchen Zweck/ Mittel-Relation vorausgehenden Prozess der Entscheidungsfindung. Übertragen auf das graphische Zweck/ Mittel-Schema, lässt sich dieser Zusammenhang wie folgt darstellen (Abbildung 3-4):

---

379 BAECKER (1999), S. 199.

380 Vgl. Abschnitt 2.2.2.2; PFOHL/ LARGE (1992), S. 42.

381 COHEN/ CYERT (1975), S. 309.

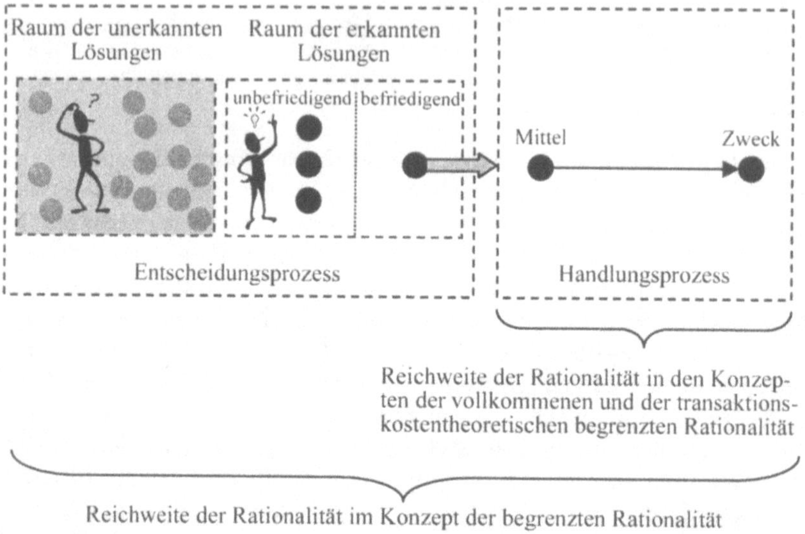

Abbildung 3-4: Reichweiten von vollkommener und begrenzter Rationalität
Quelle: Eigene Darstellung.

Die Einsparung von Ressourcen findet aus Sicht der verhaltenswissenschaftlichen Entscheidungstheorie im Prozess der Entscheidung statt, indem die Suche und Bewertung dadurch rationalisiert wird, dass die erste als befriedigend erkannte Lösung gewählt wird. In SIMONs Modell rationalen Verhaltens wird die Beurteilung von Entscheidungsalternativen von den subjektiven Vorstellungen und Wahrnehmungen des Entscheiders geprägt. Damit erscheint nach COHEN und CYERT nicht nur die Wahl der Mittel beliebig, sondern auch der Zweck disponibel geworden zu sein. Wenn das Anspruchsniveau flexibel gehandhabt wird, heißt das konsequenter ausgedrückt, auch von zunächst angestrebten Zwecken abzuweichen.[382] Entscheidungen ökonomischer Akteure scheinen sich damit mehr oder weniger in Beliebigkeit aufzulösen.[383] Hierauf weisen noch weitere entscheidungstheoretische Untersuchungen hin, in denen etwa Entscheidungsmuster nach dem »Mülleimer-Modell« („garbage can concept“)[384] festgestellt werden und schließlich die »Science of muddling through«[385] ausgerufen wird. „Durchwurschteln“, und das ganz rational.

---

[382] Vgl. COHEN/ CYERT (1975), S. 309f; BECKER/ KÜPPER/ ORTMANN (1992), S. 92.

[383] Vgl. zur Frage der Auflösung in Beliebigkeit und Rationalisierung ORTMANN (1995), S. 179ff.

[384] Vgl. COHEN/ MARCH/ OLSEN (1972).

[385] Vgl. LINDBLOM (1959); dieser Hinweis ist entnommen bei ORTMANN (1995), S. 37.

Die Abbildung zeigt, dass die Lösung, die als befriedigend wahrgenommen wird, in den Handlungsprozess überführt wird. Der Unterschied zur transaktionskostentheoretischen Interpretation des Konzeptes begrenzter Rationalität liegt vor allem darin, dass in dem Entscheidungsprozess sowohl Mittel als auch Zwecke erst konstituiert werden. In der Abbildung soll der Blockpfeil, der von der als befriedigend erkannten Entscheidungsalternative ausgeht, andeuten, dass diese in den Handlungsprozess überführt wird. Die Hinzurechnung der im Entscheidungsprozess anfallenden Informationskosten allein zu den Mitteln ist somit nicht möglich, da ohne die Entscheidung weder Mittel noch Zweck überhaupt existierten. Die Kosten der Entscheidungsfindung sind deshalb dem Handlungsprozess in seiner Gesamtheit zuzurechnen.[386] In der transaktionskostentheoretischen Interpretation des Konzepts begrenzter Rationalität lässt sich die Zurechnung der Informationskosten zu den Mitteln einer zweckgerichteten Handlung noch dadurch rechtfertigen, dass zumindest eine bereits erfolgte Zweckdefinition unterstellt wird.

Als weiterer wesentlicher Unterschied zwischen dem Konzept begrenzter Rationalität in der Transaktionskostentheorie und der verhaltenswissenschaftlichen Entscheidungstheorie ist in der Umgangsweise mit der bestehenden Komplexität zu sehen. Während das transaktionskostentheoretische Instrument der Institution als Rationalitätssurrogat auf Komplexitätsbeherrschung zielt, bewirkt das Entscheidungsverhalten als „the best first move"[387] durch die auf subjektiven Kriterien beruhende Selektion von Entscheidungsalternativen eine Komplexitätsreduktion.

Die Effizienz als Vergleichsgröße von Input und Output und als Maßstab der Ökonomie wird hier deutlich obsolet. Zwar lässt sich das selektierende und komplexitätsreduzierende Entscheidungsverhalten als „ressourcenschonend" interpretieren, aber nicht als „Input-reduzierend" rechnen, da der Input ohne diese Entscheidung gar nicht gegeben wäre. Eine andere Entscheidung als die getroffene hätte nicht nur andere Mittel konstituiert, sondern mit dem Wechsel der Mittel auch einen anderen Zweck zur Folge. Die Vergleichbarkeit von Kosten des Entscheidungsprozesses und die Feststellung von Effizienz ist damit unmöglich. Fraglich bleibt letztlich, wer oder was die subjektiven Kriterien festlegt, nach denen eine Entscheidungsalternative als befriedigend bewertet wird, damit eine Entscheidung getroffen wird.[388]

---

[386] Hier stellt sich allerdings die Frage, inwieweit ein Entscheidungsprozess überhaupt von einer Handlung als eigenständige Entscheidungshandlung getrennt betrachtet werden kann.
[387] COHEN/ CYERT (1975), S. 309.
[388] Vgl. BECKER/ KÜPPER/ ORTMANN (1992), S. 90ff.

3.1.3 Rationalität im Fließsystemansatz

Das Konzept vollkommener Rationalität erfährt in den Ausführungen des Fließsystemansatzes eine andere Form der Relativierung als in den Konzepten der begrenzten Rationalität. Das Defizit des Konzeptes vollkommener Rationalität wird im Fließsystemansatz in der Ausrichtung auf isolierte Handlungen gesehen. Rationalität im Fließsystemansatz soll auf verknüpfte Zweck/ Mittel-Relationen gerichtet sein. Erfasst werden sollen »ganze Wertschöpfungsketten« und der Aspekt, dass der Output des einen Prozesses als Input in einen folgenden Prozess eingeht. Ein erfüllter Zweck soll zum Mittel einer folgenden Handlung werden.[389] Graphisch lässt sich diese Forderung wie folgt darstellen:

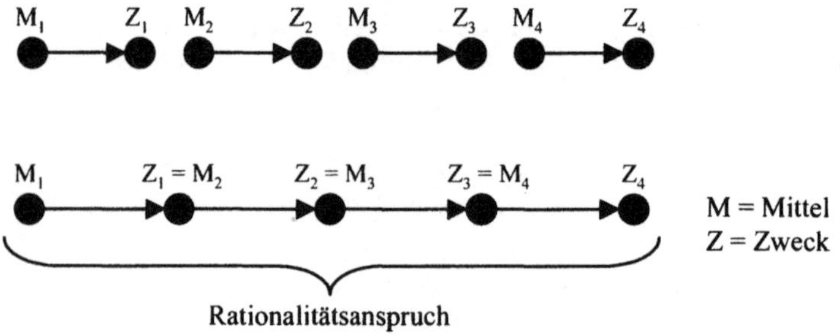

Abbildung 3-5: Mittel-Zweck-Mittel-Verknüpfung
Quelle: Eigene Darstellung.

Die Relativierung des Konzeptes vollkommener Rationalität im Hinblick auf ihre isolierte Betrachtung und nicht im Hinblick auf ihren arbeitshypothetischen Charakter bedeutet auch, dass das im Fließsystemansatz entwickelte Rationalitätsverständnis die Grundannahmen des Konzeptes vollkommener Rationalität – unbegrenztes Wissen und unbegrenzte Informationsverarbeitungskapazität – beibehält. Im folgenden ist deshalb zu untersuchen, welche weiteren Annahmen dem Rationalitätsverständnis des Fließsystemansatzes zu Grunde liegen müssen, damit die theoretische Verknüpfung isolierter Zweck/ Mittel-Relationen vorgenommen werden kann.

Zunächst soll jedoch die Notwendigkeit der Annahme vollkommener Rationalität anhand des Modells verknüpfter Handlungen dargelegt werden. Der obere Teil der Abbildung zeigt eine Reihe einzelner Zweck/ Mittel-Relationen, die durch Unterbrechungen gekennzeichnet ist. Rationalität kann sich so auf jede dieser einzelnen Zweck/ Mittel-Relationen richten, indem jede für sich optimiert wird. Unterstellt man nun eine sachlogische Folge dieser Zweck/ Mittel-

[389] Vgl. hierzu die Ausführungen in Abschnitt 2.2.

Relationen, so dass Z_1 als ein Mittel zur Erreichung von Z_2 eingesetzt werden könnte usw., so kann Z_1 als M_2 verwendet werden. Auf diese Weise kann man weiterverfahren, bis man zu einem bestimmten „letzten" Zweck, hier Z_4, kommt. Ein vorangegangener Zweck verschmilzt somit mit einem nachfolgenden Mittel zu einer integrierten Einheit. Wie im unteren Teil der Abbildung dargestellt, zeigt sich eine unterbrechungsfreie Abfolge der Zweck/ Mittel-Relationen. Eine solche verknüpfte Abfolge von Zweck/ Mittel-Relationen ist in Kapitel 2 ausführlich beschrieben worden. Sie wird mit den Begriffen »Wertschöpfungskette«, »Prozesskette«, »Supply Chain« oder »Fließsystem« bezeichnet und zur Beschreibung sowohl unternehmensinterner als auch unternehmensübergreifender Prozessabfolgen herangezogen.

Aus sachlogischer Perspektive ergibt sich die Notwendigkeit, die jeweils vorausgehenden zu erfüllenden Zwecke und die jeweils nachfolgenden einzusetzenden Mittel so zu koordinieren, dass in den immer noch bestehenden einzelnen, wenn auch verknüpften, Zweck/ Mittel-Relationen ein bestmögliches Verhältnis erreicht wird und Z_4 schließlich als Optimalergebnis resultieren kann. Die Koordinationsleistung muss dabei für eine absolute Eindeutigkeit sorgen, denn nur wenn Z_1 und M_2 vollkommen übereinstimmen, kann eine Verknüpfung überhaupt erst vorgenommen werden. Daraus ergibt sich zum einen eine rein technische Sicht der Abfolge, zum anderen kommt mit der Betonung notwendiger Koordinationsleistungen die zu Grunde gelegte Annahme vollkommener Information zum Ausdruck. Ein Hinweis hierauf ergibt sich auch bei Betrachtung der in der Logistikliteratur geführten Diskussion über die Gestaltung von »Schnittstellen«.[390] In der Regel werden dabei zwei unterschiedliche Arten von Schnittstellen definiert:[391]

- auf die Warenlogistik bezogene physische Schnittstellen sowie
- auf die Informationslogistik bezogene kommunikative Schnittstellen.

Bemerkenswert ist nun, dass, obwohl die Gestaltung der physischen Schnittstellen letztlich zu einer optimalen Erfüllung von Z_4 führen soll, dem Bereich der kommunikativen Schnittstellen eine herausragende Bedeutung beigemessen wird. So heißt es bei WITTIG/ ZENTES:

> „Die informatorische Vernetzung stellt die Voraussetzung zur Realisierung der Material- und Warenlogistik dar".[392]

[390] Vgl. z.B. WITTIG/ ZENTES (2002), S. 366; VAHRENKAMP (1999), S. 310; PFOHL (2000), S. 310ff; HAGEN/SPRINGER/ STABENAU (2002).
[391] Vgl. hier nach WITTIG/ ZENTES (2002), S. 366.
[392] WITTIG/ ZENTES (2002), S. 366.

Auch HAGEN/ SPRINGER/ STABENAU führen aus, dass Wertschöpfungspartnerschaften

> „mit kompatiblen, intelligenten Schnittstellen, die durch moderne Informations- und Kommunikationstechnologien erst möglich werden, unterstützt werden (müssen)".[393]

Der Gestaltung der informationslogistischen, kommunikativen Schnittstellen wird damit nicht nur eine besonders wichtige Stellung zugewiesen, sondern sie gilt als notwendige Voraussetzung für die Gestaltung der warenlogistischen, physischen Schnittstellen. Information wird damit zu einem existenziellen Aspekt der Verschmelzung eines erbrachten Zwecks mit den Mitteln einer nachfolgenden Handlung. Nur wenn vollkommen bekannt ist, woraus ein erfüllter Zweck Z_1 besteht, kann er als mögliches Mittel M_2 für eine Folgehandlung bewertet und der Zweck dieser Folgehandlung Z_2 in Abhängigkeit von dem eingesetzten Mittel M_2 definiert werden. Die Annahme der Unterstellung vollkommener Rationalität im Verständnis des Fließsystemansatzes lässt sich somit aus der Betrachtung einer Kette verknüpfter Handlungen ableiten.

Unter der Annahme vollkommener Rationalität erübrigt sich im Grunde genommen das Problem, dass über den Einsatz von Mitteln Entscheidungen getroffen werden müssen, die aus einer Reihe von Alternativen ausgewählt werden. Als Optimallösung kann nur eine einzige Lösung in Frage kommen – dieser Aspekt wird in der Organisationstheorie unter dem Stichwort des »one-best-way«-Denkens diskutiert.[394] Sind an einer verknüpften Zweck/ Mittel-Folge mehrere Akteure beteiligt, für die sämtlich die Annahme vollkommener Rationalität gelten muss, wird deshalb ein kommunikativer Prozess der Einigung über die einzusetzenden Mittel und anzustrebenden Zwecke überflüssig. Ausgestattet mit vollkommener Rationalität muss jeder der beteiligten Akteure zu der gleichen optimalen und eindeutigen Entscheidung kommen. Analog zum Begriff der vollkommenen Rationalität könnte man somit als weitere Grundannahme des im Fließsystemansatz entwickelten Rationalitätsverständnis den Begriff der »vollkommenen Einigkeit« verwenden.

Die Sicherung der gemeinsamen Festlegung auf die optimale Kombination von Mitteln und Zwecken in verknüpften Handlungsfolgen mit mehreren Akteuren erfolgt im Fließsystemansatz auf Basis einer weiteren Annahme. Die oben genannten Zitate weisen mit ihrem Bezug auf eine erfolgte Vernetzung bzw. eine bestehende Wertschöpfungspartnerschaft auf eine dritte Ausprägung von

---

393 HAGEN/ SPRINGER/ STABENAU (2002), S. 11.

394 Vgl. z.B. WINDELER (2001), S. 336ff; STAEHLE (1992), S. 157, der den Zusammenhang zwischen einseitig gerichteter Einflussbeziehung der durch Kontextfaktoren bestimmten Situation und den Dimensionen der Organisationsstruktur darlegt, wonach unter Effizienzgesichtspunkten nur eine einzige situationsgerechte Gestaltungsalternative verbleibe.

Schnittstellen innerhalb der verknüpften Handlungsfolge hin. Diese dritte Ausprägung der Schnittstellen kann als

- organisatorische Schnittstelle

bezeichnet werden.[395] Übereinstimmung besteht in der Logistikliteratur darüber, dass

> „Ansätze von Supply Chain Management [oder einer flussorientierten Ausrichtung der Logistik; Anm. d. Verf.] ... auf ein Modell der Kooperation im Logistiknetzwerk (setzen)".[396]

Betrachtet man die in einer unverknüpften Handlungsfolge (vgl. im oberen Teil der Abbildung 3-5) Zwecke Z_1 bis Z_4 als Leistungen oder Produkte verschiedener Unternehmen, so stehen die Mittel M_1 bis M_4 als Symbol für die Unternehmen, die diese Leistungen erbringen. Auf Basis einer einzelnen Zweck/ Mittel-Relation lässt sich ein Unternehmen, das eine Kombination verschiedener Produktionsfaktoren darstellt, plausibel als Mittel zur Erfüllung eines Zweckes, nämlich zur Produktion einer Leistung, ansehen. Eine Kooperation, die die Zweck/ Mittel-Relationen M_1/ Z_1 bis M_4/ Z_4 umfassen soll, besteht demnach aus vier Unternehmen, die vier (Teil-)Leistungen erbringen bzw. gemeinschaftlich zur Erfüllung von Z_4 beitragen. Da die hier betrachtete Kooperation mehr als zwei Unternehmen umfasst, handelt es sich laut Definition um ein Unternehmensnetzwerk.[397] Da das Ziel der Rationalisierungsbemühungen darauf gerichtet ist, Z_4 zu optimieren, ist davon auszugehen, dass es sich genauer um ein strategisches Unternehmensnetzwerk handelt. Denn laut Definition zeichnet sich ein strategisches Unternehmensnetzwerk durch die Sicherung und Erhaltung von Wettbewerbsvorteilen mittels einer optimalen Erfüllung des Endprodukts aus. Ein strategisches Unternehmensnetzwerk ist dadurch gekennzeichnet, dass seine Steuerung einem fokalen Unternehmen obliegt. Das aber heißt nichts anderes, als dass die Entscheidungs- und Durchsetzungsbefugnis zur Auswahl der Mittel und Zwecke bei einem einzigen der vier Unternehmen der betrachteten, verknüpften Zweck/ Mittel-Folge M_1 bis Z_4 liegt. Eindeutigkeit der Mittel und Zwecke, die für die Verknüpfung unabdingbare Voraussetzung ist, wird dadurch geschaffen, dass einer die Entscheidungen trifft.[398] Das als fokale Unternehmen

---

395 Die Bezeichnungen für diese Ausprägung der Schnittstelle differieren häufig. So spricht beispielsweise PFOHL von intra- und interorganisatorischen Schnittstellen, WEHBERG (1997), S. 258ff, im Zusammenhang der Koordination von Beziehungen zwischen den beteiligten Unternehmen von einem »prozessorientierten Schnittstellenmanagement«

396 VAHRENKAMP (1999), S. 310.

397 Vgl. Abschnitt 2.3.1; ein Unternehmensnetzwerk ergibt sich aus einer Kooperation von mehr als zwei Unternehmen.

398 Vgl. hierzu die Aussage von BORCHERT (2001), S. 180, zur Bestimmung eines Logistikdienstleisters als „Systemkopf" in Distributionsnetzwerken: „Damit wäre für alle

ausgewiesene Unternehmen muss, entsprechend der bisherigen Begriffsbildung, mit »vollkommener Macht« ausgestattet sein, damit es seine Entscheidung durchsetzen kann. Welchem Unternehmen die Rolle des fokalen Unternehmens zukommt, bleibt dabei paradoxerweise irrelevant. Denn wenn für alle Unternehmen die Annahme vollkommener Rationalität gilt, dann werden die zulässigen subjektiven Entscheidungen eines mit vollkommener Macht ausgestatteten Akteurs mit den von den anderen Akteuren getroffenen „Wunschentscheidungen“ identisch sein – alle vollkommen informierten Akteure werden sich stets für das Optimum entscheiden. Die vollkommene Macht eines fokalen Unternehmens läuft damit mehr oder weniger ins Leere. Als Bezeichnung für die aus diesen Überlegungen zu folgernde Grundannahme für das Rationalitätsverständnis im Fließsystemansatz soll hier deshalb der Ausdruck des »Machtvakuums« gewählt werden.[399]

Die obigen Ausführungen weisen jedoch noch einen Haken auf, der sich aus der Gleichsetzung eines erbrachten Zwecks und den in der folgenden Anschlusshandlung eingesetzten Mitteln ergibt. Die Forderung, dass der Output eines Prozesses Z_1 als Input eines Folgeprozesses M_2 genutzt werden solle, ist zunächst als Gleichsetzung von Z_1 und M_2 zu interpretieren, so dass $Z_1 = M_2$, wie im unteren Teil der Abbildung 3-5 dargestellt. In der Betrachtung der isolierten Zweck/ Mittel-Relationen (oberer Teil der Abbildung) wird Z_1 als erbrachte Leistung oder erbrachtes Produkt der unter Einsatz von M_1 vollzogenen Handlung definiert. M_1 selbst stellt eine aus verschiedenen Produktionsfaktoren kombinierte produktive Einheit, also ein Unternehmen dar; genauso auch M_2, M_3 und M_4. Damit die für die Verknüpfung der Handlungen notwendige Gleichsetzung von Z_1 und M_2 möglich ist, muss die betrachtete Einheit damit gleichzeitig ein Unternehmen (M_2) und eine erbrachte Leistung (Z_1) sein. Diese Paradoxie kann nunmehr nur über die Annahme von »Simultanität«[400] aufgelöst werden. Unter Simultanität ist die Gleichzeitigkeit verschiedener Zustände möglich.

Auch aus einer anderen Perspektive lässt sich auf die im Rationalitätsverständnis des Fließsystemansatzes vorausgesetzte Simultanität schließen. Damit beurteilt und entschieden werden kann, das Z_1 das optimale Mittel M_2 zur Erfüllung von Z_2 darstellt, müsste Z_1 bereits erfüllt sein. Dies setzt sich fort bis zu Z_4. Oder allgemeiner formuliert: damit die in einem bestimmten Zeitpunkt gegebene vollkommene Rationalität alle Zeitdimensionen erfasst – Vergangenheit, Gegen-

---

Unternehmungen der bedeutende Unterlassungsgrund wie auch das Umsetzungsproblem einer `fehlenden organisatorischen Institutionalisierung der Schnittstellen zwischen den ECR-Kooperateuren´ ... gelöst.“ Das Entscheidungsverhalten des fokalen Unternehmens kann nach dem in der verhaltenswissenschaftlichen Entscheidungstheorie vorgestellten Muster erfolgen und Eindeutigkeit durch subjektive Komplexitätsreduktion herstellen.

399 Vgl. zur Ausklammerung von Machtaspekten im Situativen z.B. KIESER (2001a), S. 189.

400 Vgl. hierzu LUHMANN (1999), S. 278ff.

wart, Zukunft – müssen diese Dimensionen simultan in dem Zeitpunkt vollkommenen Wissens zusammenlaufen. Die Entscheidungen über die Mittelauswahl in den Teilhandlungen und die Erfüllung der Zwecke, die diese Mittel erst hervorbringen sollen, müssen damit simultan erfolgen. Wenn die Annahme von Simultanität als Voraussetzung der Verknüpfung einer Folge von Zweck/ Mittel-Relationen zu betrachten ist, so ist daraus zu folgern, dass Effekte, die aus dem Wirken von Zeit resultieren, aus dem Rationalitätsverständnis des Fließsystemansatzes ausgeblendet bleiben müssen.

Genauso wie das Konzept vollkommener Rationalität auf der Ebene der Einzelhandlung, ist damit auch das Rationalitätsverständnis des Fließsystemansatzes auf der Ebene verknüpfter Handlungen als theoretisches, arbeitshypothetisches Konstrukt zu verstehen. So wie sich das Optimum in einer isolierten Zweck/ Mittel-Relation nur unter der Annahme vollkommener Rationalität einstellen kann, kann sich das Optimum einer verknüpften Handlungsfolge nur durch Heranziehung weiterer Grundannahmen einstellen. Weil eine verknüpfte Handlungsfolge im Fließsystemansatz von einem Nacheinander gekennzeichnet ist und unter Beteiligung mehrerer Akteure vollzogen wird, müssen sich diese ergänzenden Grundannahmen zum einen auf die Dimension der Zeit, zum anderen auf die Dimension des Sozialen beziehen. Mit den Annahmen der »Simultanität«, der »vollkommenen Einigkeit« und des »Machtvakuums« wird diese Anforderung erfüllt.[401]

Ein solches Rationalitätsverständnis, das sich auf Idealvorstellungen stützt, vermag zwar die realen Probleme, die sich aus dem Umgang mit Informationskomplexität, mit sozialen Einigungsprozessen und Machtfragen sowie mit den Problemen aus dem Umgang mit einer zeitlichen Dynamik nicht zu lösen, aber es bringt Leitbilder hervor, die bei der Gestaltung realer Handlungen Orientierung geben können.

[401] Zu ähnlichen Schlüssen kommt auch WINDELER (2001), S. 69-90, der das Konzept der systemischen Rationalisierung, einem dem Rationalitätsverständnis des Fließsystemansatzes vergleichbaren, allerdings der Industriesoziologie zuzuordnenden Konzept, analysiert. Vgl. ebenfalls die Diskussion systemischer Rationalisierung bei ORTMANN (1995), S. 177-211.

3.1.4 Das Konzept der Systemrationalität in der neueren Systemtheorie

> „Rationale Resultate erscheinen ... oft als eher unwahrscheinlich, und wenn am Ende vieler Prozesse systemischer Rationalisierung [oder flussorientierter Gestaltung; Anm. d. Verf.] das Ganze irgendwie doch gut und effizient funktioniert, dann offenbar nicht wegen der Rationalität der Planung und ihrer Realisierung, sondern trotz deren offenkundiger Unzulänglichkeiten.“[402]

Vor dem Hintergrund des im vorangegangenen Abschnitt vorgestellten Rationalitätsverständnisses im Fließsystemansatz lässt sich diese Aussage von ORTMANN verstehen. Wenn reale Handlungen einem Rationalitätsverständnis folgen wollen, das an Idealvorstellungen geknüpft ist, so wird es schwerlich vorstellbar, wie überhaupt Handlungsergebnisse erzielt werden können, die sich dem angestrebten Ideal zumindest annähern sollen. Dennoch sind in der Realität Handlungen und Handlungsfolgen zu beobachten, die – je nach Auslegung des Anspruchs an Optimalität – als effizient wahrgenommen werden. Fraglich ist nun, wie ein Rationalitätsverständnis aussehen kann, auf dessen Grundlage reale Handlungsfolgen beschreibbar werden, die zu solch positiv bewerteten Ergebnissen führen.

In der neueren Systemtheorie entwickelte maßgeblich LUHMANN unter dem Begriff der Systemrationalität[403] ein Rationalitätskonzept, das sich deutlich von den bisher diskutierten Rationalitätskonzepten unterscheidet. Der Ausgangspunkt der bisherigen Rationalitätskonzepte liegt in Überlegungen, einen mehr oder weniger bestimmten Zweck durch eine oder mehrere Handlungen zu erreichen, so dass sie mit dem Begriff der Zweckrationalität zusammenfassend bezeichnet werden. Im Konzept der Systemrationalität werden hingegen Zwecke nicht als Ausgangspunkt rationaler Gestaltung interpretiert.

In seiner Argumentation zur Entwicklung des Konzeptes der Systemrationalität ordnet LUHMANN zunächst den Begriff der Zweckrationalität der Ebene der Handlungstheorie zu. Handlungen erhalten ihre Rechtfertigung, ihren Sinn, ihren Wert oder ihre ihnen zugeschriebene Notwendigkeit daraus, dass mit ihrer Hilfe ein bestimmter Zweck erfüllt, eine Wirkung bewirkt oder ein Sachziel erreicht werden kann oder zumindest soll.[404] Da der Zweck als solcher festgelegt, ein Sachziel definiert wird, ergibt sich als zweckbezogene Rationalität

---

[402] ORTMANN (1995), S. 178.

[403] Vgl. das Werk „Zweckbegriff und Systemrationalität“ von LUHMANN (1999), das hier zur Darlegung des Rationalitätskonzepts in der neueren Systemtheorie in erster Linie herangezogen wird.

[404] Vgl. ebenfalls die Zuordnung des ökonomischen Rationalprinzips auf Handlungen in Abschnitt 3.1.1 unter Bezug auf WÖHE.

nur die Möglichkeit, die in einer Handlung einzusetzenden Mittel zu variieren.[405] Rationalität wird deshalb verstanden als Vorgang der Mittelauswahl und -gestaltung und findet in Verbindung mit der ökonomischen Prämisse knapper Ressourcen ihren Ausdruck in den Begriffen der Effizienz und Effektivität.

In Abschnitt 2.2.1.2 wurde in der Diskussion des graphentheoretischen Netzwerkmodells bereits erläutert, dass in dieser Sichtweise Organisationen als Mittel zur Erfüllung der angestrebten Zwecke betrachtet werden müssen, so dass sie zu einem Teil der Handlungsstruktur werden. Dies geht auch aus den obigen Ausführungen zum Rationalitätskonzept im Fließsystemansatz hervor. Aber nicht nur die Mittel, sondern auch die Zwecke werden in einem solchen Rationalitätskonzept zu einem Teil der Handlungsstruktur. Als Folge ergibt sich u.a., dass eine Unterscheidung der Begriffe System und Struktur nicht vorgenommen werden kann.[406] Ein System erweist sich damit als eine Struktur und umgekehrt. Eine Schwierigkeit dieser Konstellation zeigte sich an dem Dilemma, dass auch das Verhältnis zwischen Struktur und Prozess nicht befriedigend erklärt und damit die Frage, wie es überhaupt zur Mittelbereitstellung und damit auch zur Struktur- bzw. Systembildung und -veränderung kommt, nicht beantwortet werden kann.

LUHMANN löst nun den Begriff des Zwecks aus seiner Verankerung im System heraus, indem er nach den Voraussetzungen für eine Zwecksetzung und -erfüllung fragt. Demnach ist eine Voraussetzung dafür, dass Zwecke überhaupt bestimmt und als erfüllt wahrgenommen werden können, die Existenz eines „Jemandes", einer sozialen Einheit, eines sozialen Systems. Dieses muss zu Handlungen nicht nur fähig, sondern auch motiviert sein und den Willen aufbringen, auf einen Zweck hin zu handeln:

> „Es muss zunächst etwas da sein, das ... genügend gefestigt ist, und genügend Zeit hat, um sich gegenwartsferne Zwecke leisten zu können."[407]

---

[405] Vgl. LUHMANN (1999), S. 10 sowie die Feststellung von ORTMANN (1995), S. 96ff., dass Betriebswirtschaftslehre und Organisation gemeinhin erst den Zweck und dann die zweckmäßigen Mittel betrachten.

[406] Vgl. dazu die Ausführungen von RENZ (1998), S. 40ff, insbes. S. 48, zur Frage, ob sich die Annahmen über Prozesse und Strukturen, die in bezug auf ein „System Unternehmen" entwickelt wurden, auf ein „System Unternehmensnetzwerk" übertragen lassen, die u.a. in die prägnante Formel „Netzwerk = Aktoren + Beziehungen = Systemelemente + Verbindungen = System" münden. Der Ausdruck „Aktoren + Beziehungen" steht dabei für den Begriff der Struktur.

[407] LUHMANN (1999), S. 13.

Ein solches soziales System liegt nicht auf der Linie von Mittel und Zweck, sondern außerhalb davon, es stellt eine eigenständige Einheit dar. Dieses Verhältnis eines sozialen Systems zu einer Zweck/ Mittel-Relation illustriert schematisch Abbildung 3-6.

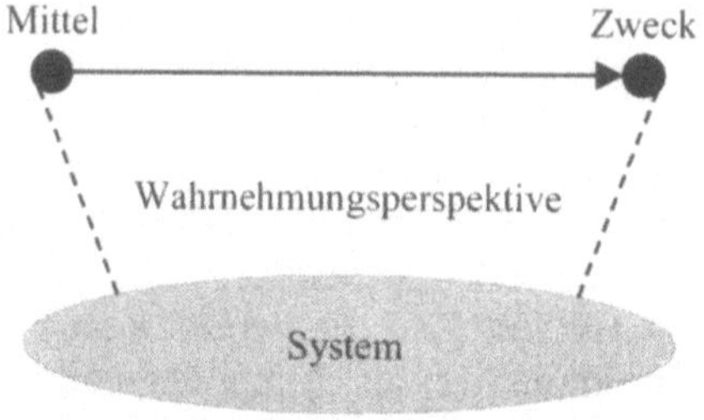

Abbildung 3-6: Verhältnis von System zu Zweck/ Mittel-Relation
Quelle: Eigene Darstellung.

Die Abbildung zeigt, dass die Zweck/ Mittel-Relation in der Wahrnehmungsperspektive des sozialen Systems existiert. Daraus kann dreierlei gefolgert werden: Beginnt man auf der Seite des Zwecks, so muss ein solcher erstens durch die Zuweisung einer besonderen Bedeutung in Form eines Wertes oder Sinns an ein Ereignis bestimmt werden. Zweitens muss dieses bezweckte Ereignis als Wirkung einer oder mehrerer Ursachen erwartet werden. Und drittens muss entschieden werden, welche Mittel eingesetzt werden, die als mögliche Ursache wahrgenommen werden und eine befriedigende Erfüllung des angestrebten Zwecks erwarten lassen. Ob etwas und was als Zweck, als Ursache-Wirkungszusammenhang sowie als angemessenes Mittel betrachtet wird, ergibt sich aus der Wahrnehmung des sozialen Systems.[408] Ohne Wahrnehmung würde ein Zweck einfach eine Wirkung bleiben – und die bliebe auch noch gänzlich unbemerkt.

Betrachtet man die exponierte Stellung des Systems gegenüber der Zweck/ Mittel-Relation, so wird offensichtlich, dass eine als Zweckrationalisierung verstandene Rationalität das System selbst nicht berührt. Könnten die Mittel im Sinne des Effizienzgedankens so verändert werden, dass ein verbessertes Input/ Output-Verhältnis zu verzeichnen wäre, oder veränderte man die Mittel im Sinne einer Steigerung der Anpassungs- und Entwicklungsfähigkeit so, dass die Erfüllung des Zwecks in unterschiedlichem Ausmaß bzw. unterschiedlichen Mengen ermöglicht würde, so wird das soziale System selbst durch diese Veränderungen nicht effizienter oder anpassungs- und entwicklungsfähiger. Da die Zweck/ Mittel-Relation aber nur in der Wahrnehmungsperspektive des

[408] Vgl. LUHMANN (1999), S. 11ff.

Systems existiert, ist ein solcher Eingriff von außen gar nicht möglich. Änderungen dieser Art können nur aus der Perspektive des Systems vorgenommen werden und sind nur möglich, wenn das System fähig ist, eine andere Entscheidung bezüglich der Mittel zu treffen, die mit einer entsprechend anderen Erwartungshaltung und Wahrnehmung verbunden sein muss. Die Merkmale oder Eigenschaften einer Zweck/ Mittel-Relation gelten damit nicht für das System selbst, eher können sie Aufschluss darüber geben, wie das System entscheidet, was es erwartet und wahrnimmt und was nicht.

Sichtbar wird hier bereits, dass das Konzept der Systemrationalität auf einem von den bisherigen Vorstellungen abweichenden Systemverständnis basiert. Stellte die in der Abbildung skizzierte Zweck/ Mittel-Relation bislang gleichzeitig sowohl die Struktur als auch das System dar, so existiert hier das System neben Mitteln und Zwecken als etwas Drittes. Die konzeptionelle Beschreibung dieses anderen Systemverständnisses erfolgt an späterer Stelle.[409] Wesentlich ist zunächst lediglich die Tatsache, dass das System als eine eigenständige soziale Einheit betrachtet wird, die sich von der Zweck/ Mittel-Relation unterscheidet. Diese Unterscheidung ist für die Konzeption des von LUHMANN entwickelten Rationalitätsverständnisses grundlegend, denn sie ermöglicht es, den Rationalitätsbegriff auf (Handlungs-)Systeme und nicht auf zweckbezogene Handlungen zu richten und damit „aus der Handlungslehre in die Systemtheorie“[410] zu verlegen. Die Suche nach systemrationalen Lösungen sollte nach LUHMANN erfolgen in einer

> „Theorie des Handlungssystems, welche die Bedingungen expliziert, unter denen Anspruchsniveaus stabil sein können bzw. ihre Änderung eine Funktion erfüllen kann. ... Diese Theorie hätte die Bedingungen zu formulieren, unter welchen Entscheidungen als brauchbar gelten können. Als Systemtheorie kann sie dies durch die Formulierung der Probleme, die ein System lösen muss, wenn es in einer unkontrollierbaren Umwelt fortbestehen will.“[411]

In diesem Zitat wird mit der Bezeichnung einer unkontrollierbaren Umwelt zum einen auf das Problem der Komplexitätsbewältigung hingewiesen, zum anderen die »Brauchbarkeit« von Entscheidungen angesprochen. Im Konzept der begrenzten Rationalität der verhaltenswissenschaftlichen Entscheidungstheorie wurde das Verhalten zur Entscheidung nach dem Prinzip des „first best move“ beschrieben. Dieses Entscheidungsverhalten wurde als eine Möglichkeit interpretiert, das Problem der Komplexitätsbewältigung durch subjektive Selektion und Reduktion zu lösen. Demnach sei es wesentlich, überhaupt zu einer Entscheidung zu kommen. In bezug auf eine einzelne Handlung lässt sich diese

---

409 Vgl. dazu Kapitel 4.
410 LUHMANN (1999), S. 10; vgl. ebenfalls LUHMANN (1999) S. 15 sowie S. 155.
411 LUHMANN (1999), S. 118f.

Sichtweise rechtfertigen, als mit der Entscheidung sowohl Mittel als auch Zweck – wenn auch mehr oder weniger vage – bestimmt werden und damit eine Handlungsgrundlage gegeben wird. Ob sich die so getroffenen Entscheidungen allerdings als brauchbar für den Fortbestand des Systems erweisen, ist damit noch nicht gesagt. Fraglich ist nun, wann Entscheidungen aus einer systemrationalen Sicht heraus als brauchbar gelten können. LUHMANN erläutert zunächst, dass ein Entscheidungsverhalten nach dem first best move die Elastizität eines Systems erhöhe, indem es anerkennt, dass es mehrere mögliche Lösungen für ein Entscheidungsproblem gibt. Ein auf optimale Lösungen zielendes Entscheidungsverhalten hingegen, lege das System auf eine einzig richtige Möglichkeit fest – auf die Optimale.[412] Ein System gewinnt damit – trotz begrenzter Rationalität – Entscheidungs- und Handlungsspielräume, die es dem Optimalprinzip folgend nicht aufweisen kann.

Mit einer einzigen brauchbaren Entscheidung, einer einzigen Handlung, lässt sich jedoch das Fortbestehen eines Systems nicht sichern. Deshalb muss zunächst in irgendeiner Form gewährleistet werden, dass überhaupt weitere Entscheidungen getroffen werden. Wenn dabei jede einzelne Folgeentscheidung nach subjektiven Kriterien getroffen wird, muss weiterhin in irgendeiner Weise gewährleistet sein, dass sich die auf eine vorangegangene Entscheidung bezieht, damit die eine zu der anderen passen kann. Diese Notwendigkeit zur rückwärts gerichteten Bezugnahme kontinuierlich zu treffender Entscheidungen bezeichnet LUHMANN mit dem Begriff der „Anschlussfähigkeit".[413] Anschlussfähigkeit besteht demnach dann, wenn Systeme ihren Entscheidungen „operative Bedeutung, Informationswert, Anschlusswert verleihen."[414] Eine Analyse, die unter dem Gesichtspunkt der Systemrationalität vorgenommen wird, fragt deshalb nach den Mechanismen, die ein soziales System in die Lage versetzen, seine Entscheidungen als anschlussfähige Entscheidungen erscheinen zu lassen. An dieser Stelle treten die »Zwecke« wieder in Erscheinung, denn die Zwecksetzung erweist sich als einer dieser Mechanismen, die für Anschlussfähigkeit von Entscheidungen sorgen können. Jede Entscheidung produziert oder re-produziert dadurch, dass sie notwendigerweise die Subjektivität des Systems in sich trägt, das System, das diese Entscheidung getroffen hat – denn erst in wirksam werdenden subjektiven Entscheidungen kann sich das System überhaupt erst zeigen und das bestätigen, was sein Bestehen kennzeichnet: seine Identität.

---

[412] Vgl. LUHMANN (1999), S. 118f.
[413] LUHMANN (1987), S. 62, (Hervorhebung im Original).
[414] LUHMANN (1987), S. 641.

3.1.5 Vergleich der Rationalitätskonzepte

Die vorangegangene Diskussion der Rationalitätskonzepte sollte zur Klärung der Frage beitragen, inwieweit die Nutzung und Entwicklung theoretischer Modelle im Zusammenhang mit ökonomischen Fragestellungen an den gemeinhin gültigen ökonomischen Maßstab der Effizienz und an eine zweckrationale Sicht notwendig gebunden ist. Für die Heranziehung von organisationstheoretischen Modellen, die sich vom Effizienzmaßstab lösen und auf deren Grundlage die in der Logistik eingeforderte Anpassungs- und Entwicklungsfähigkeit von Fließsystemen erklärt werden soll, ist es wesentlich, nicht als arational bewertet werden zu müssen.

Es zeigte sich, dass der Effizienzbegriff in allen Rationalitätskonzepten, die auf der Handlungsebene angelegt sind, als Maßstab interpretiert werden kann, der das Verhältnis zwischen eingesetzten Mitteln und erbrachten Zwecken beschreibt. Im Konzept der vollkommenen Rationalität und der Rationalität des Fließsystemansatzes ist die Möglichkeit, einen eindeutigen Effizienzbegriff zu gewinnen, an die Abstraktion von Komplexität, Zeit und sozialer Einigung gebunden. Die als realistisch einzuschätzende Annahme begrenzter Rationalität führt dazu, dass die Effizienz an Eindeutigkeit verliert. In der transaktionskostentheoretischen Betrachtung wird die Möglichkeit der Berechnung von Effizienz vielleicht deshalb unmöglich, weil sich der Gegenstand, auf den sich die Berechnung beziehen soll, in gewisser Weise „entdinglicht". Die Mittel, die eingesetzt werden, um Informationen zu gewinnen oder Institutionen zu installieren, mögen sich noch berechnen lassen (obwohl das schon Probleme bereiten dürfte), aber ob die gewonnenen (Als-ob-) Informationen ausreichen, eine Transaktion als durchgesetzt und abgesichert erscheinen zu lassen, bleibt letztlich subjektiven Einschätzungen überlassen. Die Interpretation von begrenzter Rationalität in der verhaltenswissenschaftlichen Entscheidungstheorie lässt den Effizienzbegriff dann völlig obsolet erscheinen. Zwar bleibt er in gewisser Weise noch immer bestehen, weil Entscheidungsprozesse in einem weiten Sinne mit Such- oder Informationskosten verbunden werden können, da sie ja tatsächlich Zeit und Ressourcen benötigen. Aber die Zurechnung dieses Entscheidungsvorgangs auf die Mittel einer zweckgerichteten Handlung kann nicht mehr vorgenommen werden, weil sowohl die Mittel als auch der Zweck den Gegenstand bilden, auf den sich die Entscheidung überhaupt erst richtet und der ohne diese Entscheidung gar nicht existieren würde.

Die Begrenztheit des Wissens wird normalerweise als Fehler, als Defizit, interpretiert. Diese Sichtweise wird in der Betrachtung der verhaltenswissenschaftlichen Entscheidungstheorie insoweit umgekehrt, als die Begrenztheit des Wissens als eine Einschränkung fungiert, die notwendig ist, damit Entscheidungen überhaupt getroffen, Mittel und Zwecke überhaupt definiert werden können.

Solange keine subjektive Auswahl aus einem unendlich komplexen Spektrum an Möglichkeiten vorgenommen wird, kann keine Entscheidung, keine Handlung erfolgen. Begrenzte Rationalität wird so zu einem notwendigen Selektionsmechanismus, der Handlungen erst hervorbringt. Im Konzept der Systemrationalität erfährt dieses subjektiv geleitete Entscheiden und Handeln eine Form, indem Bedingungen und Mechanismen der Brauchbarkeit von Entscheidungen untersucht werden. In einer solchen Form kommt in der Subjektivität von Entscheidungen dann nicht Beliebigkeit, sondern Identität zum Ausdruck. Der Begriff der Effizienz wird hierbei nicht überflüssig, sondern aus einer anderen Perspektive betrachtet, der im Zusammenhang mit den Möglichkeiten der Zwecksetzung steht, Entscheidungen im Sinne einer Systemidentität zu strukturieren.

Die Lösung von einer zweckrationalen Sicht und dem Begriff der Effizienz bei der Behandlung ökonomischer Fragestellungen erscheint damit nicht nur legitim, sondern notwendig zu sein, wenn es um Fragen von Systemeigenschaften geht – wie es etwa auch die Fähigkeiten zur Anpassung und zu Entwicklungen sind –, da die sich auf der Handlungsebene nicht beantworten lassen.

Die nachfolgende Abbildung 3-7 fasst zentrale Aussagen zu den hier vorgestellten und diskutierten Rationalitätskonzepten noch einmal zusammen.

Rationalitätskonzept	Ziel/ Folgerungen	Grundannahmen/ Voraussetzungen
Vollkommene Rationalität	Optimierung isolierter Zweck/ Mittel-Relationen Effizienz als eindeutiges Kriterium Handlungsebene	unbegrenztes Wissen unbegrenzte Informations-verarbeitungskapazitäten
Begrenzte Rationalität in der Transaktions-kostentheorie	Sicherung und Durchsetzung einer Vertragsvereinbarung Reduktion der Transaktionskosten durch Rationalitätssurrogate mit dem Effekt der Komplexitätsbeherrschung Effizienzbegriff mehrdeutig Handlungsebene	begrenztes Wissen begrenzte Informations-verarbeitungskapazitäten Opportunismus Vertragsproblem
Begrenzte Rationalität in der verhaltens-wissenschaftlichen Entscheidungstheorie	Treffen von Entscheidungen über isolierte Zweck/ Mittel-Relationen Reduktion der Informations- und Suchkosten durch Entscheidungs-verhalten nach dem »first best move« mit dem Effekt der Komplexitäts-reduktion Effizienzbegriff obsolet Handlungsebene	begrenztes Wissen begrenzte Informations-verarbeitungskapazitäten Entscheidungsproblem
Rationalitätskonzept des Fließsystemansatzes	Optimierung verknüpfter Zweck/ Mittel-Relationen Effizienz als eindeutiges Kriterium Handlungsebene	unbegrenztes Wissen unbegrenzte Informations-verarbeitungskapazitäten vollkommene Einigkeit Machtvakuum Simultanität
Systemrationalität	Systemerhalt durch identitätserzeugendes Entscheiden komplexitätsreduzierendes Entscheidungsverhalten Fähigkeit zum Treffen brauchbarer Entscheidungen als Kriterium Systemebene	Existenz eines sozialen Systems Wahrnehmung Erwartungen Entscheidungen

Abbildung 3-7: Rationalitätskonzepte im Vergleich
Quelle: Eigene Darstellung.

3.2 Grundlegende Einführung in den Radikalen Konstruktivismus

> „Üblicherweise wird dieses Hervorbringen einer Welt durch das Erkennen als Schwierigkeit, Fehler oder unerklärter Rest behandelt, als etwas, das es zu beseitigen gilt. ... Wir sagen jedoch genau das Gegenteil: Gerade die Eigenschaft des Erkennens, eine Welt hervorzubringen, ist der Schlüssel zur Erkenntnis des Erkennens und keineswegs ein störender Rest oder ein Hindernis.“[415]

Dieses Zitat von MATURANA und VARELA, zweier Hauptvertreter des Radikalen Konstruktivismus, greift die in der oben geführten Diskussion der Rationalitätskonzepte angesprochene Vorteilhaftigkeit begrenzter Rationalität auf und weist auf den zentralen Gegenstand des Radikalen Konstruktivismus hin, auf die Erkenntnis des Erkennens. Der Radikale Konstruktivismus wird als ein in den unterschiedlichsten Wissenschaftsbereichen geführter erkenntnistheoretischer Diskurs verstanden, in dessen Mittelpunkt das Verständnis von Erkennen und Wirklichkeit steht. Der Ausarbeitung des Systemkonzeptes, das unter dem Einfluss der konstruktivistischen Perspektive entwickelt wurde, soll in diesem Abschnitt eine grundlegende Einführung in den Radikalen Konstruktivismus vorangestellt werden. Dazu werden zunächst die Positionen der traditionellen Erkenntnistheorie mit den Grundpositionen des Radikalen Konstruktivismus verglichen (Abschnitt 3.2.1). Anschließend erfolgt eine Betrachtung des wissenschaftlichen Umfeldes, in dem der konstruktivistische Diskurs stattfindet (Abschnitt 3.2.2). Und schließlich ist die Bedeutung des Radikalen Konstruktivismus innerhalb der Organisationstheorie und insbesondere in der Logistik zu untersuchen (Abschnitt 3.2.3).

3.2.1 Grundpositionen des Radikalen Konstruktivismus

Geht man in positivistischen Denkrichtungen, wie sie sich auch im vorangegangenen Kapitel widerspiegelt, davon aus, dass die Realität als etwas Vorhandenes existiert, dann muss sie für jedermann erfahrbar und objektiv bestimmbar sein. Realität ist demnach etwas Eindeutiges. MATURANA beschreibt diese Perspektive wie folgt:

> „Es gibt wahrzunehmende Objekte, und ihre Anwesenheit bestimmt ihre Erkennbarkeit.“[416]

Anders formuliert heißt das, dass etwas Erkanntes vorhanden ist, unabhängig davon, ob jemand dieses Etwas erkennt oder nicht. Diese Auffassung wird in der

---

[415] MATURANA/ VARELA (1991), S. 33.
[416] MATURANA (1996), S. 90.

Philosophie unter dem Begriff der »Ontologie«, der Lehre vom Sein und vom Seienden, vertreten. Eine ontische Realität wird demnach als seiend, als unabhängig vom Bewusstsein existierend verstanden. Setzt man eine solch ontische Realität voraus, so besteht Wissen aus einem möglichst korrekten Abbild dieser Realität[417], woraus etwa Schlussfolgerungen darüber gezogen werden, welches Verhalten oder welche Handlungen dieser Realität adäquat sind.[418] Erkenntnis wird mithin aus den Möglichkeiten gewonnen, die Realität weitgehend korrekt abzubilden.[419] Eine ontologisch geprägte Vorstellung von Realität konzentriert sich vor allem auf die Methoden zur Erfassung der Realität, um die Abbildungskorrektheit zu verbessern und so „wahre" Aussagen und Erkenntnisse zu erhalten. Erkenntnisse können somit richtig oder falsch sein. Die von HEJL formulierte Frage zur Beschreibung der ontologischen Sichtweise „Was erkennen wir von der Realität?"[420] lässt sich zuspitzen auf die Frage „Welche Bedingungen kennzeichnen eine bestimmte Situation?", wenn man bedenkt, dass die Realitätsabbildung zur Verhaltensausrichtung herangezogen werden soll. Zum Ausdruck kommt hier, dass die Annahme einer ontischen Realität auch mit der Annahme verbunden ist, dass Verhalten – von wem oder was auch immer – situationsdeterminiert ist und also von umweltbedingten Tatsachen abhängt.

Der Radikale Konstruktivismus lehnt diese ontologische Auffassung ab. Er vertritt die These, dass Realität durch die Art und Weise der Wahrnehmung eines Subjekts konstruiert wird. Wirklichkeit findet aus der Position des Konstruktivismus in den Köpfen statt, als „nur ein Konstrukt des Gehirns".[421] »Wirklichkeit« ist mithin nicht als singuläre Realität, sondern vor dem Hintergrund verschiedener Wahrnehmungsmöglichkeiten als Plural, als Wirklichkeiten, zu verstehen. Die Vorstellung von Realität verliert damit in konstruktivistischer Perspektive ihr ontologisches Charakteristikum der Eindeutigkeit. Das bedeutet nicht, wie VON GLASERSFELD betont, dass der Konstruktivismus behauptet, die Existenz von etwas, das nicht wahrgenommen wird, sei unmöglich.[422] Behauptet wird vielmehr, dass nicht jedes Subjekt Zugang zu allen möglicherweise existierenden Dingen hat und sich deshalb auf der Basis dessen, was es selbst wahrnimmt, seine eigene Realität konstruiert:

[417] Vgl. VON GLASERSFELD (1997), S. 81.

[418] In den Konzepten der begrenzten Rationalität wurde bereits die Haltung deutlich, dass die Abbildung der Realität stets unvollkommen bleibt, woraus verschiedene Methoden des Umgangs mit der Komplexität von Realität abgeleitet wurden; vgl. Abschnitt 3.1.2.

[419] Vgl. HEJL/ STAHL (2000), S. 14f.

[420] HEJL (2000), S. 39.

[421] ROTH (1987), S. 235.

[422] Diese Ansicht wird der erkenntnistheoretischen Lehre des Solipsismus zugerechnet, die davon ausgeht, dass alle Erfahrungsobjekte nur als Bewusstseinsinhalte eines allein existierenden, eigenen Ichs seien; vgl. VON GLASERSFELD (1997), S. 22.

„Wir sehen nicht, was wir nicht sehen, und was wir nicht sehen, existiert nicht.“[423]

Aus der Annahme eines unmöglichen Zugangs zur Realität an sich folgt, dass die bisher dominierende Frage, was die Realität kennzeichne, unbeantwortbar bleiben muss.[424] Diese Frage wird sogar nahezu irrelevant, weil sie zu keiner allgemeinen Gültigkeit führen kann. Fraglich wird deshalb vielmehr, wie ein Subjekt dazu kommt, seine Realität so zu sehen, wie es sie sieht.[425] Denn wenn die Möglichkeit einer eindeutigen Abbildung von Realität nicht gegeben ist, an der ein Subjekt sein Verhalten orientieren könnte, dann muss die Art und Weise der Wahrnehmung, der Realitätskonstruktion, bereits so gestaltet sein, dass dieses Subjekt in seinem Bereich erfolgreich bestehen kann. Erkenntnis erweist sich aus konstruktivistischer Sicht somit als Instrument, mit dem ein Subjekt seine eigene Realität organisiert.[426] Erkenntnis kann nach MATURANA, mithin nicht als richtig oder falsch bewertet werden,[427] sondern eher als mehr oder weniger brauchbar.[428] HEJL erläutert weiterhin, dass sich Erkenntnis als Ergebnis früherer Erfahrungen und der aus ihnen gezogenen Folgerungen sowie der Eigendynamik des wahrnehmenden Subjekts darstelle.[429] Insofern bricht der Radikale Konstruktivismus schließlich auch mit der ontologischen Annahme, wahrnehmende Subjekte würden durch ihre situative Umwelt determiniert: das wahrnehmende Subjekt determiniert sich selbst auf Basis seiner eigenen Erkenntnisstrukturen und seiner aktuellen Wahrnehmungsaktivität. Dieses Zurückgreifen auf eigene Erkenntnisstrukturen wird u.a. mit dem Begriff der »Selbstreferenz« bezeichnet.

Insbesondere VON GLASERSFELD betont, dass der Radikale Konstruktivismus keine Weltanschauung sei, die das endgültige Bild der Welt zu enthüllen beanspruche.[430] Vielmehr handele es sich beim Konstruktivismus um „eine unkonventionelle Weise die Probleme des Wissens und Erkennens zu betrachten.“[431] Die ontologische Sichtweise führt beispielsweise mit ihrer Frage nach dem „richtigen Erkennen“ von Realität in das Dilemma, dass das, was erkannt werden soll, bereits erkannt worden sein muss, um überhaupt zum beobachtbaren Gegenstand werden zu können.[432] Umgekehrt ist Beobachtung

[423] MATURANA/ VARELA (1991), S. 260.
[424] Vgl. MATURANA (1996), S. 90.
[425] Vgl. HEJL (2000), S. 39f, der den Radikalen Konstruktivismus u.a. mit dem Wechsel von Was- zu Wie-Fragen beschreibt.
[426] Vgl. VON GLASERSFELD (1997), S. 96.
[427] Vgl. MATURANA , S. 107f.
[428] Vgl. VON GLASERSFELD (1997), S. 43.
[429] Vgl. HEJL (2000), S. 15.
[430] Vgl. VON GLASERSFELD (1997), S. 50.
[431] VON GLASERSFELD (1997), S. 22.
[432] Vgl. HEJL/ STAHL (2000), S. 15.

nur möglich, wenn es einen Beobachter gibt, der eine Beobachtung durchführt und dafür einen Beobachtungsgegenstand spezifiziert. Der Beobachtungsgegenstand wird durch die Spezifikation erst in der Beobachtung hervorgebracht und ist damit unmittelbar an den Beobachter gebunden.[433] Die Erklärung einer Beobachtung muss deshalb eine Erklärung des Beobachters umschließen oder, wie BAECKER es formuliert:

> „Wenn man wissen will, wie eine Beschreibung zustande kommt, muss man den Beobachter beobachten, nicht den Gegenstand.“[434]

Diese paradox wirkende Probleme nimmt der Konstruktivismus zum Anlass, nicht nach den Inhalten, sondern nach den Mechanismen des Erkennens zu fragen.[435] Bei der Beantwortung dieser Frage spielt neben der Einführung des Beobachters das bereits angesprochene Konzept der Selbstreferenz eine zentrale Rolle. Ausgehend von den hier zusammengetragenen Grundpositionen bietet der Radikale Konstruktivismus eine Alternative zur Beschreibung des Verhaltens sozialer Systeme, die in der Beurteilung von SCHMIDT:

> „in produktiver Weise auch über relativistische und skeptizistische Positionen hinaus (-führt), indem sie nachweist, dass gerade die Subjektabhängigkeit unserer Wirklichkeitskonstruktionen unser erfolgreiches Handeln in einer sozial akzeptierten und scheinbar objektiven physikalischen Welt erklären kann.“[436]

In der folgenden Abbildung 3-8 werden die sich gegenüberstehenden Positionen der ontologischen und der radikal konstruktivistischen Perspektive noch einmal zusammengefasst.

3.2.2 Wissenschaftliches Umfeld

Die zunächst vielleicht „bloß“ philosophisch anmutenden Darlegungen unterschiedlicher Auffassungen von Realität haben in den verschiedensten Wissenschaftsgebieten wichtige Impulse gegeben. Die konstruktivistische Position, die mit ihrem Konzept der Selbstreferenz auch als eine „Theorie der Selbstorganisation“[437] bezeichnet wird, führte nach Aussage von SCHMIDT neben der Philosophie u.a. in der Psychologie, der Psychotherapie, der Sprach- und Literaturwissenschaft, der Ethnologie, der Kunstwissenschaft sowie den Rechts- und Wirtschaftswissenschaften zu Neukonzeptionen.[438]

---

[433] Vgl. FLOYD (1997), S. 110.
[434] BAECKER (1999), S. 55.
[435] Vgl. MATURANA (1996), S. 91.
[436] SCHMIDT (1996), S. 8.
[437] Vgl. bspw. KROHN/ KÜPPERS/ PASLACK (1996), S. 441ff.
[438] Vgl. SCHMIDT (1996), S. 7.

radikal konstruktivistische Perspektive	ontologische Perspektive
Realitäten werden in der Wahrnehmung erzeugt	Realität existiert unabhängig von ihrem Wahrgenommensein
Realitäten sind an die Wahrnehmungskonzepte von Subjekten gebunden und damit mehrdeutig	Realität ist objektiv bestimmbar und damit eindeutig
Erkenntnis bietet die Möglichkeit zur Organisation der Realität	Erkenntnis wird aus den Möglichkeiten zur Abbildung der Realität gewonnen
Erkenntnisse sind mehr oder minder brauchbar	Erkenntnisse sind richtig oder falsch
Erkenntnisfortschritt durch Wie-Fragen	Erkenntnisfortschritt durch Was-Fragen
Eigendetermination	Umweltdetermination
zirkuläre Kausalität	lineare Kausalität

Abbildung 3-8: Grundannahmen des Radikalen Konstruktivismus und der Ontologie
Quelle: Eigene Darstellung.

In der Soziologie arbeitete insbesondere NIKLAS LUHMANN das Konzept der Autopoiese zu einer systemtheoretischen Theorie sozialer Systeme aus.[439] Der Diskurs des Radikalen Konstruktivismus findet zu einem ganz wesentlichen Teil auch in den Naturwissenschaften statt. So etwa im Bereich der Neurophysiologie.[440] Die Aufdeckung des Prinzips der Selbstreferenz und der Selbstorganisation in den Naturwissenschaften wird in einem Beitrag von KROHN, KÜPPERS und PASLACK beschrieben.[441] Als wesentliche Entwicklungsstränge der Selbstorganisation bezeichnen sie die:

- Kybernetik von H. VON FOERSTER,
- Theorie dissipativer Strukturen von I. PRIGOGINE,
- Theorie autokatalytischer Hyperzyklen von M. EIGEN,
- Synergetik von H. HAKEN, ausgehend von der Theorie des Laser,
- das Konzept elastischer Ökosysteme von C. S. HOLLING.[442]

Die Bandbreite der hier aufgeführten geistes- und naturwissenschaftlichen Disziplinen, die auf Basis der konstruktivistischen Position weitergehende Erklä-

439 Vgl. zum Konstruktivismus in der Soziologie KNORR-CETINA (1997), S. 129ff.
440 Vgl. z.B. den Sonderforschungsbereich „Neurokognition" der Universitäten Bremen und Oldenburg.
441 Vgl. KROHN/ KÜPPERS/ PASLACK (1996), S. 441ff.
442 Vgl. z.B. VON FOERSTER (1960); PRIGOGINE/ GLANSDORFF (1971); EIGEN/ SCHUSTER (1979); HAKEN/ GRAHAM (1971); HOLLING (1973).

rungsansätze für die von ihnen untersuchten Phänomene entwickeln – oder umgekehrt Zusammenhänge aufdecken, die auf konstruktivistische Annahmen schließen lassen – weisen darauf hin, was verschiedentlich als »universelle Wirksamkeit« des mit subjektiver Wahrnehmung verbundenen Selbstorganisationsprinzips bezeichnet wird.[443]

Als theoretische Wurzeln eines ausformulierten Radikalen Konstruktivismus werden drei unterschiedliche Wissenschaftsdisziplinen betrachtet: die Kybernetik, die Entwicklungs- und Sprachpsychologie sowie die Biologie.[444] In der Kybernetik trug insbesondere HEINZ VON FOERSTER, in der Entwicklungs- und Sprachpsychologie trug insbesondere ERNST VON GLASERSFELD zum Entwurf von Modellen zirkulär geschlossener Systeme bei. Beide haben maßgeblichen Anteil an der expliziten Ausformulierung des Radikalen Konstruktivismus. Ihre Arbeiten geben aus den unterschiedlichen Perspektiven ihrer Fachgebiete jeweils eine logische Begründung für die Relevanz subjektgebundener Wirklichkeitskonstruktion bei der Erklärung des Verhaltens von Systemen. Als historische Vorläufer des Radikalen Konstruktivismus bezeichnet VON GLASERSFELD die Arbeiten von GIAMBATTISTA VICO, SILVIO CECCATO und IMMANUEL KANT. Eine wesentliche Bedeutung in der Ausarbeitung des Radikalen Konstruktivismus durch VON GLASERSFELD kommt weiterhin den Arbeiten von JEAN PIAGET zu, der in den 30er Jahren den entwicklungspsychologischen Prozess bei Kleinkindern untersuchte.[445]

Eine naturwissenschaftlich und empirisch nachweisbare Argumentationsbasis erlangte der Radikale Konstruktivismus durch die Arbeiten der chilenischen Neurobiologen HUMBERTO R. MATURANA und FRANCISCO J. VARELA, die etwa seit Beginn der 1970er Jahre veröffentlicht wurden. Sie versuchten, lebende Systeme nicht durch ihre Beziehung zur Umwelt zu erklären, sondern als den Prozess, der diese verwirklicht.[446] Das hier entdeckte Prinzip der Autopoiese findet seinen Ausdruck nicht nur auf der Ebene lebender Systeme (vom Einzeller bis zum Menschen), sondern genauso auch im Bereich der sozialen Systeme und wurde von MATURANA und VARELA zu einer »Biologie der Sozialität« ausgearbeitet.[447] Insgesamt begründen die Beiträge, die unter dem Radikalen Konstruktivismus geführt werden, eine Perspektive, die auch als »Neuere Systemtheorie« oder »Kybernetik zweiter Ordnung« bezeichnet wird.[448]

---

[443] Vgl. z.B. MATURANA/ VARELA (1991); KROHN/ KÜPPERS/PASLACK (1996), S. 454.
[444] Vgl. HEJL/ SCHMIDT (1996), S. 466.
[445] Vgl. z.B. VON GLASERSFELd (1984); (1986).
[446] Vgl. MATURANA/ VARELA (1991).
[447] Vgl. MATURANA/ VARELA (1991); MATURANA (1996a).
[448] Vgl. PROBST (1981), S. 14f, S. 117ff.

3.2.3 Bedeutung des Radikalen Konstruktivismus in der Organisationstheorie und in der Logistik

Innerhalb der Organisationstheorie und in der Logistik ist ein als ambivalent zu bezeichnender Umgang mit den erkenntnistheoretischen Positionen des Radikalen Konstruktivismus zu verzeichnen. Einerseits wird der Radikale Konstruktivismus unter dem Stichwort des Interpretativen Paradigmas nahezu euphorisch begrüßt, und es werden neuartige Einblicke in das Operieren von Organisationen in Aussicht gestellt.[449] Andererseits erfolgt die zur Erschließung dieses Erklärungspotentials erforderliche Umorientierung im Verständnis von Organisationen zum Teil nicht mit der notwendigen Konsequenz. Und schließlich werden die Perspektive des Konstruktivismus und seine undurchsichtig bleibenden Methoden mit einer Skepsis betrachtet, die bis hin zur Bezeichnung eines „Voodoo Management by Mumbo Jumbo“[450] reicht.

Wie der Diskurs des Radikalen Konstruktivismus im Ganzen kein in sich geschlossenes Theoriegebäude bildet, so ist auch in der Organisationstheorie keine einheitliche Schule des Radikalen Konstruktivismus auszumachen. Die o.g. Ambivalenz bei der Beurteilung radikal konstruktivistischen Gedankenguts bewegt dazu, die weitere Darlegung eines Erklärungskonzeptes für die Veränderung von Systemen oder ihrer Strukturen im Rahmen dieser Arbeit nahe an den Grundlagen des Konstruktivismus zu entwickeln. Die einzelnen organisationstheoretischen Ansätze sollen deshalb hier nur genannt, aber nicht ausführlich dargestellt werden. Stattdessen werden einige gemeinsame Aspekte herausgestellt.

Zu den bekannteren organisationstheoretischen Ansätzen, die sich explizit auf den Radikalen Konstruktivismus beziehen und auch in der Logistikliteratur rezipiert werden, zählen zwei Ansätze, die auch unter der Bezeichnung des »Evolutionären Managements« geführt werden. Dies ist zum einen der »St. Galler Ansatz«, zu dessen Vertretern u.a. ULRICH, PROBST, MALIK und DYLLICK zählen, zum anderen der »Münchner Ansatz«, der u.a. von den Autoren KIRSCH, ZU KNYPHAUSEN und RINGLSTÄTTER vertreten wird. Als eigenständiger Ansatz ist weiterhin der – teils als »psychologischer« Ansatz bezeichnete – Ansatz von WEICK zu nennen.[451] Darüber hinaus werden die Positionen des Radikalen Konstruktivismus in der Diskussion über Selbst- und Fremdorganisation herangezogen.[452] Eine der weitgehendsten Ausformulierungen des systemtheoretischen Verständnisses, das auch den Radikalen Konstruktivismus kennzeichnet,

---

[449] Vgl. KIESER (2001b), S. 302.

[450] Vgl. DONALDSON (1992), S. 464, zitiert nach KIESER (2001b), S. 317.

[451] Vgl. eine zusammenfassende Übersicht der genannten drei Ansätze und die Literaturhinweise bspw. bei FALLGATTER/ KOCH (2000), S. 80-85.

[452] Vgl. GÖBEL (1998); JUNG (1985), (1987).

für den Bereich der Organisationen findet sich in den Arbeiten von LUHMANN, dessen Werk als eine der zentralen Grundlagen einer konstruktivistischen Organisationstheorie betrachtet werden kann.[453] LUHMANNs Konzeptionen folgend entwickelt BAECKER ein Konzept zur Bestimmung der „Form des Unternehmens" und arbeitet auf die Entwicklung einer „Soziologischen Managementlehre" hin.[454]

Ausgehend von der konstruktivistischen Annahme, dass Realitäten nur subjektgebunden zu verstehen sind, werden Organisationen nicht als objektive Gegebenheiten betrachtet. Organisationen beruhen im Verständnis konstruktivistischer Organisationsansätze vielmehr auf den Wahrnehmungen und Erkenntnissen, den Kognitionen, der Organisationsmitglieder und ihrer Interaktionspartner.[455] Organisationen werden mithin nicht nur als beobachtbare, sondern vielmehr als beobachtende Systeme verstanden.[456] Die Bemühungen der Organisationstheorie zu erkennen, was eine erfolgreich handelnde Organisation kennzeichne, wendet sich mithin zu der Frage, wie Kognitionen organisiert werden können, damit erfolgreiche Handlungen möglich werden.[457] Deutlich wird hier die Umstellung von einer gegenstandsorientierten zu einer erkenntnisorientierten Theoriekonzeption und, wenn man Organisationen als Systeme betrachtet, von einer Kybernetik erster Ordnung zur Kybernetik zweiter Ordnung. Die gemeinsamen Grundannahmen konstruktivistischer Organisationstheorien fasst WOLLNICK folgendermaßen zusammen:[458]

- Ablehnung positivistischen, der ontologischen Lehre folgenden Denkens;
- Soziale und bewusstseinsabhängige Konstruktion von Wirklichkeit mittels Kommunikation unter Verwendung insbesondere sprachlicher Symbole;
- Erkenntnis ergibt sich nur unter Berücksichtigung der Perspektiven der Akteure und relativ zu kulturell und historisch geteilten Sinnzusammenhängen;
- Menschen handeln auf der Grundlage ihres freien Willens, d.h. sie folgen eigenen Zielen und Motiven, zwar beeinflusst, aber niemals strikt determiniert durch äußere (materielle oder soziale) Faktoren.

---

453 Vgl. LUHMANN (1999), (1987), (1988), (2000).
454 Vgl. z.B. BAECKER (2000), (1999).
455 Vgl. KIESER (2001b), S. 288.
456 Vgl. BAECKER (2000), (2000a).
457 Vgl. VON FOERSTER (1985), Tonbandabschrift zitiert nach KROHN/ KÜPPERS/ PASLACK (1996), S. 455f.
458 Vgl. WOLLNICK (1992), Sp. 1780f.

Sofern dem Radikalen Konstruktivismus in der Organisationstheorie ein Erklärungsbeitrag zugeschrieben wird, wird dieser mit unterschiedlichen Akzentuierungen beschrieben. So betont KIESER vor allem die Möglichkeiten[459]

- zum Umgang mit Paradoxien, die sich im unternehmerischen Alltag regelmäßig stellen und darüber hinaus in dem Aufzeigen der Notwendigkeit solcher Paradoxien zur Aufrechterhaltung der Autopoiese;
- organisatorischen Wandel zu erklären.

ORTMANN erwartet durch die Erschließung der Erkenntnisse des Radikalen Konstruktivismus u.a. einen Erklärungsansatz für die Frage, wie sich Leitbilder sowie Wahrnehmungs- und Interpretationsmuster in und durch Organisationen konstituieren. Leitbildern weist er eine ausschlaggebende Rolle bei der Konstitution organisatorischer Strukturen zu.[460]

Die im Konstruktivismus vorgenommene Konzeption von Wertschöpfungssystemen als wirklichkeitskonstruierende, soziale Systeme ermöglicht nach Auffassung von HEJL und STAHL[461]

- die Betonung der Aktivität und der Gestaltungsfreiräume von Wertschöpfungssystemen;
- die Betrachtung nicht umweltdeterminierter Anpassung, sondern eigenentwickelter Verhaltensänderung;
- die funktionale Verknüpfung interner und externer Prozesse;
- die Betrachtung von Wertschöpfungssystemen als Subjekte mit eigener Identität und Dynamik;
- die Berücksichtigung der Historie von Wertschöpfungssystemen.

Auch in der Logistikliteratur wurden einzelne Aspekte konstruktivistischer Ansätze bereits aufgegriffen.[462] So insbesondere bei KLAUS, der dem Interpretativen Paradigma und damit einer konstruktivistischen Sichtweise für die Formulierung einer Logistikkonzeption hohe Bedeutung beimisst.[463] Seine Auslegung der mit dem interpretativen Ansatz verbundenen subjektiven Wirklichkeitskonstruktion als eine besondere Betonung der „Kundenwerte-Rationalität“ wurde bereits in Kapitel 2 angesprochen.[464] Bei GÖPFERT im Zusammenhang mit ihrer Konzeption eines Visionsmanagements und der damit verbunde-

---

[459] Vgl. KIESER (2001b), S. 302f.
[460] Vgl. ORTMANN (1995), S. 280.
[461] Vgl. HEJL/ STAHL, (2000), S. 18ff.
[462] Vgl. z.B. HARLANDER (1993).
[463] Vgl. KLAUS (1998), (1999).
[464] Vgl. Abschnitt 2.2.1.3.

nen subjektiven Konstruktion von Zukünften sind ebenfalls konstruktivistische Elemente enthalten.[465] ISERMANN bezieht sich in einer Beschreibung der Grundlagen eines systemorientierten Logistikmanagements auf den Begriff des »autopoietischen Systems« und greift damit einen zentralen Begriff einer konstruktivistischen Systemtheorie auf.[466] In jüngeren Dissertationen, wie beispielsweise von BORCHERT oder WEHBERG, finden sich ausführlichere Stellungnahmen zu konstruktivistischen Ansätzen.[467]

Grundsätzlich ist eine konsequente Anwendung konstruktivistischer Positionen auf die Logistik noch nicht feststellbar. So erscheinen Aussagen wie „Der logistische Entscheidungsträger ist als dispositiver Faktor Teil des Logistiksystems: er bewirkt die autopoietische Anpassung an die veränderten Umweltbedingungen"[468] stark von dem traditionellen systemtheoretischen Verständnis gekennzeichnet zu sein. In Abschnitt 2.4 wurde festgestellt, dass die bisherige Konzeption von Fließsystemen die Trennung von Ausführungs- und Führungssystem bedingt, wobei das Ausführungssystem durch regelnde Eingriffe des Führungssystems fremdbestimmt wird. Dies steht in Widerspruch zu dem Gedanken einer autopoietischen Selbststeuerung. Der Bezug auf die veränderten Umweltbedingungen weist darauf hin, dass die Umwelt als eine objektiv und situativ gegebene Größe betrachtet wird, was der konstruktivistischen Position von subjektgebundenen Umwelten entgegensteht.

WEHBERG weist den naturwissenschaftlichen Theorien der Selbstorganisation[469] im Zusammenhang mit der Entwicklung einer soziokulturellen Evolutionstheorie eine hohe Bedeutung zu.[470] In einem umfassenden Vergleich verschiedener evolutionärer Organisationstheorien untersucht er auch die Integrationsmöglichkeiten und Erklärungsbeiträge des konstruktivistischen Selbstorganisationsansatzes in bzw. für die Konzeption eines ökologieorientierten Logistikmanagements. Dabei bezieht er sich explizit auf die Arbeiten von MATURANA und die konstruktivistisch geprägten Ansätze der St. Galler sowie der Münchner Schule. In seiner Würdigung des Selbstorganisationsansatzes sieht WEHBERG die Chancen einer adäquaten Problembehandlung innerhalb hochkomplexer Umfelder durch das Konzept der Selbstorganisation gesteigert. Selbstorganisation spiele insbesondere unter Berücksichtigung der hohen Flexibilitätserfordernisse in der Logistik eine wesentliche Rolle. Einen besonderen Erklärungsbeitrag des Selbstorganisationsansatzes für die Logistik sieht er vor allem

[465] Vgl. GÖPFERT (2000), S. 159ff sowie Abschnitt 2.4 unter dem Stichwort der Komplementärtheorien.
[466] Vgl. ISERMANN (1998), S. 47.
[467] Vgl. BORCHERT (2001); WEHBERG (1997).
[468] ISERMANN (1998), S. 47.
[469] Vgl. Abschnitt 3.2.2.
[470] Vgl. WEHBERG (1997), S. 31.

in Beiträgen zur Erklärung systemdeterminierter Abläufe im Zusammenhang mit einer Konzeptualisierung der Prozessorientierung sowie in der Hervorhebung informaler Logistikbeziehungen, worüber das Verhältnis institutionaler und funktionaler Gestaltung transparenter werde.[471] Kritisch bewertet er hingegen die Risiken, die aus dem selbstorganisierten Agieren der Mitarbeiter resultieren können und das ungeklärte Verhältnis zwischen Selbst- und Fremdorganisation. Die hier verwendete Interpretation von Selbstorganisation, wonach die Mitarbeiter sich weitgehend selbst überlassen bleiben, spiegelt jedoch auch das zu Grunde gelegte traditionelle Systemverständnis mit der Trennung von Führung und Ausführung. Darauf weist auch die Betrachtung „hochkomplexer Umfelder" hin, in denen die Ursache für die Flexibilitätserfordernisse gesehen werden. Schließlich sieht WEHBERG die Schwierigkeit, aus der Vielzahl theoretischer Grundlagen, ein konsistentes Konzept der Selbstorganisation herauszufiltern.[472]

BORCHERT stellt zur Beschreibung des Entstehungsprozesses von Unternehmungsnetzwerken zwei verschiedene Sichtweisen gegenüber. Dabei unterscheidet er zum einen die „ungeplante, selbstbildende, also emergente Formation" unter Bezug auf den konstruktivistischen Ansatz und eine „geplante, gestaltete Bildung von Unternehmungsnetzwerken."[473] unter Bezug auf positivistische und ontologische Organisationsansätze. In seiner Konzeption einer Systemführung von Unternehmungsnetzwerken für ECR-Kooperationen entscheidet er sich für die Heranziehung der positivistischen Sichtweise, insbesondere weil das methodische Vorgehen der konstruktivistischen Ansätze unklar bleibe. So stellt er u.a. fest:

> „Die Bildung eines Unternehmensnetzwerkes fällt nämlich nicht vom Himmel als Ergebnis nicht objektiv nachvollziehbarer Kommunikationsprozesse, sondern ist Gegenstand und Ergebnis intentionalen Handelns mehrerer Unternehmungen."[474]

Insgesamt spiegeln die hier exemplarisch aus der Logistikliteratur herausgegriffenen Beiträge die grundsätzlich in der Organisationstheorie oben beschriebene Ambivalenz wider: einerseits Zustimmung, andererseits Skepsis, die zum Teil nahe an eine „Mumbo-Jumbo-Kritik" reicht, überwiegend aber auf eine unzureichende Präzisierung oder Transparenz konstruktivistischer Ansätze zurückgeführt wird.

---

[471] Vgl. WEHBERG (1997), S. 319.

[472] Vgl. WEHBERG (1997), S. 320ff; der letztgenannte Kritikpunkt wird auch von FALLGATTER/ KOCH (2000), S. 87, aufgegriffen, die die Notwendigkeit sehen, bei der Ausarbeitung einer konstruktivistischen Managementlehre einer weiteren Aufsplitterung relevanter Ansätze entgegenzuwirken.

[473] BORCHERT (2001), S. 100.

[474] BORCHERT (2001), S. 101.

Grundsätzlich ist sowohl in der allgemeinen Organisationstheorie wie auch in der Logistik das Festhalten an dem traditionellen Systemverständnis und an einer ontologischen oder positivistischen Perspektive festzustellen. FALLGATTER und KOCH bemerken hierzu, dass andere Erkenntnisbereiche und -methoden als die des Positivismus, die als objektiv gegeben und damit auch falsifizierbar betrachtet werden, als spekulativ abgetan würden. KIESER fragt im Zusammenhang mit dieser allgemein in der Organisationstheorie zu beobachtenden Haltung, ob es zur Effektivität der Kommunikation beitrage, Organisationsstrukturen als objektive Realitäten zu konzipieren, oder ob es vorteilhafter sei, diesen Anspruch aufzugeben und Organisieren von vornherein als soziales Konstruieren zu interpretieren. In seiner Antwort verweist er auf eine Argumentation von MORGAN, wonach die ontologisch-positivistische Sichtweise vor allem deshalb aufrechterhalten werde,

> „um organisatorische Vorstellungen von Experten oder Unternehmensleitungen wissenschaftlich zu legitimieren (und zwar durch ein an den Naturwissenschaften orientiertes Wissenschaftsideal) und damit unangreifbar zu machen".[475]

Allerdings könnten eben diese legitimierten Vorschläge durch andere ebenso legitimierte Vorschläge attackiert werden.[476] Die Legitimation lässt sich besonders plausibel auf die determinierende Wirkung der situativen Kontextfaktoren auf die Organisationsstrukturen gründen. SCHREYÖGG führt hierzu aus, dass aus dieser Sicht dem Strukturgestalter zumindest über die Zeit hinweg keine andere Wahl bleibe, als die Organisationsstrukturen an die Erfordernisse der Kontextfaktoren anzupassen, sofern er die Lebensfähigkeit des Systems gewährleisten möchte. Die Form der Anpassung jedoch, sei dabei eindeutig bestimmt.[477] Insofern wundert das Resümee KIESERS kaum mehr, wenn er feststellt, dass positivistische Organisationstheorien kaum mehr als gute Gründe für oder gegen bestimmte Organisationskonzepte liefern können, dabei aber vor allem konservative Elemente aufgreifen und versuchen vorhandene und bereits bewährte Lösungen zu identifizieren.[478] Für innovative Entwicklung, die Herausbildung einer individuellen Identität eines Wertschöpfungssystems und seiner Produkte bleibt da wenig Raum. Für diesen Raum, der dennoch vorhanden sein muss, sucht eine konstruktivistische Organisationstheorie nach Erklärungsmöglichkeiten.

[475] KIESER (2001b), S. 316.
[476] Vgl. KIESER (2001b), S. 315f.
[477] Vgl. SCHREYÖGG (1995), S. 217.
[478] Vgl. KIESER, (2001b), S. 318.

3.3 Das Systemverständnis im Radikalen Konstruktivismus

Die Systemtheorie wird als eine der elementaren Grundlagen der Logistik betrachtet. Der Fließsystemansatz formuliert seine Argumentationen auf dem systemtheoretischen Leitschema des Ganzen, das mehr ist als die Summe seiner Teile. Systeme, solchermaßen als „Überschuss-Ganzheiten" verstanden, symbolisieren gleichzeitig das Kausalschema von Mitteln zu Zwecken und gelten als offene Systeme. Die Systemtheorie stellt sich jedoch keinesfalls als so einheitlich dar, wie die es der häufige Bezug auf dieses Leitschema erscheinen lassen mag.[479] Die Systemtheorie ist mit VON GLASERSFELD als ein Denkansatz zu verstehen, der aus einer metadisziplinären Perspektive heraus vor allem Begriffe und Begriffsmuster entwickelt, die neue Erkenntniswege in verschiedenste Erfahrungsbereiche eröffnen.[480] Insofern folgt die Systemtheorie nicht nur dem einen Leitschema.

Im erkenntnistheoretischen Diskurs des Radikalen Konstruktivismus ist Realität an die subjektive Wahrnehmung eines Beobachters gebunden. Diese Perspektive erfordert die Verwendung eines anderen systemtheoretischen Leitschemas, da mit dem Beobachter auch die Wahrnehmung realer Systeme variiert und eine objektive Beschreibung dessen, was ein bestimmtes System ist bzw. aus welchen Teilen es besteht, unmöglich wird. Im Folgenden sollen die mit diesem alternativen Leitschema verbundenen Grundsätze eines Systemmodells dargelegt werden, das die Positionen des Radikalen Konstruktivismus aufnimmt. Damit sollen vor allem die Grundlagen für die Konzeption eines Systemmodells geschaffen werden, auf das bereits im Zuge der Diskussion einer Systemrationalität hingewiesen wurde.[481] Die Änderung der Modellierung von Systemen erscheint demnach notwendig für einen Zugang zu Erklärungsmöglichkeiten von Systemeigenschaften, wie es z.B. die Anpassungsfähigkeit oder die Entwicklungsfähigkeit sind.

3.3.1 Kybernetik zweiter Ordnung

Der grundlegende Unterschied zwischen der im Fließsystemansatz verwendeten Systemtheorie und einer Systemtheorie, wie sie im Radikalen Konstruktivismus vertreten wird, ergibt sich aus einem Vergleich der jeweils eingenommenen Beobachtungsperspektive. In einer Theorie, in der Realität an eine subjektive

[479] MALIK (1984), S. 121, führt zur Betrachtung der Systemtheorie als eindeutiger Theorie an: „The only unity in this allegedly unifying science seemed to be the very frequent use of the word `system´.

[480] Vgl. VON GLASERSFELD (1997), S. 238f.

[481] Vgl. Abschnitt 3.1.4.

Wahrnehmung gebunden ist, spielt Beobachtung eine zentrale Rolle bei der Konzeption des Systemverständnisses. Um den Aspekt einer durch subjektive Wahrnehmung hervorgebrachten Realität systemtheoretisch erfassen zu können, sind Systeme nicht nur als beobachtbare Einheiten, sondern als ihrerseits beobachtende Phänomene zu begreifen. Die systemtheoretische Perspektive des Radikalen Konstruktivismus wird u.a. unter der Bezeichnung einer »Kybernetik zweiter Ordnung« geführt. Der Ausdruck »Kybernetik« steht dabei als Synonym für den Ausdruck »Systemtheorie«.

Grundsätzlich befasst sich die Kybernetik[482] mit dem Phänomenbereich der Systeme. Der Begriff der Kybernetik geht auf NORBERT WIENER[483] zurück, der, nach Aussage VON GLASERSFELDS, unter der Kybernetik die Wissenschaft von der Regelung und Nachrichtenübertragung in Lebewesen und in Maschinen definierte.[484] GRÖSSING erläutert etwas ausführlicher:

> „Kybernetik ist die Wissenschaft von der Steuerung, Regelung und Informationsverarbeitung in Maschinen und Organismen. Sie ist eine allgemeine Systemtheorie, die gemeinsame Gesetzmäßigkeiten verschiedener konkreter Systeme (unter-)sucht, und sich dabei ursprünglich auf Ergebnisse der Regelungstechnik, der Nachrichtentechnik, der Biologie, der mathematischen Logik und der Philosophie bezog."[485]

Während die Kybernetik erster Ordnung auf die Beobachtung von Systemen, ihrer Verhaltensweisen und daraus abgeleiteten Steuerungs- und Regelungsmechanismen gerichtet ist, stellt sich die Kybernetik zweiter Ordnung nach VON FOERSTER als „cybernetics of observing systems" dar, die sich auf die Beobachtung der Beobachtung von Systemen konzentriert. Die Kybernetik zweiter Ordnung ist als eine „Kybernetik der Kybernetik" angesetzt, die dem Umstand Rechnung trägt, dass die Beobachtung eines Gegenstandes Einfluss auf die Beschreibung des Gegenstandes nimmt. BAECKER weist darauf hin, dass erst auf der Ebene der Beobachtung zweiter Ordnungen auffalle,

> „dass Sachverhalte immer nur Sachverhalte für einen Beobachter sind und dass der Beobachter nicht sieht, was er nicht sieht."[486]

Der Beobachter ist deshalb in die Erklärung des Beobachteten einzuschließen.[487]

Ein solcher Beobachter zweiter Ordnung kann dabei entweder der Beobachter erster Ordnung sein, der sich selbst bei seinen Beobachtungen beobachtet, oder auch ein anderer Beobachter. Entsprechend unterscheidet ROTH den internen

---

[482] „Kybernetes" ist das griechische Wort für „Steuermann"; vgl. BAETGE (1988), Sp. 2793.
[483] WIENER (1948).
[484] Vgl. VON GLASERSFELD (1997), S. 240.
[485] GRÖSSING (1987), S. 10.
[486] BAECKER (1993), S. 18.
[487] Vgl. VON GLASERSFELD (1997), S. 240ff.; VON FOERSTER (1993).

und den externen Beobachter, deren Bereiche sich nicht überschneiden. Kein beobachtetes Phänomen stelle sich zwei verschiedenen Beobachtern in gleicher Weise dar.[488] Für einen externen Beobachter zeigt sich ein beobachtetes Agieren eines Systems als »Verhalten« in einer Umwelt, das er mit bestimmten Gesetzmäßigkeiten erklären möchte. Einen Zugang zu den inneren Zuständen des beobachteten Systems hat der externe Beobachter jedoch nicht.[489]

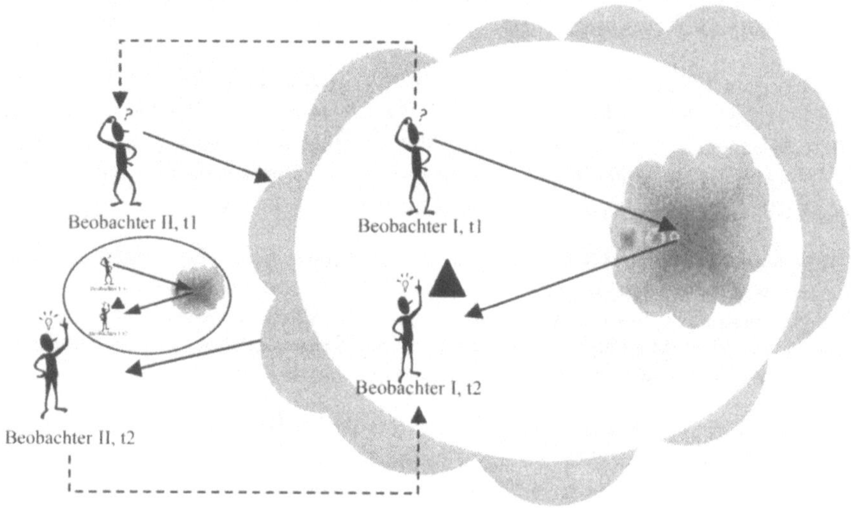

Abbildung 3-9: Beobachtung zweiter Ordnung
Quelle: Eigene Darstellung.

Die obige Abbildung 3-9 soll die Beobachtung zweiter Ordnung einer Kybernetik zweiter Ordnung schematisch darstellen. Beobachter I richtet seine Aufmerksamkeit zum Zeitpunkt t_1 auf seine Umwelt und erkennt zum Zeitpunkt t_2 einen Gegenstand, den er identifiziert und als bestimmten Gegenstand bezeichnet. Ein Beobachter II kann diesen Beobachtungs- und Erkenntnisprozess beobachten, indem er seine Aufmerksamkeit zum Zeitpunkt t_1 auf seine Umwelt richtet und in dieser zum Zeitpunkt t_2 als Gegenstand einen Beobachter I erkennt, der durch seine Beobachtung einen Gegenstand in seiner Umwelt bestimmt. Die gestrichelten Pfeile zeigen an, dass ein Beobachter I selbst die Rolle eines Beobachters II spielen kann und dass diese Selbstbeobachtung Einfluss nehmen kann auf die Beobachtungsergebnisse, die Erkenntnisse, dieses Beobachters in seiner Position als Beobachter I.

---
[488] Vgl. ROTH (1978), S. 67.
[489] Vgl. SCHMIDT (1996a), S. 21.

Fragestellungen aus dem Blickwinkel einer zweiten Ordnung heraus aufzugreifen, ist für die im Radikalen Konstruktivismus vertretene Kybernetik kennzeichnend. Begriffspaare wie „das Erkennen erkennen“[490] oder das „Lernen lernen“[491] und die Auseinandersetzung mit sog. „autologischen Begriffen“,[492] die insbesondere von Worten gebildet werden, die mit der Vorsilbe „Selbst-“ beginnen (z.B. Selbst-Organisation, mit der das Organisieren von Organisation bezeichnet wird) sind immer wieder anzutreffen. Die herausragende Rolle dieser Begriffe zweiter Ordnung weist BAECKER jedoch der mit der Kybernetik zweiter Ordnung verbundenen Entdeckung des Beobachters zu. Die vor allem wegen der Aufnahme des Beobachters in die Beobachtung und des daraus möglichen Erkenntnisgewinns, aber auch:

> „weil sie [die Beobachter in allen Wissenschaften; Anm. der Verf.] mit Recht sehen, dass die traditionelle Logik und Wissenschaftstheorie ernsthaft in Gefahr geraten.“[493]

Denn wenn die Beschreibungen von Sachverhalten an die Wahrnehmung eines Beobachters gebunden ist, dann muss dies auch für die Beschreibungen gelten, die die Wissenschaft macht. Systeme sind aus dem Blickwinkel des Radikalen Konstruktivismus deshalb als beobachtende Phänomene zu begreifen, weil sie nur über Beobachtung einen kognitiven Zugang zu einer Umwelt haben können,[494] zu der das eigene Verhalten in irgendeiner Form passen muss.

---

[490] Vgl. MATURANA/ VARELA (1991), S. 19ff.
[491] Vgl. VON GLASERSFELD (1997), S. 283ff.
[492] Vgl. VON FOERSTER (1993C), S.236.
[493] BAECKER (1993), S. 17.
[494] Vgl. SCHMIDT (1996), S. 18. (Mit der Bezeichnung eines kognitiven Zugangs ist allerdings noch nichts darüber gesagt, ob die Umwelt bewusst oder unbewusst erfasst wird; Anm. d. Verf.)

3.3.2 Systeme als System/ Umwelt-Differenzen

Eine erste Umstellung in der Systemkonzeption des Radikalen Konstruktivismus liegt in der Lösung von der Systemvorstellung, wonach Systeme als Ganzheiten verstanden werden, die aus Teilen und den zwischen diesen bestehenden Beziehungen bestehen. Systeme werden stattdessen als Differenz von System und Umwelt konzipiert. Ein System bildet demzufolge eine Einheit, die sich von der Umwelt unterscheidet. In der folgenden Abbildung 3-10 ist eine solche System/ Umwelt-Differenz skizziert. Dieses Systemverständnis von System/ Umwelt-Differenzen findet man bei MATURANA im Zusammenhang mit seiner Beantwortung der Frage nach der Art und Operationsweise von lebenden Systemen. MATURANA unterscheidet zunächst eine Einheit von einem Hintergrund:

> „Ein Beobachter definiert eine Einheit, indem er die Unterscheidungsoperationen spezifiziert, die eine einzelne Einheit von einem Hintergrund unterscheiden.“[495]

Eine Einheit existiert demnach nicht „an sich“, sondern wird durch Beobachtung hervorgebracht, indem ein Beobachter Unterscheidungen vornimmt, die er selbst spezifiziert. Dabei kann der Beobachter eine einfache Einheit ohne Bestandteile oder eine aus mehreren Komponenten zusammengesetzte Einheit ausgrenzen. Da die Auswahl dieser Möglichkeiten von den vom Beobachter getroffenen Unterscheidungsoperationen abhängt, kann eine einfache Einheit als eine zusammengesetzte Einheit und eine zusammengesetzte Einheit als einfache Einheit behandelt werden, wenn der Beobachter seine Unterscheidungsoperationen variiert. Eine unterschiedene Einheit stellt in beiden Fällen ein „operationales Ganzes“ dar.[496] MATURANA erläutert weiter, dass mit der Definition einer Einheit gleichzeitig ein Hintergrund definiert wird. Die Eigenschaften von Einheit und Hintergrund werden durch die sie trennenden Unterscheidungsoperationen bzw. das Unterscheidungskriterium bestimmt.[497] In der untenstehenden Abbildung 3-10 sind beispielsweise sowohl System (Einheit) als auch Umwelt (Hintergrund) durch die Eigenschaft charakterisiert, einen bestimmten Helligkeitsgrad aufzuweisen, in dem sie sich unterscheiden.

---

[495] MATURANA (1996), S. 92.

[496] Vgl. MATURANA (1996), S. 92.

[497] Vgl. MATURANA (1996), S. 92; MATURANA/ VARELA (1991), S. 46.

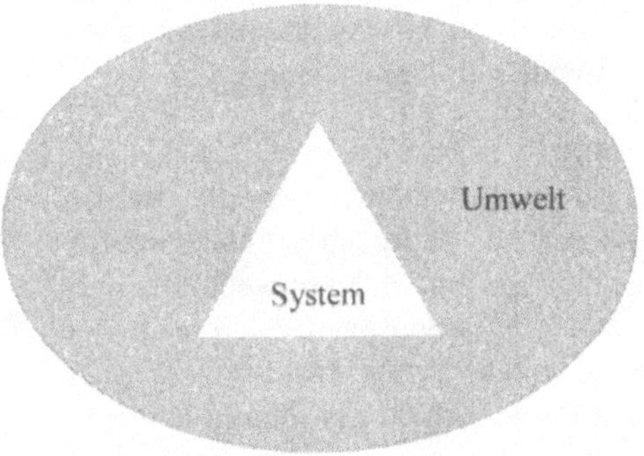

Abbildung 3-10: System als System/ Umwelt-Differenz
Quelle: Eigene Darstellung.

Der Hintergrund wird von MATURANA weiterhin unterschieden in das „Medium“ und in die „Umgebung“ (environment). Ob der Hintergrund einer Einheit als Medium oder als Umgebung betrachtet wird, hängt davon ab, wer der Beobachter ist. So wird der Hintergrund durch die Einheit selbst als Medium betrachtet, als der Bereich, in dem sie als Einheit operiert. Durch einen anderen Beobachter wird der Hintergrund als Umgebung der Einheit betrachtet. Zwischen Medium und Umgebung kann mithin dann ein Unterschied vorliegen, wenn sich die Einheit und ein anderer Beobachter auf unterschiedliche Unterscheidungskriterien bei der Hintergrundbeschreibung bzw. der Definition der Einheit beziehen. Die unterschiedlichen Beobachterperspektiven können dazu führen, dass das Medium (der Hintergrund aus Sicht der Einheit) Merkmale enthält, die in der Umgebung (dem Hintergrund aus Sicht eines anderen Beobachters) nicht wahrgenommen werden. Die Unterschiedlichkeit der Unterscheidungen von Einheit und Hintergrund können soweit gehen, dass ein (anderer) Beobachter bestimmte Merkmale einer Einheit zurechnet, obwohl sie aus Sicht der Einheit in ihrem Medium liegen.[498]

Auch LUHMANN bezieht sich in seiner Theorie selbstreferentieller, sozialer Systeme zunächst auf das Systemverständnis als System/ Umwelt-Differenz:

> „Als Ausgangspunkt jeder systemtheoretischen Analyse hat ... die *Differenz von System und Umwelt* zu dienen. Systeme sind nicht nur gelegentlich und nicht nur adaptiv, sie sind strukturell an ihrer Umwelt orientiert und könnten ohne Umwelt nicht bestehen. Sie konstituieren und sie erhalten sich durch Erzeugung und Erhaltung einer Differenz zur Umwelt, und sie benutzen ihre Grenzen zur Regulierung dieser Differenz.“[499]

[498] Vgl. MATURANA (1996), S. 100.
[499] LUHMANN (1987), S. 35 (Hervorhebung im Original).

Die Aussagen von MATURANA und das Zitat von LUHMANN machen auf drei besondere Aspekte des geänderten Systemverständnisses aufmerksam:

- Verhältnis zwischen Umwelt und System
  Das Treffen einer Unterscheidung gilt als konstitutiv sowohl für das System als auch für die Umwelt. Die Art der Unterscheidungsoperation bestimmt dabei das Verhältnis zwischen System und Umwelt. Insoweit liegt eine »strukturelle Orientierung« des Systems an der Umwelt vor. Dieses auf einer Unterscheidungsoperation basierende strukturelle Verhältnis kennzeichnet einen gravierenden Unterschied zu dem bisherigen Systemverständnis, in dem eine Umwelt nicht durch die Systembestimmung definiert und in erster Linie als erforderlich für die Bereitstellung verschiedener Inputs bzw. die Aufnahme der vom System erbrachten Outputs betrachtet wird. Diese „Ver- und Entsorgungsereignisse" sind zwar in gewisser Weise und vor allem auf die Dauer auch „existenziell" für ein (ökonomisches) System. Die Ausdifferenzierung einer Umwelt ist hingegen jedoch nicht nur konstitutiv für ein System, sondern ebenfalls Voraussetzung dafür, dass in dem System überhaupt Ereignisse stattfinden können.[500] D.h. ohne Umwelt gibt es kein System, und einem nicht existierenden System können auch keine Ereignisse zugerechnet werden.
- Systemgrenze
  An der Stelle, die die Unterscheidung markiert, entsteht eine Grenze. Diese muss notwendigerweise erhalten bleiben, damit das System in dieser Form erhalten bleibt.[501] Der Grenze eines Systems kommt, LUHMANNS Ausführungen folgend, eine Doppelfunktion zu, die darin besteht, System und Umwelt einerseits zu verbinden, andererseits voneinander zu trennen. Diese Doppelfunktion verdeutlicht LUHMANN an Hand der Unterscheidung zwischen Element und Relation. So müssten Elemente entweder dem System oder dessen Umwelt zugerechnet werden. Relationen hingegen könnten auch über die Grenze hinweg zwischen System und Umwelt bestehen. Eine Grenze „trennt Ereignisse, aber kausale Wirkungen lässt sie passieren."[502] Grenzen sind damit in einer Hinsicht geschlossen, in anderer Hinsicht offen und dienen so der Selektion sowohl der eigenen Komplexität als auch der Komplexität der Umwelt. Die Herausbildung von Grenzen gilt als ein grundsätzliches Merkmal von Systemen. WILLKE weist jedoch auf die Besonderheit von psychischen und sozialen

[500] Vgl. LUHMANN (1987), S. 242f.

[501] Vgl. MATURANA/ VARELA (1991), S. 53, in deren Betrachtung biologischer Systeme die Grenze einer Zelle in Form der Zellmembran besteht, ohne die sich der zelluläre Stoffwechsel in eine „molekulare Brühe" auflösen würde.

[502] LUHMANN (1987), S. 52.

Systemen hin, deren Grenzen nicht physikalisch-räumlich fassbar seien, sondern symbolisch-sinnhaft bestimmt werden.[503]

- Eigendynamik des Systems
  Implizit lässt sich aus dem oben angeführten Zitat von LUHMANN auf eine angenommene Eigendynamik des Systems schließen, die darin besteht, dass das System selbst die Differenz zur Umwelt festlegt und erhält. Diese Aktivität eines Systems kommt auch schon in der oben beschriebenen biologischen Perspektive von MATURANA und VARELA zum Ausdruck, bei denen Systeme zu Beobachtungen fähig und damit aktiv sind.

Zusammenfassend eröffnet ein als System/ Umwelt-Differenz formuliertes Systemverständnis den Zugang zu verschiedenen Systemaspekten, die dem traditionellen Systemverständnis verschlossen bleiben. Eine als System/ Umwelt-Differenz verstandene Systemdefinition ist zwar in dem Sinne unpräziser, als sie eine Beschreibung dessen, was das System ist und was die Umwelt ist offen lässt. Sie eröffnet dadurch aber die Möglichkeit, Beschreibungen anzufertigen, die insofern vollständig sind, als sie mit dem auskommen, was an Wahrneh verfügbar ist, nämlich die Perspektive eines Beobachters.[504]

Die beobachterabhängige Unterscheidung der Umwelt eines Systems in ein Medium und eine Umgebung sowie die ebenfalls beobachterabhängige Unterscheidung zwischen der Bestimmung eines Systems als einfacher oder zusammengesetzter Einheit greift die subjektgebundene Hervorbringung von Realität in besonders deutlicher Form auf. Ein System ist demnach nicht, was es ist, sondern es ist, was ein Beobachter in ihm sieht und durch seine von ihm vorgenommenen Unterscheidungsoperationen hervorbringt. Die in der Beobachtung mögliche Unterscheidung eines Systems als einfache oder als zusammengesetzte Einheit zeigt darüber hinaus, dass das bisherige Leitschema des Ganzen, das aus Teilen besteht, aus einer Theorie, die Systeme als Differenzen versteht, nicht ausgeschlossen wird. Die Systemrealität eines beobachteten Systems wird hiervon aber nicht mehr abhängig gemacht, weil sie sich nicht aus der ontischen, objektiven Realität des Systems ergibt, sondern aus der Beobachtung. In der Beobachtung kann es Sinn machen, ein System als aus Teilen zusammengesetzt zu betrachten oder auch nicht, und jede Beobachtung hat die Alternative, dies zu unterscheiden.

---

503 Vgl. WILLKE (1991), S. 194.

504 Im Rahmen dieser Arbeit werden die Grundsätze einer radikal konstruktivistischen Systemtheorie jeweils anhand exemplarischer Aussagen der „Urväter“ dieses Ansatzes erarbeitet. Das Ziel soll es hier nicht sein, die Literatur zum systemtheoretischen Perspektivenwandel umfassend zu erschließen.

3.3.3 Autopoiese, Selbstreferenz und Rekursivität

Neben der Umstellung des Systemverständnisses auf ein Verständnis von Systemen als System/Umwelt-Differenz gilt die Entdeckung der Autopoiese als zweite wesentliche Entwicklung in der Systemtheorie.[505] Mit der von MATURANA und VARELA entwickelten Theorie autopoietischer Systeme stehen die Begriffe der Selbstreferenz und der Rekursivität in einem engen Zusammenhang. Alle drei Begriffe beschreiben das Prinzip der Zirkularität sich selbst organisierender Systeme, das VON FOERSTER als „zentrales Konzept“ oder „erstes Prinzip der Kybernetik“ und Systemtheorie betrachtet.[506]

MATURANA und VARELA entwarfen den Begriff der Autopoiese (griech. selbstmachen), um das Prinzip begrifflich zu beschreiben, das sie bei der Suche nach einer Antwort auf die Frage, welcher grundlegende Mechanismus lebende Systeme kennzeichne, entdeckten. Das Neuartige an der Theorie der Autopoiese liegt darin, die Theorie biologischer Systeme mit der Theorie der Wahrnehmung und Erkenntnis zu verbinden.[507] Eine Möglichkeit die Motivation zu dieser Verbindung zu erklären, ergibt sich aus der Interpretation der Anforderungen, die MATURANA im Hinblick auf akzeptable wissenschaftliche Antworten stellt:

> „Woran erkennt man eine angemessene Antwort, wenn man nicht von vornherein weiß, wie sie zu lauten hat? Die Wissenschaftler haben dafür eine Methode: wissenschaftliche Antworten, d.h. für Wissenschaftler akzeptable Antworten, stellen Vorschläge für Mechanismen (konkrete oder konzeptuelle Systeme) dar, die in ihrem Operieren (Funktionieren) alle in der betreffenden Frage involvierten Phänomene erzeugen.“[508]

Ein Phänomen lebender Systeme ist das Phänomen der Kognition, der Fähigkeit wahrzunehmen und Erkenntnis zu gewinnen. Bezogen auf die Frage nach lebenden Systemen bedeutet die von MATURANA formulierte Anforderung an wissenschaftliche Antworten mithin, dass das konzeptuelle System lebender Systeme erklären können muss, dass das Phänomen der Kognition im Operieren von Lebewesen erzeugt wird.[509] MATURANA und VARELA sehen in der Klassifikation von lebenden Systemen als autopoietischen Systemen, d.h. Systemen, die durch ihre autopoietische Organisation geprägt sind, eine Antwort, die dieser Anforderung gerecht wird. Eine autopoietische Organisation definieren

[505] Vgl. LUHMANN (1987), S. 24ff.
[506] Vgl. VON FOERSTER (1993a), S. 73.
[507] Vgl. ROTH (1996a), S. 257f.
[508] Vgl. MATURANA (1996a), S. 288.
[509] Vgl. MATURANA/ VARELA (1991), S. 36; über die Entwicklung eines Verständnisses von Kognition hinaus geht es MATURANA auch um Phänomene wie begriffliches Denken, Sprache und Bewusstsein, vgl. MATURANA (1996).

MATURANA und VARELA gemeinsam mit URIBE in einem ihrer in den 1970er Jahren erschienenen Beiträge wie folgt:

> „The autopoietic organization is defined as a unity by a network of production of components which (I) participate recursively in the same network of production of components which produced these components, and (II) realizes the network of productions as a unity in the space in which the components exist."[510]

In einer deutschen Übersetzung lautet MATURANAS Definition von Systemen, die durch ihre autopoietische Organisation klassifiziert werden können, wie folgt:

> „Es gibt eine Klasse von Systemen, bei der jedes Element als eine zusammengesetzte Einheit (System), als ein Netzwerk der Produktionen von Bestandteilen definiert ist, die (a) durch ihre Interaktionen rekursiv das Netzwerk der Produktionen bilden und verwirklichen, das sie selbst produziert hat; (b) die Grenzen des Netzwerks als Bestandteile konstituieren, die an seiner Konstitution und Realisierung teilnehmen; und (c) das Netzwerk als eine zusammengesetzte Einheit in dem Raum konstituieren und realisieren, in dem es existiert."[511]

Anders formuliert handelt es sich bei einem System um ein autopoietisches System, wenn es „zirkulär die Komponenten produziert, aus denen es besteht, das sich also über die Herstellung seiner Bestandteile selbst herstellt und erhält."[512] Oder in LUHMANNs Worten: „Ein [autopoietisches; Anm. d. Verf.] System produziert die Elemente, aus denen es besteht, mit Hilfe der Elemente, aus denen es besteht."[513] Dabei bildet ein autopoietisches System eine „räumlich" abgeschlossene Einheit, indem es seine Grenzen als Ablösung vom Hintergrund konstituiert und spezifiziert.[514]

Die mit der autopoietischen Organisation beschriebene Zirkularität bei der Entstehung und Erhaltung lebender Systeme stellt das Kernstück der hier entwickelten Theorie des Lebendigen dar. Auf Basis des autopoietischen Systemmodells weisen MATURANA und VARELA nicht nur nach, was lebende Systeme kennzeichnet, nämlich „dass sie sich – buchstäblich – andauernd selbst erzeugen",[515] sondern dass in diesem zirkulären Prozess gleichzeitig die Erzeugung kognitiver Phänomene zum Ausdruck kommt. Denn damit sich in

---

[510] VARELA/ MATURANA/ URIBE (1974), S. 188.
[511] MATURANA (1996), S. 94.
[512] ROTH (1996a), S. 258.
[513] LUHMANN (1982), S. 369.
[514] Vgl. VARELA (1996), S. 121.
[515] MATURANA/ VARELA (1991), S. 50.

einer Art „Ursuppe“ lebende Systeme als Einheiten bilden können,[516] sind Unterscheidungen notwendig, mittels derer aus einem Ganzen ein Etwas „herausgefiltert“ und konstituiert werden kann, das als Element tauglich erscheint. Die Fähigkeit Unterscheidungen zu treffen, ist ein kognitives Phänomen. Unterscheidungen werden in der Erkenntnis von Verschiedenheit wirksam.[517] Die Konstitution des Lebendigen ist damit gleichzeitig ein Erkenntnisprozess und insofern ermöglicht die Konzeption lebender Systeme als autopoietischer Systeme die Erklärung, wie diese Systeme das Phänomen der Kognition erzeugen.

Das Prinzip der Zirkularität, das sich als Rückgriff auf eigene Elemente darstellt und die Hervorbringung weiterer Elemente ermöglicht, wird häufig im Zusammenhang mit anderen selbstorganisierenden Systemen, wie beispielsweise kognitiven, sozialen oder mathematischen Systemen, nicht mit dem Begriff der Autopoiese, sondern mit den Begriffen der Selbstreferenz oder der Rekursivität bezeichnet. So plädiert ROTH beispielsweise dafür, den Begriff der Autopoiese für die Beschreibung biologischer, also lebender, Systeme vorzusehen, und den Begriff der Selbstreferentialität als systemtheoretischen Oberbegriff zu verwenden.[518] ORTMANN hingegen verwendet in seinen Arbeiten bevorzugt den Begriff der Rekursivität zur Beschreibung des Verhaltens ökonomischer Systeme.[519] Die Parallelen zwischen den Bedeutungen von Selbstreferenz und Rekursivität zur Autopoiese werden anhand ihrer etymologischen Herkunft deutlich:

Der zusammengesetzte Begriff der »Selbstreferenz« umfasst mit seinem Bestandteil des »selbst« einen Ausdruck, der im 16. Jh. in abgewandelten Formen einerseits für „Person“, andererseits für „für sich bestehend“ verwendet wurde. Später erst, etwa im 18. Jh., erfolgte die Substantivierung zu „Selbst“ im Sinne eines „sich selbst bewussten Ich“.[520] Der zweite Begriffsbestandteil der „Referenz“ ist der Ausdruck der Zirkularität. Referenz geht zurück auf das lateinische Wort „referre“ und bedeutet wörtlich „zurücktragen“ und wurde im Sinne von „überbringen, übermitteln, berichten“ verwendet. Das Substantiv Referenz mit der heutigen Bedeutung einer „Empfehlung“ oder auch „Beziehung“ wurde im 19. Jh. zunächst in der Kaufmannssprache als „Person oder Firma, die Auskunft über die Vertrauenswürdigkeit eines Geschäftspartners

---

516 MATURANA und VARELA führen zur Veranschaulichung das »Millersche Experiment« an, in dem nachgewiesen wurde, dass sich in einer experimentell nachgestellten Uratmosphäre organische Moleküle spontan erzeugen; (1991), S. 51.

517 Vgl. JANTSCH (1996), S. 164f, der das Autopoieseprinzip im Zusammenhang mit chemischen, sog. dissipativen Strukturen diskutiert und die dort beobachtbare spontane Strukturbildung als einen autonomen Prozess beschreibt, in dem Bewusstsein zum Ausdruck komme.

518 Vgl. ROTH (1996a), S. 283.

519 Vgl. ORTMANN (1995).

520 Vgl. DROSDOWSKI (1997), Sp. 667.

erteilt", gebildet.[521] Diese Ursprungsbedeutungen zusammenfügend lässt sich Selbstreferenz als ein Rückbezug auf die in der eigenen Identität liegenden, für sich bestehenden, vertrauten oder als wahr empfundenen Werten interpretieren und auf deren Grundlage nachfolgende Entscheidungen („Unter"-scheidungen) getroffen werden, die im Handeln, oder allgemeiner gesprochen im Operieren, zur Wirkung kommen.

Der Begriff »Rekursivität« leitet sich aus dem lateinischen Verb „recurrere", „zurücklaufen", ab. Das Wort „Rekurs" wird in der Bedeutung von „auf etwas früher Erkanntes, Gesagtes oder Gültiges zurückgehen oder Bezug nehmen und daran anknüpfen" verstanden.[522] Unter Verweis auf die von DAVID HILBERT entwickelte »Theorie der rekursiven Funktionen« nutzt insbesondere VON FOERSTER das mathematische Prinzip der Rekursivität, um Thesen, wie sie der Radikale Konstruktivismus vertritt, zu belegen.[523] Nach der Theorie rekursiver Funktionen wird das Resultat einer Operation zum Ausgangspunkt einer weiteren Operation genommen und deren Resultat wiederum zum Ausgangspunkt einer dritten Operation usf.[524]

Die Übereinstimmung von Autopoiese und Selbstreferenz kommt auch in der Definition von LUHMANN zum Ausdruck. Er sieht mit dem Begriff der Selbstreferenz:

> „die Einheit (bezeichnet), die ein Prozess, ein System für sich selbst ist. »Für sich selbst« – das heißt: unabhängig vom Zuschnitt der Beobachtung durch andere. Der Begriff definiert nicht nur, er enthält auch eine Sachaussage, denn er behauptet, dass Einheit nur durch relationierende Operation zu Stande kommen kann; dass sie also zu Stande gebracht werden muss und nicht als Individuum, als Substanz, als Idee der eigenen Operation immer im voraus schon da ist."[525]

Ob als Autopoiese, als Selbstreferenz oder Rekursivität formuliert, in jedem Fall gilt das Prinzip der selbstbezüglichen Zirkularität als systemtheoretische Neuorientierung und als aktuell diskutiertes Leitschema der Systemtheorie.[526] Das innovative Moment dieses Prinzips liegt darin, dass Zirkularität in der herkömmlichen Logik als Anomalie, als Paradox oder als Verletzung formaler

[521] Vgl. DROSDOWSKI (1997), Sp. 579.
[522] Vgl. DROSDOWSKI (1996), Sp. 582.
[523] Obwohl VON FOERSTER zu den „Gründungsvätern" des Radikalen Konstruktivismus gerechnet wird, sieht er selbst sich nicht als Konstruktivist – deshalb wird hier nicht formuliert, dass es ihm darum ginge, explizit die Thesen des Radikalen Konstruktivismus zu belegen. Gleichwohl können seine Arbeiten als eben solche Belege betrachtet werden.
[524] Vgl. VON FOERSTER (1996), S. 149 und die dort angegebenen Verweise.
[525] LUHMANN (1987), S. 58.
[526] Vgl. STAHL (2000), S. 391.

Regeln aufgefasst wurde[527] und erst aus einer Sichtweise heraus, wie sie auch im Radikalen Konstruktivismus vertreten wird, als Erklärungsprinzip erschlossen werden konnte. Die Verletzung formaler Regeln resultiert aus der mit der Selbstbezüglichkeit verbundenen Subjektgebundenheit des Beobachtungsgegenstandes, die dazu führt, dass auch wissenschaftliche Aussagen ihre traditionelle Art und Geltung als objektive Beschreibungen von Wirklichkeit verlieren.[528] Das Paradoxe an einer selbstbezüglichen Zirkularität zeigt sich an dem Phänomen der Autopoiese, wonach ein System die Elemente, aus denen es besteht, aus den Elementen, aus denen es besteht, selbst erzeugt. In diesem zirkulären Prozess wird es unmöglich, von außen eine Ausgangsbasis, ein Ausgangselement zu erkennen. Ein solches Ausgangselement ist als Element nur dem System selbst als eigener Wert zugegen und kann nur vom System selbst als Element betrachtet werden. Solch paradoxe Zirkel bezeichnet VARELA deshalb auch nicht als unlösbare „Teufelskreise" (circuli vitiosi), sondern im Gegenteil als kreative Zirkel (circuli virtuosi oder auch circulus fructuosus),[529] die ihr Ausgangselement im Erkennen eines eigenen, für sie selbst geltendes Wertes konstruieren und so das Paradox in eine Lösung überführen.

3.3.4 System, Struktur und Organisation

Aus der Beschreibung von autopoietischen Systemen ist eine konzeptionelle Änderung einer konstruktivistischen Systemtheorie bislang nur implizit hervorgegangen. Diese Änderung betrifft die Verwendung der Begriffe von »System«, »Struktur« und »Organisation«. Im bisherigen Systemverständnis wurden die Begriffe des Systems und der Struktur identisch gesetzt, indem das System als bestehend aus Elementen und den zwischen diesen existierenden Beziehungen definiert wird und die Elemente und Beziehungen die Struktur bilden. Der ebenfalls gebräuchliche Begriff der »Systemstruktur« ist damit als Tautologie zu betrachten und die Anliegen, ein „System strukturieren" oder eine „Struktur systematisieren" zu wollen, bezeichnen ein und dasselbe. Der Begriff der Organisation ist in seiner instrumentellen Interpretation – „Die Unternehmung **ist** eine Organisation"[530]– ebenfalls als Synonym für den Begriff des Systems gebräuchlich und findet in dem Begriff der »Organisationsstruktur« (≈ Systemstruktur) seinen Ausdruck.

---

[527] Vgl. VON GLASERSFELD (1997), S. 241.

[528] Vgl. VON FOERSTER (1993b), S. 116.

[529] Vgl. VARELA (1988), S. 294ff; VARELA (1996), S. 127.

[530] PICOT/ DIETL/ FRANCK (1999), S. 28 (Hervorhebung im Original); vgl. ebf. dort die funktionelle Interpretation des Organisationsbegriffs „Die Unternehmung **hat** eine Organisation".

Diese Gleichsetzung der Begriffe System, Struktur und Organisation hat grundsätzlich den Nachteil, dass sie für sich genommen als analytische Begriffe nicht zu Verfügung stehen. Die Ineinssetzung der Begriffe führt mit LUHMANN gesprochen dazu, dass man nach dem Verhältnis einer Organisation oder einer Struktur zu dem System nicht fragen kann, ohne nach dem System selbst zu fragen. In betriebswirtschaftlichen oder organisationstheoretischen Zusammenhängen bleibt durch die tautologische Verwendung der drei Begriffe verdeckt, dass das Organisationsproblem als Phänomen zweiter Ordnung verstanden werden kann. Dies wird deutlich, wenn die Tautologisierung offen formuliert wird und beispielsweise an Stelle von „Systemstrukturierung" von „Strukturstrukturierung" oder „Organisationsorganisierung" gesprochen würde. Ein solch redundanter Begriff widerspricht jedoch dem sprachlichen Empfinden, das einer Systemtheorie erster Ordnung verbunden ist. In einem solchen Begriffsgebilde zeigt sich aber die im üblichen Sprachgebrauch verborgene zweite Ordnung.

Um die drei Begriffe konzeptionell nutzen zu können, ohne mit dem einen gleich das andere mit bezeichnen zu müssen, gelten für die Begriffe System, Struktur und Organisation in einer konstruktivistischen Systemtheorie unterschiedliche Definitionen. Der Systembegriff ist bereits in Abschnitt 3.3.2 als System/ Umwelt-Differenz beschrieben worden und soll an dieser Stelle nicht noch einmal vertiefend behandelt werden. Im Folgenden geht es deshalb um eine Darlegung, wie »Organisation« und wie »Struktur« in einem Systemverständnis definiert werden können, das Systeme als System/ Umwelt-Differenzen interpretiert. Dazu werden zunächst die Aussagen von MATURANA und VARELA herangezogen.

Den Begriff der »Organisation« verwendet MATURANA, um die Relationen zwischen Komponenten zu kennzeichnen, die eine aus mehreren Komponenten bestehende Einheit als Einheit einer bestimmten Klasse definieren.[531] Die Organisation von etwas beschreibt mithin solche Relationen, die erkannt werden müssen, damit dieses Etwas als dieses Etwas identifiziert werden kann.[532] Zur Veranschaulichung ihres Organisationsbegriffs führen MATURANA und VARELA das Beispiel eines Stuhls an: Um ein Objekt als einen Stuhl bezeichnen zu können, ist zuvor anzuerkennen, dass zwischen den Komponenten – Beine, Lehne, Sitzfläche genannt – bestimmte Relationen bestehen müssen, die einem Menschen das Sitzen auf diesem Objekt ermöglichen. Die An-Erkenntnis bestimmter Relationen zwischen Komponenten von Einheiten, ihrer Organisation, führt damit zur Erzeugung von (Identitäts-) Klassen, wie z.B. die Klasse

[531] Vgl. MATURANA (1996), S. 92.
[532] Vgl. MATURANA/ VARELA (1991), S. 49.

der Stühle, die Klasse der Lebewesen, die Klasse der Veränderungen oder die Klasse der Unternehmen.[533]

Der Begriff der »Struktur« kennzeichnet hingegen die tatsächlichen Bestandteile und Relationen, die in einem konkreten Fall die Organisation einer aus mehreren Komponenten bestehenden Einheit realisieren.[534] Im Beispiel des Stuhls können die Komponenten – Beine, Lehne, Sitzfläche – in einem konkreten Fall etwa aus Holz bestehen, in einem anderen konkreten Fall dagegen aus Kunststoff oder Metall. Aus dieser Definition von Organisation und Struktur zieht MATURANA vier Schlussfolgerungen:[535]

- Organisation und Struktur kommen nur bei Einheiten vor, die aus mehreren Komponenten zusammengesetzt sind, einfache Einheiten weisen hingegen lediglich Eigenschaften auf;
- Relationen zwischen Komponenten, die die Organisation einer zusammengesetzten Einheit konstituieren, stellen eine Untermenge aller an der Struktur dieser Einheit beteiligten Relationen dar, d.h. es können auch Relationen existieren, die nicht notwendig zur Organisation gehören;
- solange die Organisation einer zusammengesetzten Einheit erhalten bleibt, bleibt auch ihre Klassenidentität unverändert;
- zusammengesetzte Einheiten können strukturelle Veränderungen durchmachen, ohne ihre Klassenidentität zu verlieren, d.h. Komponenten und Relationen können gegen andere ausgetauscht, ergänzt oder ausgegrenzt werden, solange die Organisation erkennbar bleibt.

Der hier beschriebenen Definition von Organisation ähnlich äußert sich auch ASHBY:

> „As soon as the relation between two entities A and B becomes conditional on C's value or state then a necessary component of »organization« is present. Thus the theory of organization is partly co-extensive with the theory of functions of more than one variable.“[536]

Auch in ASHBYs Aussage wird deutlich, dass sich Organisation als Relationen oder als Verhältnis zwischen mehreren Komponenten ergibt und dass in der Organisation die Bedingung liegt, die eine Einheit als Einheit erst erscheinen lässt. C existiert nur, wenn A und B in einem bestimmten Verhältnis zu einander stehen. Weil Organisation in diesem Sinne das Verhältnis zwischen den Komponenten regelt und damit die Konditionen schafft, die für die Existenz der

---

[533] Vgl. MATURANA/ VARELA (1991), S. 49ff.
[534] Vgl. MATURANA (1996), S. 92; MATURANA/ VARELA (1991), S. 54.
[535] Vgl. MATURANA (1996), S. 92f.
[536] ASHBY (1968), S. 108; zitiert nach LUHMANN (1987), S. 44.

Einheit erfüllt sein müssen, spricht LUHMANN statt von Organisation auch von »Konditionierung«.[537] Die Untermenge der Komponenten und Relationen der Einheit, die MATURANA als Organisation benennt, werden von LUHMANN im Hinblick auf ihre Wirkung als notwendige Einschränkungen auch als »constraints« bezeichnet. Ihre einschränkende Wirkung liegt darin, dass sie aus der Menge der möglichen Verhältnisse von Relationen das eine Verhältnis bestimmen, mit dem das, was mit den Komponenten möglich ist, auch entsteht.[538] Für das Beispiel des Stuhls bedeutet das, dass die Komponenten Lehne, Beine und Sitzfläche möglicherweise auch in einem solchen Verhältnis zu einander stehen könnten, dass sie einen Bretterhaufen oder eine Bank bilden. Diese Möglichkeiten werden in der Organisation, in der Konditionierung eines Stuhls ausgeschlossen. Die Möglichkeit, dass ein Stuhl entsteht, ergibt sich nur durch Einschränkung möglicher Relationen auf solche Relationen, die einen Stuhl ausmachen.

HEJL und STAHL schließen sich in ihrer Konzeption von Unternehmen als sozialen Systemen einem solchen Verständnis von Organisation an. Bei ihnen erfolgt die Definition folgendermaßen:

> „Die Organisation eines Systems ist das Interaktionsmuster zwischen ihren Komponenten, das in einem Beobachtungsintervall stabil bleibt."[539]

Dabei betonen sie, dass das Muster wesentlich sei und nicht die Handlungen, Kommunikationen oder Entscheidungen, die die Bestandteile der Organisation bilden. Die Systemorganisation sei als relative Regelmäßigkeit in einem ständig fortlaufenden Interaktionsprozess aufzufassen.[540]

Während die Organisation eines Systems mithin als der Aspekt betrachtet wird, der die Identität des Systems konstituiert, wird die Struktur eines Systems als der Aspekt betrachtet, der bestimmt, welche strukturellen Veränderungen das System durchmachen kann. Systeme gelten deshalb als Einheiten, die durch ihre Struktur spezifiziert sind und die nicht etwa durch Interaktionen mit Einheiten aus der Umwelt des Systems determiniert werden. So kann zwar die Interaktion eines Systems mit einer Einheit aus seiner Umwelt Strukturveränderungen auslösen, aber nicht bestimmen, welche Strukturveränderung tatsächlich eintritt.[541]

---

[537] Den Begriff der Organisation hält er für eine Sonderform sozialer Systeme vor.
[538] Vgl. LUHMANN (1987), S. 45.
[539] Vgl. HEJL/ STAHL (2000a), S. 113.
[540] Vgl. HEJL/ STAHL (2000a), S. 113f.
[541] Vgl. MATURANA (1996), S. 93f; MATURANA (1996a), S. 289f; MATURANA/ VARELA (1991), S. 105ff.

Die Begriffe der Organisation oder Konditionierung und der Struktur, wie sie im Radikalen Konstruktivismus definiert werden, gehen konform mit der Konzeption von Systemen als System/ Umwelt-Differenz. Die Differenz äußert sich darin, dass auf der Innenseite des Systems mit der Organisation bestimmte Verhältnisse zwischen Relationen realisiert sind, die auf der Außenseite nicht unmittelbar fortgeführt werden und sich deshalb von diesen unterscheiden. Eine Folge der Differenzierung des Strukturbegriffs vom Systembegriff wird darin gesehen, dass Strukturen nunmehr aus dem Blickwinkel einer funktionalen Analyse untersucht werden können. So lässt sich beispielsweise fragen, welche Funktion durch ein bestimmtes Element, durch bestimmte Relationen innerhalb des Systems erfüllt wird, d.h. zur Lösung welcher Probleme eine aktuelle Struktur beiträgt und ob nicht etwas Anderes diese Funktion erfüllen könnte. Bei LUHMANN wird ein solcher Vergleich von Strukturen als Suche nach „funktionalen Äquivalenten" bezeichnet.[542] Insofern findet bei der funktionalen Analyse, die auf Basis der Begriffsdifferenzierung möglich wird, eine Betrachtung zweiter Ordnung statt, denn die Frage richtet sich nicht darauf, welche Elemente und welche Relationen eingesetzt werden, sondern darauf, wie die Struktur innerhalb des Systems fungiert. Oder anders formuliert, nicht entscheidend ist, woraus eine Struktur besteht, sondern wie sie zur Lösung von Problemen des Systems beitragen kann.

3.3.5 Das Prinzip der Geschlossenheit

Das Prinzip der zirkulären, selbstreferentiellen Organisation von Systemen führt zu einem weiteren konzeptionellen Prinzip der dem Radikalen Konstruktivismus zu Grunde liegenden Systemtheorie: dem Prinzip der Geschlossenheit. Im Gegensatz zu dem traditionellen Systemverständnis, in dem Systeme von ihren Input-Output-Beziehungen zu einer Umwelt dargestellt und damit als (umwelt-)offene Systeme betrachtet werden, geht das Systemverständnis im Radikalen Konstruktivismus davon aus, dass selbstreferentielle Systeme in bestimmten Hinsichten geschlossen sind.

Das Prinzip der Geschlossenheit steht in engem Zusammenhang mit dem Prinzip der Selbstreferenz. Demnach kann ein System seine Selbstreferenz nur fortsetzten, wenn es im Vollzug der Selbstreferenz Geschlossenheit aufweist. Die selbstreferentielle Geschlossenheit von Systemen erläutert VON FOERSTER u.a. anhand algebraischer Systeme. Geschlossenheit läge in diesem Zusammenhang dann vor,

---

[542] Vgl. LUHMANN (1999), S. 236ff.

„wenn die Elemente und Operatoren so gewählt sind, dass die Operationen an den Elementen immer wieder nur Elemente des Systems liefern.“[543]

Als Beispiel für die Elemente eines algebraischen Systems führt er die Menge der natürlichen Zahlen an, als Beispiele für die Operatoren Addition, Multiplikation und Subtraktion. Während die Operatoren der Addition und Multiplikation in Verbindung mit den natürlichen Zahlen ein geschlossenes System bilden, weil diese Operationen unabhängig von ihrem Anfangswert immer eine natürliche Zahl ergeben, zerstört die Operation der Subtraktion die Geschlossenheit des Systems. Durch Subtraktion können negative ganze Zahlen entstehen, die nicht mehr dem Bereich der natürlichen Zahlen angehören und damit außerhalb des Systems liegen.[544]

Ein weiteres Beispiel für das Prinzip der Geschlossenheit liefert die autopoietische Organisation lebender Systeme. Bei diesen kann die Autopoiese nur fortgesetzt werden, wenn durch die Interaktionen – chemische Produktionen – zwischen den bestehenden Elementen – Moleküle – des Systems wiederum Elemente des Systems hervorgebracht werden, damit diese als Ausgangsbasis für weitere Interaktionen herangezogen werden können. Zur Erhaltung der Autopoiese darf weder das produzierende Interagieren zwischen den Elementen aufhören (Prinzip der Selbstreferenz), noch darf das Produkt dieser Interaktionen etwas anderes sein als neue Elemente des Systems (Prinzip der Geschlossenheit). Entstünden keine Elemente des Systems, würde der Kreislauf unterbrochen, womit die Autopoiese und damit das lebende System als Ganzes ihr Ende fänden. Im Hinblick auf ihre Autopoiese werden lebende Systeme deshalb als funktional oder auch organisationell geschlossen charakterisiert.[545] Diese funktionale Geschlossenheit bedeutet jedoch nicht, dass lebende Systeme auch energetisch und materiell geschlossen wären. Die funktionale Abgeschlossenheit bezieht sich ausdrücklich auf die autopoietische Organisation.

MATURANA und VARELA konzentrieren sich in ihren Arbeiten ebenso wie auch ROTH auf ein weiteres geschlossenes System, das hier ebenfalls als Beispiel angeführt werden soll. Ihren Ausführungen zufolge ist das Nervensystem lebender Organismen als ein kognitiv abgeschlossenes System zu betrachten, das neuronale Signale anhand interner Bewertungskriterien interpretiert, über deren Herkunft und Bedeutung es nichts Verlässliches weiß.[546] Die Notwendigkeit zur internen Interpretation von Signalen ergibt sich daraus, dass die Signale

[543] VON FOERSTER (1996), S. 146.
[544] Vgl. VON FOERSTER (1996), S. 146.
[545] Vgl. MATURANA/ VARELA (1991); VARELA (1996), S. 125.
[546] Vgl. ROTH (1996), S. 235.

selbst keine Information über ihre physikalische Ursache enthalten, sondern nur Aufschluss über die Intensität einer Störung geben können.[547]

> „Die Signale, die dem Gehirn zugeführt werden, sagen also nicht, blau, heiß, cis, au, usw. usw., sondern »Klick, Klick, Klick«".[548]

Die Bedeutung oder Information der Signale gelangt mithin nicht mit den Signalen selbst in das Gehirn, sondern muss in diesem erst erzeugt bzw. konstruiert werden. Insofern erweist sich das Nervensystem gegenüber Bedeutungen oder Informationen aus der Umwelt als abgeschlossen.[549]

Mit dieser Beschreibung wird jedoch das Prinzip der Geschlossenheit noch nicht hinreichend erfasst. Aus den obigen Beispielen geht hervor, dass Systeme um als geschlossene Systeme gelten zu können, erstens bestimmte Elemente aufweisen müssen, die zweitens an Interaktionen teilnehmen, die wiederum zur Entstehung von Elementen führen. Ohne allzu tief in die Begriffswelt der Neurologie einsteigen zu wollen, seien hier die entsprechenden Elemente und Interaktionen genannt. So beschreibt VARELA als Elemente des geschlossenen Nervensystems »Neuronen« im Sinne von Zellen oder Zellaggregaten und als Interaktionen „die durch synaptische Kopplung hervorgebrachten Zustände relativer Aktivität".[550] Während MATURANA und VARELA damit die Geschlossenheit des Nervensystems näher an der organisch-materiellen Ebene begründen, zielt ROTHs Argumentation stärker auf den Bereich der Kognition, deren Hervorbringung zwar ein organisch-materielles Nervensystem voraussetzt, aber auf einer abstrakteren, nicht-dinglichen Ebene liegt; er formuliert hierzu:

> „Wir haben es hier mit einem ontologischen Sprung zu tun, nämlich dem Sprung von der materiellen *Realität*, die uns kognitiv unzugänglich ist, zur kognitiven *Wirklichkeit*, die für uns die einzig existierende Welt ist."[551]

Die Ausführungen von ROTH lassen sich dahingehend interpretieren, dass er »Erfahrungen« als Elemente des kognitiven Systems betrachtet, die als eine Art kognitiver Einheiten verstanden werden können, während er als Interaktionen die »Aktivität des Nervensystems« betrachtet.[552] Mit der Benennung sowohl von Elementen als auch von Interaktionen, die wiederum zur Produktion von Elementen führen, ist das Prinzip der Geschlossenheit auch am Beispiel des Ner-

---

[547] Vgl. VON FOERSTER (1993d), S. 274.

[548] VON FOERSTER (1996), S. 138f unter Bezug auf den Neurophysiologen JOHANNES MÜLLER, der dieses Phänomen bereits in der Mitte des 19. Jahrhunderts entdeckte.

[549] Vgl. ROTH (1996), S. 232ff.

[550] Vgl. VARELA (1996), S. 125.

[551] ROTH (1996a), S. 275 (Hervorhebung im Original).

[552] Vgl. ROTH (1996a), S. 273.

vensystems in Form einer kognitiven Geschlossenheit nachweisbar.[553] Roth weist dabei nachdrücklich darauf hin, dass der Begriff der kognitiven Abgeschlossenheit nicht mit einer „Isolation von der Welt“ verwechselt werden dürfe.“[554]

Das in Abschnitt 3.3.3 diskutierte Prinzip der Selbstreferenz betont somit den Aspekt des Anfangswertes von Operationen verschiedenster Art, der durch den Rückbezug auf einen bereits bestehenden Wert gebildet wird. Das Prinzip der Geschlossenheit hingegen betont den Aspekt des Ergebniswertes, der durch das Operieren hervorgebracht wird und der in seiner Qualität so beschaffen sein muss, dass er als erneuter Anfangswert nutzbar ist – oder umgekehrt. Selbstreferenz und Geschlossenheit bedingen sich somit gegenseitig. Der Rückgriff ist nur möglich, wenn ein Element als Referenz vorliegt, und das Vorliegen eines Elements ist nur möglich, wenn etwas von einem System konstituiert wurde. Um fortdauernd selbstreferentiell operieren zu können, müssen deshalb immer wieder Systemelemente entstehen, damit für jede Operation eine Referenz, ein Element zur Verfügung steht. Oder wie von Foerster es knapp formuliert:

> „Anfang und Ende müssen zusammenfallen.“[555]

3.3.6 Autonomie als Ergebnis selbstreferentieller Geschlossenheit

Ein weiterer Grundsatz einer Theorie selbstreferentieller Systeme ist der Grundsatz der Autonomie. Mit der Geschlossenheit und der Selbstreferentialität von Systemen wird gleichzeitig ihre Autonomie begründet:

> „Jedes autonome System ist organisationell geschlossen“[556],

> „Selbstreferentielle Systeme sind in ihren Zustandssequenzen selbstbestimmt oder autonom.“[557]

---

[553] Maturana (1996), S. 105, erläutert die Arbeitsweise eines kognitiv geschlossenen Nervensystems anhand des Verhaltens eines Piloten beim Instrumentenflug. Dieser habe ohne Sicht die Anzeiger der Instrumente des Flugzeugs beim Fliegen und Landen innerhalb genau spezifizierter Grenzwerte zu halten oder einer Reihe spezifischer Variationen folgen. Verlässt der Pilot nach der Landung die Maschine und wird auf den gelungenen Flug und die gelungene Landung im Nebel angesprochen, so könne er antworten: „Was für ein Flug? Was für eine Landung? Ich habe nur meine Anzeigegeräte in bestimmten Bereichen konstant gehalten.“ Ebensowenig wie der Pilot etwas über seine in Nebel gehüllte Umwelt weiß, weiß das Gehirn von seiner Umwelt, sondern operiert so, wie es ihm seine inneren Bewertungsmuster als angemessen erscheinen lassen/ vorgeben.

[554] Vgl. Roth (1996), S. 243.

[555] Vgl. von Foerster (1993c), S. 241.

[556] Varela (1996), S. 124.

Der Begriff der Autonomie bedeutet soviel wie »nach eigenen Gesetzen lebend«, »selbständig« oder »unabhängig«.[558] Grundsätzlich erweist sich die »Autonomie« als einer der konstruktivistisch typischen Begriffe zweiter Ordnung, wird er als Selbst-Gesetzlichkeit, als Selbst-Regelung, Regelung der Regelung übersetzt oder kurz als Begriff dafür verstanden, dass ein System seine eigene Regelung selbst regelt.[559] Fraglich ist nunmehr, wie aus den Prinzipien der Geschlossenheit und der Selbstreferenz ein eigengesetzliches, autonomes Verhalten entstehen kann.

Eine Antwortmöglichkeit auf diese Frage gibt VON FOERSTER in seinen Beiträgen unter dem Stichwort des »Eigenwertes« oder auch des »Eigenverhaltens«. Eigenwerte ergeben sich als Ergebnisse rekursiver Funktionen[560], also der wiederholten Anwendung einer Operation auf das Ergebnis der vorangegangenen Operation. Sie stellen Werte dar, die sich unabhängig von einem Anfangswert einstellen. So ergibt sich beispielsweise durch wiederholte Anwendung der Operation des Wurzelziehens unabhängig von der anfänglich gewählten Zahl immer der Wert eins.[561]

$$1 = \sqrt{\sqrt{\sqrt{\sqrt{\sqrt{\ldots}}}}}$$

Anhand dieses Beispiels leitet VON FOERSTER eine formale Darstellung ab, die das Resultieren von Eigenwerten aus der Verknüpfung von Selbstreferenz und Geschlossenheit zeigt. Die obige Operation lässt sich unabhängig von ihrem Anfangswert darstellen als:

$$\sqrt{1} = 1$$

Oder in einer Form, die bildlich die Geschlossenheit beschreibt und gleichzeitig das Prinzip der Selbstreferenz zum Ausdruck bringt, als

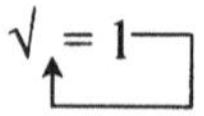

In einer allgemeinen Form ergibt sich daraus das formale Symbol

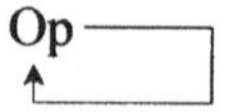

557 ROTH (1996), S. 241.
558 Vgl. DROSDOWSKI (1997), Sp. 56.
559 Vgl. VON FOERSTER (1993), S. 47.
560 Vgl. Abschnitt 3.3.3.
561 Vgl. dieses Beispiel in VON FOERSTER (1996), S. 150ff; (1993), S. 258f.

Mit diesem Symbol stellt VON FOERSTER dar, dass die selbstreferentielle Geschlossenheit von Systemen grundsätzlich zur Herausbildung von stabilen Eigenwerten führt.[562] In dieser Emergenz von Eigenwerten kommt das selbstorganisierende Moment selbstreferentiell geschlossener Systeme besonders deutlich zum Ausdruck. Ein Eigen-Wert, ein Eigen-Verhalten oder eine Eigen-Kompetenz entsteht demnach aus beliebigen Zuständen allein durch die Bezugnahme auf sich selbst und auf im eigenständigen Operieren hervorgebrachte Ergebnisse und nicht durch die Vorgabe von Werten fremder Instanzen. Dieses selbststeuernde Hervorbringen von Lösungen lässt sich als ein Ausdruck der Autonomie selbstreferentieller Systeme verstehen.

Ein weiteres Beispiel verdeutlicht, dass sich bestimmte Probleme nur mit Hilfe der Prinzipien von Selbstreferenz und Geschlossenheit lösen lassen.[563] Die Aussage

Dieser Satz hat ... Buchstaben

kann nur, wenn überhaupt, durch die mit dem Wort »dieser« hergestellten Selbstreferenz eine Lösung ergeben, die den Satz logisch stimmig vervollständigt. Ersetzte man das Wort »dieser« durch das Wort »ein« ergibt sich keine sinnvolle Lösung, da jede Lösung sowohl als richtig als auch als falsch betrachtet werden kann. Setzt man in die obige Aussage das Wort »dreißig« ein, so umfasst der Satz nicht nur tatsächlich dreißig Buchstaben, sondern er sagt dieses auch aus. Mit dem Finden dieses Eigenwertes schließt sich gleichzeitig der Kreis der Aussage – der Satz sagt, was er beinhaltet, die Aussage entspricht dem Inhalt oder ganz allgemein, Anfang und Ende fallen zusammen. Auch hier ergibt sich die Lösung als eigener Wert durch das Operieren mit sich selbst und nicht durch Fremdeingriff. Die mit einem Eigenwert erreichte Größe stellt eine Invarianz dar, „die durch das System selbst spezifiziert“[564] wird.

Eine etwas andere Argumentation zur Begründung der Autonomie selbstreferentiell geschlossener Systeme findet sich bei ROTH. Er greift die von MATURANA/ VARELA vorgenommener Charakterisierung von Systemen als strukturdeterminierte oder auch strukturspezifizierte Systeme[565] auf und untersucht den Zusammenhang zwischen eben dieser Strukturdeterminiertheit und Autonomie.

[562] Die Grundsätzlichkeit dieses Phänomens belegt VON FOERSTER anhand zahlreicher Beispiele aus den unterschiedlichsten Bereichen, so etwa aus der Physik mit den Kreisbahnen von Elektronen um einen Atomkern oder aus der Entwicklungspsychologie mit der Entstehung von Verhaltenskompetenz gegenüber Gegenständen; vgl. VON FOERSTER (1993c), S. 241f, (1996), S. 148ff.

[563] Vgl. VON FOERSTER (1996), S. 137, englischsprachig (1993c), S. 242.

[564] Vgl. VARELA (1996), S. 128.

[565] Vgl. Abschnitt 3.3.4.

Autonomie wird hier verstanden als „Nichtsteuerbarkeit durch externe Faktoren“[566], wobei sich die Steuerung auf die gezielte Veränderung der Strukturen bezieht. Die Systemeigenschaft der Strukturdeterminiertheit bedeutet nach MATURANA und VARELA, dass

> „alle Strukturveränderungen, die ein System durchmacht, in allen Fällen durch seine Struktur genau bestimmt sind.“[567]

Ob externe Ereignisse also zu Zustandsveränderungen des Systems führen oder nicht und wie eine eingetretene Zustandsveränderung aussieht, wird demnach von der Struktur des Systems bestimmt. Ein externes Ereignis kann mithin nur bestimmen, wann oder ob eine Zustandsveränderung eintreten kann, sich also quasi als Auslöser für eine Zustandsveränderung bereitstellen, dabei aber nicht die Qualität der Veränderung bestimmen, damit also nicht instruierend auf das System einwirken.[568] Sofern eine Zustandsveränderung durch ein externes Ereignis ausgelöst wurde, bezeichnen MATURANA/ VARELA dieses externe Ereignis als »Perturbation«.[569]

In ihren Zustandsveränderungen solchermaßen selbstbestimmt, liegt die Vermutung nahe, dass die Strukturdeterminiertheit von Systemen gleichzeitig auch ihre Autonomie begründe. ROTH betont deshalb nachdrücklich, dass mit der Systemeigenschaft der Strukturdeterminiertheit die Autonomie eines Systems nicht hinreichend erklärt werden könne. Strukturdeterminiert sei letztlich „jede simple sequentiell arbeitende Maschine“[570], deren Zustände sehr wohl von außen gesteuert werden können und die deshalb nicht als autonom betrachtet werden kann. Stellt man den Schalter einer Maschine auf »an«, so wird die Maschine anspringen, stellt man ihn auf »aus«, geht die Maschine aus. Dass sie trotz dieser Steuerbarkeit strukturdeterminiert ist, zeigt sich in der Regel nur bei Defekten. Folgt die Maschine nicht der Aktivität, die an dem Schalter vorgenommen wird, so wird das Fehlschlagen der gewollten Instruktion der Struktur der Maschine zugeschrieben und nicht der Hand, die den Schalter bediente.[571] Für denjenigen, der über keine Kenntnis über die Struktur der Maschine verfügt, die auf eine Einwirkung (Schalter an/ aus) mit der gewünschten Zustandsveränderung reagiert, bleibt die defekte Maschine nicht steuerbar. Umgekehrt lässt sich allgemein daraus schließen, dass strukturdeterminierte Systeme dann steuerbar sind, wenn Kenntnis darüber besteht, mit welchen Strukturveränderungen ein System auf bestimmte Einwirkungen reagieren wird:

---

[566] ROTH (1996a), S. 272.
[567] MATURANA (1996), S. 93; vgl. ähnlich MATURANA/ VARELA (1991), S. 105ff.
[568] Vgl. ROTH (1996a), S. 271; MATURANA/ VARELA (1991), S. 106.
[569] Vgl. MATURANA/ VARELA (1991), S. 108.
[570] ROTH (1996a), S. 272.
[571] Vgl. ähnliche Beispiele MATURANA/ VARELA (1991), S. 107ff.

> „Kennen wir die(se) Struktur und Dynamik genau, so können wir auch spezifische Zustandsveränderungen induzieren, und das System wird dadurch steuerbar."[572]

Ein strukturdeterminiertes System ist folglich in den Hinsichten von außen steuerbar, in denen seine Zustandsveränderungen voraussagbar sind, und es ist autonom, sofern keine Voraussagen möglich sind. Um bei selbstreferentiell geschlossenen Systemen Autonomie annehmen zu können, genügt es mithin nicht, ihre Strukturdeterminiertheit zu betonen. Notwendig dazu ist es statt dessen nachzuweisen, dass die selbstreferentielle Geschlossenheit zu einer grundsätzlichen Unvorhersagbarkeit führt. ROTH argumentiert hier am Beispiel kognitiver Systeme folgendermaßen:

> „Es ist von Gehirnen hochentwickelter Säugetiere und besonders des Menschen bekannt, dass sich ihr kognitives System allmählich entwickelt und differenziert, dass sie also sowohl die Inhalte der Wahrnehmung als auch die Kriterien ihrer Deutung und Bewertung selbst entwickeln. Die Bedeutung der kognitiven Prozesse konstituiert sich in selbstreferentieller und selbst-explikativer Weise durch das System selbst, das mit sich selbst umgeht. Es erfährt als operational geschlossenes System jede Einwirkung der Umwelt nur an und in sich selbst. Erfahrung ist also Selbst-Deutung des kognitiven Gehirns. Diese kognitiven Systeme sind also dadurch nicht steuerbar, dass jede Einwirkung der Umwelt, indem diese vom kognitiven System gedeutet und bewertet wird, historische Spuren hinterlässt, die die Deutung und Bewertung jeder weiteren Einwirkung verändern. Im Prinzip bedeutet das, dass ein kognitives System stets die Bedingungen ändert, unter denen Umwelt einwirken kann."[573]

In einer allgemein systemtheoretischen Fassung ist demnach anzunehmen, dass selbstreferentielle Systeme auf einen gleichen Input zu verschiedenen Zeitpunkten nicht mit dem gleichen Output reagieren, weil der erst vorgenommene Input zu Zustandsveränderungen in der Struktur des Systems geführt hat, die von außen nicht einsehbar sind.[574]

Die Autonomie selbstreferentiell geschlossener Systeme wird zusammenfassend auf zwei Aspekte zurückgeführt. Zum einen auf die im rekursiven Operieren hervorgebrachten Elemente und Eigenwerte, zum anderen auf die Nichtsteuerbarkeit durch die Verhinderung von Voraussagen. Autonomie ist damit als ein Kennzeichen selbstreferentieller Systeme zu verstehen.

3.3.7 Historistizität

Ein letzter Aspekt des den Radikalen Konstruktivismus kennzeichnenden Systemverständnisses soll in diesem Abschnitt abschließend erläutert werden,

[572] ROTH (1996a), S. 272f.
[573] ROTH (1996a), S. 273f.
[574] Vgl. VON FOERSTER (1993g), S. 358.

auch wenn er schon aus den bisher beschriebenen Merkmalen selbstreferentiell geschlossener Systeme zumindest implizit hervorgeht. Dies ist der Aspekt der Historistizität, der Geschichts- oder auch Pfadabhängigkeit und der Kontingenz. Eine explizitere Erläuterung erscheint an dieser Stelle deshalb angemessen, weil im traditionellen, situationsbetonten Systemverständnis der Entwurf von Zukunftsstrukturen so gänzlich unabhängig von jedweder Systemvergangenheit möglich erscheint.

HEJL weist darauf hin, dass ein gegenwärtiger Zustand eines Systems und seine Dynamik jeweils das Ergebnis vergangener Prozesse seien. Nicht nur lebende, sondern auch soziale und technische Systeme seien deshalb als historische Systeme zu verstehen.[575] Die geschichtsabhängige strukturelle Entwicklung eines Systems bezeichnen MATURANA und VARELA mit dem Begriff der »Ontogenese«. Ontogenese definieren sie als:

> „Geschichte der Transformation einer Einheit infolge ihrer Interaktionsgeschichte ausgehend von einer Anfangsstruktur“[576]

Zum Ausdruck kommen hier die bereits unter dem Begriff der Strukturdeterminiertheit von Systemen erläuterten Aspekte, dass die (Anfangs-)Struktur bestimmt, welche Strukturveränderungen möglich werden, der Zeitpunkt einer Strukturveränderung aber durch eine in der Umwelt wahrgenommenen Störung ausgelöst wird.[577] Obwohl demnach eine gegebene Struktur bestimmt, welche Strukturveränderungen im Anschluss möglich sind, ist sie nicht als die Ursache einer anschließenden Struktur und eine zeitlich anschließende Struktur nicht als die Wirkung einer vorangegangenen Struktur zu betrachten. Eine gegebene Struktur schränkt vielmehr ein, welche Möglichkeiten sich aus der Interaktion des Systems mit einer Einheit der Umwelt ergeben und das System bestimmt durch seine Operationsweise, welche der möglichen strukturellen Zustände realisiert werden. Mit LUHMANN gesprochen kann Gegenwärtiges nicht als Wirkung vergangener Ursachen bzw. als Ursache zukünftiger Wirkungen verstanden werden.[578] Die folgende Abbildung 3-11 soll diesen Zusammenhang zeigen:

Interagiert ein System mit einer Einheit aus der Umwelt so ergeben sich verschiedene Möglichkeiten, welche Strukturveränderungen des Systems eintreten könnten. In seinem Operieren wählt das System eine dieser Möglichkeiten aus und realisiert sie, während die anderen ebenfalls möglichen Optionen unreali-

[575] Vgl. HEJL (2000), S. 48.
[576] MATURANA/ VARELA (1991), S. 273.
[577] Vgl. Abschnitt 3.3.4.
[578] Vgl. LUHMANN (1987), S. 118.

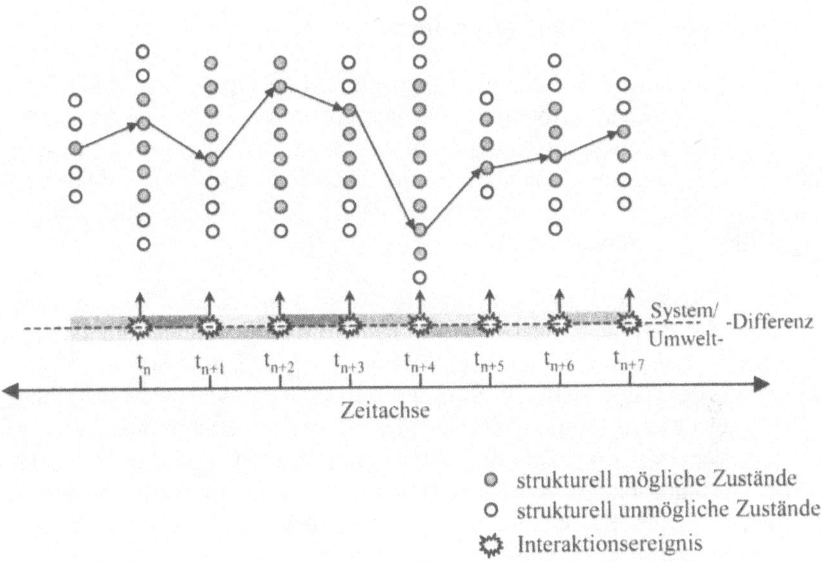

Abbildung 3-11: Historistizität struktureller Systemzustände
Quelle: Eigene Darstellung.

siert bleiben. Die jeweils realisierten strukturellen Systemzustände sind in der Abbildung durch die verbindenden Pfeile kenntlich gemacht. Mit jeder strukturellen Änderung bleibt die das System konstituierende Differenz aus System und Umwelt bestehen.[579] Würde das System zum Zeitpunkt der Interaktion mit einer bestimmten Einheit eine andere Struktur aufweisen, so könnten sich durch die Interaktion mit eben dieser Einheit andere strukturelle Zustandsmöglichkeiten ergeben. Aus der bestehenden Struktur heraus ist die Realisation dieser Möglichkeiten unmöglich, weil sie zur Auflösung der System/ Umwelt-Differenz bzw. der Auflösung der Organisation des Systems führte.

In diesem Sinne ist die im Konstruktivismus hervorgehobene Historistizität von Systemen zu verstehen, die nur solche Strukturveränderungen zulässt, die sich aus der Systemvergangenheit ergeben, wobei weder eine vorangegangene Struktur, noch ein »Input« aus der Umwelt als Ursache für eine sich realisierende Struktur zu betrachten ist.

---

[579] In MATURANAS Terminologie lässt sich auch sagen, die Organisation des Systems bleibt mit der Strukturveränderung erhalten; vgl. Abschnitt 3.3.4.

3.3.8 Triviale und nichttriviale Maschinen

Statt einer Zusammenfassung der hier angesprochenen Grundsätze einer Systemtheorie, die die erkenntnistheoretischen Positionen des Radikalen Konstruktivismus aufgreift, soll abschließend ein durch VON FOERSTER geprägter Begriff eingeführt werden, der die Unterschiede und Wirkungsmechanismen des traditionellen Systemmodells und des Systemmodells einer Kybernetik zweiter Ordnung bildhaft gegenüberstellt.

HEINZ VON FOERSTER hat in seinen kybernetischen Arbeiten darauf hingewiesen, dass kausale Erklärungen feststehende Transformationsregeln unterstellen müssen, um eine Folge von Ursache auf Wirkung begründen zu können.[580] Auf Systeme übertragen lässt sich die Kausalitätserklärung als triviale Maschine beschreiben, bei der ein Input (Ursache) einen durch die bestimmte Transformationsregel vorhersagbaren Output (Wirkung) erzeugt. Abbildung 3-12 zeigt eine solche Trivialmaschine. Werden Systeme als Trivialmaschinen konzipiert, d.h. als Einheiten, die Kausalitäten folgen, so bedeutet das, dass bestimmte Motive als Input immer zu einem bestimmten Verhalten als Output führen müssten. Die Gültigkeit des Kausalitätsgesetzes erweist sich allerdings als außerordentlich beschränkt.[581]

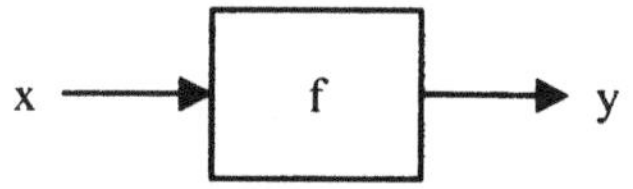

Abbildung 3-12: Trivialmaschine
Quelle: VON FOERSTER (1993), S. 245.

Der Trivialmaschine gegenüberstellend entwickelt VON FOERSTER das Konzept der Nichttrivialmaschine. Bei einer Nichttrivialmaschine lässt sich der einem Input folgende Output nicht vorherbestimmen, weil die Transformationsfunktion f durch eine wechselnde innere Zustandsfunktion z jeweils unter andere Bedingungen gestellt wird (Selbstreferenz). Welches Verhalten ein als nichttriviale Maschine verstandenes System beispielsweise auf ein Effizienzmotiv zeigen wird, lässt sich nicht vorhersagen. Was als x und als y betrachtet wird, wird von demjenigen bestimmt, der die Beobachtung der nichttrivialen Maschine vornimmt. Insofern können Erklärungen darüber, was als Ursache für ein beobachtetes Verhalten anzusehen sei, genauso differieren, wie Spekula-

[580] Vgl. zur Unterscheidung von trivialen und nichttrivialen Maschinen VON FOERSTER (1988), (1985a), (1990), S. 80.

[581] Vgl. BAECKER (1999), S. 41.

tionen darüber, mit welchen Ursachen ein bestimmtes Verhalten erzeugt werden könne.[582] Insofern sind nichttriviale Maschinen analytisch undeterminierbar.

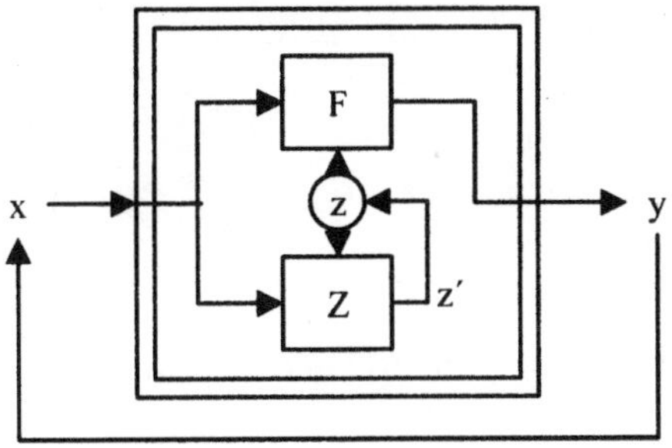

Abbildung 3-13: Nichttrivialmaschine
Quelle: VON FOERSTER (1993), S. 248.

Dass auch nichttriviale Maschinen kein „x-beliebiges" y erzeugen können, ergibt sich daraus, dass die möglichen Veränderungen der Transformationsfunktion von den Zuständen abhängen, die die Maschine aufweist, also synthetisch determiniert ist. Gleichzeitig ist die Nichttrivialmaschine damit geschichtsabhängig, weil ihr Output, ihr Verhalten, von der Reihenfolge der sie kennzeichnenden Zustände abhängt. Geht man davon aus, dass eine Nichttrivialmaschine ihr eigenes Verhalten beobachtet und damit im Sinne einer Erfahrung als Wahrnehmung wirksam werden lässt, so schließt sich der kybernetisch-erkenntnistheoretische Kreis: y wirkt auf x und setzt damit eine Dynamik frei, die (gewollt oder ungewollt) die weiteren Zustände und Transformationen des Systems beeinflusst. In Abbildung 3-14 sind die verschiedenen Merkmale von Trivialmaschinen und Nichttrivialmaschinen zusammenfassend dargestellt.

Mit dem Bild der Nichttrivialmaschine bietet der Radikale Konstruktivismus ein Erklärungsmodell an, das die Bedeutung des Beobachtens und des Beobachters, der subjektiven Wahrnehmung, konzeptualisiert. Nach VON FOERSTER sind alle lebenden Systeme nichttriviale Systeme, allerdings nicht nur.[583]

---

[582] Vgl. zur logischen Unzulässigkeit der Vertauschung von Ursachen und Wirkungen BAECKER (1999), S. 40f unter Bezug auf VON FOERSTER (1990).
[583] Vgl. VON FOERSTER (1988).

Triviale Maschinen	Nichttriviale Maschinen
synthetisch determiniert (1 interner Zustand)	synthetisch determiniert (mindestens 2 interne Zustände)
linear kausal	zirkulär kausal (Selbstreferenz)
geschichtsunabhängig	geschichtsabhängig
analytisch determinierbar	analytisch indeterminierbar
vorhersagbar	unvorhersagbar

Abbildung 3-14: Unterscheidungsmerkmale von trivialen und nicht-trivialen Maschinen
Quelle: GRÖSSING (1997), S. 57.

3.4 Konzepte sozialer Systeme

Logistische Systeme als soziale Systeme zu konzipieren ist nicht neu. Bereits KIRSCH, BAMBERGER et al. widmeten in ihrem 1973 erschienenen Buch „Betriebswirtschaftliche Logistik“, das zu den Grundlagenwerken der theoretisch Logistik gezählt wird, ein ausführliches Kapitel der Beschreibung sozialer Systeme. In diesem befassen sie sich u.a. mit der Abgrenzung sozialer Systeme, der Bestimmung besonderer Formen sozialer Systeme, wie z.B. Koalitionen oder Organisationen, mit den Zusammenhängen von Staat, Gesellschaft und internationalen Systemen sowie mit der Charakterisierung von Informations- und Entscheidungssystemen.[584] Sie halten u.a. fest, dass

> „Logistik als der Inbegriff aller Prozesse in sozialen Systemen (Gesellschaften, Organisationen) definiert werden (kann), die der Raumüberwindung bzw. Zeitüberbrückung sowie deren Steuerung und Regelung dienen.“[585]

An diesem Zitat fällt das kleine Wort »in« auf. Die Logistik umfasst demnach nicht die Prozesse der sozialen Systeme selbst, sondern ist etwas anderes, darin enthaltenes. Diese Interpretation steht in Übereinstimmung mit der in Kapitel 2 festgestellten Trennung von Technik und Sozialem, aus der die Schwierigkeit zur Erklärung von Strukturveränderungen abgeleitet wurde. Der Radikale Konstruktivismus wurde in dieser Arbeit herangezogen, um zu sehen, inwieweit die genannte Schwierigkeit einer Lösung zugeführt werden kann. Deshalb geht es im Folgenden um die Beschreibung solcher Ansätze, in denen die in den Abschnitten 3.2 und 0 beschriebenen erkenntnistheoretischen und system-

[584] Vgl. KIRSCH/ BAMBERGER/ GABELE/ KLEIN (1973), S. 52-66.
[585] KIRSCH/ BAMBERGER/ GABELE/ KLEIN (1973), S. 70.

theoretischen Annahmen des Radikalen Konstruktivismus in der Konzeption sozialer Systeme zur Anwendung kommen.

Die Auswahl der in dieser Arbeit aufgegriffenen Ansätze zur Konzeption sozialer Systeme repräsentiert das relevante Spektrum des Radikalen Konstruktivismus. Dazu gehören zum einen die Ausarbeitungen von MATURANA, die er in seinem Beitrag einer „Biologie der Sozialität“ komprimiert dargelegt hat, zum anderen ein Beitrag von HEJL zur „Konstruktion einer sozialen Konstruktion“, in dem er die Grundlinien einer konstruktivistischen Sozialtheorie entwickelt hat. In der hier vorzunehmenden Darstellung konstruktivistischer Sozialsystemkonzeptionen sollen die Kernargumentationen dieser beiden Beiträge zusammenfassend dargelegt werden, um einen Einblick in die Denk- und Argumentationsweise der Konstruktivisten zu geben. Obwohl LUHMANN nicht direkt zu den Vertretern des Radikalen Konstruktivismus gezählt wird, ist sein Ansatz hier als dritte Variante aufgeführt. Dies deshalb, weil er seine Theorie sozialer Systeme auf Basis der mit dem Konzept der Autopoiese verbundenen Systemtheorie entwirft. Die Darlegung dieser drei Ansätze soll umrahmt werden einerseits von einer einleitenden Diskussion eines Aspekts, der in allen – auch den traditionellen – Sozialsystemkonzeptionen eine Rolle spielt, dem Aspekt der Sprache und Kommunikation, andererseits durch eine diesen Abschnitt abschließende zusammenfassende Betrachtung der vorgestellten Ansätze.

3.4.1 Sprache und Kommunikation

Sprachliche Kommunikation stellt sowohl im traditionellen Systemverständnis als auch im Systemverständnis des Radikalen Konstruktivismus einen wesentlichen Bestandteil bei der Konstitution und Erhaltung sozialer Systeme dar. Im traditionellen Systemverständnis bildet Sprache den Weg, Informationen zu übermitteln. Eine Verbindung zwischen zwei voneinander separierten Einheiten, über die Informationen übermittelt werden (bzw. näher am logistischen Fließsystemansatz formuliert: Informationen fließen), wird als Beziehung bezeichnet. Werden die beiden Einheiten als Elemente bezeichnet, so lässt sich die so verbundene Gesamtheit als System betrachten, das aus Elementen und den zwischen diesen existierenden Beziehungen besteht. Handelt es sich bei den Elementen um Menschen oder Menschengruppen, lässt sich dieses System als ein soziales System verstehen, das durch die existierende Informationsbeziehung realisiert wird. Dieses auch als »Senden« und »Empfangen« bezeichenbare Übermitteln von sprachlicher Information wird üblicherweise als Kommunikation verstanden.[586] Aus der Perspektive des Radikalen Konstruktivismus

[586] Dieses Systemmodell der Kommunikation geht zurück auf das nachrichtentechnische Kommunikationsmodell von SHANNON (1949), S. 34; vgl. die Darstellung dieses Modells

gestaltet sich der sprachliche Kommunikationsvorgang in anderer Weise. Im Folgenden soll das konstruktivistische Verständnis von Sprache als Möglichkeit zur Beschreibung von Beobachtungen untersucht und seine Konsequenzen für das Verständnis von Kommunikation als Basis menschlicher sozialer Systeme aufgezeigt werden.

Die Erklärung von Sprache im Radikalen Konstruktivismus entwickelt sich ausgehend von dem paradoxen Problem, dass es der Sprache bedarf, um Sprache erklären zu können.[587] VON GLASERSFELD erläutert die Zirkularität von Sprache mit dem Versuch, die Bedeutung eines unbekannten Wortes mit Hilfe anderer Wörter festzustellen, deren Bedeutungen ebenfalls unbekannt sind, so dass zu deren Erklärung weitere Wörter herangezogen werden müssten. Dieser Versuch, die Bedeutung von Wörtern durch Wörter zu erfassen, führt zu keinem Ende, kann sogar wieder zu dem Ausgangswort zurückführen. Die Bedeutung von Wörtern muss deshalb ohne Rückgriff auf Sprache erlernbar sein.[588] Grundsätzlich ist der Erwerb von Sprache an individuell erlebte Erfahrungen geknüpft, in denen eine passende Verwendung von Wörtern sozial bestätigt wird.[589]

> „Jeder Lerner einer Sprache muss seine Wortbedeutungen aus Elementen seiner individuellen Erfahrungen aufbauen, und diese Bedeutungen hernach durch Versuch, Irrtum und erfolgsorientierte Anpassung in sprachlichen Interaktionen viabel machen.“[590]

Die Verknüpfung von Wort und Bedeutung wird sowohl von MATURANA/ VARELA als auch von VON GLASERSFELD als ein – bezogen auf ein Individuum – zweiseitiger oder zweistufiger Prozess beschrieben. Die Fähigkeit zur Sprache erweise sich als Fähigkeit, „sprachliche Unterscheidungen von sprachlichen Unterscheidungen“[591] treffen zu können oder als Fähigkeit zur Verknüpfung der Abstraktion von einem generalisierten Phänomen (Konzept des Erfahrungsgegenstandes) und der Abstraktion von einem generalisierten akustischen Phänomen (Lautbild).[592] Diese Aussagen lassen sich so interpretieren, dass ein bestimmtes Lautbild als Wort aus einem phonetischen Zusammenhang unterschieden werden und dem Konzept eines unterschiedenen, abgegrenzten

---

beispielsweise in PICOT/ REICHWALD/ WIGAND (1998), S. 69f sowie in KÖCK (1996), S. 342ff; deutlich wird die teils auch implizite Zugrundelegung dieses Modells in der These, Information sei transportierbar, die in funktionalistischen Theorien vertreten wird.

587 Vgl. VON FOERSTER (1993f), S. 348f, S. 239; MATURANA (1996), S. 90f.

588 Vgl. VON GLASERSFELD (1984), S. 16ff; ebenso VON FOERSTER (1993c), S. 266.

589 Vgl. VON GLASERSFELD (1997), S. 220ff; vgl. VON FOERSTER (1996), S. 148ff, wo er darlegt. dass das wiederholte „Operieren“ eines Kindes mit einem Gegenstand zur Herausbildung einer Eigenkompetenz in bezug auf diesen Gegenstand »Ball« führt.

590 VON GLASERSFELD (1997), S. 223.

591 MATURANA/ VARELA (1991), S. 227.

592 Vgl. VON GLASERSFELD (1997), S. 212f.

Phänomens aus einem Erfahrungszusammenhang zugeordnet werden muss. Geht man davon aus, dass die so konstruierte Bedeutung nicht im Gehirn „gespeichert“ wird, dann müssen diese Vorgänge der Bedeutungsbildung in jedem sprachlichen Akt vollzogen werden. Wortbedeutungen sind damit immer individuell und nur im Zusammenhang mit dem subjektiven Erfahrungshintergrund und den Interpretationen eines jeden einzelnen zu verstehen.

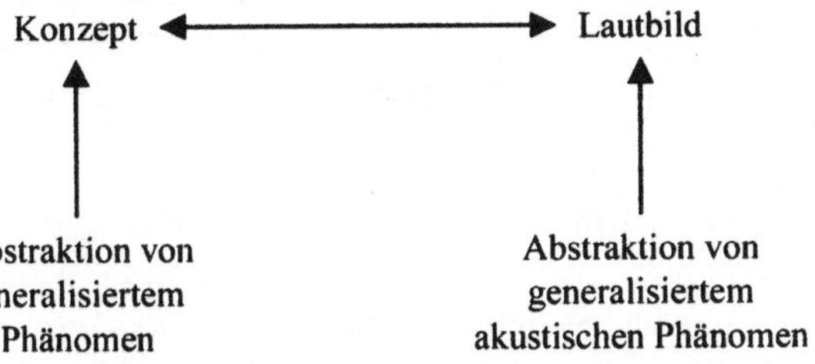

Abbildung 3-15: Die semantische Beziehung
Quelle: VON GLASERSFELD (1997), S. 212.

Die in der Sprache vorgenommene Abstraktion von den begrifflich bezeichneten Objekten und den die Begriffe formenden Lauten betrachtet LUHMANN als Technik, das Repertoire verständlicher Kommunikation ins praktisch Unendliche auszudehnen, wodurch sichergestellt würde, dass nahezu beliebige Ereignisse als Information erscheinen und bearbeitet werden könnten.[593] MATURANA und VARELA beschreiben diesen Effekt der Abstraktion von den Dingen durch die Sprache als Aufhebung der Grenzen dessen, was beschrieben, vorgestellt und miteinander in Zusammenhang gebracht werden könne.[594]

Aus der subjektiven Konstruktion von Wortbedeutungen werden in der dem Radikalen Konstruktivismus zugerechneten Literatur weitreichende Konsequenzen gezogen: der Austausch von Worten, das miteinander Sprechen, das Kommunizieren, kann kein geradliniger Austausch fixierter Bedeutungen sein[595] und kann somit nicht der Übertragung von Informationen dienen.[596] KÖCK formuliert das

> „alltagssprachlich: Was immer du sagst, ich verstehe, was ich verstehe bzw. was immer ich verstehe, verstehe ich bzw. meine ich, egal was ich sage“[597].

[593] Vgl. LUHMANN (1987), S. 220.
[594] Vgl. MATURANA/ VARELA (1991), S. 229.
[595] Vgl. VON GLASERSFELD (1997), S. 212.
[596] Vgl. MATURANA/ VARELA (1991), S. 212, die das traditionelle Kommunikationsmodell anhand der Metapher der »Kommunikation durch eine Röhre« darstellen.
[597] KÖCK (1996), S. 369.

Sprachliche Äußerungen werden mithin nicht als »Informationen« sondern vielmehr als »Signale« verstanden, die, sofern sie wahrgenommen werden, interpretiert und also mit Bedeutung versehen werden können. Welche Bedeutung den sprachlichen Äußerungen zugewiesen wird, hängt dabei allein von demjenigen ab, der die Signale wahrnimmt.[598] Die Unterscheidung zwischen Signal und Information illustriert VON FOERSTER mit dem Vergleich einer Bibliothek, die aus traditioneller Perspektive als „System der Speicherung und Wiedergabe von Informationen" betrachtet werde und einer Garage, die unter beibehaltener Logik als ein „System der Speicherung und Wiedergabe von Verkehr" bezeichnet werden müsse.[599]

Wenn Sprache keine Informationen übermitteln kann, stellt sich die Frage, wie Sprache überhaupt als Kommunikation wirksam werden kann und welchen Beitrag sie bei der Entstehung sozialer Systeme leistet. Bei LUHMANN findet sich in diesem Zusammenhang die These, dass erfolgreiche Kommunikation zunächst als äußerst unwahrscheinlich gelten müsse.[600] Im Radikalen Konstruktivismus wird die Frage nach wirksamer Kommunikation als Ausdruck zweiter Ordnung formuliert, als Frage nach dem Verständnis von Verstehen oder kurz als Frage nach dem „Verstehen verstehen",[601] deren Antwort die Existenz sozialer Systeme umfasst. VON GLASERSFELD führt zur Frage des Verstehens von Sprache aus:

> „Verstehen, was jemand gesagt oder geschrieben hat, bedeutet nicht mehr, aber auch nicht weniger, als dass man auf Grund eines sprachlichen Austauschs eine begriffliche Struktur aufgebaut hat, die in dem gegebenen Zusammenhang als kompatibel mit dem betrachtet wird, was der Sprecher offenbar gemeint hat. Diese Kompatibilität kann jedoch nie durch einen direkten Vergleich überprüft werden. Sie zeigt sich ausschließlich darin, dass der Sprecher in der Folge nichts sagt oder tut, was den Erwartungen widerspricht, die der Zuhörer von seiner Interpretation abgeleitet hat."[602]

Auf diese Weise ergibt sich sprachliche Kommunikation als selbstreferentieller Prozess, in dem Verständnis nur durch Rückgriff auf vorangegangene sprachliche Äußerungen sichtbar wird, die erst dadurch, dass sie verstanden wurden, zu Kommunikationen werden können, während eine Anschlussäußerung erst dadurch zur Kommunikation wird, dass sie ein Verständnis erkennen lässt.

Wie oben ausgeführt, ist der Erwerb von Sprache an soziale Interaktion gebunden und abstrahiert von den „Dingen", die als solche erkannt und begrifflich benannt wurden. Ein externer Beobachter könne deshalb das sprachliche Verhal-

---

[598] Vgl. MATURANA/ VARELA (1991), S. 212; KÖCK (1996), S. 370.
[599] Vgl. VON FOERSTER (1996), S. 270f.
[600] Vgl. LUHMANN (1987), S. 217.
[601] z.B. VON GLASERSFELD (1997), S. 230, VON FOERSTER (1993e), S. 282.
[602] VON GLASERSFELD (1997), S. 232f.

ten als Verhaltenskoordination über Verhaltenskoordinationen beschreiben, woraus zu folgern sei, dass

> „sich auf der einen Seite die Erzeugung einer Welt von Handlungen und Objekten (ergibt), die Existenz und Bedeutung nur in dem sozialen Bereich haben, in dem sie entstanden sind, und auf der anderen Seite die Ausbildung der Selbstbeobachtung, die uns dazu führt, in der Reflexion uns selbst und die Umgebungen unserer selbst als Objekte voneinander zu unterscheiden, und die das Selbstbewusstsein als ein Phänomen hervorbringt, das ebenfalls nur im sozialen Bereich existiert und nur dort seinen Sinn hat."[603]

Indem Sprache von „den Dingen" abstrahiert und diese durch die Schaffung von „dinglosen Einheiten", von Worten, benennt, wird die Beschreibung eines Ich oder eines Selbst überhaupt erst möglich. Ein Ich kann es deshalb nur im sprachlichen Bereich geben. Weil Sprache aber nur in einem sozialen Bereich existiert, ist das Ich ebenfalls notwendig an einen solchen gebunden. Anders formuliert: ein Ich macht nur Sinn, wenn es auch einen Anderen gibt und die Unterscheidung beider ist nur in der Sprache möglich, die aus den Interaktionen zwischen Ich und Du bzw. Ich und Ihr hervorgeht. VON FOERSTER interpretiert die Ausführungen zur Sprache in der Arbeit „Die Biologie der Sprache"[604] von MATURANA folgendermaßen:

> Die Sprache kann also hier als ein emergentes Verhaltensmuster, als ein Eigenverhalten ... verstanden werden, der zwei Autonomien zu einer verschmilzt."[605]

Sprache erweist sich aus konstruktivistischer Sicht zusammenfassend als ein Mechanismus, der nur in sozialen Systemen entstehen kann, solche aber gleichzeitig konstituiert, indem er als Kommunikation wirksam wird, die notwendig an ein soziales System gebunden ist. Darüber hinaus bietet der Mechanismus der Sprache durch seine Abstraktionsleistung die Möglichkeit zu Selbstbeschreibungen und damit zur Identitätsbildung sowohl auf der Seite der Individuen als auch auf der Seite des sozialen Systems. Sprachliche Kommunikation ist damit ein zentrales Merkmal menschlicher sozialer Systeme.

So sehr Sprache insgesamt die Hervorbringung von Objekten ermöglicht, so sehr führt sie gleichzeitig auch zu einer „Objektivierung" bzw. „Ontologisierung" der Objekte, die sie hervorbringt. Dies gilt insbesondere für unsere Sprache (die deutsche, die Sprachen westlich geprägter Gesellschaften), wie LUHMANN feststellt:

---

[603] MATURANA (1996a), S. 296.
[604] MATURANA (1978).
[605] VON FOERSTER (1993e), S. 298.

„Zu den schlimmsten Eigenschaften unserer Sprache (und die Gesamtdarstellung der Systemtheorie in diesem Buche ist aus diesem Grunde inadäquat, ja irreführend), die Prädikation auf Satzsubjekte zu erzwingen und so die Vorstellung zu suggerieren und schließlich die alte Denkgewohnheit immer wieder einzuschleifen, dass es um »Dinge« gehe, denen irgendwelche Eigenschaften, Beziehungen, Aktivitäten oder Betroffenheiten zugeschrieben werden."[606]

3.4.2 Soziale Systeme als biologische Systeme

MATURANA geht in seiner Konzeption einer „Biologie der Sozialität"[607] von dem scheinbaren Gegensatz individuellen und sozialen Lebens aus. Diese Dualität von individuellen und sozialen Interessen führe in politischen und ökonomischen Theorien zu einer wechselnden Unterordnung des Einen unter das Andere. Daraus ergebe sich die Notwendigkeit zur Ideologisierung der jeweiligen Theorie, weil der Nachweis zu erbringen sei, dass die jeweils vertretene Position die „wahren" Interessen der Menschen vertrete. MATURANA hinterfragt diesen Widerspruch zwischen dem Sozialen und dem Individuellen, indem er die Art der Beschreibung von Individuum und sozialer Gemeinschaft zur Debatte stellt. In seinem Beitrag geht es ihm um den auf einer biologischen Grundlage geführten Nachweis, dass

- das individuelle Wesen notwendig sozial und
- das soziale Wesen notwendig individuell ist.[608]

3.4.2.1 Ausgangsüberlegungen

Ausgehend von der Frage „Was ist ein soziales System?" formuliert MATURANA fünf Bedingungen, die bei der Beantwortung der Frage zu berücksichtigen sind:

Erstens liege eine wissenschaftlich angemessene Antwort dann vor, wenn der in der Antwort vorgeschlagene Mechanismus (z.B. ein konzeptuelles System) in seinem Operieren alle die in der Frage involvierten Phänomene erzeugt. Zur Beantwortung der Frage nach sozialen Systemen schlägt Maturana einen biologischen Mechanismus vor, der soziale Systeme und alle ihnen zugerechneten Phänomene erzeugt. Zweitens seien Lebewesen als strukturell determinierte und strukturell an ihr Medium gekoppelte Systeme, die sich in der Produktion ihrer Bestandteile als Einheiten abgrenzen, als autopoietische Systeme zu betrachten. Drittens durchliefen Lebewesen einen ständigen strukturellen

---

[606] LUHMANN (1987), S. 117.

[607] Die folgenden Ausführungen stützen sich auf den 1985 und 1988 erschienen gleichnamigen Artikel von MATURANA, in dem er die grundlegenden Aussagen zu diesem Thema trifft; vgl. MATURANA (1996a).

[608] Vgl. MATURANA (1996a), S. 288.

Wandel, d.h. es findet ein permanenter Austausch der Komponenten statt, aus denen ein Lebewesen besteht und die es selbst produziert. Die aktuelle Struktur eines Lebewesens stelle sich damit als Resultat des bisherigen Weges struktureller Veränderung dar, der von einer Initialstruktur ausging und sich infolge seiner Interaktionen in dem Medium, in dem es leben musste, ergab. Viertens bleibe die Identität eines Lebewesens unabhängig von den strukturellen Veränderungen bestehen, solange seine Organisation erhalten bleibt, da nicht die Bestandteile, sondern die Organisation die Identität des Lebewesens definiert. Fünftens sei das Leben eines Organismus und also die Erhaltung seiner Organisation nur unter der Bedingung möglich, dass die Struktur des Organismus und die Struktur des Mediums kongruent sind. Die Kongruenz zwischen den Strukturen von Lebewesen und ihren Medien bezeichnet MATURANA als Angepasstheit. Nicht nur die Erhaltung der Organisation, sondern auch die Erhaltung der Angepasstheit sind demnach notwendige Voraussetzungen für das Fortbestehen eines Lebewesens. Umgekehrt bedeutet das auch, dass ein Lebewesen angepasst ist, solange es lebt. Infolge der strukturellen Kopplung zwischen Lebewesen und Medium erfolgen auch die jeweiligen Strukturveränderungen kongruent. Weder kann sich demnach allein das Lebewesen, noch das Medium unabhängig von dem Anderen verändern.[609]

Soziale Systeme definiert MATURANA ausgehend von diesen fünf Ausgangsbedingungen wie folgt:

> „In jedem Fall, in dem die Mitglieder einer Menge lebender Systeme durch ihre Verhaltensweisen ein Netzwerk von Interaktionen ausbilden, das für sie wie ein Medium wirkt, in dem sie sich als Lebewesen verwirklichen und in dem sie dementsprechend auch ihre Organisation und Angepasstheit aufrechterhalten, haben wir es mit einem sozialen System zu tun."[610]

Diese Definition reiche aus, um den genannten Bedingungen gerecht zu werden. Als konstitutiv für soziale Systeme betrachtet MATURANA, dass die Komponenten dieser Systeme Lebewesen sind, da sich ein soziales Systeme dadurch bilde, dass sich die Organisation und Angepasstheit von Lebewesen durch den Prozess der Integrierung in ein soziales System erhält. Soziale Systeme sind damit lebenserhaltend für Lebewesen, so wie Lebewesen notwendig für die Bildung und Erhaltung sozialer Systeme sind. Unterschiede in den Ausprägungen sozialer Systeme ergeben sich nach MATURANA aus den charakteristischen Eigenschaften des Netzwerkes an Interaktionen, durch das ein soziales System gebildet wurde. Die von den Mitgliedern eines sozialen Systems gezeigten

---

609 Vgl. zu den Ausgangsbedingungen MATURANA (1996a), S. 288ff sowie die Ausführungen in Abschnitt 3.3.

610 MATURANA (1996a), S. 292.

Verhaltensweisen, die gleichzeitig innerhalb des sozialen Systems als angemessenes Verhalten gelten, sind andere als in anderen sozialen Systemen.

3.4.2.2 Strukturveränderungen sozialer Systeme

Strukturelle Veränderungen sozialer Systeme ergeben sich zum einen durch den Austausch von Komponenten – einige der beteiligten Lebewesen sterben, andere werden neue Mitglieder. Zum anderen unterliegen Lebewesen als autopoietische Systeme selbst einer permanenten strukturellen Veränderung, so dass sich auch die bestehen bleibenden Komponenten eines sozialen Systems in ihren Eigenschaften ändern. Dies ist insbesondere dann der Fall, wenn die strukturellen Änderungen der Mitglieder aus Interaktionen resultieren, die außerhalb des sozialen Systems stattfinden – denn Lebewesen können grundsätzlich an Interaktionen mehrerer, verschiedener sozialer Systeme teilnehmen –, wobei die Mitglieder auf andere Verhaltensweisen stoßen, als diejenigen, die in einem sozialen System praktiziert werden.[611] Da alle Mitglieder ihre eigenen (und sich wandelnden) Eigenschaften in das soziale System einbringen, das sie durch ihr Verhalten erzeugen, verändert sich auch das soziale System permanent. Umgekehrt wirkt auch das soziale System auf seine Mitglieder ein, indem es als Medium, also dem Bereich in dem seine Komponenten ihre Autopoiese verwirklichen, die strukturellen Veränderungen selektiert, die seine Mitglieder durchmachen können. Diese Selektion kommt dadurch zu Stande, dass sich jedes soziale System durch seine charakteristischen Verhaltensweisen auszeichnet und nur diese als Perturbationen für die Mitglieder wirksam werden können. Andere Verhaltensweisen als eben die, die ein System kennzeichnen, werden durch die Systembildung ausgeschlossen und können damit auch nicht auf die Mitglieder einwirken, solange sie sich innerhalb dieses Systems befinden. Da die das System kennzeichnenden Verhaltensweisen aber durch die Eigenschaften und Verhaltensweisen der Mitglieder selbst erzeugt werden, ist jedes soziale System in sich konservativ.

Die folgende Abbildung 3-16 zeigt die Gegenseitigkeit von individuellen Lebewesen und sozialen Systemen und die genannten strukturellen Veränderungen der Komponenten, die zu strukturellen Veränderungen des sozialen Systems führen. Insgesamt stelle sich die historische Entwicklung aller sozialen Systeme als das Resultat zweier Prozesse dar: des Prozesses der Variation und des Prozesses der Konservation.

---

[611] Vgl. MATURANA (1996a), S. 294; die Teilnahme eines Individuums an mehreren sozialen Systemen führt in diesem Modell nicht zu Widersprüchen, weil Individuen verschiedene Verhaltensweisen ausführen können, die in Verbindung mit anderen Individuen die Realisation verschiedener sozialer Systeme bedingt.

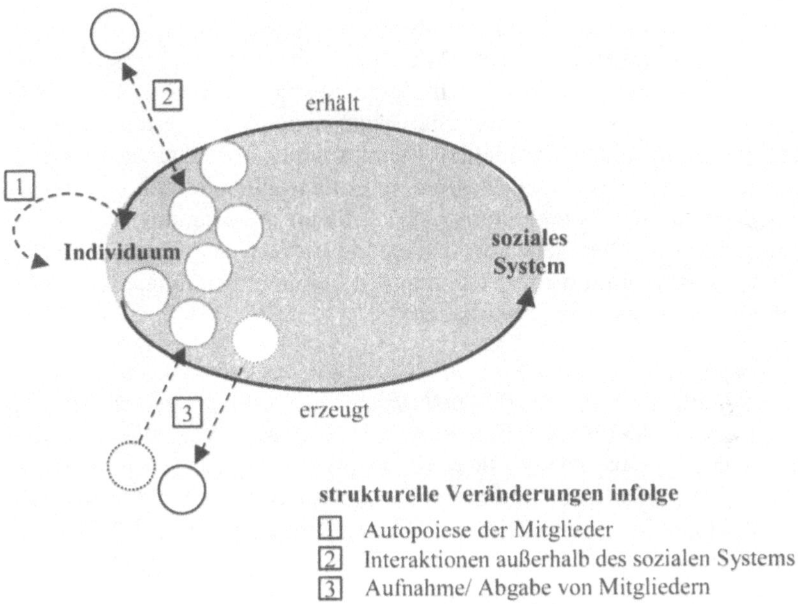

Abbildung 3-16: Individuum und soziales System
Quelle: Eigene Darstellung.

3.4.2.3 Voraussetzung und Besonderheiten menschlicher sozialer Systeme

Die bis hier beschriebenen Zusammenhänge betrachtet MATURANA als für jedwede sozialen Systeme gültig, d.h. für soziale Systeme vom Ameisenstaat über die Huftierherde bis zum multinationalen Unternehmenskonzern. Als Grundvoraussetzung für die Entstehung menschlicher sozialer Systeme werden von MATURANA rekurrente Interaktionen unter den Mitgliedern von Systemen betrachtet, zu deren spontaner Verwirklichung das Zustandekommen von „Gemeinschaftlichkeit" führe.[612] Dieses Zustandekommen von Gemeinschaftlichkeit bezeichnet er auch als „Liebe in irgendeiner ihrer Dimensionen".[613] Den

[612] Vgl. MATURANA (1996a), S. 296f;

[613] MATURANA (1996a), S. 297; vgl. ähnlich LUHMANN (1987), mit einer nüchternen Formulierung, die insofern der Sprache der Ökonomen näher stehen dürften. Bei ihm heißt es, dass kein soziales System initiiert werde, „wenn derjenige, der mit Kommunikationen beginnt, nicht wissen kann oder sich nicht dafür interessieren würde, ob sein Partner darauf positiv oder negativ reagiert." Eine positive oder negative Reaktion ist dabei im Sinne der Annahme oder Ablehnung einer Kommunikation zu verstehen. Voraussetzung ist mithin auch hier ein Interesse an dem Anderen, dass in irgendeiner Form aufgebracht werden muss.

fundamentalen Interaktionsmechanismus menschlicher sozialer Systeme oder menschlicher Gesellschaften bildet nach MATURANA die Sprache.[614] Da Sprache nur in einem sozialen Bereich entsteht und gleichzeitig die Konstitution einer individuellen Identität – von Reflexion und Selbstbewusstsein – ermöglicht, ist zur Aufrechterhaltung der individuellen Identität die Aufrechterhaltung des sozialen Bereiches notwendig. Die Identität eines menschlichen Individuums ist deshalb notwendig an die Kooperation (lat. co-operare – zusammen erwirken) mit anderen gebunden. Dies setzt die Akzeptanz der eigenen Identität durch andere voraus, was wiederum die Akzeptanz der anderen individuellen Identitäten durch die eigene Identität voraussetzt.[615]

Die Veränderungen der Verhaltensweisen von Mitgliedern sozialer Systeme, die gleichzeitig zu Veränderungen der Eigenschaften des sozialen Systems führen, konkretisiert MATURANA für menschliche soziale Systeme im Hinblick auf die Herausbildung innovativer, also nicht-konservativer Verhaltensweisen folgendermaßen:[616] Die Teilnahme an Interaktionen außerhalb des sozialen Systems, die zu Veränderungen der Verhaltensweisen der Mitglieder führen können, ist möglich durch:

- konkrete externe Erfahrungen, bspw. auf Reisen;
- sprachliche Reflexion.

Sprachliche Reflexion geschehe dann, wenn entweder der Fluss der Handlungen im Bereich des sozialen Systems unterbrochen ist oder wenn durch „Liebe, Emphase, Affekte oder Vorlieben"[617] eine erneute Betrachtung der eigenen Verhaltensweisen im Hinblick auf ein Wesen oder Objekt initiiert wird. Neben diesen Möglichkeiten zu Veränderungen führt MATURANA die Möglichkeit zur Stabilisierung menschlicher sozialer Systeme an, die einem dem konservativen Charakter drohenden Erliegen entgegenwirken können.[618] Eine solche Stabilisierung könne erfolgen durch

- die Erweiterung der Reflexionsinstanzen, die den Mitgliedern ein Andere einschließendes soziales Verhalten gestatten;
- die Beschränkung der Reflexionsmöglichkeiten (Begrenzung externer Erfahrungen, Reglementierung von Meinungsfreiheit, Ersetzung von Ethik durch Moral und Hierarchisierung, Institutionalisierung bestehender Abhängigkeitsverhältnisse und sozialer Rangordnungen).

[614] Vgl. MATURANA (1996a), S. 295f.
[615] Vgl. MATURANA (1996a), S. 300.
[616] Vgl. MATURANA (1996a), S. 297f.
[617] MATURANA (1996a), S. 298.
[618] Vgl. MATURANA (1996a), S. 298.

Während die Erweiterung der Reflexionsinstanzen auf die Stabilisierung des sozialen Bewusstseins gerichtet ist, zielt die Beschränkung der Reflexionsmöglichkeiten auf die Stabilisierung der Verhaltensnormen.

3.4.2.4 Kooperationserfordernis

Insgesamt sieht MATURANA in seinem Entwurf einer Biologie der Sozialität einen Beweis für die Widerspruchsfreiheit des Sozialen und des Individuellen, die aus biologischer Sicht faktisch untrennbar miteinander verbunden seien.[619] Die Verwirklichung einer individuellen Identität ist nur in sozialen Systemen möglich, die durch das Zusammenwirken individueller Verhaltensweisen entstehen, wenn diese Verhaltensweisen gegenseitig akzeptiert werden. Ein Mensch kann die Verhaltensweisen eines Kaufmanns, eines Familienmitglieds, eines Freundes oder eines Kapellmeisters nur realisieren, wenn er in diesen Verhaltensweisen von anderen angenommen wird. Im gleichen Zuge entstehen ein Wirtschaftssystem, eine Familie, eine Freundschaft oder ein Orchester, wenn sie durch individuell praktizierte Verhaltensweisen realisiert werden. Die Herausbildung solch differenzierter Verhaltensweisen und die damit verbundene Beschreibung individueller und sozialer Identität ergibt sich dabei aus dem menschlichen Vermögen zur Sprache, denn ein Mensch ist zunächst nur etwas, was als Mensch bezeichnet wird. Dass dieses als Mensch bezeichnete Etwas gleichzeitig auch Kaufmann, Sohn oder Freund sein kann, ergibt sich erst aus einer abstrakten Perspektive, die über die Sprache gewonnen wird. Sprache eröffnet so die Möglichkeit zu Reflexion und zu Selbstbewusstsein und ist ihrerseits ein soziales Phänomen. Menschliche soziale Systeme müssen nach MATURANA deshalb notwendig kooperativ sein. Der Entwurf einer Biologie der Sozialität mündet insofern in die Formulierung verschiedener ethischer Schlussfolgerungen. Eine dieser Folgerungen bezieht sich auf den Aspekt des Wettbewerbs. Wettbewerb sei wesentlich asozial, weil er die Negation des Anderen bedeute. Die Negation des Anderen impliziere gleichzeitig die Negation der eigenen Identität.[620] Wettbewerb stehe, der skizzierten Biologie der Sozialität folgend, damit in direktem Widerspruch zu dem sowohl für das Individuum als auch für menschliche Gesellschaften existenziellen kooperativen Verhalten.

3.4.3 Soziale Systeme als synreferentielle Systeme

Ein von der »Biologie der Sozialität« nach MATURANA zu unterscheidendes Modell sozialer Systeme entwickelt der Soziologe HEJL auf der Basis konstruk-

---

[619] Vgl. MATURANA (1996a), S. 301.
[620] Vgl. MATURANA (1996a), S. 300.

tivistischer Positionen. In seiner Konstruktion einer konstruktivistischen Sozialtheorie spielt insbesondere die Frage eine Rolle, inwieweit das für lebende Systeme konzipierte Modell des autopoietischen Systems auch für die Konzeption sozialer Systeme herangezogen werden kann.[621] Das hier ausgearbeitete Modell synreferentieller Systeme ist inzwischen auch auf den Ökonomen besonders interessierenden Spezialfall sozialer Systeme, das Unternehmen, übertragen worden.[622]

3.4.3.1 Ziel und Begrifflichkeiten einer konstruktivistischen Sozialtheorie

HEJL betont, dass eine konstruktivistische Sozialtheorie nicht vorgebe, ein Abbild der sozialen Wirklichkeit anzustreben oder anzubieten. Die Intention läge vielmehr in dem „Vorschlag spezifischer Beiträge zum sozialen Prozess der Erzeugung von Realitätskonstrukten,“[623] mittels derer sich die in die sozialen Prozesse eingebundenen Individuen die Möglichkeit erfolgreichen Handelns und Kommunizierens schaffen. Eine konstruktivistische Sozialtheorie erarbeite:

> „- Konstrukte (Modelle, Systeme), die unsere (Als-) Wahr-nehmungen sozialer Phä nomene dadurch erklären, dass die Komponenten der Modelle/ Systeme durch ihre Interaktionen die als Problem gewählten Phänomene erzeugen. ...
> - Die Überprüfungskriterien dieser Modelle sind nicht ihre Entsprechungen mit »der« Realität, sondern ihre Problemlösungskapazität, ihre Konsistenz und ihre Verknüpf barkeit mit Modellen aus anderen Disziplinen, z.B. der Psychologie und der Biologie im Falle der Sozialtheorie.
> - Aufgrund der erkenntnistheoretischen Annahmen müssen soziale Prozesse als Pro zesse der Erzeugung von Realitäten und auf sie abgestimmter Handlungen ver standen werden. Dies zwingt jede konstruktivistische Sozialtheorie aus syste matischen Gründen, sich mit dem Problemkreis zu beschäftigen, der durch Vorsilben »selbst-« bzw. »auto-« gekennzeichnet wird.“[624]

Zur Überprüfung, inwieweit das Prinzip der Autopoiese auf soziale Systeme übertragbar ist, differenziert HEJL die Begriffe der Selbstorganisation (bzw. synonym Selbsterzeugung), Selbsterhaltung und Selbstreferenz wie folgt: [625]

- **Selbsterzeugung/ Selbstorganisation**
  Systeme gelten als selbsterzeugend, wenn sie aufgrund bestimmter Anfangs- oder Randbedingungen als spezifische Zustände oder Zustandsfolgen (im Sinne der VON FOERSTER´schen Eigenwerte) spontan entstehen. Da die Systemkomponenten zerfallen oder aufgebraucht werden, ohne das

[621] Vgl. HEJL (1986), S. 59.
[622] Vgl. HEJL/ STAHL (2000).
[623] HEJL (1996), S. 304.
[624] HEJL (1996), S. 305.
[625] Vgl. HEJL (1996), S. 306ff.

eine Möglichkeit zur Neubildung oder Ersetzung von Komponenten besteht, umfasst die Eigenschaft der Selbstorganisation nicht die Eigenschaft der Selbsterhaltung.

- **Selbsterhaltung**
  Systeme gelten als selbsterhaltend, wenn ein selbstorganisierendes System die Anfangsbedingungen erzeugt, aus denen ein weiteres selbstorganisierendes System entstehen kann, das wiederum die Anfangsbedingungen für ein weiteres selbstorganisierendes System erzeugt usf. Selbsterhaltend sind mithin solche Systeme, die eine zyklische Verknüpfung selbstorganisierender Systeme erzeugen. Die Eigenschaft der Selbsterhaltung schließt deshalb die Eigenschaft der Selbstorganisation ein.

- **Selbstreferentialität**
  Systeme gelten als selbstreferentiell, wenn sie die Zustände ihrer Komponenten in operational geschlossener Weise verändern. Die Eigenschaft der Selbstreferentialität ist notwendig für selbsterhaltende Systeme, aber nicht alle selbstreferentiellen Systeme sind selbsterhaltend.

Als Beispiel für ein selbstreferentielles, aber nicht selbsterhaltendes System führt HEJL das Gehirn an, dass im Bereich der Kognition selbstreferentiell operiert, sich über die Kognitionsaktivitäten aber nicht als Organ selbst erhält.[626] Die Unterscheidung von Selbsterhaltung und Selbstreferenz ermögliche mithin eine differenzierte Betrachtung von Phänomenen, die zu leicht in der gleichen Kategorie zusammengefasst werden könnten.

3.4.3.2 Menschliche Gesellschaften und Hirnkapazität

Aufbauend auf dieser begrifflichen Bestimmung schlägt HEJL eine Möglichkeit zur Erklärung der Entstehung von menschlichen Gesellschaften vor, die ähnlich wie bei MATURANA, zu der Folgerung führt, dass „Menschen aus biologischen Gründen (sozial leben) und biologisch sein (können), wie sie sind, weil sie sozial leben."[627] HEJLS Erklärungsansatz nimmt seinen Ausgangspunkt in der evolutionär entstandenen großen Gehirnkapazität des Menschen. Das Gehirn stellt ein selbstreferentiell operierendes, aber nicht selbsterhaltendes Subsystem des Menschen dar, der als lebender Organismus als selbsterhaltendes System zu betrachten ist.[628] Etwas verkürzt argumentiert kann eine erweitere Gehirnkapazität in seiner geschlossenen Operationsweise eine größere Anzahl möglicher Interpretationen von Signalen erzeugen, als dies bei geringerer Kapazität möglich wäre. Erforderlich wird deshalb eine Selektion derjenigen Interpretationen,

---

[626] Vgl. dazu die Unterscheidung von ROTH in Abschnitt 3.3.6; HEJL (1996), S. 335, Anmerkung 5.
[627] HEJL (1996), S. 315.
[628] Vgl. HEJL (1996), S. 309.

die zu Handlungen führen, die das Überleben des menschlichen lebenden Organismus als Ganzem sichern. Diese Uneindeutigkeit der Signalverarbeitung interpretiert HEJL deshalb als „Gefahr", die dem Menschen aus seiner erweiterten Gehirnkapazität droht. Demgegenüber läge ihr Vorteil in der Erzeugung neuer Umwelten, wodurch neue Handlungsweisen in den Fällen erzeugt und eingesetzt werden können, in denen die bisherigen Handlungsweisen erfolglos bleiben müssten. Die „»Erfindung« von Gesellschaft"[629] erweise sich als eine Möglichkeit, die beschriebenen Gefahren zu vermeiden und gleichzeitig die Vorteile zu nutzen. Dies indem einerseits durch Mythen, Religionen, Kunst und Wissenschaft die potentielle Gefahr aus der individuell kognitiv erzeugbaren Interpretationsbreite kanalisiert würde und andererseits mögliche Gefahren – etwa aus einem Gegeneinander der Individuen – in Elemente des Zusammenhalts gewandelt würden. Die Sozialisation oder Vergesellschaftung menschlicher Individuen kann demnach als ein Prozess betrachtet werden, der dem Individuum Orientierung bei der Auswahl individuell-kognitiv erzeugter Handlungsmöglichkeiten gibt, die zur Sicherung der Erhaltung der individuellen Organismen beiträgt, wobei gleichzeitig ein Bereich geschaffen wird, in welchem das innovative Potenzial aus einer erweiterten Gehirnkapazität als Kreativität freigesetzt werden kann.

3.4.3.3 Soziale Bereiche

Einem möglicherweise aufkommenden Vorwurf des Biologismus oder Reduktionismus bei seiner Erklärung menschlicher Gesellschaften entgegenstellend, erläutert HEJL das Entstehen sozialer Bereiche anhand einer in Interaktionsprozessen zwischen Individuen entstehenden Angleichung der jeweiligen Realitätskonstruktionen. Ein einzelnes lebendes System bildet seine kognitiven Zustände durch wiederholte Interaktionen mit einem Objekt heraus, die nach einer Reihe von durch die Interaktionen bewirkten Zustandsänderungen zu einem stabilen Zustand führen können.[630] Die Erreichung eines solchen stabilen Zustandes bezeichnet HEJL als „Konstitution oder Konstruktion von Objektivität". Diese Objektivität haftet jedoch nicht dem Objekt an, sondern äußert sich in dem stabilen Zustand des lebenden Systems:

> „Es [das lebende System; Anm. d. Verf.] hat in seinem kognitiven Bereich das Verhalten der betreffenden Gegenstände dadurch trivialisiert, dass es *sich selber* in einer Weise verändert hat, die ihm gestattet, eine viable Vorstellung des betreffenden Gegenstandes zu erzeugen."[631]

[629] HEJL (1996), S. 315.
[630] Vgl. Abschnitt 3.3.6 den Begriff des »Eigenwerts«.
[631] HEJL (1996), S. 316 (Hervorhebung im Original).

Handelt es sich bei dem „Gegenstand" um ein anderes lebendes System, dass in aufeinander bezogenen, gegenseitigen Interaktionen seine Zustände ebenfalls verändert, so ist es weder dem einen noch dem anderen lebenden System möglich, eine solche Trivialisierung oder Objektivierung einseitig zu erreichen. HEJL betont deshalb, dass es notwendig sei, in einen Prozess wechselseitiger Interaktionen einzutreten, der zu einer „partiellen Parallelisierung"[632] der kognitiven Zustände der lebenden Systeme führt. Diese kognitiv parallelisierten Bereiche sind als vergleichbare Realitätskonstrukte zu verstehen und werden von HEJL als »soziale Bereiche« bezeichnet. Die Bedeutung sozialer Bereiche sieht HEJL in der durch sie sozial erzeugten Möglichkeit zu Kommunikation und koordiniertem Handeln.[633] Bemerkenswert an diesen Ausführungen ist, dass die Erzeugung der sozialen Bereiche nicht auf der Ebene der lebenden Systeme stattfindet, sondern auf der Ebene der kognitiven Subsysteme (Gehirne), die nach HEJL von einer selbstreferentiellen Operationsweise gekennzeichnet sind, aber als Organ nicht selbsterhaltend arbeiten.

Das bis hier beschriebene Erklärungsmodell menschlicher Gesellschaften bietet auf seiner Basis der Kombination von orientierenden Handlungseinschränkungen zur Vermeidung von Gefahren aus subjektiven Entscheidungen und der Eröffnung von gerade dadurch entstehenden Freiheitsgraden eine Erklärungsmöglichkeit einerseits für den „Zwangscharakter des Sozialen" und andererseits für den „Aspekt der Erzeugung und/ oder Veränderung dieser [den Zwangscharakter hervorbringenden; Anm. d. Verf.] Realitätsdefinitionen durch soziales Handeln".[634]

3.4.3.4 Bedingungen und Eigenschaften sozialer Systeme

Die von HEJL vorgeschlagene Definition sozialer Systeme unterscheidet sich von seiner Konzeption sozialer Bereiche dadurch, dass mehrere individuelle lebende Systeme nicht nur eine gemeinsame Realitätskonstruktion aufweisen, sondern darüber hinaus auf diese bezogen miteinander interagieren:

> „Ein soziales System kann definiert werden als eine Gruppe lebender Systeme, die zwei Bedingungen erfüllen:
> 1. Jedes der lebenden Systeme muss in seinem kognitiven Subsystem mindestens einen Zustand ausgebildet haben, der mit mindestens einem Zustand der kognitiven Systeme der anderen Gruppenmitglieder verglichen werden kann.
> 2. Die lebenden Systeme müssen (aus ihrer Sicht) mit Bezug auf diese parallelisierten Zustände interagieren."[635]

---

[632] HEJL (1996), S. 317.
[633] Vgl. HEJL (1996), S. 318.
[634] HEJL (1996), S. 318.
[635] HEJL (1996), S. 319; vgl. ebenso HEJL (1986), S. 62 sowie HEJL/ STAHL (2000a), S. 110.

Ergänzend zu dieser Definition untersucht HEJL die Möglichkeiten zur Bestimmung der Grenzen sozialer Systeme. Schwierigkeiten ergeben sich dabei daraus, dass die Grenze eines Sozialsystems nicht mit Hilfe einer physikalischen oder an Personen ausgerichteten Terminologie bestimmt werden könne. Bei der Definition sozialer Systeme sei insofern der Einbezug all derjenigen Komponenten zu berücksichtigen, die an der Erzeugung der zu erklärenden Phänomene beteiligt sind. Die Definition einer Sozialsystemgrenze hänge damit einerseits von der Definition des zu klärenden Problems ab und sei andererseits als „Interaktionsgrenze" zu fassen.[636] Da jeder Beobachter eines sozialen Systems Teil der Gesellschaft ist, der auch das zu beobachtende Sozialsystem zugehört und jedes Individuum eine Komponente mehrerer sozialer Systeme ist, ergibt sich insgesamt

> „*Gesellschaft* als ein Netzwerk sozialer Systeme mit den Individuen als »Knoten« (um diesen Begriff der Graphentheorie zu verwenden)".[637]

Diese Verwobenheit von sozialen Systemen über ihre Individuen in der Gesellschaft mache es unmöglich, die Grenze eines sozialen Systems als externer Beobachter zu definieren. Letztlich erweise sich die Feststellung der Grenzen sozialer Systeme als empirische Aufgabe, die durch Interaktionen mit den betreffenden Individuen ermittelt, welches aus ihrer Sicht die für das soziale System konstitutiven Interaktionen sind.

HEJL lehnt die Übertragung der für lebende Systeme entwickelten Terminologie – selbstorganisierend, selbsterhaltend sowie selbstreferentiell – auf die Konzeption sozialer Systeme ab, da sie zu Widersprüchen im Hinblick auf die besonderen Eigenschaften sozialer Systeme führe.[638] Die Eigenschaften fasst HEJL wie folgt zusammen:

- Soziale Systeme werden durch lebende Systeme konstituiert, wobei eine prinzipielle Freiheit zur Teilnahme an einem spezifischen sozialen System besteht;
- menschliche lebende Systeme konstituieren gleichzeitig eine Mehrzahl sozialer Systeme;
- soziale Systeme erzeugen ihre Komponenten in physischer Hinsicht nicht selber;
- soziale Systeme organisieren nicht alle Zustände ihrer Komponenten, so dass die Komponenten nicht auf eine einzige systemrelative Realität festgelegt werden;

[636] Vgl. HEJL (1996), S. 320f.
[637] HEJL (1996), S. 321 (Hervorhebung im Original).
[638] Vgl. zur Erläuterung dieser Widersprüche HEJL (1996), S. 322ff.

- alle Komponenten sozialer Systeme haben direkten Zugang zur Umwelt des sozialen Systems.[639]

Das wesentliche Unterscheidungsmerkmal sozialer Systeme sei jedoch die Ausbildung parallelisierter Zustände der Komponenten, „die man als physiologische Basis sozial erzeugter gemeinsamer Realitäten, von Sinn und Bedeutung, annehmen kann [und die; Anm. d. Verf.] Resultat sozialer Interaktionen und die Bedingung weiterer Interaktionen der gleichen Art (sind).“[640] Um diesem zentralen Merkmal definitorisch zu entsprechen, bezeichnet HEJL soziale Systeme als »synreferentiell«. Der Begriff der Synreferenz betone, dass soziale Systeme nicht als autopoietische Systeme zu verstehen sind – obwohl sie von solchen konstituiert werden –[641], sondern dass sich

> „a) die Kommunikationen und Verhaltensweisen, die zwischen den Komponenten eines Sozialsystems stattfinden, auf *Wissensbestände* (Wirklichkeitskonstrukte, Handlungswissen, Werte und Normen) beziehen und dass
> b) diese Wissensbestände ganz überwiegend im System selber und damit *sozial* erzeugt, elaboriert und präzisiert werden.“[642]

3.4.3.5 Folgerungen für Konservatismus, Wandel und Gesellschaft

HEJL befasst sich im Weiteren mit den Fragestellungen des Konservatismus und des sozialen Wandels sowie mit der Konzeption von Gesellschaft als soziales System oder als Netzwerk sozialer Systeme. Die zentralen Argumente sollen hier kurz dargelegt werden. Den Konservatismus sozialer Systeme führt HEJL vor allem auf zwei Aspekte zurück:[643]

- **selbstreferentielle Funktionsweise kognitiver Systeme**
  - Präferenz von in der Vergangenheit erfolgreicher Verhaltensweisen
  - Bindung der Wahrnehmung an die historisch entstandene Erkenntnisstruktur
- **Erhaltung des systemspezifischen synreferentiellen Bereiches**
  - parallelisierte Wissensbestände eines Systems erzeugen die Ausbildung eines von den Systemmitgliedern als »angemessen« oder »sinnvoll« erachteten Handlungsrepertoires
  - soziale Kontrolle und Sanktionen zur Stabilisierung des Systembereichs sozial erzeugter Wirklichkeit

---

[639] Vgl. HEJL (1996), S. 326f.
[640] HEJL (1996), S. 327.
[641] Vgl. die oben aus HEJLS Sicht bestehenden Widersprüche von Autopoiese und den Eigenschaften sozialer Systeme sowie HEJL (1986), S. 62.
[642] HEJL/ STAHL (2000a), S. 110 (Hervorhebung im Original).
[643] Vgl. HEJL (1996), S. 327ff.

Den sozialen Wandel erklärt HEJL einerseits durch das Ausscheiden von Mitgliedern eines sozialen Systems, andererseits als Ergebnis einer Koevolution der Systemmitglieder, die bewusst oder unbewusst ablaufen könne. Hierbei spielen insbesondere außerhalb des Systems gewonnene Erfahrungen eine Rolle, die zu Verhaltens- und Wahrnehmungsänderungen individueller Mitglieder und damit verbunden auch zu Modifikationen der für das System charakteristischen Verhaltensweisen führt.[644]

Die Frage, ob es sinnvoll sei, Gesellschaft als soziales System aufzufassen, verneint HEJL. Gesellschaften seien seines Erachtens vorteilhafter als „Netzwerke sozialer Systeme“[645] zu verstehen. Die Netzwerkkonzeption entbinde von der Problematik der Grenzdefinition von Gesellschaften, die sich unter verschiedenen Aspekten ändere (die geographisch-räumlich Grenze einer Staatsgesellschaft unterscheidet sich etwa von der Grenze wirtschaftlicher Aktivität). Zudem würden als Netzwerke verstandene Gesellschaften nicht als „überindividuelle Akteure“ konzipiert, so dass Gesellschaft verstanden werden könne als

> „pluralistischer Prozess der im Netzwerk sozialer Systeme verteilten Erzeugungen von Realitäten (..), auf die stets ebenfalls sozial verteilte Anpassungen an diese selbsterzeugten Realitäten folgen.“[646]

Auch bei HEJL wird schließlich die ethische Dimension einer konstruktivistischen Sichtweise bei der Konzeption sozialer Systeme deutlich:

> „Eine unsere Erkenntnismöglichkeiten und die damit bei uns liegenden Chancen und Gefahren berücksichtigende Sozialtheorie darf nicht den Bezug auf Individuen verlieren. Wo dies geschieht, werden wir als Resultat höchst spezifischer sozialer Prozesse im Namen von Objektivität oder Modernität aus unserer Verantwortung für unser Handeln und Denken entlassen und der Chancen beraubt, uns eine nach unseren Kriterien bessere Realität zu konstruieren.“[647]

3.4.4 Soziale Systeme als selbstreferentielle Systeme

Eine dritte Möglichkeit, ein Modell sozialer Systeme auf Basis der radikal konstruktivistischen Positionen zu konzipieren, entwickelte LUHMANN. Im Vordergrund seines Modellentwurfs stehen die mit der konstruktivistischen Sichtweise verbundenen systemtheoretischen Vorstellungen. Die biologischen Grundlagen – wie etwa die Erfordernisse lebender Organismen oder die Funktionsweise des menschlichen Gehirns – nehmen bei LUHMANN eine sehr viel weniger zentrale

[644] Vgl. HEJL (1996), S. 329ff; HEJL/ STAHL (2000a), S. 116f sowie ähnlich argumentierend MATURANA (1996a), vgl. Abschnitt 3.4.2.
[645] HEJL (1996), S. 332.
[646] HEJL (1996), S. 333.
[647] HEJL (1996), S. 333.

Stellung ein, als in den beiden vorangegangenen Systemmodellen. Die systemtheoretischen Konzepte der System/ Umwelt-Differenz und der Selbstreferenz bzw. Autopoiese werden von LUHMANN in einer Theorie sozialer Systeme direkt auf soziale Systeme übertragen.

3.4.4.1 Grundmerkmale: Selbstreferenz und Sinnhaftigkeit

Eine Theorie sozialer Systeme versteht LUHMANN als universelle Theorie, in der

> „jeder soziale Kontakt ... bis hin zur Gesellschaft als Gesamtheit der Berücksichtigung aller möglichen Kontakte"[648]

als System zu betrachten ist. Dabei unterscheidet er »Interaktion«, »Gesellschaft« und »Organisation« als drei mögliche Formen der Bildung sozialer Systeme.[649] Auch die Gesellschaft wird von ihm, im Unterschied zu HEJL somit explizit als System betrachtet. LUHMANN hält sich in seiner Konzeption sozialer Systeme streng an die systemtheoretischen Vorgaben. Damit ein System als selbstreferentiell oder autopoietisch gelten kann, muss es

> „die Elemente, aus denen es besteht, mit Hilfe der Elemente aus denen es besteht, (produzieren)".[650]

Aus dieser Selbstreferenz ergebe sich ganz allgemein die Fähigkeit, Beziehungen zu sich selbst herzustellen und diese Beziehungen gegen Beziehungen zu ihrer Umwelt zu differenzieren.[651] Das System stellt quasi für sich selbst fest, was sein Innen und was sein Außen ist. Das systemtheoretische Konzept der Selbstreferenz stellt somit das erste Grundmerkmal der LUHMANN'schen Theorie dar. Das Konzept selbstreferentieller Systeme wurde bereits in Abschnitt 3.3 ausführlich dargelegt und soll an dieser Stelle nicht wiederholt werden. Bevor geklärt wird, was LUHMANN als die sich selbst (re-)produzierenden Elemente sozialer Systeme betrachtet, sollen sich die folgenden Ausführungen auf das zweite von ihm bestimmte Grundmerkmal sozialer Systeme konzentrieren: die Sinnhaftigkeit.

Sinn erscheint bei LUHMANN als Phänomen, das es sozialen und auch psychischen Systemen erlaubt, die unbegrenzte Komplexität der Welt zu erfassen und für ihre Operationen verfügbar zu halten.[652] Über Sinnhaftigkeit ergibt sich für beide Systemarten der Bezug zur Welt, die Möglichkeit, einen Standpunkt

---

648 LUHMANN (1987), S. 33.
649 Vgl. LUHMANN (1987), S. 551, Anmerkung 1.
650 LUHMANN (1982), S. 369 sowie die Definition autopoietischer Systeme von MATURANA/ VARELA/ URIBE in Abschnitt 3.3.3.
651 Vgl. LUHMANN (1987), S. 31.
652 Vgl. LUHMANN (1987), S. 94.

einzunehmen und zu vertreten. Erst durch sinnhaftes Erfahren kann etwas operational verwendet werden. Im Sinn werden Differenzen erprobt, mit denen Wirkliches von Möglichem oder Unmöglichem unterschieden werden kann. Sinn stellt sich als ein Abtasten von Horizonten dar, wobei die Komplexität der Horizonte bestehen bleibt. Was dem Sinn als Mögliches, aber nicht aktuell Realisiertes oder als Unmögliches erscheint, bleibt im Sinn genauso bestehen, wie das sinnhaft als Wirkliches erfahrene. Durch Sinn wird Komplexität nicht vernichtet, wie LUHMANN es ausdrückt.[653] Im Sinn wird aber nicht nur eine gegenwärtige Sinneswirklichkeit differenziert, sondern werden zugleich auch die künftigen Möglichkeiten vorselektiert. Was sinnhaft als ein aktuell Wirkliches differenziert wird, grenzt für den weiteren Verlauf die Möglichkeiten ein, die sich an dieses Sinnerleben anschließen können. Diese Funktionen der Komplexitätserhaltung und der Möglichkeitenselektion von Sinn werden in dem folgenden Zitat deutlich:

> „Sinn ist laufendes Aktualisieren von Möglichkeiten. Da Sinn .. nur als Differenz von gerade Aktuellem und Möglichkeitshorizont Sinn sein kann, führt jede Aktualisierung immer auch zu einer Virtualisierung der daraufhin anschließenden Möglichkeiten."[654]

Die besondere Funktion von Sinn für soziale und psychische Systeme liegt der LUHMANN'schen Auffassung gemäß nicht darin, die Welt oder Teile von ihr in „Sinnvolles" oder „Sinnloses" zu differenzieren, um daraus etwa eine Motivation für weiteres Tun oder Lassen abzuleiten. Vielmehr hat etwas Sinn, wenn etwas sinnhaft wahrgenommen werden kann. Sinn ist in der LUHMANN'schen Theorie eher als ein „durch die Sinne Erfahrbares" aufzufassen. Im Falle psychischer Systeme sind es entsprechend auch „Gegenstände", die einem Bewusstsein sinnhaft zum Gegenstand werden.[655] Im Falle sozialer Systeme sind es nach LUHMANN »Themen«, die in Kommunikationen sinnhaft aufgenommen und zur weiteren Behandlung verfügbar gehalten werden können.[656] Der Begriff Sinn in diesem Sinne kann damit keine Motivation, kein Sinnstreben, bewirken, sondern ist als der Prozess zu betrachten, über den Informationsgewinnung und Informationsverarbeitung ermöglicht wird.

Unter Information versteht LUHMANN „ein Ereignis ..., das Systemzustände auswählt."[657] Ähnlich wie VON FOERSTER spricht auch LUHMANN in diesem Zusammenhang von Änderungen des Systemzustandes. Ein System, dass sinnhaft prozessiert und innerhalb dieses Prozesses seinen Zustand ändert, hat sich zum Zeitpunkt der Zustandsänderung informiert. Information sei deshalb immer nur

[653] Vgl. LUHMANN (1987), S. 94.
[654] LUHMANN (1987), S. 100.
[655] Vgl. ebenso VON FOERSTER (1993).
[656] Vgl. LUHMANN (1987), S. 114.
[657] LUHMANN (1987), S. 102.

Information eines Systems,[658] das heißt was für ein System eine Information ist, muss nicht auch für ein anderes System eine Information, geschweige denn die gleiche Information sein.

Das sinnhafte Gewinnen von Informationen findet nach LUHMANN als selbstreferentieller Prozess statt. „Sinn kann nur in bezug auf anderen Sinn Sinn sein".[659] Da Sinn als Differenzierung operiert und eine Differenz Identität erst in bezug auf andere Differenzen erhalten kann und dadurch informativ wird, unterscheidet LUHMANN drei Sinndimensionen, die sich allerdings nur analytisch trennen lassen, nicht aber isoliert auftreten können[660]:

- **Sachdimension**
  Differenz aus extern und intern, dies und anderes, ermöglicht die Zurechnung von Ursachen und damit die Unterscheidung von Erleben und Handeln
- **Zeitdimension**
  Differenz aus vorher und nachher, Vergangenheit und Zukunft, ermöglicht die Unterscheidung von konstant und variabel, von irreversibel und reversibel sowie die Neutralisierung von anwesend und abwesend
- **Sozialdimension**
  Differenz aus Alter und Ego, ermöglicht die Unterscheidung von Erlebensmöglichkeiten und Handlungsalternativen anderer.

Indem psychische und soziale Systeme diese drei Dimensionen in ihren Operationen aufgreifen und in ihrem jeweiligen Bezug zueinander bestimmen, schaffen sie die Bedingungen dafür, weitere Operationen anzuschließen. Den Unterschied zwischen den beiden sinnhaft-selbstreferentiell agierenden Systemarten, psychischen und sozialen Systemen, sieht LUHMANN in der verwendeten Operationsform, die im ersten Fall ein Bewusstsein, im zweiten Fall eine Kommunikation bildet.[661]

3.4.4.2 Abstraktion vom Menschen als Element sozialer Systeme

Ein wesentliches Kennzeichen der LUHMANN'schen Sozialsystemkonzeption ist es, dass nicht Menschen oder Personen die Elemente des Systems bilden, sondern »Kommunikationen«. Die Begründung zur Entscheidung, Kommunikationen als Elemente sozialer Systeme aufzufassen, die den selbstreferentiellen Prozess aufrechterhalten, soll hier anhand zweier Gedankenstränge erfolgen.

---

[658] Vgl. LUHMANN (1987), S. 103.
[659] Vgl. LUHMANN (1987), S. 95ff.
[660] Vgl. LUHMANN (1987), S. 112-135.
[661] Vgl. LUHMANN (1987), S. 142.

Zunächst geht es um die von LUHMANN konstatierte Notwendigkeit zur Abstrahierung von Menschen als Systemelementen, als zweites um die Definition der Systemelemente als Kommunikationen und nicht als Handlungen. Der erste Gedankengang beschreibt das Problem der »doppelten Kontingenz«, dessen Lösung eine Grundbedingung für die Möglichkeit sozialen Handelns darstellt.[662] Den Begriff der Kontingenz definiert LUHMANN wie folgt:

> „Kontingent ist etwas, was weder notwendig ist noch unmöglich ist; was also so, wie es ist (war, sein wird), sein kann, aber auch anders möglich ist."[663]

Der Kontingenzbegriff besagt mithin, dass ein Etwas nicht zwangsweise so sein muss, wie es ist, sondern mehrere Möglichkeiten hat, sich zu konstituieren. Die Notwendigkeit einer bestimmten, eindeutigen Konstitution wird folglich genauso ausgeschlossen wie die Unmöglichkeit, auch alternative Lösungen zu finden – wenn auch damit nicht gesagt ist, dass alles möglich ist. Kurz formuliert bezeichnet LUHMANN die Kontingenz als ein „so und auch anders möglich sein".[664]

Die Wirkung solcher Kontingenz in doppelter Weise bei der Entstehung sozialer Systeme erläutert LUHMANN anhand einer Situation, in der ein »Alter« auf ein »Ego« trifft. Bewusst werden nicht die Begriffe »Mensch«, »Person«, »Subjekt«, »Individuum« o.ä. verwendet, weil damit bereits bestimmte Vorstellungen oder Festlegungen verbunden sein können, die Alter und Ego als vollkommen konkretisierte Existenzen beschreiben.[665]. Denn als „was", als welche Art von Mensch, Person oder Subjekt, sich Alter und Ego im gemeinsamen Zusammenspiel erweisen, und welche Verhaltensweisen, welche Handlungen von Alter und Ego gezeigt werden, ergibt sich erst aus dem Zusammenspiel.[666] Sowohl Alter als auch Ego verfügen über die Möglichkeit, eine bestimmte oder auch eine andere Verhaltensweise für sich selbst zu bestimmen und sich darüber als das zu definieren, was sie im Zusammenspiel mit dem Anderen sein werden/wollen. Nicht nur die Position des Anderen, sondern auch die eigene Position sind zu bestimmen, weshalb LUHMANN von „doppelter" Kontingenz spricht.

Diese Unbestimmtheit von Alter und Ego sowohl im Hinblick auf den jeweils Anderen als auch im Hinblick auf das jeweilige Selbst mündet in LUHMANNs These, dass soziale Systeme unter „Verzicht auf jede substanzialisierte Auffassung von Individuen oder Akteuren"[667] konzipiert werden müssen. Eine Konse-

---

[662] Vgl. LUHMANN (1987), S. 149.
[663] LUHMANN (1987), S. 152.
[664] LUHMANN (1987), S. 47.
[665] Vgl. LUHMANN (1987), S. 153.
[666] Vgl. VON GLASERSFELD (1996), S. 412, der ebenfalls betont, dass man bei der Beschreibung einer Interaktion nicht von vornherein von bereits bestehenden Individuen ausgehen könne.
[667] LUHMANN (1987), S. 155.

quenz aus dieser Abstraktion liegt darin, dass der Mensch als psychisches System und als biologischer Organismus die Umwelt bildet, vor deren Hintergrund sich soziale Systeme herausdifferenzieren können. Die Bezeichnungen Alter und Ego sind damit als Symbole zu verstehen, mittels derer die Folgen aus dem Aufeinandertreffen unterschiedlicher Auffassungs- oder Interpretationsperspektiven dargestellt werden kann. Wer oder was die jeweiligen Perspektiven einnimmt, bleibt dabei offen.[668]

Auch über die aus doppelter Kontingenz entstehende Ordnung lässt sich ableiten, warum soziale Systeme nicht als „aus Menschen bestehend" betrachtet werden können: Alter nimmt Ego als ein System in einer Umwelt wahr und beobachtet es auf sein Verhältnis, sein Verhalten, zu und in dieser Umwelt. Da beide Systeme ihre Operationen und Zustandsveränderungen selbstreferentiell und damit intern durchführen, bleibt der Einblick in das tatsächliche Verhalten des Anderen verschlossen. Die „black boxes" werden nicht erhellt. Das, was Alter und Ego als Verhalten des jeweils Anderen wahrnehmen, ist deshalb das Ergebnis der Reduktion, die sie durch ihre eigene Wahrnehmung vornehmen. Das, was durch Ego an Alter wahrgenommen wird, wird Alter von Ego damit quasi als Verhalten unterstellt[669] und das, was unterstellt wird, hängt davon ab, was Ego überhaupt wahrnehmen bzw. erwarten[670] kann. Die Erwartung kann nun in der nächsten Sequenz bestätigt werden oder nicht. Wird sie nicht bestätigt, kann Ego die unbestätigte Erwartung herausselektieren und eine andere selbstreferentiell entwickelte Erwartung ausprobieren. Das gleiche geschieht umgekehrt aus der Sicht von Alter auf Ego. Die durch die Wahrnehmung des jeweils anderen bewirkte Selektion eigener Erwartungen führt schließlich zu einer gleichzeitigen Stabilisierung der Wahrnehmung des Anderen in seinem Verhalten in einer Umwelt auf der einen Seite und der eigenen Erwartungshaltung und Wahrnehmungsweise auf der anderen Seite.[671] Alter und Ego definieren oder konstituieren sich selbst und den anderen somit durch die Orientierung an der Unbestimmtheit durch die Selektion von Erwartungen.

> „Wenn zusätzlich zur eigenen Verhaltensunsicherheit auch die Verhaltenswahl eines anderen unsicher ist und vom eigenen Verhalten mit abhängt, entsteht die Möglichkeit, sich genau daran zu orientieren und im Hinblick darauf das eigene Verhalten zu bestimmen."[672]

---

[668] Diese Unbestimmtheit eröffnet beispielsweise die Möglichkeit, soziale Systeme und nicht einzelne Menschen in der Position von Alter und Ego zu betrachten.

[669] Vgl. ähnlich VON GLASERSFELD (1996), S. 412, der von „Unterschieben" spricht.

[670] Vgl. DROSDOWSKI (1997), Sp. 802, wonach die Bedeutung von »erwarten« u.a. als „für wahrscheinlich halten" und „einer Sache entgegensehend" definiert wird; mit dem Verb »warten« wird die Bedeutung „ausschauen, aufpassen, erwarten" verbunden.

[671] Vgl. hierzu LUHMANN (1987), S. 156ff.

[672] LUHMANN (1987), S. 166.

Die Kontingenz in beiden Dimensionen – das Auch-anders-möglich-Sein – nimmt mit jeder Sequenz ab. Die so zu Stande kommende emergente Ordnung nennt LUHMANN ein soziales System.[673] Ein solchermaßen entstandenes soziales System als »Ordnung« besteht damit nicht aus den Systemen (Menschen, sozialen Systemen), die diese Ordnung konstituieren, sondern es existiert als eigenständiges Drittes.

LUHMANN betont am Konzept der doppelten Kontingenz, dass nicht nur die Stabilisierung und Konstitution der eigenen Identität, sondern auch die Konstitution von Alter auf den von Ego unterstellten Erwartungen beruht. Das bedeutet zum einen, dass die Konstitution von Alter nicht durch Berechnung oder Vermessung erfolgt,[674] womit auch eine Kontrolle von Alter unmöglich wird. Zum anderen kann Ego Alter nur in einer solchen Komplexität konstruieren, wie es die Komplexität seiner eigenen Erwartungsstruktur zulässt. VON GLASERSFELD würde das vielleicht so ausdrücken, dass man einem Anderen nur solche Merkmale unterschieben könne, von denen man sich selbst bereits einen Begriff, eine Vorstellung gemacht hat. Nur wer eine Vorstellung davon hat, was beispielsweise »Humor« ist, kann einen anderen als humorvollen Menschen wahrnehmen und bezeichnen. In LUHMANNS Terminologie ausgedrückt, stellt ein System seine eigene Komplexität einem anderen bei der Konstitution zur Verfügung.[675]

3.4.4.3 Das Verhältnis von Handlungen zu Kommunikationen als Systemelementen

Nachdem Menschen als Elemente sozialer Systeme ausgeschlossen wurden, ist das gleiche für »Handlungen« vorzunehmen, die ebenfalls als Elemente sozialer Systeme betrachtet werden könnten: Das von Ego an Alter (und von beiden an sich selbst) beobachtete Verhalten kann als wahrgenommene Handlung interpretiert werden. Jede dieser von Ego wahrgenommenen Handlungen bestätigt Egos Erwartungen oder auch nicht und nimmt damit Einfluss – stabilisierend oder nicht – auf sein Verhalten, welches wiederum von Alter als Handlung wahrgenommen werden und entsprechend wirksam werden kann. Insofern scheint eine Handlung in eine andere zu greifen, eine Handlung den selbstreferentiellen Bezugspunkt für eine folgende zu bilden, so dass schließlich das herauskommt, was man sich von sozialen Systemen wünschen mag: ein Gebilde koordinierten Handelns. HEJL führt jedoch zu der Frage nach Handlungen als Elementen selbstreferentieller sozialer Systeme an:

---

[673] Vgl. LUHMANN (1987), S. 157.

[674] Ein solches Vorgehen wäre notwendig an die Vorstellung gebunden, dass Alter bereits existierte.

[675] Vgl. LUHMANN (1987), S. 159.

> „Eine Handlung ist eine Handlung. Alles was sonst über sie ausgesagt werden kann, benötigt mindestens ein kognitives System, für das sie etwas bedeutet, und das deshalb eine auf sie bezogene Handlung erzeugt und/ oder etwas über sie aussagt.“[676]

Handlungen an sich können demnach keinen selbstreferentiellen Prozess begründen. Eine abgeschlossene Handlung begründet keinen Anschluss für eine Folgehandlung. Ähnlich sieht das auch LUHMANN. Er führt aus, dass Handlungen in zwei Kontexten sozial konstituiert werden, und zwar als

- Handlungen als Information bzw. Thema einer Kommunikation und
- Mitteilungshandlungen.[677]

Die erste Form von Handlungen erscheint hierbei als nichtkommunikatives Handeln, als Gruppe von Handlungen, die den thematischen Kern von Handlungen ausmachen und über die kommuniziert werden kann und denen insofern bei der Stabilisierung oder Destabilisierung des sozialen Systems keine direkte Rolle zugewiesen wird. Das Mitteilen selbst, als ein Aspekt von Kommunikation, findet dann demgegenüber in der zweiten Form von Handlungen statt, etwa in Handlungen des Sprechens oder anderen Handlungsmöglichkeiten, mit denen Inhalte verdeutlicht werden können.[678] Mitteilung wird mithin als Handlung aufgefasst und ist somit nicht nur als ein zu einem Zeitpunkt beobachtbares Ereignis wahrnehmbar, sondern darüber hinaus auch einem System zurechenbar, wodurch „Adressaten für weitere Kommunikation, Anschlusspunkte für weiteres Handeln festgelegt werden“.[679] Damit wird zwar eine Richtung gegeben, eine Orientierung, worauf weitere Handlungen bezogen werden können, der Impuls, der die nächste Handlung auslöst, ist damit aber noch nicht beschrieben – eine Handlung ist eine Handlung und produziert nicht zwangsläufig eine an sie anschließende Handlung.

Das für ein selbstreferentiell geschlossenes System erforderliche Produzieren und Reproduzieren von Elementen sieht LUHMANN jedoch auf der Ebene der durch doppelte Kontingenz angestoßenen Kommunikation gegeben. Das Verständnis von Kommunikation, dass bereits in Abschnitt 3.4.1 in Aspekten und aus Sicht der radikalen Konstruktivisten dargelegt wurde, ist für die LUHMANN'sche Argumentation noch zu präzisieren. LUHMANN fasst Kommunikation als Synthese aus »Information«, »Mitteilung« und »Verstehen«, also als

[676] HEJL (1996), S. 323f.
[677] Vgl. LUHMANN (1987), S. 227.
[678] Wobei auch diese Handlungen wieder zum Thema gemacht werden können.
[679] LUHMANN (1987), S. 228.

eine dreistellige Einheit, die entsprechend drei Selektionen erfordert, um emergieren zu können:[680]

> „bei Kommunikation (geht es) nie um ein Geschehen mit zwei Selektionspunkten – weder im Sinne der Übertragungsmetapher als Geben und Annehmen, noch im Sinne der Differenz von Information und Mitteilungsverhalten. Kommunikation kommt nur zu Stande, wenn diese zuletzt genannte Differenz beobachtet, zugemutet, verstanden und der Wahl des Anschlussverhaltens zu Grunde gelegt wird."[681]

Die für das Zustandekommen von Kommunikation erforderlichen drei Selektionsleistungen lassen sich wie folgt beschreiben:[682]

- **Informationsselektion**
  Eine Information liegt als solche nicht bereits schon vor, sondern wird als eine Auswahl aus einem Spektrum von Möglichkeiten, die sich aus dem jeweils wahrgenommenen Sinnzusammenhang ergeben, konstituiert. Erst durch die Selektivität der Information lässt sich selektive Aufmerksamkeit aktivieren.
- **Mitteilungsselektion**
  Um eine Information mitzuteilen, gibt es stets mehrere Möglichkeiten. Das Verhalten, das eine Information mitteilt, ist damit eine Selektion dieser Möglichkeiten. Hiermit im Zusammenhang steht der Begriff der »Codierung«. Die Mitteilung, die Codierung, entspricht nicht der Information, die sie mitteilt, sondern stellt eine Zweitform der Information dar. Zwischen Information und Mitteilung besteht mithin eine Differenz.
- **Selektion der Differenz aus Information und Mitteilung**
  Die Differenz aus Information aus Mitteilung kann in verschiedener Weise aufgefasst werden. Ein »Verstehen« ergibt sich daraus, dass die Codierung der Information in der Mitteilung von Alter und Ego im gleichen Sinne aufgenommen wird.

Da sich das Verstehen erst aus der Handhabung der Differenz von Information und Mitteilung ergibt, muss ein Mitteilender diese Differenz so wählen, dass er erwarten kann, dass der Andere sie in seinem Sinne fassen kann – vorausgesetzt er möchte verstanden werden.[683] Welche Differenz der Andere versteht, kann er

[680] Verschieden davon das traditionelle Kommunikationsverständnis, das auf eine Zweiseitigkeit von Kommunikation gegründet wird, wie z.B. im Modell von »Sender« und »Empfänger«.

[681] LUHMANN (1987), S. 196.

[682] Vgl. LUHMANN (1987), S. 196ff.

[683] Genauso kann man allerdings auch gerade nicht verstanden werden wollen und die Differenz von Information und Mitteilung entsprechend wählen. Später lässt sich dann behaupten, dass der andere das Kleingedruckte besser hätte lesen oder besser hätte zuhören müssen, um nun nicht vor einer für ihn enttäuschenden Situation zu stehen. Alles zum

jedoch nicht wissen und muss dem Anderen deshalb in Erwartung einer Reaktion zunächst eine gewählte Differenz „zumuten". Erst an der Reaktion auf diese Erwartung lässt sich das Verstehen oder auch Nichtverstehen ablesen und erst dann ist die Kommunikation zu Stande gekommen und hat sich als Element konstituiert. Kommunikation schließt sich selber, indem sie in der Reaktionserwartung auf die Erwartungsreaktion vorgreift und diese wiederum auf die Reaktionserwartung zurückweist.[684] Der rekursive Rückgriff auf die Reaktionserwartung, anhand derer festgestellt werden kann, ob Verstehen vorliegt, bewirkt gleichzeitig eine Art der Kontrolle – die Kommunikation prüft an sich selbst, ob sie zu Stande gekommen ist, indem sie eine Vorher/ Nachher-Differenz, den Prozess der Kommunikation, betrachtet und diese sich selbst als System zurechnet. Jede Kommunikation führt deshalb – auch unausgesprochen – eine Kommunikation über Kommunikation mit sich und reflektiert sich auf diese Weise selbst. Mit jeder solcherart aus Kommunikation produzierten Kommunikation erschließt sich dem System etwas, das für weitere Kommunikationen herangezogen werden kann. Man kann die Information annehmen oder ablehnen, man kann die Art und Weise der Mitteilung befürworten oder nicht. Eine einmal durch Schließung konstituierte Kommunikation öffnet vielfältige Anknüpfungspunkte für weitere Kommunikationen, so dass die Schließung Offenheit erzeugt.

Ein so verstandener Kommunikationsbegriff weist zwei Merkmale auf, die für die Festlegung von Kommunikationen als Elemente sozialer Systeme bedeutsam sind. Zum einen ist dies die beschriebene selbstreferentielle Produktion und Reproduktion von Kommunikationen, zum anderen der Umstand, dass sich eine Kommunikation nicht weiter auflösen oder teilen lässt. Insofern erfüllt das Element Kommunikation die oben beschriebene Forderung nach Homogenität der Elemente.[685] Diese Anforderung erfüllen Handlungen nicht, da sie einerseits unterscheidbar sind in kommunikative und nichtkommunikative Handlungen und jede Handlung an sich in immer kleinere Teilhandlungen zerlegt werden kann. Kommunikationen hingegen bestehen immer nur als Einheit von Information, Mitteilung und Verstehen – betrachtete man lediglich eine Information so bliebe offen, wer sie wie mitgeteilt hat und wer sie wie verstehen sollte. Analoge Fragen stellen sich bei alleiniger Betrachtung von Mitteilung oder Verstehen. Kommunikationen lassen sich nur dadurch analysieren, dass man über sie kommuniziert und damit weitere Kommunikationen hervorbringt, die sich wiederum als Einheit aus Information, Mitteilung und Verstehen darstellen. Der selbstreferentielle Zirkel ist damit geschlossen.

Verständnis nötige, hätte man getan. Eine solche Strategie kann allerdings wiederum von dem Anderen bereits erwartet werden, so dass er entsprechend vorsorgt.

[684] Vgl. LUHMANN (1987), S. 199, S. 600f.

[685] Vgl. Abschnitt 2.2.1.2.

Die Schwierigkeit bei der Handhabung von Kommunikation als Element sozialer Systeme liegt darin, dass sie nicht sichtbar ist. Kommunikationen an sich sind nicht beobachtbar und eben nur daran zu erkennen, dass sie in Handlungen wirksam werden. Weiterhin lassen sich Kommunikationen nicht als an einem bestimmten Zeitpunkt geschehen betrachten und deshalb nicht in eine chronologische Abfolge bringen, weil sie mit ihren Erwartungen und ihrer Erwartungsreaktion im Zeitablauf vor- und zurückgreifen. Die Möglichkeit zu Beobachtung und zur zeitlichen Fixierung sind bei Handlungen wie oben beschreiben jedoch gegeben. Ein soziales aus Kommunikationen selbst konstituiertes System erscheint deshalb als Handlungssystem und erlaubt als solches (Selbst-)Beobachtung und (Selbst-)Beschreibung, die jeweils kommunikativ wirksam werden können. LUHMANN resümiert Überlegungen dieser Art wie folgt:

> „Auf die Frage, woraus soziale Systeme bestehen, geben wir mithin die Doppelantwort: aus Kommunikationen und aus deren Zurechnung als Handlung. Kein Moment wäre ohne das andere evolutionsfähig gewesen. ... Kommunikation ist die elementare Einheit der Selbstkonstitution, Handlung ist die elementare Einheit der Selbstbeobachtung und Selbstbeschreibung sozialer Systeme."[686]

Mit dieser Argumentation – Lösung von Personen als Elemente sozialer Systeme und Verhältnis von Handlung und Kommunikation – soll die Begründung der Definition von Kommunikationen als Systemelementen im LUHMANN'schen Systemmodell abgeschlossen sein.

3.4.4.4 Strukturen als Erwartungsstrukturen

Einen weiteren Aspekt des Modells selbstreferentieller sozialer Systeme anzusprechen, erscheint vor dem Hintergrund der diese Arbeit interessierende Frage nach der Strukturveränderung notwendig. In Abschnitt 3.3.4 wurde die Struktur definiert als die tatsächlichen Bestandteile und Relationen eines Systems, die in einem konkreten Fall die Organisation dieses Systems realisieren. Die Struktur gilt als der Aspekt, der bestimmt, welche strukturellen Veränderungen ein System durchmachen kann (Strukturspezifität).[687] Fraglich ist nun, wie die Struktur eines sozialen Systems, das aus Kommunikationen besteht, die sich in Handlungen zeigen, zu beschreiben ist und wie sich die Strukturspezifität auswirkt.

Die als Elemente sozialer Systeme beschriebenen Einheiten Kommunikationen bzw. Handlungen haben eine Gemeinsamkeit. Sie sind nicht von Dauer. Ein Informieren-Mitteilen-Verstehen ist in dem Augenblick, in dem es geschieht, schon wieder vorbei und auch eine Handlung ist mit ihrem Vollzug bereits beendet. Das Modell selbstreferentieller Systeme basiert damit auf einer Vor-

[686] LUHMANN (1987), S. 240f.

[687] Vgl. Abschnitt 3.3.4, MATURANA (1996), S. 93f.

stellung von Elementen „die im Entstehen schon wieder Vergehen".[688] Dieses ereignishafte Auftreten und Verschwinden von Elementen ist vor dem Hintergrund der Autopoiese sozialer Systeme insofern plausibel, als nur so ein permanentes Produzieren von Elementen möglich ist. Das Sprechen eines Satzes muss bereits abgeschlossen sein, bevor der nächste begonnen werden kann. Ohne das Verschwinden einmal gesprochener Worte würde ein Sprecher im wahrsten Sinne des Wortes den Mund zu voll nehmen (müssen). Und schließlich wären keinerlei Worte, geschweige denn Sätze mehr identifizierbar. Genauso müssen Handlungen abgeschlossen sein, um weitere Handlungen vorzunehmen. Ein Vertrag muss erst unterzeichnet sein, damit die Hand frei wird, dem Geschäftspartner gereicht zu werden – so lange das Unterzeichnen anhält, ist ein Händedruck nicht möglich.

Eine aus solcherlei flüchtigen Elementen bestehende Struktur erscheint nicht mehr zu produzieren als ein System, das kaum noch als ein „hauchzartes Gewebe"[689] betrachtet werden kann und dessen „Reißfestigkeit" damit berechtigt in Zweifel gezogen werden kann. »Struktur« muss offensichtlich mehr leisten, als lediglich aus Elementen zu bestehen. Es genügt demnach nicht, beliebige Handlungen oder Kommunikationen im Verlauf der Autopoiese zu produzieren. In ihrer Momenthaftigkeit gelingt es nicht, Kommunikationen oder Handlungen selbst in irgendeiner Weise zu qualifizieren. Die zusätzliche Leistung von Struktur muss mithin darin bestehen, „unpassende" Elemente von vornherein auszuschließen. Erst wenn eine solche Leistung erbracht werden kann, ergibt sich die Möglichkeit, ein System über die Zeit hinweg zu erhalten und nicht nur trotz, sondern wegen der Vergänglichkeit der Elemente „Reißfestigkeit" herzustellen. In LUHMANNs Theorie sozialer Systeme wird diese Leistung von »Erwartungen« erbracht:

> „Erwartungen sind, und insofern sind sie Strukturen, das autopoietische Erfordernis für die Reproduktion von Handlungen. Ohne sie würde das System in einer gegebenen *Umwelt* mangels *innerer* Anschlussfähigkeit schlicht aufhören, und zwar: von selbst aufhören. ... Dies [die Auflösung des Systems; Anm. d. Verf.] ist nur zu verhindern dadurch, dass der Handlungssinn in einem Horizont der Erwartung weiteren Handelns konstituiert wird .... Es scheint dann so, als ob das Handeln sich selbst einer momenthaften Vergänglichkeit entzieht, sich über sich hinausschwingt."[690]

Erwartungen schaffen demnach die Bedingungen dafür, dass erstens überhaupt Handlungen folgen können – quasi durch Mitnahme des Handlungssinns von der in die Vergangenheit entrückenden Gegenwart in die Zukunft, weil diese in der

---

688 LUHMANN (1987), S. 78.

689 BECKER/ KÜPPER/ ORTMANN (1992), S. 106, die diese Aussage allerdings im Zusammenhang mit »Entscheidungen«, den Elementen von Organisationen als einer Sonderform sozialer Systeme, treffen, die jedoch nicht minder flüchtig sind als Kommunikationen.

690 LUHMANN (1987), S. 392 (Hervorhebungen im Original).

gegenwärtigen Erwartung schon angelegt ist – und zweitens dafür dass die Folgehandlungen in den Handlungssinn „passen". Erwartungen strukturieren insofern den Fortgang der Handlungen und damit die Existenz eines sozialen Systems durch Lösung zweier Unbestimmtheiten und erscheinen deshalb wiederum als ein Phänomen doppelter Kontingenz, so dass die Unbestimmtheit der einen Komponente (Anschlusssuche, Vorher/ Nachher-Differenz) die Unbestimmtheit der anderen Komponente (Exklusion sinnfremder Handlungen) reduziert und umgekehrt. Erwartungen als Strukturen wirken damit als eine Selektion möglicher Relationierungen innerhalb eines sozialen Systems und erlauben so die Reproduktion des Systems von (Handlungs-) Ereignis zu (Handlungs-) Ereignis:[691]

> „Handlungssysteme benutzen die Zeit, um ihre kontinuierliche Selbstauflösung zu erzwingen; sie erzwingen ihre kontinuierliche Selbstauflösung, um die Selektivität aller Selbsterneuerung sicherzustellen; und sie benutzen diese Selektivität, um die Selbsterneuerung selbst zu ermöglichen in einer Umwelt, die kontinuierlich schwankende Anforderungen stellt."[692]

LUHMANN betont, dass Erwartungen ihre Bedeutung als Struktur für ein soziales System nicht dadurch verlieren, dass sie enttäuscht werden können.[693] Auch Erwartungen enttäuschende Antworthandlungen beziehen sich auf die Erwartung, sonst könnte sie nicht enttäuscht werden. Als Reaktionsmöglichkeiten auf Enttäuschungen erweise sich einerseits die Anpassung der Erwartung, d.h. Lernen, andererseits das Insistieren auf der Erwartung. Lernbereite Erwartungen bezeichnet LUHMANN als »Kognitionen«, lernunwillige Erwartungen hingegen als »Normen«.[694]

Die Eignung als Struktur sozialer Systeme gewinnen Erwartungen nach LUHMANN allerdings erst dann, wenn sie selbst erwartet werden. Das Erwarten müsse reflexiv werden, damit Selbstkontrolle möglich werde. In diesem Zusammenhang führt LUHMANN einen für die Vertreter des Radikalen Konstruktivismus typischen Begriff zweiter Ordnung ein, indem er von „Erwartungserwartungen" spricht:[695] Ego müsse von Alter erwarten können, was Alter von ihm erwartet, damit eine Abstimmung des eigenen Erwartens an den Erwartungen des Anderen vorgenommen werden könne. LUHMANN führt das Beispiel einer Person an, dessen Erwartung an ein pünktliches Erscheinen des Anderen vom Anderen enttäuscht wird, indem dieser unpünktlich ist. Wird diese Erwartungsenttäuschung hingenommen, ist zu erwarten, dass der Andere künftig

---

[691] Vgl. LUHMANN (1987), S. 387ff.
[692] LUHMANN (1987), S. 394.
[693] LUHMANN (1987), S. 399.
[694] Vgl. LUHMANN (1987). S, 437.
[695] Vgl. LUHMANN (1987), S. 411f, Begriff »Erwartungserwartungen« in Anmerkung 65.

nicht erwarten wird, dass Pünktlichkeit erwartet wird. Erwartet die Person eine solche mögliche Entwicklung der Erwartungserwartung des Anderen, kann er Vorsorge treffen, sofern er eine solche Erweiterung des Toleranzbereiches vermeiden möchte. Zwei Aspekte dieses Zusammenhangs hebt LUHMANN besonders hervor. Erstens entstehen die Erwartungsstrukturen nicht allein auf Basis etwa der psychischen Zustände der teilnehmenden Personen, sondern sie erweisen sich vielmehr als ein „Emergenzphänomen“, das nur im sozialen Bereich existiert. Zweitens ermöglicht nur die Reflexion des Erwartens eine Korrektur der Erwartungsstrukturen. Solange eine Handlung noch nicht vollzogen ist, lässt sich die an sie gerichtete Erwartung revidieren, wenn sie reflektiert wird.[696] Strukturen sind damit reversibel nur auf der Ebene des Erwartens von Erwartungen. Während Erwartungen auf der ersten Ebene eine Auswahl und Anschlussmöglichkeit für Handlungsereignisse anlegen, zeigt die zweite Ebene der Erwartungserwartungen, dass die Erwartungen der ersten Ebene ihrerseits auswählbar sind.

Mit der Erläuterung der Grundmerkmale sozialer Systeme in der LUHMANN′schen Theorie, Selbstreferenz und Sinnhaftigkeit, der Bestimmung von als Handlungen ausgewiesenen Kommunikationen als Elementen und der Definition von Erwartungen als eine die Elemente selektierende Struktur wird die Darlegung dieser dritten Möglichkeit zur Konzeption sozialer Systeme hier abgeschlossen.

3.4.5 Vergleich der Systemkonzeptionen

Die drei in diesem Abschnitt vorgestellten Modelle sozialer Systeme, die auf Basis einer radikal konstruktivistischen Systemtheorie konzipiert wurden, zeigen in sehr unterschiedlicher Weise, wie die Wirkungen des Prinzips der Selbstreferenz in sozialen Zusammenhängen interpretiert werden können. Trotz aller Unterschiedlichkeit lassen sich einige Parallelen feststellen. Im Folgenden soll ein auf die signifikantesten Aspekte beschränkter Vergleich der oben dargelegten Sozialsystemkonzeptionen erfolgen.

Grundsätzlich beschreiben alle drei Ansätze Möglichkeiten zur Erklärung der Entstehung und der Veränderung sozialer Systeme. Explizit werden damit die sozialen Systeme selbst thematisiert. Ohne die konkreten Inhalte ihres Tuns definieren zu müssen, können soziale Systeme aus den Perspektiven dieser Ansätze auf die Grundbedingungen ihrer Existenz überprüft werden. Diese Möglichkeit einer unmittelbaren Thematisierung sozialer Systeme als eigenständiges Phänomen ist in dem traditionellen Systemmodell erster Ordnung

[696] Vgl. LUHMANN (1987), S. 412f.

nicht gegeben. Das Problem der Existenzerhaltung in einer sich verändernden Welt kann mit der Abstrahierung von den konkreten Handlungsinhalten von der Frage, was als Richtiges zu tun sei, entkoppelt behandelt werden. Im Blickfeld liegt nun die Frage, wie ein soziales System seine Aktivität anregen und erhalten kann.

Als Grundbedingung für die Entstehung von sozialen Systemen gilt in allen drei Ansätzen das Vorhandensein einer selbstreferentiellen Wahrnehmungsfähigkeit, die es erlaubt, Differenzierungen vorzunehmen. Bei MATURANA zeigt sich diese vorauszusetzenden Wahrnehmungsfähigkeit in den von ihm formulierten Bedingungen, die bei der Beantwortung der Frage nach sozialen Systemen zu berücksichtigen seien. Dort definiert er Lebewesen als autopoietische Systeme und unterstellt damit die Fähigkeit zur Wahrnehmung und Differenzierung. In HEJLs Konzeption sozialer Systeme nimmt die Betrachtung der Funktionsweise des Gehirns als kognitives System eine besondere Bedeutung ein. Bei LUHMANN schließlich äußert sich die Wahrnehmungsfähigkeit in dem Phänomen der Sinnhaftigkeit.

Gemeinsam ist den drei Ansätzen weiterhin die These, dass sich Individualität und Sozialität nicht widersprechen, sondern dass das eine das andere nicht nur ermöglicht, sondern zu dessen Erhaltung jeweils notwendig ist. MATURANA betont diesen Aspekt aus biologischer Sicht in besonderer Weise. Ebenso wird in allen Ansätzen die historische Pfadabhängigkeit sozialer Systeme deutlich. Ein einmal erreichter Zustand lässt zwar viele Optionen für Folgezustände offen, es ist aber nicht mehr jeder beliebige Zustand möglich.

Sichtbar werden in jedem der Ansätze außerdem Möglichkeiten zur Veränderung von Systemstrukturen. Dieser Aspekt ist vor dem Hintergrund der in dieser Arbeit interessierenden Frage nach Erklärungsmöglichkeiten für die Anpassungs- und die Entwicklungsfähigkeit sozialer Systeme besonders relevant. Nach dem traditionellen Systemverständnis sind diese Fähigkeiten an das Vermögen, die Systemstrukturen zu verändern, gebunden. In den Konzeptionen von MATURANA und HEJL bilden lebende Organismen die Komponenten sozialer Systeme, die sich einerseits selbst permanent verändern, andererseits in ihrer Systemzugehörigkeit fluktuieren. In LUHMANNs Konzeption treten die Systemelemente nur ereignishaft auf, so dass deren permanente Erneuerung erforderlich ist, soll ein System über den Moment hinaus existieren.

Dass die in den drei Ansätzen beschriebenen Systemmodelle mithin permanente Strukturveränderungen vollziehen, bedeutet jedoch noch nicht, dass die dadurch ggf. ebenfalls veränderten Verhaltensweisen in irgendeiner Weise „besser“ oder „innovativer“ ausfallen, als vor den eingetretenen Strukturveränderungen. Bei MATURANA kommt dies explizit zum Ausdruck, indem er auf den Konservatismus sozialer Systeme hinweist. Die Veränderung der Systemstrukturen führt nicht unbedingt zu einem grundlegenden Wandel der Verhaltensweisen. Das Beibehalten der ein bestimmtes soziales System charakterisierenden Verhaltensweisen erweist sich sogar als notwendig, da sich über die Produktion und Reproduktion eben dieses Verhaltens das soziale System überhaupt erst konstituiert. Auch bei LUHMANN finden sich Hinweise auf den Konservatismus sozialer Systeme. Bei ihm bestehen soziale Systeme jedoch nicht aus lebenden Organismen, sondern aus Kommunikationen, die strukturell über Erwartungen verbunden sind. Er begründet den Konservatismus am Beispiel der Sonderform sozialer Systeme, der Organisation, in der Kommunikationen als Entscheidungen behandelt werden:[697]

Jeder Erwartung steht eine gewisse Anzahl von Handlungsalternativen gegenüber. Bezieht sich eine Entscheidung auf eine solche Erwartung, so wird eine dieser Alternativen gewählt, die anderen, die ebenfalls möglich sind, verworfen. Da die vorgenommene Entscheidung weitere Erwartungen hervorruft, orientiert sich der Entscheidungsprozess oftmals vor allem daran, welche Erwartungen hervorgerufen werden und weniger an den Informationen über die sachlichen Folgen der Handlungsalternativen.[698] In Organisationen mit einem hohen Konformitäts- oder Erwartungsdruck führt die Kontingenz der Entscheidungen deshalb tendenziell zu einem sicherheitsorientierten, angepassten Entscheidungsverhalten, wodurch Lernmöglichkeiten ungenutzt bleiben und selbst vertretbare Risiken vermieden werden.

> „Die Präferenz für Entscheidungen, bei denen am wenigsten Unerwartetes passieren kann ... ermutigt nicht gerade zur Suche nach besseren Alternativen".[699]

Die autopoietische Selbsterhaltung sozialer Systeme führt also nicht automatisch zu guten, geschweige denn „besten" Lösungen, sondern lediglich zur Schaffung der hinreichenden Voraussetzungen des Systemerhalts.

Ein Unterschied zwischen den Systemkonzeptionen wurde bereits angesprochen. MATURANA und HEJL betrachten lebende Organismen als Systemkomponenten, während LUHMANN sich nachdrücklich von einer solchen Vorgehensweise distanziert. Bei ihm erscheint der lebende Organismus »Mensch« als Umwelt, nicht als Element eines sozialen Systems und das betont er nachdrücklich:

[697] Vgl. Abschnitt 4.2, in dem das Verständnis von Organisationen als besondere Form sozialer Systeme präzisiert werden soll.
[698] Vgl. LUHMANN (1984), S. 597.
[699] LUHMANN (1984), S. 598.

> „Personen können nicht ohne soziale Systeme entstehen und bestehen, und das gleiche gilt umgekehrt. ... Daraus folgt allerdings nicht der Schluss, den eine bis heute nachwirkende Tradition aus dieser Notwendigkeit gezogen hatte: dass der Mensch als animale sociale Teil der Gesellschaft sei, die Gesellschaft also »aus Menschen bestehe«. ... Wer an dieser Prämisse festhält und mit ihr ein Humanitätsanliegen zu vertreten sucht, muss deshalb als Gegner des Universalitätsanspruchs der Systemtheorie auftreten.“[700]

Die Ansätze von MATURANA und HEJL scheinen damit auf den ersten Blick näher verwandt, der Ansatz von LUHMANN im Gegensatz dazu eigenständiger. Auf den zweiten Blick wird allerdings deutlich, dass auch MATURANA nicht den Menschen als objektive Gegebenheit begreift, die als Komponente für soziale Systeme zur Verfügung steht. So findet sich bei ihm die Formulierung eines „Mensch-nur-unter-Menschen-Seins“.[701] Die individuellen Verhaltensweisen, die einen Menschen als Menschen auszeichnen, ergeben sich demnach erst aus Interaktionen mit anderen Menschen, also in einem sozialen System.[702] An dem Begriff des lebenden Organismus ist mithin als wesentlich zu betrachten, dass ein solcher überhaupt Verhalten erzeugt. Insofern kann die von MATURANA vorgestellte Konzeption ebenfalls derart interpretiert werden, dass ein lebender Organismus, der als Mensch bezeichnet wird, die erforderliche biologisch-physikalisch-chemische Umwelt darstellt, innerhalb derer ein wie auch immer sich ausformendes menschliches Verhalten erzeugt werden kann. Dieses „Verhalten als Mensch“ kann dann einerseits in einem System psychischen Bewusstseins, andererseits in einem System sozialer Kommunikation in je selbstreferentiellen Zirkeln gelebt werden.

Nach einer solchen Interpretation der MATURANA´schen Sozialsystemkonzeption ist mithin der Entwurf von HEJL, nicht der von LUHMANN, als Sonderfall dieser drei Ansätze zu betrachten. Ein deutlicher Hinweis, der diese Annahme untermauert, liegt in der von HEJL vorgenommenen Unterscheidung zwischen einem selbstreferentiell tätigen, kognitiven System und einem als synreferentiell bezeichneten sozialen System. HEJL bindet den Übergang von einem selbstreferentiell-kognitiv hervorgebrachten sozialen Bereich in ein soziales System an ein tatsächliches, auf die parallel ausgebildeten Kognitionszustände bezogenes Handeln. Erst in diesem Handeln realisiert sich bei ihm das soziale System. Im Umkehrschluss heißt das, dass die lebenden Systeme die zueinander passenden kognitiven Zustände schon vor der Entstehung eines sozialen Systems in sich stabilisiert haben müssen. Kontingenz wird damit nicht wie bei LUHMANN für jeden der Beteiligten in doppelter Weise wirksam, sondern besteht nur in

---

[700] LUHMANN (1987), S. 92, Anmerkung 1.
[701] Vgl. MATURANA (1996a), S. 299.
[702] Vgl. MATURANA/ VARELA (1991), S. 141ff, über den Fund zweier unter Wölfen aufgewachsener Mädchen in Indien 1912.

eine Richtung. Die Lösung des Unbestimmtheitsproblems der ersten Kontingenzdimension, die im Hinblick auf Alter und Ego aus ihrer Eigenperspektive besteht, wird somit bereits in einer Art Vorstufe entwickelt.[703] Der selbstreferentielle Prozess der Kognition und das aufeinander bezogene Handeln erscheinen bei HEJL insofern als zwei unabhängige Aspekte, was schlüssigerweise auch zur Aufgabe des Autopoiesegedankens auf der Ebene des sozialen Systems führt. Worin bei dieser Konzeption die Motivation liegt, die entwickelten parallelisierten Kognitionszustände in sozialsystemwirksame Handlungen einzubringen, kann im Rahmen dieser Arbeit nicht geklärt werden. Auf jeden Fall liegt hier die Interpretation nahe, dass die Parallelisierung kognitiver Zustände erfüllt sein müsse, damit etwas entsteht, was ein Beobachter als koordiniertes Handeln zwischen den Elementen eines sozialen Systems bezeichnen könnte.[704]

Ein weiterer Unterschied zwischen den Systemmodellen von MATURANA, HEJL und LUHMANN liegt in den Möglichkeiten zur Bestimmung der Grenze sozialer Systeme. In den beiden selbstreferentiellen Konzeptionen von MATURANA und LUHMANN ergibt sich eine Systemgrenze aus der autopoietisch bedingten Geschlossenheit der sozialen Systeme. Als operationale Geschlossenheit lässt sich in MATURANAS Konzeption die Grenze von Sozialsystemen als eine verhaltensmäßige Grenze beschreiben. Innerhalb des Systems wird ein bestimmtes Verhalten erzeugt und praktiziert, das sich von dem außerhalb des Systems praktizierten Verhalten unterscheidet.[705] Eine als verhaltensmäßige Grenze verstandene Systemgrenze entbindet konzeptionell gesehen von der Schwierigkeit, die sich in den Systemmodellen nach der traditionellen Systemtheorie ergibt, in denen Menschen als Elemente sozialer Systeme betrachtet werden.

Diese Schwierigkeit liegt in dem Problem der Zurechnung einzelner Menschen zu je mehreren Sozialsystemen, die in der Regel über eine Partiallösung überwunden werden soll – nur der Teil eines Menschen, der für ein bestimmtes Sozialsystem relevant ist, wird diesem Sozialsystem zugerechnet.[706] LUHMANN definiert die Grenzen sozialer Systeme als Sinngrenzen. System und Umwelt werden von Systemen, die mit Komplexität sinnhaft umgehen, sinnhaft erfasst; beides existiert in voller Komplexität in der Form von Sinn und wird in und mit

703 Analog dazu auch die Interpretation von HEJL, dass soziale Systeme nicht die lebenden Systeme hervorbringt, aus denen sie bestehen. Ein Organismus »Mensch« wird damit ebenfalls in einer Art Vorstufe hervorgebracht.

704 In HEJLS Konzeption findet das Konzept der Autopoiese bis zur Vorstufe sozialer Systeme, den sozialen Bereichen, Anwendung, vgl. Abschnitt 3.4.3.

705 Vgl. MATURANA/ VARELA (1991), S. 216f, zur Unterscheidung von Organismen und Gesellschaften und die Möglichkeiten zur Erweiterung der Grenzen durch sprachliche Reflexion des an sich selbst beobachteten Verhaltens.

706 Vgl. z.B. GÖBEL (1998), S. 76f.

diesem Sinn voneinander abgegrenzt. Für das System, das eine solche Sinngrenze zieht, ist reflektiv feststellbar, in welchem Sinn es sich selbst oder ein anderes System von der Umwelt unterscheidet und damit konstituiert.[707] Beide Ansätze, der von MATURANA und der von LUHMANN, sehen damit eine Grenzdefinition vor, die zwar als wenig greifbar empfunden werden kann, mit der jedoch eine Einheit als vollständige Einheit behandelt und thematisiert werden kann.

Die Konzeption sozialer Systeme von HEJL als synreferentielle Systeme löst sich mit der Aufgabe des Autopoiesekonzeptes gleichzeitig auch von der autopoietischen Systemen eigenen Geschlossenheit. Insofern ergibt sich die Notwendigkeit, je nach Fragestellung unterschiedliche Komponenten dem System zurechnen zu müssen und das System nicht als vollständige Einheit behandeln zu können.[708] Zwar ist festzustellen, dass in der Theorie autopoietischer Systeme sich eine eindeutige Beschreibung dessen, was ein bestimmtes System „ist", nicht ergeben kann, weil dies je nach verwendeter Sinndifferenz variiert. Eine solche Abgrenzungsweise erlaubt aber, eine vollständige Einheit ohne Reduzierung zu erfassen, weil ein System bereits eine sinnhaft vorgenommene Selektion umfasst und gibt damit eine Möglichkeit mit der Komplexität umzugehen, die ein System vor seinem Hintergrund erzeugt. Darüber hinaus verdeutlicht eine sinnhaft variable Grenze die Veränderbarkeit von Systemen, die nicht mehr als in ein starres Korsett gezwängte Erscheinungen interpretiert werden müssen. In der traditionellen Systemtheorie ergibt sich hingegen die Notwendigkeit, nicht die Grenze der Zugehörigkeit, sondern die einem System zugehörigen Elemente zu benennen, woraus einerseits die Statik des Systemmodells resultiert, andererseits ein stets nur unvollkommenes Bild gezeichnet werden kann. Einem anderen Beobachter fallen ggf. weitere oder andere Elemente auf oder eine Beziehung zwischen Elementen, die nach seiner Sicht bislang unzureichende Berücksichtigung fand.

Nach diesem Vergleich, der sowohl Gemeinsamkeiten als auch Unterschiede in den Konzepten sozialer Systeme zeigen sollte, gilt es abschließend den Bogen zurück zu spannen zu dem Teil, der die Darlegung der drei Systemmodelle einleitet, zu dem Thema der sprachlichen Kommunikation. Die menschliche Sprache erlaubt als Abstraktum die Beschreibung und Thematisierung von „dinglosen" Gegenständen. In der Sprache existieren Gegenstände wie beispielsweise Verhalten, Entwicklung, Kommunikation, Erwartung, Anpassung u.a., die über keinerlei physikalische Substanz verfügen und nur über einen „sozial

[707] Vgl. LUHMANN (1987), S. 95f.

[708] Vgl. Abschnitt 3.4.3 sowie HEJL/ STAHL (2000a), S. 111, wo je nach analytischer Aufgabe entweder Individuen oder Teilsysteme des betrachteten sozialen Systems (Unternehmen) wechselnd als Komponenten des Systems herangezogen werden können.

erzeugten Sinn"[709] fassbar werden. In der Sprache wird damit die Reflexion von Verhaltensweisen, von Kommunikationen oder von (erwarteten) Erwartungen möglich und ein Weg zu deren Veränderung, Erneuerung oder Erweiterung geöffnet.

3.5 Unterschied der Konzeptionen sozialer Systeme aus den Perspektiven zweier Paradigmen

Eingeleitet wurde dieses Kapitel mit dem Hinweis darauf, dass soziale Systeme auch in den bisherigen Konzepten der Logistik thematisiert werden. In den Modellen des Fließsystemansatzes, die auf Basis des funktionalistischen Paradigmas entwickelt wurden, wird „das Soziale" selbst allerdings nicht eingeschlossen. Die Existenz eines sozialen Systems gilt bereits als vorausgesetzt. Aus dieser Basis ergibt sich die Möglichkeit beschreiben zu können, welche Prozesse in sozialen Systemen stattfinden: was wird getan und was könnte getan werden.

Im Modell sozialer Systeme des Radikalen Konstruktivismus, der dem Interpretativen Paradigma folgt, wird hingegen die Existenz eines sozialen Systems nicht vorausgesetzt. Die Frage nach den Inhalten seines Tuns ist hier insofern zurückgestellt. Denn bevor über den Inhalt von Handlungen gesprochen werden kann, muss etwas oder jemand da sein, der überhaupt handeln kann. Dieser Aspekt wurde zu Beginn dieses Kapitels unter dem Begriff der »Systemrationalität« mit einem Zitat von LUHMANN schon einmal angesprochen:

> „Es muss zunächst etwas da sein, das ... genügend gefestigt ist, und genügend Zeit hat, um sich gegenwartsferne Zwecke leisten zu können."[710]

Erst wenn sich überhaupt ein soziales System gebildet hat, in der Form einer Interaktion, in der Form einer Organisation, in der Form eines Unternehmens oder in der Form einer Gesellschaft,[711] kann es beginnen, über das, was es tut, nachzudenken und sich z.B. dazu entschließen, Mittel und Zwecke in ein Verhältnis zu bringen und dieses Verhältnis immer wieder neu zu variieren. Gleichwohl kann ein soziales System aber seine Konstitution und seine permanent notwendige Eigen-Reproduktion durch die Bestimmung dessen, was es tut, unterstützen. Aus der Sicht des Interpretativen Paradigmas liegt die Betonung hier auf dem Vorgang der Bestimmung. Wichtig ist demnach, dass

---

[709] HEJL (1996), S. 319.

[710] LUHMANN (1999), S. 13.

[711] Vorausgesetzt ist hier, dass »Gesellschaft« als soziales System betrachtet wird. Diese Auffassung muss nicht geteilt werden, vgl. z.B. HEJL (1996).

etwas bestimmt, dass etwas erkannt wird, weil sich Handlungen auf irgendetwas richten müssen, oder anders formuliert, das soziale System benötigt etwas, worum es sich (selbst) handeln kann.

Im Funktionalismus wird die objektive Existenz sozialer Systeme vorausgesetzt, dem Interpretativen Paradigma folgend ergibt sich die Existenz sozialer Systeme erst aus der individuellen Sicht eines Beobachters und dieser Beobachter kann das soziale System selbst sein. Das ist meines Erachtens der zentrale Unterschied zwischen den systemtheoretischen Modellen des Funktionalismus und des Radikalen Konstruktivismus. Fraglich ist nun, welche Schlüsse sich daraus für die Logistik und die Anpassungs- und Entwicklungsfähigkeit logistischer Systeme ziehen lassen.

4 Folgerungen aus den Systemmodellen für die Logistik

Auch in einer »Kybernetik zweiter Ordnung« werden – wie in anderen Systemtheorien auch – Systeme beobachtet. Systeme allerdings, die ihrerseits Systeme beobachten, u.a. sich selbst. Das ist der zentrale Unterschied zwischen der traditionellen Systemtheorie und der Systemtheorie, die in der Denkrichtung des Radikalen Konstruktivismus vertreten wird. In Kapitel 2 wurde festgestellt, dass die im logistischen Fließsystemansatz zu Grunde gelegte traditionelle Systemtheorie konzeptionelle Probleme im Hinblick auf die Erklärung von Strukturveränderungen, von Anpassungsfähigkeit und von Entwicklungsfähigkeit birgt. Nachdem Kapitel 3 bisher die Grundprinzipien einer radikal konstruktivistischen Systemtheorie und Möglichkeiten ihrer Übertragung auf soziale Systeme vorgestellt hat, sollen hier mögliche Folgerungen für eine theoretische Logistikkonzeption erarbeitet werden.

Auf der Basis der systemtheoretischen und erkenntnistheoretischen Grundlagen sowie der Modelle sozialer Systeme, die unter dem Interpretativen Paradigma im Radikalen Konstruktivismus entwickelt wurden, sollen die Begriffe und Aspekte vertiefend diskutiert werden, die meines Erachtens für die Logistik von besonderer Relevanz sind. Dazu gehört zunächst die Klärung der Frage, die diese Arbeit einleitete. Die Diskussion bezieht sich In Abschnitt 4.5.1 deshalb einleitend auf den Zusammenhang zwischen der Anpassungs- und Entwicklungsfähigkeit sozialer Systeme sowie Struktur- und Umweltveränderungen. Der zweite aus logistischer Sicht interessierende Bereich ist die »Organisation«. Diese Sonderform sozialer Systeme wird aus radikal konstruktivistischer Sicht in Abschnitt 4.5.2 dargestellt. Die hohe Bedeutung, die der Organisationsform des Unternehmensnetzwerkes zugeschrieben wird, veranlasst dazu, in Abschnitt 4.5.3 Entwicklungsmöglichkeiten für ein alternatives Verständnis dieser Organisationsform aufzuzeigen, das mit den systemtheoretischen Grundlagen einer Kybernetik zweiter Ordnung vereinbar ist. Für die Logistik selbst, soll in Abschnitt 4.5.4 eine Möglichkeit vorgeschlagen werden, wie sie als System/Umwelt-Differenz aufgefasst werden kann. In Abschnitt 4.5.5 soll abschließend eine rekursive Operation, die im Radikalen Konstruktivismus als grundlegende Handlungsweise vieler Systeme gilt, auf ihre Wirkung im Hinblick auf das »logistische Effizienzdenken« erprobt werden.

4.1 Strukturveränderungen und Umweltverhältnis

4.1.1 Permanente Strukturveränderung

Selbstreferentielle Systeme sind stetig im Fluss. Soviel geht aus den Ausführungen zu den Möglichkeiten der Konzeption sozialer Systeme auf der Grundlage einer radikal konstruktivistischen Systemtheorie hervor. Im Unterschied zu dem in Kapitel 2 vorgestellten Fließsystemmodell sind es bei selbstreferentiellen Systemen jedoch nicht »Objekte« die zwischen feststehenden Elementen fließen, sondern es sind die Elemente selbst, die sich entweder auf Grund ihrer eigenen Autopoiese permanent verändern oder infolge ihrer Ereignis- oder Momenthaftigkeit sogar permanent vollständig erneuern. Ein Element erlischt in dem Augenblick, in dem es erschienen ist und gibt Anschluss und Raum für ein folgendes Element. Grundsätzlich erscheint das Phänomen der Strukturveränderung im Rahmen der Theorie autopoietischer Systeme damit in einem anderen Licht als in der traditionellen Systemtheorie – sie findet laufend statt. Strukturveränderungen sind nicht wie im traditionellen Systemverständnis deshalb existenziell, weil externe Faktoren ein Mehr-oder-Weniger-Fließen bzw. das Fließen anderer Objekte als der aktuellen einfordern oder ermöglichen, sondern weil das Ausbleiben von Strukturveränderungen gleichzusetzen ist mit dem Stillstand der Autopoiese eines Systems. Der Fortbestand eines Systems ist an die Bedingung geknüpft, dass – je nach Modell – Verhaltensweisen immer wieder (re-)produziert, parallelisierte Kognitionszustände immer wieder in darauf Bezug nehmenden Handlungen aktualisiert oder Kommunikationen, die sich in Handlungen äußern, weitergeführt werden.

4.1.2 Gleichzeitigkeit von Veränderungen in System und Umwelt

MATURANA führt darüber hinaus an, dass die Fortsetzung der Autopoiese nicht nur in Verbindung mit der Aufrechterhaltung der Organisation des Systems, sondern auch mit der Aufrechterhaltung der Angepasstheit des Systems an sein Medium stehe.[712] Mit der Fähigkeit zu selbst initiierter Strukturveränderung bei gleichzeitiger Angepasstheit an die jeweilige Systemumwelt scheinen mithin die Probleme der Entwicklungsfähigkeit und der Anpassungsfähigkeit allein dadurch gelöst, dass ein System seine Autopoiese aufrechterhält.[713] Und in der Tat wird dieser Eindruck durch Aussagen wie die folgende von BAECKER bestätigt:

---

[712] Vgl. MATURANA (1996), S. 92ff.

[713] Vgl. konträr dazu die Definitionen von Anpassungsfähigkeit und Entwicklungsfähigkeit in Abschnitt 2.1.2.2.

„Es kann geschehen, was will, wenn nur jedes Ende zugleich ein Anfang ist.“[714]

Aus der traditionellen systemtheoretischen Sichtweise erscheint diese These paradox. Diese Paradoxie ergibt sich daraus, dass die Veränderungen von Systemen und ihren Umwelten als unabhängig voneinander stattfindend betrachtet werden. Aus der traditionellen Perspektive, in der die Dynamik der Umwelt gegenüber mehr oder minder unbeweglichen Systemen betont wird, folgt schlüssig das Argument, dass Verhaltensweisen überholt, Kognitionszustände veraltet sein können und heute in Kommunikationen aufgegriffene aktuelle Themen übermorgen von vorgestern sein werden. Diese Vorstellung von einseitigen Veränderungen teilt die dem Radikalen Konstruktivismus zu Grunde liegende Systemtheorie nicht. Hier werden Veränderungen von Systemen und ihren Umwelten vielmehr als beidseitiger Prozess verstanden, der mit dem Begriff der »strukturellen Kopplung«[715] bezeichnet wird.

Konzeptionell erklärt sich die beidseitige Veränderung von System und Umwelt über die Betrachtung von Systemen als System/ Umwelt-Differenzen und die Systemeigenschaft der Strukturdeterminiertheit. In Abschnitt 3.3.2 wurde bereits beschrieben, dass sich ein System als eine System/ Umwelt-Differenz konstituiert, indem durch eine Unterscheidungsoperation eines Beobachters einerseits das System, andererseits die Umwelt differenziert werden. Dem System wird eine von der Umwelt verschiedene Ordnung, eine andere Organisation, zuerkannt. System und Umwelt befinden sich damit in „struktureller Übereinstimmung“[716]. Nicht nur das System, sondern auch die Umwelt hat deshalb eine Struktur.[717] Ein externer Beobachter hat sowohl Zugang zur Struktur des Systems als auch zur Struktur der Umwelt des Systems. Für ihn ergibt sich daraus die Möglichkeit, das System gedanklich auch in einer anderen Umwelt zu betrachten. In einer anderen Umwelt wäre das betrachtete System anderen Interaktionen ausgesetzt als den aktuell beobachteten. Der externe Beobachter kann sich insofern eine Vorstellung darüber machen, dass der Verlauf der Entwicklung des betrachteten Systems ein anderer sein kann, wenn es in einer anderen Umgebung, einem anderen Milieu, vor einem anderen Hintergrund interagiert.

Das Milieu eines Systems erscheint aus dieser Perspektive das Spektrum von Interaktionen, in die ein System eingebunden sein kann, zu selektieren. Interaktionen, die in anderen Milieus möglich sind, finden in diesem Milieu nicht statt. Obwohl Systeme als strukturdeterminierte Einheiten selbst bestimmen, welche Strukturveränderungen die Interaktionen zwischen ihnen und ihrer

714 BAECKER (1993), S. 20.
715 MATURANA (1996), S. 92.
716 Vgl. MATURANA/ VARELA (1991), S. 106.
717 Vgl. VON FOERSTER (1993), S. 217.

Umwelt in ihnen auslösen, werden sie in ihrer Entwicklung insoweit von der Umwelt beeinflusst, als die Struktur des Milieus eine selektierte Menge an Interaktionsmöglichkeiten bereithält. Die in Verbindung mit Interaktionen möglichen Strukturveränderungen eines Systems erscheinen mithin als von der Umwelt selektiert, die Umwelt wird als Auswähler der Strukturveränderungen des Systems betrachtet.[718] Solange das System im Zuge seiner Strukturveränderungen seine Organisation aufrechterhält und damit weiter existiert, erscheint es einem Beobachter als an sein Milieu angepasst. Diese Selektion möglicher Strukturveränderungen erfolgt dabei jedoch nicht nur in der Richtung von der Umwelt auf das System, sondern auch umgekehrt vom System auf die Umwelt. Ein Milieu interagiert notwendigerweise mit dem System, für das es Milieu ist, so dass die durch diese Interaktionen im Milieu ausgelösten Strukturveränderungen durch das System selektiert werden. Die strukturelle Kopplung ist damit ein gegenseitiges Verhältnis, in dem sowohl das System als auch die Umwelt Veränderungen erfahren.[719]

Jedes autopoietische System gilt demnach als angepasst.

4.1.3 System und Umwelt als Einheit

VON FOERSTER gibt eine philosophische, fast schon religiös anmutende Erklärung des Verhältnisses von System und Umwelt und ihrer gleichzeitigen Veränderung, indem er nach der Zugehörigkeit von Systemen zu ihrer Umwelt fragt. Er formuliert dies anhand zweier „prinzipiell unentscheidbarer Fragenpaare", die ihre Unentscheidbarkeit daraus gewinnen, dass im Voraus kein theoretischer Rahmen bestimmt wurde, innerhalb dessen sie entschieden werden könnten.[720] Ausgehend von den beiden Fragenpaaren entwickelt VON FOERSTER im Weiteren die Begründung einer Ethik, so dass stellvertretend für »Systeme« das Sondersystem des »Ich« steht:

> „a) Das erste Fragenpaar:
> Befinde ich mich außerhalb des Universums?
> (Das heißt: Immer wenn ich meine Augen darauf richte, sehe ich wie durch ein Guckloch ein sich vor mir ausbreitendes Universum.
> *Oder:*
> Bin ich Teil des Universums?
> (Das heißt: Immer wenn ich etwas tue, verändere ich sowohl mich als auch das Universum.)

[718] Vgl. MATURANA/ VARELA (1991), S. 105f.
[719] Vgl. MATURANA/ VARELA (1991), S. 112f.
[720] Vgl. VON FOERSTER (1993g), S. 352.

b) Das zweite Fragenpaar:
Ist die Welt die primäre Ursache?
(Das heißt: Meine Erfahrung wird von der Welt bewirkt.)
Oder:
Ist meine Erfahrung die primäre Ursache?
(Das heißt: Die Welt ist Ergebnis meiner Erfahrung.)“[721]

Die unter a) und b) jeweils zuerst genannten Fragen repräsentieren das funktionalistische oder ontologische Verständnis, nach dem Realität als objektive Gegebenheit unabhängig von ihrer Beobachtung existiert. Implizit bringen sie die mit dieser Sichtweise notwendig verbundene Separierung von Systemen – hier vertreten durch das »Ich« – und ihrer Umwelt und einem daraus resultierenden Anpassungszwang zum Ausdruck. Wenn die Umwelt, oder wie VON FOERSTER sagt, das Universum, die primäre Ursache von Erfahrung ist, dann bleibt nur eine Reaktion auf das, was erfahren wird. Offensichtlich steht ein von der Umwelt separiert gedachtes System damit auch in einem steten zeitlichen Nachteil gegenüber dem umgebenden Geschehen.

Die unter a) und b) jeweils zweitgenannten Fragen repräsentieren das radikal konstruktivistische Verständnis der Interpretativen Paradigma, nach dem Realität dadurch hervorgebracht wird, dass sie als solche wahrgenommen und erkannt wird. Zur Realität gehört dabei einerseits die Umwelt, andererseits das System selbst, das eine Umwelt nur dadurch als Umwelt konstituieren kann, dass es sich selbst von dieser differenziert. Die hier vorgenommene Differenzierung kann damit nicht wie in der ontologischen Sicht als eine absolute Separierung verstanden werden, sondern ist an eine Beobachtung gebunden, die auch anders ausfallen kann. Die Umwelt existiert nur, weil das System existiert und dieses wiederum nur, weil die Umwelt existiert. System und Umwelt existieren nur als Differenz und bilden damit eine gemeinsame Einheit. Die aus dieser Einheit resultierende Gleichzeitigkeit von Veränderungen lässt sich graphisch anhand von als Formen dargestellten Systemen veranschaulichen (vgl. Abbildung 4-1).

Verändert sich eine als Einheit dargestellte Form aus System und Umwelt von einem Zustand I in einen Zustand II, so unterliegt nicht nur die Systemform dieser Veränderung, sondern entsprechend auch die Form der Umwelt, von der das System differiert. Insofern verändert ein sich änderndes System mit jeder Operation oder Handlung gleichzeitig seine Umwelt, da jede Handlung mit einer Zustandsveränderung verbunden ist.

[721] VON FOERSTER (1993), S. 352.

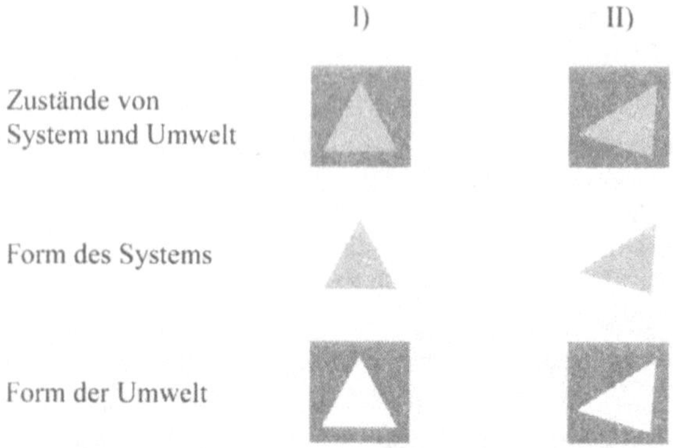

Abbildung 4-1: Veränderungen von System und Umwelt[722]
Quelle: Eigene Darstellung.

Fraglich ist nun, um auf die zweite VON FOERSTER'sche Frage unter b) zu kommen, ob die Ursache für Zustandsveränderungen in der Umwelt oder im System zu suchen ist. VON FOERSTER argumentiert hier mit dem Bild der nichttrivialen Maschine, bei der ein auf ein Input resultierender Output von den jeweiligen internen Operationen bestimmt wird.[723] Das Ergebnis wird damit auf die Operationsweise eines Systems zurückgeführt, die einen Input in dieser oder jener Weise behandeln kann. Damit ein Input von einem System operativ gehandhabt wird, muss dieser Input jedoch als solcher von dem System wahrgenommen werden.[724]

Ob damit die Ursache für Strukturveränderungen dem System zugeschrieben werden kann, bleibt allerdings ebenfalls fraglich. Ein Ursache-Wirkungszusammenhang setzt stets ein zeitliches Nacheinander voraus,[725] das bei einer gleichzeitigen Veränderung der Formen von System und Umwelt nicht gegeben ist. Die Umwelt wirkt als „Rauschen“[726], aus dem ein System Einzelnes heraus differenzieren kann, wenn es dieses Einzelne als Einzelnes erkennt, und ist deshalb als Anreger für Operationen eines Systems notwendig, die es ohne diese Anregung nicht durchführen würde.

---

[722] Einschränkend zum Aussagegehalt dieser graphischen Darstellung ist anzumerken, dass eine separierte Darstellung der Form eines Systems ohne Umwelt bzw. der Form einer Umwelt ohne System nicht möglich ist, weil unweigerlich der papierne Hintergrund als Umwelt bzw. als System erscheint.

[723] Vgl. VON FOERSTER (1993g), S. 357ff sowie Abschnitt 3.3.8.

[724] Vgl. ähnlich auch VON GLASERSFELD (1997), S. 191ff.

[725] BAECKER (2000), S. 19.

[726] Vgl. LUHMANN (1992), S. 173.

Die untenstehende Abbildung 4-2 zeigt ausgehend von einer bestimmten System/ Umwelt-Differenz zum Zeitpunkt t_1, die als Hell/ Dunkel-Differenz eingezeichnet ist, Möglichkeiten der gleichzeitigen Veränderung von System und Umwelt.

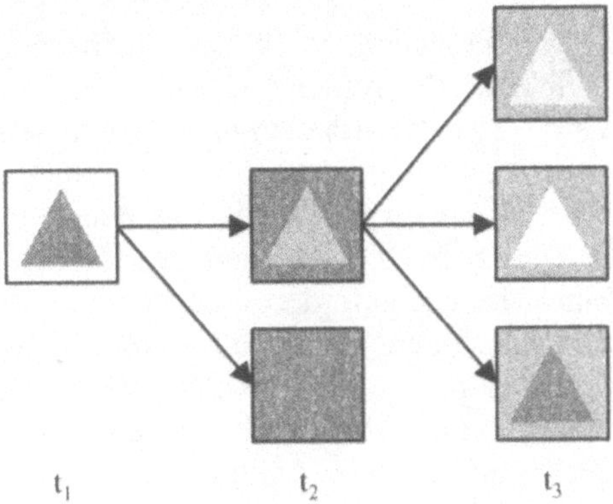

Abbildung 4-2: Differenzerhaltung
Quelle: Eigene Darstellung.

Zeitpunkt t_2 zeigt zwei alternative Veränderungen von System und Umwelt: Im oberen Feld hat die Umwelt die Dunkelheit angenommen, die zuvor dem System zueigen war, das System erhält sich durch ein Hellerwerden und aktualisiert damit die Hell/ Dunkel-Differenz. Das untere Feld zum Zeitpunkt t_2 ist vollständig so dunkel, wie das System zum Zeitpunkt t_1 war – nicht nur das System, sondern auch die Umwelt ist verschwunden. Wenn keine Differenz besteht, dann gibt es nichts, was sich bestimmen ließe – außer Unbestimmtheit, sofern diese eine eigene Differenz konstituiert.

Für den Zeitpunkt t_3 sind drei alternativ mögliche Systemzustände angegeben, wobei die Umwelt jeweils den Helligkeitsgrad aufweist, der das System in t_2 kennzeichnete: Im oberen Feld weisen die im System aufgetragenen Farbpartikel zwar den selben Helligkeitsgrad auf, wie diejenigen der Umwelt, innerhalb des Systems weist die aufgetragene Farbe jedoch eine geringere Dichte auf. Das System erscheint dadurch heller als die Umwelt. Das System konstituiert die Hell/ Dunkel-Differenz nicht über die Möglichkeit einer Farbänderung, sondern über Änderung der Partikeldichte. Eine gleiche Differenz kann damit auf verschiedene Weise realisiert werden. Im mittleren Feld nimmt das System den Helligkeitsgrad ein, den die Umwelt in t_1 aufwies. Es reproduziert hier die Eigenschaft, die zu einem früheren Zeitpunkt der Umwelt zugeschrieben wurde. Im unteren Feld zum Zeitpunkt t_3 erscheint die System/ Umwelt-Differenz aus t_2 in einem umgekehrten Verhältnis.

Grundsätzlich zeigt die obige Abbildung, dass Systemerhaltung nur durch Differenz- bzw. Grenzerhaltung möglich ist. Dabei muss die Differenz nicht unbedingt in immer gleicher Weise aufrechterhalten werden. Jeder Umweltzustand lässt verschiedene Möglichkeiten einer Systemdifferenzierung zu.

Mit dieser radikal konstruktivistischen Argumentation erhält das Thema der Strukturveränderung eine ganz andere Bedeutung für Systeme, als sie in Kapitel 2 für logistische Systeme beschrieben wurde. Strukturveränderungen erschienen dort im Sinne der Anpassung an eine sich unabhängig von Systemaktivitäten wandelnde Umwelt existenziell. Existenziell sind Strukturveränderungen auch in der Theorie selbstreferentieller Systeme. Hier aber nicht im Sinne eines unbedingten Anders-sein-Müssens, das von einer Umwelt gefordert wird, sondern im Sinne einer fortwährenden Produktion von Elementen, so dass ein jeweils aktueller Systemzustand von einem immer wieder neuen Element realisiert wird. Systemerhaltung ist deshalb zu verstehen als eine „Immunisierung gegen die Wahrscheinlichkeit des Aufhörens“[727] der autopoietischen Produktion von Elementen bzw. in der Sicherung der Anschlussfähigkeit. Trotz permanenter Strukturveränderung erscheint damit ein System nicht in jedem Fall als „verändert“ oder „neuartig“. ORTMANN spricht in einem ähnlichen Zusammenhang von der „Gleichheit in der Verschiedenheit“.[728] Wenn von Strukturveränderung gesprochen wird, sei deshalb zu fragen, was das Neue als Neues im Gegensatz zum Alten auszeichne.[729] Auch LUHMANN hebt hervor, dass bestimmt werden müsse, worauf der Begriff der Veränderung bzw. des Wandels bezogen wird.[730]

Zusammenfassend lassen sich folgende Aussagen nach der Theorie selbstreferentieller Systeme zum Verhältnis von System und Umwelt treffen:

- System und Umwelt verändern sich gleichzeitig;
- Strukturveränderungen erfolgen permanent;
- Zustandsbestimmungen erfolgen durch die Operationen des Systems, wobei die Umwelt als Auslöser, aber nicht als Ursache wirkt;
- Systemerhaltung ist einerseits als Grenz- oder Differenzerhaltung zu verstehen, worüber die Anpassung an die Umwelt gewährleistet wird und andererseits als Erhaltung der Anschlussfähigkeit, damit eine weitere Produktion von Systemelementen im Sinne einer autopoietischen (Re-) Produktion stattfinden kann.

[727] LUHMANN (1987), S. 524.
[728] ORTMANN (1995), S. 394.
[729] Vgl. ORTMANN (1995), S. 395ff.
[730] Vgl. LUHMANN (1987), S. 471.

4.2 Organisationen

Der Begriff der Organisation dürfte in einer Liste der meistdefinierten Worte wohl einen der führenden Plätze einlegen. Auch in dieser Arbeit wird nunmehr eine zweite Bedeutung an den Begriff der Organisation gebunden. In Abschnitt 3.3.4 wurde aus systemtheoretischer Sicht die »Organisation einer Einheit« nach MATURANA beschrieben als die Relationen einer Einheit, die sie als Einheit einer bestimmten Klasse definieren und damit den Grundstein für eine Identität legen. LUHMANN hingegen ist der Auffassung, dass der Begriff der Organisation zur Bezeichnung einer besonderen Art sozialer Systeme zu verwenden sei.[731] Seine Auffassung von Organisationen soll im folgenden zusammenfassend dargelegt werden. Die Theorie autopoietischer oder selbstreferentieller Systeme wurde von verschiedenen Autoren auf die Organisation übertragen, wobei die von LUHMANN formulierten Konzeptionen zu Organisationen eine Ausgangsbasis stellen. Zu nennen sind hier beispielhaft die Arbeiten von BAECKER[732], KASPER[733], WILLKE[734] sowie WIMMER[735]. Die in dieser Arbeit vorzunehmende Darlegung der Prinzipien eines Organisationsmodells, das Organisationen als autopoietische Sozialsysteme beschreibt, soll sich maßgeblich auf die von LUHMANN entwickelten Grundlagen dieses Organisationsverständnisses stützen.

4.2.1 Organisationen als Entscheidungssysteme

Organisationen, das sind in der Logistik und andernorts die Gebilde, die einerseits Probleme zu lösen helfen, andererseits Probleme verursachen. Das Spektrum der Organisationen, die sich mit logistischen Fragestellungen befassen oder der Logistik zugerechnet werden, ist breit – dazu gehören u.a. Unternehmen, Kooperationen unterschiedlichster Art, Verbände, Forschungseinrichtungen, Bildungseinrichtungen oder Ministerien. Alle diese Organisationen lassen sich als Sozialsysteme verstehen. Die betriebswirtschaftliche Logistik konzentriert sich in erster Linie auf diejenigen Organisationen, die sich mit der Erstellung logistischer Leistungen beschäftigen. Der Begriff der »logistischen Leistung« ist dabei vor dem Hintergrund der vielfältigen Arten von Flussobjekten außerordentlich

[731] LUHMANN schließt sich der Definition von MATURANA nicht an. Für das, was MATURANA als Organisation bezeichnet, genüge vielmehr der Begriff des »Systems«. Insofern liegt trotz der in dieser Arbeit vorgenommenen doppelten Definition des Begriffs der Organisation keine Doppeldeutigkeit innerhalb eines Systemmodells vor, vgl. LUHMANN (1987), S. 44f.

[732] Vgl. BAECKER (1999), (2000), (2000a).

[733] Vgl. KASPER (1990).

[734] Vgl. WILLKE (1995a).

[735] Vgl. WIMMER (1989).

weit zu fassen.[736] Alternativ zum Begriff der Organisation wird in der Logistikliteratur häufig der Begriff des »Wertschöpfungssystems« verwendet. Dieser Ausdruck lässt den nötigen Spielraum, um darunter einzelne Unternehmen oder Kooperationen, etwa aus mehreren Unternehmen wie in einem Unternehmensnetzwerk, zu versammeln. Gleichzeitig weist er noch auf etwas anderes als auf das bloße Organisiertsein der betrachteten Sozialsysteme: Er kann als Ausdruck für die Entscheidung dieser Organisationen interpretiert werden, in der jeweiligen Gegenwart einen zukünftigen Nutzen schaffen zu wollen. Anhand dieser Aussage lässt sich eine Überleitung zur Definition des Sozialsystems Organisation a lá LUHMANN herstellen:

Mit der Entscheidung, künftigen Nutzen aktuell herstellen zu wollen, kann ein Ausgangspunkt für Anschlussentscheidungen markiert werden, der in Kommunikationen aufgegriffen werden kann, die sich als weitere Entscheidungen etwa über das „Was" (welcher Nutzen), „Wie", „Wann" oder „Für-Wen" und vieles andere mehr darstellen, und die immer wieder neu entschieden werden, sobald die bereits getroffenen Entscheidungen nicht mehr aktuell sind. Es wurde eine Entscheidung produziert, die ihrerseits für die Produktion weiterer Entscheidungen herangezogen werden kann. Damit ist ein selbstreferentieller Zirkel beschrieben, der das Wesen von Organisationen im Sinne einer Theorie autopoietischer Sozialsysteme kennzeichnet. Präziser formuliert allerdings LUHMANN, was unter Organisationen als sozialen Systemen verstanden werden kann. Er orientiert sich auch bei der Definition des Sonderfalls sozialer Systeme, den Organisationen, eng an der ursprünglichen Definition autopoietischer Systeme, wie sie von MATURANA, VARELA und URIBE formuliert wurde.[737] Organisationen sind demnach

> „Systeme, die aus Entscheidungen bestehen und die Entscheidungen aus denen sie bestehen, durch die Entscheidungen, aus denen sie bestehen, selbst anfertigen.[738]

Als Elemente von Organisationen fungieren damit Entscheidungen. Da soziale Systeme im Allgemeinen nach LUHMANN aus Kommunikationen als Elementen bestehen,[739] müssen Entscheidungen mithin als eine Sonderform von Kommunikation verstanden werden, damit die Konzeptionen allgemeiner sozialer Systeme und organisierter sozialer Systeme widerspruchsfrei bleiben. Entsprechend wird der Begriff der Entscheidung von LUHMANN nicht ausschließlich als Wahlhandlung definiert, die sich an Präferenzen orientiert. Als Element eines Sozialsystems Organisation sei eine Entscheidung vielmehr als jede Handlung zu verste-

[736] Vgl. zur Definition der Knoten eines Fließsystems Abschnitt 2.2.1.2.
[737] Vgl. MATURANA/ VARELA/ URIBE (1974), S. 188, in Abschnitt 3.3.3.
[738] Vgl. LUHMANN (1988), S. 166.
[739] Vgl. Abschnitt 3.4.4.3.

hen, die „auf eine an sie gerichtete Erwartung reagiert.“[740] Entscheidungen als Elemente von Organisationen sind damit nicht als ein psychischer Vorgang zu betrachten, der erst noch kommuniziert werden muss, sondern erscheinen selbst als Kommunikationen.[741] Wenn eine Handlung erwartet wird, dann wird sie – unabhängig von wem oder von was auch immer[742] – erwartet und diese Erwartung muss nicht in einer weiteren Kommunikation formuliert werden. Als erwartete Handlung wählt eine Entscheidung nicht zwischen einer besseren oder schlechteren Alternative, sondern sie entscheidet sich, als erwartungskonforme oder als von der Erwartung abweichende Handlung zu erscheinen.[743] Als Kommunikationen weisen Entscheidungen die Merkmale auf, die im Hinblick auf Kommunikationen festgestellt wurden. Dazu gehört vor allem das Merkmal, soziales Ereignis zu sein, das aus der Synthese von Information, Mitteilung und Verstehen resultiert und für sich nicht bestandsfähig ist sowie das Merkmal, über Erwartungsstrukturen Anschlussmöglichkeiten für eine weitere Produktion von Elementen bereitstellen zu müssen, wenn sich die Organisation erhalten will.[744]

Nach dieser allgemeinen Beschreibung von Entscheidungen, stellen sich vor allem zwei Fragen: Zum einen gilt es festzustellen, was in einer konkreten Organisation Entscheidungen sind, zum anderen ist zu überlegen, was gerade diese Sonderform der Kommunikation auszeichnet, dass sie als Element von Organisationen betrachtet werden soll – warum nicht einfach »Kommunikation« schlechthin?

Wenn jede Handlung, die bewusst oder unbewusst vollzogen wird und die ganz gleich von wem erwartet wird, als Entscheidung betrachtet werden kann, solange sie nur erwartet wird, dann kann quasi alles als Entscheidung betrachtet werden. Eine Antwort auf die erste Frage kann nach LUHMANN deshalb allein systemrelativ gegeben werden:

> „Eine Entscheidung ist also alles, was eine Organisation als Entscheidung ansieht.“[745]

Was also eine Entscheidung in einer konkreten Organisation ist, entscheidet diese Organisation selbst, indem sie eine Handlung als Entscheidung wahrnimmt, und sie tut dies, wenn sie selbst diese Handlung erwartet. Eine Ent-

---

740 LUHMANN (1984), S. 594.

741 Vgl. LUHMANN (1992), S. 166.

742 Die Erwartungen können als Fremderwartungen oder als Eigenerwartungen des Handelnden selbst auftreten, vgl. LUHMANN (1987), S. 401.

743 Vgl. LUHMANN (1984), S. 595, der Fall des präferenzorientierten Entscheidens ist in diese Definition ebenso eingeschlossen, wie der besondere Fall des optimierenden Entscheidens, vgl. LUHMANN (1987), S. 400.

744 Vgl. Abschnitt 3.4.4.4.

745 LUHMANN (1992), S. 168.

scheidung ergibt sich für eine Organisation als Entscheidung nur aus ihrer Wahrnehmung und Erwartungshaltung. LUHMANN weist darauf hin, dass diese rein aus der internen Sichtweise einer Organisation sich ergebende Bestimmung einer Handlung als Entscheidung oder Nicht-Entscheidung für externe Beobachter unbefriedigt sein kann. Dies zeige sich insbesondere an Unterlassungen, wie zum Beispiel einem als zu gering erachtetem Engagement in Umweltschutzfragen. Aus Sicht eines externen Beobachters kann dies als Entscheidung der Organisation gewertet werden, wenig für den Umweltschutz zu tun, während die Organisation selbst an dieses Thema noch keine Handlungserwartungen gebunden hat und ihr Unterlassen deshalb gar nicht als Entscheidung betrachtet.[746] Die Widerstandsfähigkeit von Organisationen gegen Appelle und Erwartungen externer Beobachter wird vor diesem Hintergrund verständlich: von der Organisation nicht selbst in ihre Entscheidungsgänge eingebundenen Themen befinden sich außerhalb ihres Operationsmodus.[747]

Die zweite Frage beantwortet LUHMANN mit Hilfe des Kontingenzbegriffs, der ein stetes Auch-anders-möglich-Sein bezeichnet. Entscheidungen transformieren nach LUHMANNs Argumentation als Ereignis eine Kontingenz, die vor der Entscheidung bestand, in eine andere Form der Kontingenz, die nach der Entscheidung besteht und reduzieren so die Komplexität des dann noch Möglichen:[748]

> „Vor der Entscheidung gibt es die Differenz der Alternativen, nach der Entscheidung gibt es zusätzlich eine Relation zu dieser Relation, nämlich die Beziehung der ausgewählten Alternative zu dieser Auswahldifferenz. Zwei Formen der Kontingenz, offene Kontingenz und Auch-anders-möglich-gewesen-Sein der getroffenen Entscheidung kommen zur Einheit. Die Entscheidung überträgt die Kontingenz aus der einen in die andere Form; und dass sie das kann, ist dadurch gesichert, dass die Kontingenz an Erwartungen entlang konstituiert wird, die die Situation strukturieren."[749]

Die Leistung einer Entscheidung durch die Transformation künftiger in vergangene Kontingenzen ist demnach als Strukturationsleistung zu betrachten. Mittels der Kontingenztransformation wird der Sinnbezug der Entscheidungshandlung an Folgehandlungen weitergegeben, die als erwartete Handlungen wiederum als Entscheidungen erscheinen und die den erwarteten und eben nicht einen beliebigen Sinnbezug aufnehmen. Jede aus einer Entscheidung produzierte Entscheidung ist damit ein bereits schon selektiertes Element. Und obwohl jede Entscheidung insofern bereits eine Selektion repräsentiert, darf sie im Vorfeld nicht eindeutig bestimmt werden, denn dann wäre nichts mehr zu entscheiden.

---

[746] Dass allerdings nicht alle Organisationen gegen dieses Thema resistent sind oder bleiben müssen zeigen z.B. HAASIS/ KRIWALD (2001) oder HAASIS/ BLUME/ SCHLUMBOHM (2002).
[747] Vgl. LUHMANN (1992), S. 168.
[748] Vgl. LUHMANN (1992), S. 170.
[749] LUHMANN (1987), S. 402.

Es müssen Spielräume offenhalten gehalten werden, in denen die Entscheidung als Entscheidung getroffen werden kann. Ein Offenhalten notwendiger Entscheidungsspielräume ist dadurch möglich, dass der mit einer Entscheidung weitergegebene Sinnbezug nicht alle Sinndimensionen gleichzeitig festlegt. So kann sich eine Entscheidung auf die Sachdimension beziehen und lässt offen, wann (Zeitdimension) und von wem (Sozialdimension) diese Sache erledigt werden soll.

Eine Entscheidung strukturiert damit in einem weitaus stärkeren Maße ihre Anschlüsse, als Kommunikationen dies gemeinhin tun. In Kommunikationen lassen sich diese und jene Themen aufgreifen und wieder verwerfen, um einen anderen Faden weiterzuspinnen. In der Entscheidung wird dieser Freiheit eine Richtung gegeben. Eine Entscheidung stellt insofern in erster Linie eine Selektion dar: sie entscheidet, dass dieses und nicht jenes der Fall sein soll und schafft damit eine abstrakte Version von Gewissheit über das, was da kommen wird und sei es auch nur eine Gewissheit darüber, dass der Sinnbezug in Form einer Erwartung weiterexistiert.[750]

Im Zusammenhang mit Entscheidungen als Elementen von Organisationen hebt BAECKER drei Aspekte hervor, die hier aufgegriffen werden sollen:

Erstens thematisiert nach BAECKER die Entscheidung im Vorfeld ihres Entschiedenseins mehrere Alternativen, die in ihrer Abstraktheit den gleichen Realitätsgrad wie auch Ungewissheitsgrad aufweisen, wie die Alternative, die die Entscheidung letztlich auswählt. Entscheidungen erbringen damit eine doppelte Leistung, indem sie Kontingenzen einerseits thematisieren und andererseits reduzieren, so dass der Kontext, auf den sich die Entscheidung bezieht in einem breiteren Ausmaß aufgegriffen und widergespiegelt wird, als er allein durch die Selektion abgebildet wird. Diese Doppelleistung von Entscheidung sieht BAECKER als ein Zeichen für die Kontextsensitivität von Entscheidungen an.[751]

Der zweite Aspekt schließt sich diesen Überlegungen an. Die vor der Entscheidung bestehende Ungewissheit kann dazu führen, dass die Entscheidung gefährdet wird. Man kann sich nicht entscheiden und sucht weiter nach Gewissheit, ob diese oder jene Option den ausgewählten Kriterien folgend die bessere sei. Eine Entscheidung findet aus diesem Dilemma heraus, wenn sie im Zuge der Reduktion von Ungewissheit die Ungewissheit in einer anderen Hinsicht wieder einführt. Man entscheidet sich für einen Bewerber, lässt es aber im Ungewissen, ob dieser nach der Probezeit übernommen wird. Die Ungewissheit einer Entscheidungssituation wird damit gleichzeitig reduziert und nicht reduziert. Die Reduktion liegt in der Auswahl einer Alternative, die Nicht-Reduktion in der Weitergabe der Ungewissheit an eine folgende Entscheidung. Die Suche einer

[750] Vgl. LUHMANN (1987), S. 399ff.
[751] Vgl. BAECKER (1999), S. 196.

Entscheidung erweist sich nicht nur als Suche nach Gewissheit, sondern ebenso als Suche nach Möglichkeiten, Ungewissheit weiterzugeben und so für den Moment zu absorbieren. Entscheidungen sind deshalb nicht nur Entscheidungen über kontingente Sachverhalte,

> „sondern gleichzeitig immer auch Entscheidungen darüber, in welchen Hinsichten Ungewissheit zugelassen wird und in welchen nicht."[752]

Der dritte von BAECKER betonte Aspekt klingt ebenso banal wie bizarr:

> „Nur Unentscheidbares ist entscheidbar."[753]

Unentscheidbar ist das, was ungewiss ist und Ungewissheit liegt vor, solange nur Unbestimmtes vorliegt, das sich in verschiedener Weise interpretieren lässt. Die Unbestimmtheit gibt aber keine Anhaltspunkte für Präferenzen, jede Option kann gleichermaßen richtig und falsch, besser oder schlechter, geeigneter oder ungeeigneter sein. Im Widerspruch, dass nur Unentscheidbares entscheidbar ist, gibt es kein Zeichen, das auf eine Lösung weist, außer demjenigen, dass der Widerspruch die Erwartung seiner Auflösung ausspricht. Mit LUHMANN wird die im Widerspruch komprimierte Unsicherheit so zu etwas fast Sicherem, zu der Sicherheit, dass etwas geschehen muss.[754] Der Widerspruch bündelt indem er eine Erwartung enthält Aufmerksamkeit. Die Erwartung selbst bleibt unpräzise, sie provoziert eine Entscheidung, ohne zu bezeichnen im Hinblick worauf und hält damit alle Möglichkeiten offen. Jedwede Entscheidung konstituiert in die Unbestimmtheit des Widerspruchs eine Differenz hinein, die dann daraufhin betrachtet werden kann, ob sie angemessen war oder nicht. Entscheidungen lassen sich damit insgesamt als

> „die Eigenwerte der Kommunikationsprozesse innerhalb einer Organisation"[755]

charakterisieren. Entscheidungen erscheinen als Kommunikationen, die eine Ordnung schon mit sich bringen. Insofern sind die Elemente einer Organisation von der Eigenschaft gekennzeichnet, mit der ihre Gesamtheit bezeichnet wird: sie sind organisiert.

4.2.2 Autonomie und Strukturierung von Organisationen

Selbstreferentielle Systeme sind autonom. Dieser Grundsatz geht aus der allgemeinen Theorie selbstreferentieller Systeme hervor.[756] Die Autonomie von

---

[752] BAECKER (1999), S. 195.
[753] BAECKER (1999), S. 201; zitiert nach VON FOERSTER (1989), S. 32.
[754] Vgl. LUHMANN (1987), S. 506.
[755] Vgl. BAECKER (1999), S. 201.

Organisationen lässt sich auch aus der von LUHMANN dargelegten Selbstherstellung von Entscheidungen als Systemelementen ableiten: jede Organisation bestimmt in eigenen Operationen und unabhängig von externen Steuerungen, was als Entscheidung behandelt wird und was nicht. Eine Organisation differenziert sich dabei durch ein Verfahren der Eigenzurechnung von Entscheidungen gegenüber der Umwelt aus, so dass eine auch von außen beobachtbare, selbstkonstituierte Grenze entsteht.[757] Sowohl von der Organisation als auch von externen Beobachtern lässt sich damit feststellen, dass eine Entscheidung die Entscheidung der beobachteten Organisation war und nicht diejenige einer anderen sozialen Einheit. Die Autonomie von Organisationen bedingt, dass jede Organisation selbst bestimmt, welche Aspekte der Umwelt, die sie wahrnimmt, als entscheidungsrelevante Aspekte behandelt werden und welche nicht oder ob ein in der Umwelt wahrgenommenes Ereignis, eine Ressource oder ein anderer Akteur, als bedeutsam einzuschätzen ist oder nicht. Eine objektiv beschreibbare Situation der Umweltverhältnisse und ihrer Präferenzen gibt es damit nicht:

> „Alles kommt, mit anderen Worten, darauf an, was in Entscheidungen explizit oder implizit zitiert wird; und es gibt keine davon unabhängige Realität, die eine Organisation direkt beeinflussen könnte."[758]

Trotz der beschriebenen Autonomie von Organisationen, sind diese keineswegs als umweltlos zu verstehen und es ist ebenso wenig ohne Belang für eine Organisation, was sich in der Umwelt regt.[759] In Abschnitt 4.1 wurde das Verhältnis zwischen System und Umwelt als gleichzeitiges Verhältnis beschrieben, das auf der Differenz zwischen beiden Seiten gründet. System und Umwelt sind nur als Einheit existent und nur in der Differenz, die sich aus der Perspektive eines Beobachters ergibt. Für Organisationen stellt sich die Umwelt deshalb als ein ständiger Bezugspunkt dar, in LUHMANNs Worten „als Irritation, als Störung, als Rauschen",[760] der aber nur dadurch für das System sinnvoll wird, dass er auf die Entscheidungen einer Organisation bezogen wird, und dieses auf die eigenen Entscheidungen beziehen, kann nur die Organisation selbst tun.

Nicht jede Änderung der Umwelt wird von einer Organisation wahrgenommen und nicht jede wahrgenommene Änderung wird von einer Organisation operativ verwendet oder zum Anlass für Veränderungen der Operationen in der Organisation genommen. Ein Moment der Umwelt, das im ständigen Bezugnehmen der Organisation auf die Umwelt als Veränderung wahrgenommen wird und das von der Organisation als relevant für die eigene Entscheidungstätigkeit betrach-

---

[756] Vgl. Abschnitt 3.3.6.
[757] Vgl. LUHMANN (1992), S. 166.
[758] LUHMANN (1992), S. 166.
[759] Vgl. LUHMANN (1992), S. 166f.
[760] LUHMANN (1992), S.173.

tet wird und diese ändern kann, wird von LUHMANN als Information bezeichnet. Dabei betont er, dass jede Information ein Eigenprodukt der Organisation ist, die sie selbst als Information erfahren hat.[761] Einzig von der laufenden Irritation durch die Umwelt könne sich eine autonome, selbstreferentielle Organisation nicht befreien, denn das bedeutete, den Bezug zur Umwelt und damit die Abgrenzung zur Umwelt aufgeben zu müssen. Die Organisation kann mithin nicht beliebig über die Erzeugung oder Nicht-Erzeugung von Informationen verfügen. Aber auf welche Weise sie die Umwelt als Auslöser und Möglichkeitenhorizont in ihren eigenen Operationen behandelt, das bestimmt sie selbst.

In der ständigen Bezugnahme auf die Umwelt filtert eine Organisation entsprechend ihres Wahrnehmungs- und Operationsmodus Informationen aus und über die Umwelt. Diese Informationen kann sie in ihren Entscheidungsoperationen verarbeiten und muss das auch, da sie als Organisation darauf angewiesen ist, ständig Entscheidungen zu produzieren. Damit die Organisation fähig wird, laufend Entscheidungen zu produzieren, sind Einschränkungen notwendig, weil die durch die Umwelt ausgelösten Informationen nicht minder vielfältig sind als die Möglichkeiten, hieraus Entscheidungen zu generieren. Wie sollte eine Organisation da also noch zu einer Entscheidung kommen können? Auf welche Mechanismen der Einschränkung möglicher Entscheidungen können Organisationen zugreifen? Eine grundlegende Einschränkung ist im Zusammenhang mit der besonderen Eignung von Entscheidungen als Elementen organisierter Sozialsysteme bereits genannt worden: Entscheidungen stellen bereits selbst eine Selektion dar.

In welcher Weise eine Organisation ihre Entscheidungszusammenhänge strukturiert, d.h. vor allem: strukturell einschränkt, beschreibt LUHMANN mit den Begriffen der »Redundanz« und der »Varietät«. Redundanz ergibt sich aus der Sicht eines externen Beobachters auf eine Organisation dann, wenn die Kenntnis einer Entscheidung einer bestimmten Organisation Rückschlüsse auf ihr Entscheidungsverhalten in der Vergangenheit und in der Zukunft zulässt. Die Varietät bezeichnet hingegen die Verschiedenartigkeit der Entscheidungen.[762] Zwischen diesen beiden Mustern zur Strukturierung von Entscheidungen können LUHMANN zufolge Organisationen in Anbetracht von Umweltturbulenzen pendeln:

- eine Erhöhung der Redundanz sorgt für Stabilität, für Übersichtlichkeit innerhalb der Organisation, erhöht aber gleichzeitig das Komplexitätsgefälle zwischen Organisation und Umwelt,

---

[761] Vgl. LUHMANN (1992), S. 173, vgl. zum Thema der Sprache Abschnitt 3.4.1 sowie zu Information als Zustandsveränderung Abschnitt 3.3.8.

[762] Vgl. LUHMANN (1992), S. 174.

- eine Erhöhung der Varietät verringert die Komplexitätsdifferenz zur Umwelt, strukturiert nachfolgend zu treffende Entscheidungen aber in einem geringen Ausmaß vor.[763]

Welche Möglichkeit zur Strukturierung von Entscheidungen einerseits, zur Handhabung möglicher Umweltturbulenzen andererseits, „die bessere" ist, kann zwar schwerlich bestimmt werden, die beiden Begriffe zeigen aber, dass jede Organisation wählen muss zwischen der Möglichkeit, die die Anschlussfähigkeit innerhalb der Organisation stärker sichert und der Möglichkeit, die Differenz zur Umwelt weicher zu ziehen und größere Komplexität zulässt.[764]

LUHMANN untersucht weiter, in welchen Formen Organisationen ihre Redundanzen gestalten können. Über die Mechanismen zur Erzeugung von Redundanz wird eingeschränkt, was in einer Organisation als Entscheidung behandelt werden kann, da in der Redundanz eine Begrenzung der Entscheidungsvielfalt vorgenommen wird. LUHMANN nennt drei solcher Redundanzen erzeugender Mechanismen:[765]

- Entscheidungsprogramme (Zwecke und Konditionalprogramme),
- Festlegung von Kommunikationswegen,
- Personen.

Diese Auflistung von Mechanismen zur Entscheidungsverdichtungen von Organisationen zeigt die Andersartigkeit einer Organisationstheorie, die auf dem Paradigma der Selbstreferentialität beruht, in seiner wohl radikalsten Weise. Zwecken – wozu auch der Zweck, logistische Leistungen bereitzustellen, gezählt werden muss – wird ihr hehrer Rang nicht deshalb zugewiesen, weil ohne ihre Erfüllung die Welt – und sei es auch nur die begrenzte eines einzelnen Kunden – weniger rund liefe, sondern deshalb, weil sie in besonderer Weise zur Lösung des Problems der Entscheidungsstrukturierung von Organisationen beizutragen vermögen.[766] Diese Sicht auf Zwecke relativiert das als Zweck Bestimmte, weil sie die Möglichkeit eröffnet, nach anderen Mechanismen der Entscheidungsstrukturierung zu fragen: Kann ein anderer Zweck oder gar ein anderer Mechanismus zur Entscheidungsstrukturierung mit gleicher oder zumindest hinreichender Wirkung im Hinblick auf die Sicherung der Anschlussfähigkeit von Entscheidungen gefunden werden? Jeder Zweck steht damit vor allem in einem funktionalen Verhältnis zu der Organisation, die ihren Zweck

---

[763] Vgl. LUHMANN (1992), S. 174ff.

[764] Vgl. zur Erhaltung der Differenz und zur Sicherung der Anschlussfähigkeit im Rahmen des Systemerhalts die Ausführungen in Abschnitt 4.1.3.

[765] Vgl. LUHMANN (1992), S. 176ff.

[766] Vgl. zum Zweck als wirksamstes Mittel zur Entscheidungsstrukturierung LUHMANN (1999).

selbst als ihren Zweck bestimmt. Als oberste Maxime der Organisation kann der Zweck, ganz gleich um welchen es sich handelt, aus dieser Sicht nicht mehr betrachtet werden.[767]

Der zweite Punkt, die Festlegung von Kommunikationswegen, ist von LUHMANN weniger im Sinne einer Repräsentation von Hierarchie gemeint, sondern ebenfalls vor dem Hintergrund der Entscheidungsselektion zu sehen. Die Kenntnis der Mitwirkung lässt Rückschlüsse auf die zu erwartenden Entscheidungsergebnisse zu, d.h. die Festlegung der Beteiligung sichert den Rahmen für den Erhalt bestimmter Entscheidungen.[768] Im dritten Punkt – Personen – sieht LUHMANN eine besonders ausgeprägte Möglichkeit zur Sicherung der Redundanz in Organisationen:

> „Wenn man eine Person kennt, kann man sich leicht eine Vorstellung davon machen, wie sie entscheiden wird, und man kann im Hinblick auf eine solche Vorstellung auswählen, was man ihr sagt und was man ihr verschweigt."[769]

Der Begriff der »Stelle«, der in der traditionellen Organisationstheorie die kleinste organisatorische Einheit bezeichnet, findet im Zusammenhang mit den drei genannten Mechanismen zur Eingrenzung von Entscheidungen eine Möglichkeit, sich in eine Theorie selbstreferentieller Organisationen einzuordnen. Eine Stelle bündelt die drei Möglichkeiten der Strukturierung von Entscheidungen indem sie programmatische Aspekte auf eine Person bezieht und in festgelegte Kommunikationswege einbindet. Eine Organisation stabilisiert durch diese Bündelung die drei Mechanismen zur Entscheidungsstrukturierung. Der Zweck, der Kommunikationsweg und das Personal könnten zwar jeweils anders aussehen, wenn aber Veränderungen vorgenommen werden sollen, dann müssen sie nicht gleich vollständig vorgenommen werden: nicht der gesamte Zweck muss geändert werden, nicht das gesamte Personal ausgetauscht und es müssen nicht die Kommunikationswege vollständig neu gebahnt werden, wenn es einmal hakt. Es lässt sich auch die Aufgabenbeschreibung oder die Besetzung einer Stelle verändern oder ein Kommunikationsweg ausweiten oder verkürzen.[770]

Die beschriebenen Mechanismen zur Entscheidungsstrukturierung grenzen jeweils ein, welche Entscheidungsmöglichkeiten im Fortgang der autopoietischen Entscheidungsproduktion bestehen und welche nicht. Insofern lässt sich auch von Verfahren sprechen, die zur Qualifikation der Elemente einer Organisation beitragen: die Entscheidungsoperationen müssen weiterlaufen, aber die Auswahl der Entscheidungen ist nicht beliebig. Nicht in den Entscheidungs-

767 Vgl. ORTMANN (1995), S. 114ff.
768 Vgl. LUHMANN (1992), S. 177.
769 Vgl. LUHMANN (1992), S. 177f.
770 Vgl. LUHMANN (1992), S. 178.

zusammenhang passende Elemente werden durch die Struktur der Organisation, die über verschiedene Mechanismen die Entscheidungsprämissen bestimmt, von vornherein ausgegrenzt. Auf diese Weise sichert die Organisation durch Einschränkung die Anschlussfähigkeit und Differenzerhaltung und gewinnt dadurch den Raum, eigene Operationen autonom vornehmen zu können.

4.2.3 Mensch und Technik in Organisationen

In den Organisationsmodellen, die in der Logistik diskutiert werden, bilden Menschen und technische Einrichtungen die Elemente der Organisationen – Mensch und Technik haben damit eine im wörtlichen Sinne des Wortes „elementare Bedeutung" in den sozio-technischen Systemen der Logistik.[771] Ausgehend von der Theorie autopoietischer Systeme bilden Menschen hingegen die Umwelt sozialer Systeme,[772] und der Bereich der Technik fand in den bisherigen Ausführungen im Zusammenhang mit sozialen Systemen noch gar keine Erwähnung. Man kann deshalb fragen, wo denn Mensch und Technik im autopoietischen Entscheidungssystem einer Organisation bleiben.

Der Zusammenhang zwischen Entscheidungen und Handlungen auf der einen Seite sowie Technik und Menschen auf der anderen Seite wird in der organisationstheoretischen Literatur zum Teil als unzureichend erfasst kritisiert.[773] MARTENS formuliert eine nachdrückliche Zusammenfassung dieser Kritik:

> „Mit ... der ausschließlichen Konzentration auf das soziale System als eine eigenständige Einheit, die in den auf Luhmanns Theorie basierenden organisationstheoretischen Arbeiten vorliegt, verschwindet also der „technische" Zusammenhang von menschlichen und maschinalen Operationen aus dem Blick. Die technische Seite des Betriebes – und dazu gehört auch die Arbeit – erscheint in der Theorie nur noch als Kommunikationsthema. Sie ist nicht mehr selbst Thema der Organisations- und Managementwissenschaft, und auch die Verbindung des „technischen" und des „sozialen" Teils des Betriebes wird nicht mehr gedacht. ...
> Man kann vor diesem Hintergrund auch gut verstehen, warum die Luhmann'sche Variante von Betriebswirten ... gerade in diesen Hinsichten abgewiesen wird."[774]

Menschen werden in der Theorie autopoietischer Systeme als Umwelt sozialer Systeme aufgefasst. Dies wurde bereits in den Abschnitten 3.4.4.2 und 3.4.5 angeführt. Sie verlieren damit im Vergleich zu traditionellen Organisationsmodellen, wie sie auch in der Logistik verwendet werden, ihre zentrale Stellung

[771] Vgl. Abschnitt 2.2.1.
[772] Vgl. Abschnitt 3.4.4.2.
[773] Vgl. z.B. MARTENS (1992), (1997); BECKER/ KÜPPER/ ORTMANN (1992); GÖBEL (1998), S. 76.
[774] MARTENS (1997), S. 273f.

in der Organisation als Element. An ihre Stelle treten hingegen sehr „luftige“[775] Elemente: Entscheidungen. Die Theorie autopoietischer Systeme unterscheidet sich aber von der traditionellen Systemtheorie dadurch, dass sie dort eine Umwelt definiert, wo traditionell Nirwana herrscht. Umwelt ist in Form eines Hintergrundes, von dem sich etwas anderes unterscheiden kann immer gegeben und existenziell für das System, das sich von diesem Hintergrund als seiner Umwelt abgrenzt. Die Umwelt, der Mensch, ist deshalb für ein soziales System auch in Form einer Organisation nicht unwichtige Nebenbedingung, sondern, obwohl nicht elementar, ebenso existenziell: ohne Umwelt kein System, ohne »Mensch« keine Organisation.[776]

Menschen handeln. Irgendetwas tun sie immer und sei es, dass sie dem Nichtstun frönen. Handlungen lassen sich vom Menschen unterscheiden, das zeigt schon der sprachliche Gebrauch, der für die Entität der Handlung und die Entität des Menschen jeweils eigene Worte bereithält. Diese Möglichkeit zur Unterscheidung von Handlung und Mensch hebt die Einheit des »handelnden Menschen« nicht auf, es lässt sich noch immer etwas in dem Sinne sagen »Der Mensch ist, was er tut«, aber die Möglichkeit zur Unterscheidung besteht. Eine Handlung kann nunmehr als eigenständige Einheit betrachtet werden, die wiederum von anderen Handlungen unterschieden werden kann. Die einen Handlungen können so als Kommunikationen betrachtet werden und ein Teil von diesen wiederum als Entscheidungen. Hervorgebracht werden diese Entscheidungen als Kommunikationen, als Handlungen von Menschen und sie werden genauso auch von Menschen, ggf. sogar von demjenigen, der sie erwirkt, als solche erkannt.

Weder in der einen, noch in der anderen Hinsicht sind deshalb Entscheidungen oder Organisationen, die aus nicht mehr als Entscheidungen bestehen, mit dem Prädikat der „Menschlosigkeit“[777] bezeichenbar. Der Mensch als Ganzes konstituiert Worte, Handlungen, Kommunikationen und Entscheidungen und diese, nicht der Mensch, können die Bestandteile der Systeme bilden, die sich als Einheiten daraus entwickeln und die als Sprachsysteme, als soziale Systeme oder als Organisationen eigenständig existieren.

Nicht alle Handlungen von Menschen sind Handlungen, die Organisationen zugeschrieben werden. Damit sich eine Organisation als System aus allem anderen herausdifferenzieren kann, ist eine Unterscheidung erforderlich, nach der Handlungen in interne Handlungen und externe Handlungen getrennt werden können. Diese Unterscheidung wird von LUHMANN als Erkennungsregel beschrieben, die sich als Mitgliedschaftsregel formuliert. In einer solchen Mit-

[775] BECKER/ KÜPPER/ ORTMANN (1992), S. 105.
[776] Vgl. LUHMANN (1987), S. 288f.
[777] KIRSCH (1992), S. 249ff, zitiert nach MARTENS (1997), S. 274, Anmerkung 13.

gliedschaftsregel wird zweierlei festgelegt, einerseits wer als Mitglied betrachtet werden kann und andererseits die Mitgliedschaftsrollen, die verteilt werden sollen.[778] Die Handlungen eines Mitglieds, die als Handlungen in Ausübung seiner Mitgliedschaftsrolle betrachtet werden, können der Organisation zugerechnet werden, die anderen nicht. Diese Unterscheidung von Handlungen als interne und als externe Handlungen erlaubt es einerseits, an der Konzeption des Menschen als Umwelt von organisierten Systemen festzuhalten:

> „Es geht immer um eine rollenspezifische Bestimmung, nie um die Inklusion des Gesamtverhaltens eines konkreten Menschen in das System."[779]

Andererseits bleibt die Definition von Organisationen als sozialen Systemen, die aus Entscheidungen bestehen, erhalten, denn die Aufstellung einer Mitgliedschaftsregel ist selbst schon Entscheidung des Systems. In diesem Sinne ist die nicht-elementare Einbindung des Menschen in ein autopoietisches Organisationsmodell möglich, das Entscheidungen als Elemente von Organisationen und den Menschen als notwendige Umwelt definiert.[780]

Wie sieht es nun mit der Technik, mit der techn-(olog)-ischen Einrichtung aus, die in Organisationen, insbesondere Unternehmen und vor allem in Unternehmen der Logistik anzutreffen sind? Auch sie muss in einer Theorie selbstreferentieller Organisationen ihren angestammten Platz als Element eben dieser Organisationen aufgeben: kein Fuhrpark, keine Lagerhalle und kein Kran bildet noch ein Element von Organisationen, die aus Entscheidungen bestehen. Die Argumentation zur Einbindung von Technik in eine Theorie autopoietischer Organisationen lässt sich analog zu der oben angeführten Argumentation entwickeln.

Grundsätzlich bezeichnen die Worte »Technik« und »Technologie« zweierlei. Mit »Technik« wird einerseits eine Handhabung, eine Arbeitsweise, eine Hand- oder Kunstfertigkeit, ein Herstellungsverfahren bezeichnet, mit »Technologie« die Gesamtheit der technischen Prozesse in einem Fertigungsbereich, die Methodik in einem bestimmten Forschungsgebiet oder ein technisches Verfahren.[781] Technik und Technologie in diesem Sinne aufgefasst, bezeichnen mithin vor allem ein Wissen über die Auswahl und chronologische Anordnung von Handlungen oder das Vermögen, dieses Wissen in Handlungen umzusetzen. Andererseits wird an die Worte »Technik« und »Technologie« auch die Vorstellung gebunden, es handele sich um technische Gegenstände oder Einrich-

---

[778] Vgl. LUHMANN (1992), S. 171.
[779] LUHMANN (1992), S. 171.
[780] Vgl. zur weitergehenden Bestimmung des Menschen als »Person« und als Person, die ihre Handlungen in der Ausübung von »Rollen« vollzieht LUHMANN (1987), S. 427ff.
[781] Vgl. DROSDOWSKI (1997), Sp. 739.

tungen, um Werkzeuge oder Maschinen. In diesem zweiten Sinne ist der erste Sinn aufgehoben: das Wissen um die Handhabung einer Sache, eine bestimmte Arbeitsweise, ist in einem Gegenstand quasi dingfest gemacht worden. Werkzeuge und Maschinen symbolisieren als Gegenstände damit das Wissen über die mit ihnen möglichen Handlungen. Ähnlich schildert auch WEIZENBAUM seine Sicht auf Werkzeuge:

> „Im Akt des Entwerfens von Werkzeugen ... erprobt er [der Mensch; Anm. d. Verf.] deren Wirkungsweise in seiner Vorstellung. ... Seine Werkzeuge, ungeachtet ihrer primären, praktischen Funktion, sind notwendig auch pädagogische Instrumente. Sie sind also Bestandteile des Materials, aus dem der Mensch in der Vorstellung die Welt wie ein Modell rekonstruiert. ... Sie symbolisieren die Tätigkeiten, die durch sie ermöglicht werden, d.h. ihre eigene Anwendung."[782]

In technischen Einrichtungen sind mithin Handlungen im wörtlichen Sinne festgelegt, die von anderen Handlungen bereits unterschieden wurden, indem sie als geeignet für das, was sie erwirken sollen, erkannt wurden. Jede Technik ist insofern als Bündelung von Handlungen zu verstehen und ist als solche in eine Organisation, die aus Handlungen besteht,[783] einzuordnen. In einer Maschine sind Handlungen bereits selektiert und geordnet und diese Ordnung wird gleichsam von ihnen erwartet. Handlungen von Maschinen sind in diesem Sinne Handlungen von Menschen, denn sie sind von diesen erdacht und fixiert und sie lassen sich zwar nicht über eine Mitgliedschaftsregel, aber dennoch über eine der Mitgliedschaftsregel äquivalenten Erkennungsregel entweder einer bestimmten Organisation oder einer anderen bestimmten sozialen Einheit zuordnen: über die Regel, nach der Besitz und Eigentum dem Einen oder dem Anderen zugewiesen werden. In Besitz und Eigentum einer Organisation kann diese alsdann die Produktion ihrer Elemente fortsetzen und also entscheiden, wann, wo, wielange und von wem die gebündelten Handlungen abgerufen werden sollen und – etwas pathetisch – die „Maschinerie in Gang gesetzt werden soll."

Obwohl also Menschen und Technik im Systemmodell des Radikalen Konstruktivismus nicht die Elemente des System »Organisation« stellen, sind sie gleichwohl in das Systemmodell eingebunden.

---

[782] WEIZENBAUM (1990), S. 35f.

[783] Dabei weisen sich die Handlungen der Organisation allerdings in Form von Kommunikationen aus, die wiederum als Entscheidungen betrachtet werden können

4.3 Diskussion des Netzwerkbegriffs

> „Soll der Netzwerkbegriff nicht ... zu einem beliebigen Bestandteil der gepflegten Semantik in den Wirtschafts- und Sozialwissenschaften degenerieren, mit dem lediglich metaphorisch eine Vielzahl diffuser Assoziationen verknüpft ist, ist eine Neufassung dringend notwendig."[784]

Zu diesem Schluss kommt KAPPELHOFF in Anbetracht der Schwierigkeiten, die sich aus dem Verständnis von Netzwerken als Organisationsform ergeben. Das Resümee der in dieser Arbeit erfolgten Untersuchung des Netzwerkverständnisses in der Logistik ist KAPPELHOFFs Ansicht vergleichbar. Die bisherigen Netzwerkmodelle scheinen vor allem Leitbildfunktion zu haben und diese Funktion hat gerade aus konstruktivistischer Sicht hohe Bedeutung. Die Möglichkeiten zur Erklärung verschiedener interessierender Fragen, wie der nach den Chancen, durch Teilnahme an einem Unternehmensnetzwerk die Selbsterhaltung in einer veränderlichen Umwelt zu steigern, erweisen sich jedoch als begrenzt.[785]

Die Vorgehensweise der Konstruktivisten ist vor allem davon geprägt, die Dinge in Frage zu stellen.[786] Entsprechend kann hier in Bezug auf den Begriff des »Netzwerks«, der so fast schon selbstverständlich ökonomische Vorteile verspricht, eine andere Warte eingenommen werden: Nachdem Organisationen als selbstreferentielle Entscheidungssysteme beschrieben wurden, die Entscheidungen produzieren, aus denen sie Entscheidungen produzieren, drängt sich die Frage auf, welchen Nutzen der Begriff des Netzwerks für ein erweitertes Verständnis organisatorischer Fragestellungen in der Logistik überhaupt noch bieten kann.

Eine Organisationstheorie, die auf der Grundlage eines autopoietischen Systemmodells argumentiert und sich darüber einen Zugang zur Erklärung von Veränderungen verschafft, folgt einer anderen Rationalität, als die Organisationstheorie, die sich im Fließsystemansatz und dem dort vertretenen Netzwerkansatz widerspiegelt. Hier geht es um Steigerung der Unsicherheitsabsorption, um Strukturierung und Motivation von Entscheidungsgängen, dort geht es um Senkung von Inputs und Steigerung von Outputs. Der Netzwerkbegriff wurde ausgehend von diesem zweiten Rationalitätsverständnis entwickelt und wird daher auch auf die dort formulierten Probleme angewandt. Muss das Verständnis von Netzwerken in der Logistik also in eine andere Form überführt werden,

---

[784] KAPPELHOFF (2000), S. 30.

[785] Vgl. die in den Abschnitten 2.3.1–2.3.3 festgestellten Probleme des bisherigen Netzwerkverständnisses.

[786] Zu denken ist etwa an die LUHMANN'sche These, man müsse davon ausgehen, dass »Kommunikation« einen zunächst höchst unwahrscheinlichen Vorgang darstelle; vgl. Abschnitt 3.4.1 sowie 3.4.4;

die mit einer Theorie autopoietischer Systeme kompatibel ist? Oder vermag der Netzwerkbegriff überhaupt Fragestellungen für Organisationen, verstanden als autopoietische Entscheidungssysteme, anzuregen, die ohne ihn nicht gestellt würden?

Die folgende Diskussion des Netzwerkbegriffs soll dazu beitragen, sich einer Antwort dieser Fragen anzunähern. Als Ausgangsbasis hierfür werden die beiden in Kapitel 2 festgestellten unterschiedlichen Bedeutungsinhalte des Netzwerkbegriffs herangezogen, die im Fließsystemansatz verwendet werden. Untersucht werden soll dabei, welche Funktion ein Netzwerkbegriff innerhalb einer Theorie der Organisation einnehmen kann. Bei den beiden Bedeutungsinhalten des Netzwerkbegriffs handelt es sich zum einen um eine weiter, zum andern um eine enger gefasste Form, von der die erste im folgenden als das »Netzwerk der Unternehmen«, die zweite als das »Unternehmensnetzwerk« bezeichnet werden soll.

4.3.1 Das Netzwerk der Unternehmen

In seiner weiter gefassten Form bezeichnet der Netzwerkbegriff mehr oder minder alle Unternehmen, deren in einem Produkt gebündelte Leistungen in einem Point-of-Consumption zusammenfließen.[787] Von jedem einzelnen Knoten gehen Verbindungen zu anderen Knoten, die wiederum mit anderen verbunden sind, so dass jeder Knoten direkt oder indirekt mit allen anderen Knoten in Verbindung steht. Die Knoten werden als Unternehmen definiert. In dieses „Netzwerk ohne Ende“ zeichnet die Logistik mit dem Begriff der »Supply Chain« Linien ein, die einen bestimmten Ausschnitt des Netzwerks kennzeichnen und gleichzeitig eine Richtung angeben, die durch die Bestimmung einer Source-of-Supply sowie eines Point-of-Consumption, auf den hin der Fluss der Objekte sich richtet, festgelegt wird. Die folgende Abbildung 4-3 zeigt schematisch ein solches von Supply Chains durchzogenes Netzwerk.

Die Definition bestimmter Knoten als Source-of-Supply bzw. als Point-of-Consumption markiert gleichzeitig einen Anfangs- und einen Endpunkt. Ohne die Bestimmung von Anfangs- und Endpunkten wäre das oben abgebildete Netzwerk als Kugel zu denken, da jede Source-of-Supply ihrerseits Leistungen von anderen Unternehmen erhält und jeder Point-of-Consumption seinerseits Leistungen an andere Unternehmen weitergibt. Jeder Lieferant hat eigene Lieferanten, die wiederum eigene Lieferanten haben und jeder Kunde hat eigene Kunden, die wiederum eigene Kunden haben usf. Aus einer konstruktivistischen Systemtheorie heraus lässt sich ein solches »Netzwerk der Unternehmen« daher

[787] Vgl. Abschnitt 2.3.1.

als Lieferanten erwarten usw. Die Konstruktion von Flussobjekten in das Netzwerk der Unternehmen hinein selektiert auf diese Weise mögliche Selektionen und reduziert so die Beliebigkeit der Wahl.

Eine Einschränkung anderer Art erfolgt durch die Bestimmung der Knoten des Netzwerks als Unternehmen. Auch diese Bestimmung erweist sich als eine Selektion aus verschiedenen Möglichkeiten. Neben Unternehmen kommen genauso sowohl private als auch öffentliche Haushalte gleichermaßen als Point-of-Consumption und als Source-of-Supply in Frage, die im Netzwerk aber als solche nicht darstellbar sind, weil sie als Nicht-Unternehmen keinen definierten Knoten des Netzwerks bilden. Um sie darzustellen, wäre die Ergänzung des Netzwerks um eine zweite bzw. dritte Ebene erforderlich. Die Rolle privater und öffentlicher Haushalte als Points-of-Consumption ergibt sich aus ihrem Bezug von Leistungen, Produkten und Dienstleistungen, von Unternehmen des Netzwerks. Die Rolle als Source-of-Supply kann privaten Haushalten bspw. als Anbieter von Arbeit, Boden und Kapital zugeschrieben werden. Öffentliche Haushalte können als Source-of-Supply betrachtet werden, wenn man ihre Leistungen, als Lieferungen oder „Inputs" an die Unternehmen definierte. Die Leistungen öffentlicher Haushalte können beispielsweise Dinge, wie die Bereitstellung infrastruktureller Einrichtungen oder eines institutionellen Rahmens, anhand dessen ein Unternehmen erst als Unternehmen bestimmbar wird, betrachtet werden. Weder die Produktionsfaktoren, noch die Infrastruktur, noch Institutionen oder andere Leistungen öffentlicher Haushalte werden jedoch als »Flussobjekte« im Fließsystemansatz definiert, obwohl sie gleichermaßen wie andere Flussobjekte auch, als „Inputs" in die produktiven Prozesse der Unternehmen eingebracht werden. Private und öffentliche Haushalte werden somit nicht nur durch ihre unausgesprochene Definition als Nicht-Unternehmen, sondern auch durch die Behandlung ihrer Leistungen als Nicht-Flussobjekte vom Netzwerk ausgegrenzt.

Der Begriff des Netzwerks in seiner weiten Fassung beschreibt damit die Gesamtheit der Produktionswirtschaften, die der Gesamtheit der Konsumtionswirtschaften, unterteilt in private und öffentliche Haushalte, gegenübersteht.[789] Vage deutet sich hier eine Abgrenzung zwischen dem (produktiven) Wirtschaftssystem und dem Staatssystem[790] einer Gesellschaft an, die sich nicht durch ihre Bestandteile unterscheiden (die Mitglieder einer Gesellschaft können gleichzeitig Mitglieder des Wirtschaftssystems und des Staatssystems sein), sondern die durch ihre unterschiedlichen Operationsweisen differenziert werden

[789] Vgl. zu dieser Abgrenzung HEINEN (1991), S. 9.

[790] Analog zum Begriff des »Wirtschaftssystems« zur Bezeichnung der Gesamtheit der Unternehmen soll hier der Begriff des »Staatssystems« zur Bezeichnung der Gesamtheit der öffentlichen Haushalte und der Begriff der »Gesellschaft« zur Bezeichnung der Gesamtheit der privaten Haushalte verwendet werden.

können. Das, was man als »Gesellschaft« und was man als »Staat« bezeichnen kann, operiert nach anderen Mustern als die »Wirtschaft«. Die Einbeziehung von privaten oder öffentlichen Haushalten in das Netzwerk der Unternehmen würde wegen dieser unterschiedlichen Operationsweisen zur Aufhebung der Geschlossenheit des Netzwerks führen.[791] Die Operationsweise innerhalb des Wirtschaftssystems[792] wird nach HEINEN und WÖHE vor allem durch das sog. erwerbswirtschaftliche Prinzip geleitet,[793] dem private und öffentliche Haushalte nicht oder nur eingeschränkt folgen.

Zusammenfassend ergeben sich folgende Thesen:

- Der Begriff des Netzwerks als »Netzwerk der Unternehmen« bezeichnet ein geschlossenes System, das die Gesamtheit der Unternehmen umfasst.
- Die Abgrenzung des Netzwerks der Unternehmen erfolgt durch die Definition der Knoten als Unternehmen, wodurch gleichzeitig Nicht-Unternehmen ausgeschlossen werden.
- Die Abgrenzung und Geschlossenheit des Netzwerks wird gesichert durch die Definition von Flussobjekten: wer oder was keine Flussobjekte empfängt oder abgibt und insofern Input und Output nicht als Flussobjekt behandelt, wird seinerseits als Nicht-Unternehmen behandelt.

Die hier vertretene Geschlossenheitsthese des Wirtschaftssystems, das die Gesamtheit der Unternehmen beschreibt, findet sich auch in einer Definition von LUHMANN. Nach seiner Definition konstituiert sich das Wirtschaftssystem als Differenz aus Zahlungen und Nicht-Zahlungen:[794]

> „Die Einheit des Wirtschaftssystems ist das Ermöglichen von Zahlungen durch Zahlungen."[795]

Zahlungen ermöglichen Zahlungen, mit denen weitere Zahlungen vorgenommen werden können. Kann oder will ein System nicht zahlen oder nimmt ein System

[791] Die Aufhebung der Geschlossenheit wird beispielsweise daran sichtbar, dass ein privater Haushalt als Kunde keine eigenen Kunden aufweist. Die Kette des Kunden, der eigene Kunden hat, die eigene Kunden haben, wird damit unterbrochen – ein privater Haushalt ist in diesem Sinne ein „End-Kunde".

[792] Die Verwendung des Begriffs »Wirtschaftssystem« erfolgt in der Literatur uneinheitlich. Hier ist die Bedeutung im Sinne des systemtheoretischen Ansatzes gemeint, der die Teilsysteme eines Gesellschaftssystems nach Handlungszwecken gliedert. Als Handlungszweck des Wirtschaftssystems wird die Produktion von Gütern und Diensten verstanden, so dass die hier vorgenommene Bezeichnung der Gesamtheit der Unternehmen einer Gesellschaft als Wirtschaftssystem legitim erscheint. Vgl. GABLER (1988), Sp. 2790f.

[793] Vgl. HEINEN (1991), S. 16; WÖHE (1990), S. 6.

[794] Vgl. LUHMANN (1987), S. 625f.

[795] LUHMANN (1984), S. 322.

Zahlungen nicht an, so rückt es in den Bereich der Nicht-Zahlungen und verliert seine Identität als System der Wirtschaft – es löst sich auf, wird liquidiert oder sieht sich statt im Handels- im Vereinsregister der zuständigen Behörden eingetragen.

Die Funktion des Netzwerkbegriffs in seiner weiten Fassung kann insgesamt in der Bezeichnung einer geschlossenen Gesamtheit von Unternehmen gesehen werden. Ein Netzwerk bezeichnet damit etwas, wofür bereits andere Begriffe existieren. Eine Metapher wird eingesetzt an der Stelle, an der in anderen Formulierungen die Begriffe »Wirtschaftssystem«, »Produktionswirtschaften« oder schlicht »Unternehmen«[796] stehen. Auch der Begriff des »Marktes« wird zur Kennzeichnung des Netzwerkes der Unternehmen herangezogen. In Abschnitt 2.3.4 wurde auf diese von der Schwedischen Managementschule vorgenommene Interpretation des Netzwerkbegriffs bereits hingewiesen. Dort hat sich der Begriff des »Markets-as-Networks« etabliert.[797]

In der Möglichkeit, bestimmte Beobachterperspektiven durch das Einzeichnen von Supply Chains in dem Netzwerk zu markieren, kann eine weitere Funktion des Netzwerkbegriffs gesehen werden. Das in der Logistik geforderte „Denken in Netzen" kann dazu anregen, die Position eines betrachteten Unternehmens im Verhältnis zu anderen Unternehmen zu bestimmen und zu reflektieren. Die Positionsbestimmung und -reflexion erfolgt dabei durch Beobachtung und den Vergleich von Alternativen, die sich aus den jeweiligen Erwartungen des Beobachters ergeben. Der Netzwerkbegriff aktiviert damit die Strukturebene sozialer Systeme im Sinne der Theorie, die soziale Systeme als selbstreferentielle Systeme betrachtet. Fraglich muss jedoch bleiben, ob hierfür die metaphorische Bezeichnung »Netzwerk« tatsächlich erforderlich ist, oder ob die anderen bereitstehenden Bezeichnungen nicht ausreichen könnten, eine solche Reflexionsleistung anzuregen.

4.3.2 Das Unternehmensnetzwerk

Die zweite Bedeutung des Netzwerkbegriffs erscheint in einer enger gefassten Form als Unternehmensnetzwerk, die als eine besondere Organisationsform verstanden wird. Trotz einer Vielzahl von Beschreibungen, die in der Logistik-

[796] Vgl. GABLER (1988), Sp.1439, zum Sektor der Unternehmen, wie er in der Volkswirtschaftlichen Gesamtrechnung kontenmäßig dargestellt wird. Kennzeichnend für Unternehmen ist demnach die Erzeugung von Gütern und Diensten für den Markt und das Angebot dieser Leistungen zu einem Preis.

[797] Vgl. HAKANSSON (1989); FORSGREN/ PEDERSEN (1996). Auch im Markets-as-Networks-Modell erfolgt eine Einschränkung auf die Unternehmen, indem Konsumentenmärkte ausgeklammert bleiben. HAKANSSON spricht deshalb auch von „industrial networks".

literatur zu finden sind, bleibt das Wesen von Unternehmensnetzwerken weitgehend unklar. Die Ausführungen in Abschnitt 2.3 zeigten, dass weder die vorgestellte Typologie, noch ein Vergleich mit den Organisationsformen des Marktes und der Hierarchie eine zentrale Eigenschaft, die besondere Eigentümlichkeit, von Unternehmensnetzwerken explizit zum Ausdruck bringen können. Wie bereits im Hinblick auf das »Netzwerk der Unternehmen« soll deshalb auch hier bezüglich des Begriffs »Unternehmensnetzwerk« gefragt werden, was dieser Begriff genau bezeichnet, um daraus eine Ableitung seiner Funktion vornehmen zu können.

Das Gemeinsame an den verschiedenen Definitionen von Unternehmensnetzwerken kann zum einen in dem Versuch gesehen werden, die Art der Beziehungen innerhalb eines Unternehmensnetzwerks exakt zu bestimmen.[798] Zum anderen wird grundsätzlich betont, dass „mehr als zwei" Unternehmen erst ein Unternehmensnetzwerk ausmachen.[799]

Der erste Aspekt weist auf eine Differenzierung hin – was auch immer die Beziehungen innerhalb von Unternehmensnetzwerken ausmacht, sie erscheinen anders als andere Beziehungen. Auch hier kann wieder, wie im Fall des Netzwerkbegriffs in erweiterter Fassung, von einer Differenzierung in zwei Richtungen ausgegangen werden, die nunmehr auf der bereits ausdifferenzierten Ebene der Produktionswirtschaften oder Unternehmen vorgenommen wird. Die Differenz in den Beziehungen erschienen im »Netzwerk der Unternehmen« als Unterschied in den Operations- oder Handlungsweisen, die innerhalb abgegrenzter Bereiche praktiziert werden. Auch im Fall der »Unternehmensnetzwerke« wird ein solcher Unterschied in der Operationsweise vorausgesetzt, sonst könnten die Beziehungen innerhalb von Unternehmensnetzwerken nicht als besondere Beziehungen wahrgenommen werden.

Die beiden Richtungen der Differenzierung weisen einerseits nach innen, andererseits nach außen aus der Sicht eines Unternehmens. Die Innenseite ist gekennzeichnet durch die Operationsweise, die innerhalb des Unternehmens praktiziert wird und wird in den Vergleichen von Organisationsformen mit dem Begriff der »Hierarchie« benannt. Die Außenseite ist durch die Handlungsweise gekennzeichnet, die das Unternehmen in Operationen mit Systemen seiner Umwelt – vor allem anderen Unternehmen – ausübt und wird üblicherweise als »Markt« benannt. Soll sich ein Unternehmensnetzwerk in seiner Operationsweise also sowohl von der Operationsweise unterscheiden, die ein einzelnes Unternehmen ausmacht, als auch von derjenigen, die einen Markt als Markt

[798] Vgl. zu den Möglichkeiten der Beschreibung von Beziehungen innerhalb eines Unternehmensnetzwerkes die Ausführungen in Abschnitt 2.3.

[799] Eine Kooperation aus zwei Unternehmen wird häufig als »Wertschöpfungspartnerschaft« bezeichnet, vgl. z.B. WEBER/ KUMMER (1998), S. 345f.

erscheinen lässt, so entsteht ein Unternehmensnetzwerk, rein formal betrachtet, ergänzend zu Unternehmen und Märkten als eine dritte Form sozialer Systeme, sonst könnte sie sich nicht von beiden unterscheiden. Die Konstitution eines sozialen Systems »Unternehmensnetzwerk« ist jedenfalls für den Fall anzunehmen, in dem die Differenz in der Operationsweise des Unternehmensnetzwerkes als Ausgangspunkt für die Herausbildung von Erwartungen genutzt wird und damit die Struktur eines sozialen Systems begründet, die neben der Differenz oder Grenze des Systems die zweite Voraussetzung der Systembildung, die Anschlussfähigkeit, schafft.[800]

Der zweite Aspekt des Verständnisses von Unternehmensnetzwerken, nämlich die Notwendigkeit der Zugehörigkeit von „mehr als zwei" Unternehmen, lässt sich mit LUHMANN als die Bezeichnung eines Mitgliedschaftsverhältnisses interpretieren. Die Regelung von Mitgliedschaften gilt als Kennzeichen für die Sonderform sozialer Systeme, der Organisation.[801] Das soziale System Unternehmensnetzwerk kann deshalb als Organisation betrachtet werden. Diese Interpretation von Unternehmensnetzwerken als Organisationen ist nun in ihrem Ergebnis keineswegs neu. Die Feststellung, Unternehmensnetzwerke seien Organisationen, wird hier jedoch aus der Betrachtung eines Mitgliedschaftsverhältnisses abgeleitet und führt, weil dieses in den Definitionen quantitativ bestimmt wird, zu der Frage, welche Rolle diese quantitative Bestimmung der Mitglieder mit „mehr als zwei" für die Organisation Unternehmensnetzwerk spielt.

In Abschnitt 2.3.4 wurde festgestellt, dass die besondere Beziehung innerhalb eines Unternehmensnetzwerkes erst beschreibbar werde, wenn das Verständnis über Beziehungen von der Vorstellung gelöst wird, es handele sich um Tauschbeziehungen, d.h. um Beziehungen, die durch einen Tausch von Leistungen oder Ressourcen bzw. durch einen Fluss von Objekten konstituiert werden. Diese These findet eine implizite Bestätigung in der Formulierung „mehr als zwei", die in einem Unternehmensnetzwerk verbunden sein sollen.[802]

Die Grafiken I - III in Abbildung 4-4 zeigen verschiedene Möglichkeiten, drei Unternehmen durch die Einzeichnung von Tauschbeziehungen miteinander zu verbinden. Sichtbar wird, dass die Tauschbeziehungen jeweils nur eine Verbindung zwischen zwei der dargestellten Unternehmen herstellen können, obwohl ein zusammenhängender Graph abgebildet wird. Die Verbindung dreier Unternehmen durch Tauschbeziehungen erweist sich als eine Aneinanderfügung von Tauschbeziehungen zwischen je zwei Unternehmen. Eine Verbindung, die alle drei Unternehmen einbezieht, kann auf diese Weise nicht hergestellt werden – ein Tausch bleibt stets eine bilaterale Angelegenheit. Soll ein Unternehmens-

[800] Vgl. zu den Voraussetzung für den Erhalt selbstreferentieller Systeme Abschnitt 4.1.
[801] Vgl. Abschnitt 4.2.3.
[802] Vgl. ebenso TEUBNER (2000), S. 368f.

netzwerk als eine Verbindung zwischen „mehr als zwei“ Unternehmen verstanden werden, so kann es sich bei den Unternehmensnetzwerke kennzeichnenden Beziehungen nicht um Tauschbeziehungen handeln. Auf diese „Beziehungen anderer Art“ macht allein die Beschreibung von Unternehmensnetzwerken als ein „Mehr als Zwei“ aufmerksam, wie sie in den Definitionen von Unternehmensnetzwerken vorgenommen wird.

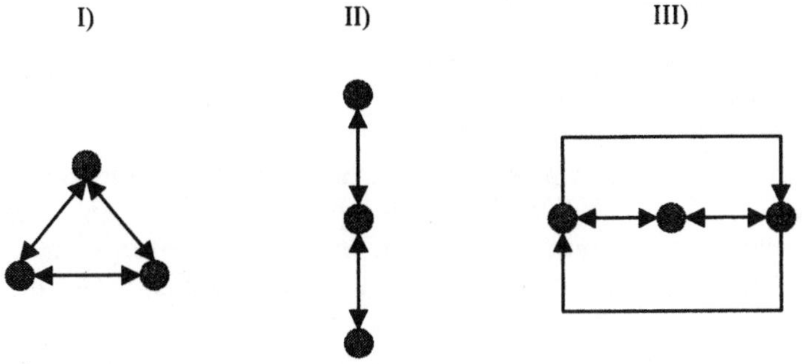

Abbildung 4-4: „Mehr als Zwei“ – Tauschbeziehungen in Unternehmensnetzwerken
Quelle: Eigene Darstellung.

Sucht man nach Möglichkeiten, „mehr als zwei“ Unternehmen in einer gemeinsamen Verbindung graphisch darzustellen, so bieten sich beispielsweise drei Optionen an, die in Abbildung 4-5 dargestellt sind. Jede der Darstellungen I – III zeigt ein Element, auf das jedes der „mehr als zwei“ Unternehmen Bezug nehmen kann und über das eine Möglichkeit zur Verbindung beliebig vieler Unternehmen hergestellt werden kann:

Grafik I formt dieses Verbindungselement zwischen drei Unternehmen in Gestalt eines Bezugspunktes, Grafik II in Gestalt eines Bezugsrahmens. Die Doppelpfeile sollen die von den Unternehmen ausgehende Referenznahme auf das jeweilige Verbindungselement und dessen Einbindung in die eigenen Operationen (Kommunikationen, Handlungen, Entscheidungen) kennzeichnen. In Grafik III erscheint das Verbindungselement als gemeinsamer Beziehungshintergrund, auf den die Bezugnahme durch die drei Unternehmen auf dem Wege erfolgt, dass dieser Beziehungshintergrund als Referenz für eine Differenzierung herangezogen wird.

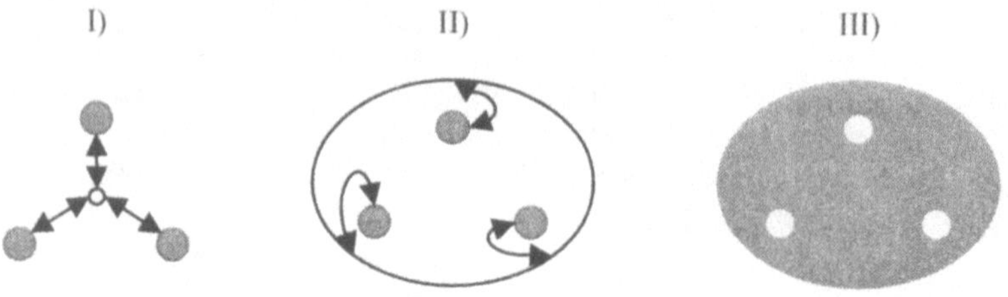

Abbildung 4-5: Bezugspunkt, Bezugsrahmen, Beziehungshintergrund
Quelle: Eigene Darstellung.

Die Funktion des Begriffes Unternehmensnetzwerk liegt nach dieser Interpretation somit einerseits – „Mehr als Zwei" – darin, auf die Konstitution eines gemeinsamen Beziehungshintergrundes als Verbindungselement zwischen mehreren Unternehmen hinzuweisen und andererseits über die Voraussetzung der Zugehörigkeit die Konstruktion eines sozialen Systems in der Sonderform der Organisation zu kennzeichnen. Die Bezeichnung der Mitglieder dieser Organisation als Unternehmen weist darauf hin, dass ein solchermaßen konstruiertes Unternehmensnetzwerk sich auf dem Hintergrund des Netzwerks der Unternehmen differenziert. Die auf dieser Ebene vorgenommene Differenzierung zu den Ebenen Staat und Gesellschaft bleibt damit gleichfalls aufrechterhalten.

Wie der Begriff des »Netzwerks der Unternehmen« auch, beschränkt sich der Begriff des »Unternehmensnetzwerks« nicht auf die Funktion einer Bezeichnung. Auch dem Begriff des »Unternehmensnetzwerks« lässt sich die Funktion zur Aktivierung einer Reflexionsleistung zuschreiben. So bündelt er Aufmerksamkeit auf die Frage nach Möglichkeiten für die Konstitution eines gemeinsamen Verbindungselements und aktiviert die Suche nach möglichen „Gegenständen", die als Bezugspunkt für gemeinsame Handlungsfolgen herangezogen werden können. Für Organisationen, Organisation des Unternehmens im Besonderen, stellt sich ein solcher gemeinsamer Bezugspunkt zumeist in der Form eines Zwecks dar, der im Sinne von LUHMANN als Strukturierungsmechanismus sozialer Systeme bei hoher Erwartungsbildung in besonderem Maße Kommunikationen und Entscheidungen zu selektieren vermag.

Auch in Anbetracht dieser beiden Funktionen stellt sich die Frage, ob der Begriff des Netzwerks – diesmal als Unternehmensnetzwerk – in einer Organisationstheorie oder Logistikkonzeption zwingend erforderlich ist. Für das, was der Begriff des Unternehmensnetzwerks bezeichnet, stehen ebenfalls andere Begriffe zur Verfügung, wie zum Beispiel die Begriffe der »Unternehmenskooperation« oder des »Unternehmensverbundes«, die meines Erachtens ein höheres Maß an Konkretheit aufweisen, als die mehrdeutige Metapher des Netzwerks.

4.3.3 Notwendigkeit des Netzwerkbegriffs

Hält man an dem Begriff des Netzwerks zunächst fest, so führen die bis hier skizzierten Interpretationen des Begriffs des Netzwerks in den Formen des Netzwerks der Unternehmen und der Unternehmensnetzwerke zu einem grundlegenden Wandel des Verständnisses von Netzwerken.

Netzwerke erscheinen offensichtlich an die Herausbildung einer gemeinsamen Referenz gebunden zu sein, um den Charakter einer Ansammlung bilateraler Beziehungen überwinden zu können. Die Anwendung einer Theorie sozialer Systeme für den Bereich der Netzwerkforschung schafft damit Möglichkeiten, das Problem der Bilateralität von Beziehungen der bisher in der Logistik vertretenen Ansätzen zu handhaben. Die Darstellung dieser gemeinsamen Referenz als Beziehungshintergrund in einer graphischen Form[803] ergibt eine Umkehrung aus dem „Material" des Netzes, den bisherigen Kanten und Knoten und den von diesem Material umschlossenen „Maschen", die im bisherigen Modell die Löcher zwischen den Kanten und Knoten bildeten. Das Material des Netzes, das den Zusammenhalt des Ganzen bewirkende Gewebe, liefern nicht die Unternehmen und die zwischen diesen stattfindenden Tausch- oder Flussbeziehungen, sondern es entsteht durch die Bezugnahme auf einen gemeinsamen Beziehungshintergrund. Diese gemeinsame Referenz bildet die Kanten und Knoten des Netzwerks als Hintergrund vor dem sich die Unternehmen – die Löcher im Netz –, abgebildet als „Maschen", als eigenständige Einheiten abheben.[804] Abbildung 4-6 soll eine solche Netzwerkumkehrung illustrieren:

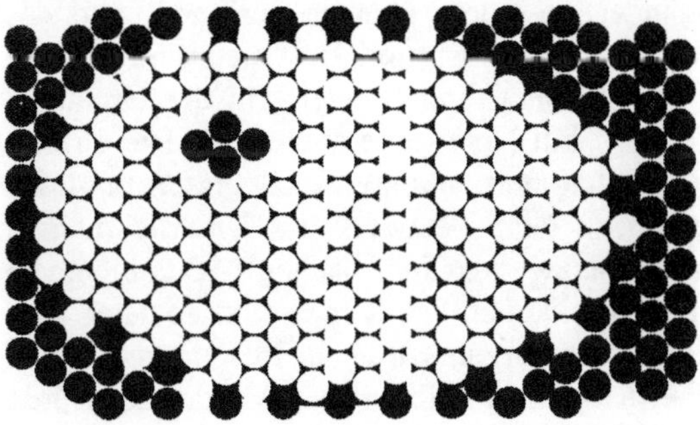

Abbildung 4-6: Netzwerkumkehrung
Quelle: Eigene Darstellung.

[803] Vgl. Abbildung 4-5, Grafik III.
[804] Analog fällt eine Darstellung von Netzwerken unter Verwendung des in Abbildung 4-5, Grafik I, verwendeten Schemas aus. Der Bezugspunkt ist dann als (Beziehungs-)Knoten zu verstehen, die Referenzpfeile als Kanten.

Die Abbildung zeigt im äußeren Bereich eine Menge von gleichartigen Systemen, die ihre Gleichartigkeit dadurch erhalten, dass sie vor ihrem Hintergrund (hell) die gleiche Differenz (dunkel) bilden. Dieser äußere Bereich kann beispielsweise als »Gesellschaft« betrachtet werden. Innerhalb der Gesellschaft ist ein größeres System zu erkennen, das sich durch die Markierung einer Differenz seines Hintergrundes dem Bereich der Gesellschaft gegenüber abgrenzt und konstituiert. Dieses durch Umkehrung des Hell/ Dunkel-Kontrastes entstandene System kann beispielsweise als das »Netzwerk der Unternehmen« betrachtet werden. Der differenzierende Hintergrund entsteht durch die Aktivität der von ihm eingeschlossenen Systeme, die auch zur Gesellschaft gehören, durch eine eigene, gemeinsam – vielleicht zusätzlich – ausgebildete Operationsweise einen gemeinsamen Bezugspunkt als Beziehungshintergrund referenzieren. Dieser gemeinsame Bezugspunkt, der den Beziehungshintergrund darstellt, der auch bildlich die Umwelt der Systeme bildet, kann beispielsweise als »Markt« bezeichnet werden. Innerhalb des Netzwerks der Unternehmen, das sich vor dem Markt abzeichnet, kann eine weitere Differenz eingezeichnet werden, die ein weiteres System kennzeichnet. Dieses System kann beispielsweise als »Unternehmensnetzwerk« bezeichnet werden.

Die Umkehrung des Netzwerkverständnisses kann mithin sowohl auf die Konstruktion eines Netzwerkes der Unternehmen als auch auf die Konstruktion eines Unternehmensnetzwerkes Anwendung finden.[805] Unternehmensnetzwerke erscheinen als Netzwerke im Netzwerk der Unternehmen. Das den Hintergrund bildendende „Gewebe" eines Unternehmensnetzwerks stellt das Element dar, das mehrere Unternehmen miteinander zu einem Ganzen verbindet und das immer wieder aktualisiert werden muss. So interpretiert lässt sich eine Theorie sozialer Systeme, die Sozialsysteme inklusive ihrer Sonderform der Organisation als autopoietische Systeme versteht, auf Netzwerke anwenden. Die Grundsätze dieser Sozialsystemtheorie könnten nun in eine Netzwerkterminologie überführt werden. Die Ausführungen zu dem Netzwerk der Unternehmen in Abschnitt 4.3.1 und zu Unternehmensnetzwerken in Abschnitt 4.3.2 bieten in Verbindung mit den vorgestellten Möglichkeiten zur Konzeption sozialer Systeme im Allgemeinen und zur Theorie der Organisation im Besonderen einige Ausgangspunkte hierfür. Ein solchermaßen formulierter Netzwerkansatz würde andere Fragemöglichkeiten eröffnen, als diejenigen, die sich aus dem bisherigen Netzwerkverständnis ergeben. Auf zwei dieser Möglichkeiten sei folgend hingewiesen:

[805] Die Idee zur Ableitung einer Umkehrung des Netzwerkverständnisses aus einer autopoietischen Sozialsystemtheorie ergab sich aus einer von ORTMANN (1995), S. 139, wiedergegebenen Geschichte über die „Löcher im Netz" sowie aus der von HEJL (1996), S. 324, aufgeworfenen Frage, was von einem Netzwerk übrig bliebe, schnitte man die Knoten aus einem Netzwerk heraus.

- In der Abbildung entsteht das Unternehmensnetzwerk durch Wiedereinführung der Differenz, die auch den Bereich der Gesellschaft kennzeichnet. Rein formal wäre auch eine andere Differenz möglich. Fraglich ist, unter welchen Voraussetzungen soziale Systeme eine solche „äußere" Differenz tatsächlich wieder einführen, um ein System im System um sich herum zu konstituieren oder unter welchen Voraussetzungen sie eine gänzlich andere Differenz (in der Abbildung z.B. als Schraffur darstellbar) aktivieren können. Für das soziale System Unternehmensnetzwerk wäre so beispielsweise abfragbar, inwieweit Unternehmensnetzwerke solche Operationsweisen in sich aufnehmen, die im Bereich der Gesellschaft oder eines gesellschaftlichen anderen Teilsystems praktiziert werden oder inwieweit es tatsächlich eine ureigenst dem Unternehmensnetzwerk zuschreibbare Operationsweise geben kann.
- Unternehmensnetzwerke erscheinen als Organisation von Organisationen, sie können deshalb auch als »Organisationen zweiter Ordnung« bezeichnet werden. Organisationen wurden als Sozialsysteme beschrieben, die aus Entscheidungen bestehen, die sie selbst herstellen. Für Unternehmensnetzwerke wäre zu prüfen, inwieweit sich Organisationen, deren Mitglieder Personen sind, von solchen Organisationen unterscheiden, deren Mitglieder selbst wiederum Organisationen sind. Anders gefragt: weisen Organisationen zweiter Ordnung andere Problemlagen auf als Organisationen erster Ordnung? Gibt es andere Mechanismen der Entscheidungsstrukturierung bzw. Erwartungsbildung und -selektion?

Diese Fragestellungen sollen im Rahmen dieser Arbeit nicht weiter verfolgt werden. Stattdessen stellt sich sehr viel grundsätzlicher die Frage, was für eine Organisationstheorie – allgemein und speziell in der Logistik – damit gewonnen werden kann, den Netzwerkbegriff als Metapher bei der Beantwortung solcher Fragen zu verwenden. In den vorangegangenen Abschnitten wurden für beide Netzwerkbedeutungen andere Begriffe genannt, die anstelle des Netzwerkbegriffs verwendet werden könnten. Im Rahmen dieser Arbeit wurden lediglich zwei Bedeutungen beschrieben, die mit dem Netzwerkbegriff verbunden werden, weil diese beiden Bedeutungen im Fließsystemansatz vorwiegend diskutiert werden. Neben diesen beiden Bedeutungen – Netzwerke als Märkte und Netzwerke als Unternehmenskooperationen – finden sich weitere Bedeutungen, die an den Begriff des Netzwerks gebunden werden. RENZ stellt unter Bezug auf BURMEISTER und CANZLER fest, dass der Netzwerkbegriff nahezu inflationär in viele Bereiche der gesellschaftlichen Wirklichkeit eingedrungen sei.[806]

[806] Vgl. RENZ (1998), S. 1; BURMEISTER/ CANZLER (1991), S. 9ff.

Alles scheint in irgendeiner Form „Netzwerk“ zu sein: die Mitarbeiter im Netzwerk ihres Unternehmens, die Unternehmen im Netzwerk kooperierender Unternehmen, die Unternehmen im Markt oder die Unternehmen einer Branche, genauso wie die Krankenhäuser einer Region, der Bekanntenkreis eines Arbeitsuchenden, die Elternräte der Gymnasien eines Bundeslandes oder die Freunde des Deutschen Schäferhundes. Netzwerke sind vor allem auch die Informations- und Kommunikationstechnologien, insbesondere das Internet. RENZ sieht eine mögliche Erklärung für diese weite Anwendung der Netzwerkmetapher darin,

> „dass der Begriff »Netzwerk« die Fähigkeit besitzt, unterschiedlichste Bereiche des Lebens reichhaltig zu be- bzw. zu umschreiben. ... Die Netzwerksprache (ist) – ähnlich wie die Sprache der Systemtheorie – eine Beschreibungssprache.“[807]

Die Metapher des Netzwerks kann ihrem ursprünglichen Wortsinn nach – »Netz« bedeutet soviel wie „Geknüpftes“, das Wort »Werk« ist verwandt mit den Bedeutungen „Arbeit“ und „flechten“ und heißt soviel wie „mit Flechtwerk umgeben, einschließen“[808] – überall dort eingesetzt werden, wo es etwas Verbundenes zu bezeichnen gibt.

Auffällig ist allerdings, dass die Netzwerkmetapher für die Bezeichnung verbundener Ganzheiten herangezogen wird, für die bereits andere Begriffe existieren.[809] Metaphern werden, den Ausführungen in Abschnitt 2.2.1.1 folgend, üblicherweise verwendet, wenn verfügbare Begriffe einen wahrgenommenen Sachverhalt nicht oder nur unzureichend beschreiben können. Bei der Netzwerkmetapher wird dieses Phänomen nunmehr umgekehrt. Eine solche Umkehrung kann zu einer durchaus obskuren Sprachlichkeit führen. WEICK gibt als Beispiel für die „Schrecknisse“ des Gebrauchs von Metaphern zur Bezeichnung von etwas, was bereits ausdrückbar ist, ein Zitat von ORTONY an, in dem ein imaginärer Sprecher den Satz „Orangen sind die Fußbälle des Obst-Liebhabers“ formuliert, um auszudrücken, dass Orangen rund seien.[810] So „schrecknishaft“ erscheint die Netzwerkmetapher nicht, solange ein bestimmtes Netzwerk, z.B. ein Unternehmensnetzwerk, bezeichnet und betrachtet wird. Erst der Verweis auf die Position eines Netzwerks in seiner Umgebung lässt Verwirrung aufkommen. Spricht man etwa von einem „Knoten des Netzwerks im Netzwerk, im Netzwerk als gesellschaftlichem Teil“ und meint damit eine organisatorische Stelle im Unternehmen, das einer Unternehmenskooperation angehört, die dem Wirtschaftssystem eines bestimmten Gesellschaftssystems zugerechnet wird, so wird deutlich, dass die Netzwerksprache eine sprachliche Gleichmachung verschiedener Wahrnehmungsbereiche bedeutet.

[807] RENZ (1998), S. 1.
[808] Vgl. DROSDOWSKI (1997), Sp. 485 und 810.
[809] Vgl. Abschnitte 4.3.1 und 4.3.2.
[810] Vgl. WEICK (1995), S. 73; ORTONY (1975), S. 50.

Die Differenzen der lediglich mit dem Begriff des Netzwerks versehenen Wahrnehmungsbereiche verwischen in der sprachlichen Ausdrucksweise, übrig bleibt der betonte Hinweis, dass überhaupt etwas Verbundenes wahrnehmbar sei. Folgt man den radikal konstruktivistischen Thesen zur Sprache als dem Phänomenbereich, der in seiner Abstraktheit eine breite Differenzierung erst ermöglicht[811] und Differenzen wirksam, real, werden lässt, so lässt sich die dem Adjektiv »radikal« gerecht werdende These aufstellen, dass Wahrnehmungsbereiche, die mit dem Begriff des Netzwerks bezeichnet werden, in Auflösung begriffen sind. Mit dem Verwischen und Verschwinden von Differenzen in der Sprache verwischen und verschwinden auch die Systeme, die sprachlich bezeichnet werden sollen, weil sie mit MATURANA nur existieren, wenn sie in der Sprache existieren.

Dieser Zusammenhang lässt sich auch anders interpretieren, etwa indem in der Netzwerkmetapher eine formulierte Erwartung gesehen wird, Verbundenheit in bestimmten Wahrnehmungsbereichen herzustellen, ihre Differenz erneut zu reflektieren und auf diese Weise zu aktualisieren.[812] An dieser Stelle sollen die Möglichkeiten zur Interpretation der Netzwerkmetapher zurückgeführt werden zum Ausgangspunkt dieses Abschnitts und der Frage, ob der Netzwerkbegriff im Rahmen einer auf die Logistik bezogenen Organisationstheorie notwendig ist oder ob eine solche auch ohne diesen Begriff auskommt. Eine eindeutige Antwort lässt sich schwerlich geben. Soviel ist aber zu erkennen, dass der Begriff »Netzwerk«, genauso wie der Begriff »System«, die modellhafte Beschreibung von Wahrnehmungsbereichen ermöglicht, in denen etwas verbunden ist und etwas anderes nicht. Wenn das Netzwerkmodell die Wahrnehmung dieses Unterschieds befördert hat, besteht die Möglichkeit, den Unterschied mit einem eigenen Begriff zu bezeichnen und sprachlich wirksam zu stabilisieren.[813]

---

811 Vgl. Kapitel 3, Abschnitt 4.1.

812 Für den Begriff »System« können beide Argumentationen in analoger Weise geführt werden.

813 Vgl. SCHMIDT (1997), S. 175: „Wahrnehmen und Erkennen operieren mit Unterscheidungen, die sowohl evolutionär als auch sozialisatorisch bedingt sind und mit Hilfe von Sprachen als differentiellen Systemen von Benennungen kommunikativ verfestigt werden.“

4.4 Die Differenz der Logistik

Aus welcher Differenz konstituiert sich die Logistik? Diese Frage ergibt sich zwangsläufig aus einer Systemtheorie, die behauptet, Systeme seien Systeme nur als Differenz zu etwas Anderem. Auch für das System der Logistik muss mithin eine Differenz beschreibbar sein, die es konstituiert. Wie lassen sich logistische Systeme in der Terminologie einer Systemtheorie, die den Paradigmen der System/ Umwelt-Differenzierung und der Selbstreferenz folgt, beschreiben? Einige der auch für die Logistik relevanten Systemdifferenzen wurden im Rah dieser Arbeit bereits angesprochen. Diese sollen einer vorzunehmenden Ableitung der »Differenz der Logistik« zusammenfassend und ergänzt um die »Differenz der Produktion« vorangestellt werden.

4.4.1 Differenzen logistischer Systeme

Grundsätzlich können logistische Systeme als soziale Systeme aufgefasst werden, die sich über das eine Differenz schaffende Verbindungselement der Kommunikation konstituieren. Ein logistisches System ist insoweit als ein gesellschaftliches System zu begreifen. Weiterhin wird die Logistik als betriebswirtschaftliche Teildisziplin dem Bereich der Wirtschaft zugerechnet. Die das Wirtschaftssystem konstituierende Differenz von Zahlungen und Nicht-Zahlungen muss mithin auch für die logistischen Systeme wirksam sein, die sich als Wirtschaftssysteme sehen. Eine dritte bereits angesprochene Differenz ist diejenige, die ein soziales System in der Sonderform der Organisation konstituiert. Kommunikationen als Elemente sozialer Systeme erscheinen in Organisationen in der Sonderform der Entscheidung. Organisierte logistische Systeme konstituieren sich demnach auch über die Differenz der Entscheidung und Nicht-Entscheidung.

Eine weitere bislang nicht erwähnte Differenz ergibt sich aus der Überlegung, dass sich betriebswirtschaftliche, logistische Systeme dadurch auszeichnen, dass sie etwas produzieren. Die Differenz der Produktion ergibt sich nach BAECKER aus der Differenz von Verfügbarkeit und Nicht-Verfügbarkeit.[814] Die Produktion schafft in ihrem Produzieren etwas, was dadurch, dass es produziert wurde, verfügbar wird. Dieses Schaffen von Verfügbarkeit ergibt allerdings nur Sinn, wo das Produzierte unverfügbar ist. Man braucht keinen Pudding zu kochen, wenn für das Dessert schon gesorgt ist, man halst sich nicht ein weiteres Problem auf, wenn man schon genügend hat. Jede Produktion benötigt deshalb eine genügend Aufmerksamkeit aktivierende Nicht-Verfügbarkeit, die gegen eine Form der Verfügbarkeit ausdifferenziert werden kann. Produktion benötigt

[814] Vgl. BAECKER (1999), S. 201f, S. 221f, in Anlehnung an LUHMANN (1990), S. 292.

Nicht-Verfügbarkeit, in bezug auf die Verfügbarkeit hergestellt werden kann. Für Unternehmen als den sozialen Einheiten, die etwas produzieren, ergibt sich nach BAECKER die Produktion in zweifacher Hinsicht:

> „nämlich erstens als Produktion des Unternehmens durch das Unternehmen und zweitens als Produktion von Waren und Dienstleistungen durch das Unternehmen."[815]

Ein Unternehmen, auch ein der Logistik zugerechnetes Unternehmen, muss sich mithin selbst als Unternehmen produzieren, um seine Produkte produzieren zu können, deren Produktion wiederum in die Produktion des Unternehmens als Unternehmen mündet. Ein produzierendes Unternehmen ist deshalb im LUHMANN'schen Sinne auch als doppelt kontingent aufzufassen[816] und kann die beidseitige Unbestimmtheit zur Orientierung nutzen. So grenzt die Auswahl der zu produzierenden Produkte und Dienstleistungen die Identität eines Unternehmens ein und die Identität eines Unternehmens grenzt das Spektrum möglich zu produzierender Waren und Dienstleistungen ein.

Zusammenfassend ergeben sich die folgenden vier Differenzen, auf die sich Systeme berufen, die als soziale, organisierte, wirtschaftliche und produzierende Systeme der Gesellschaft aufgefasst werden und sich selbst auffassen:

- Kommunikation/ Nicht-Kommunikation,
- Entscheidung/ Nicht-Entscheidung,
- Zahlung/ Nicht-Zahlung,
- Verfügbarkeit/ Nicht-Verfügbarkeit.

Die Differenz, die solche Systeme als logistische Systeme auszeichnet und bestimmbar werden lässt, ist mit diesen vier Differenzen noch nicht benannt. Ausgehend von einer Logistikdefinition, die aus der Sicht der traditionellen Systemtheorie formuliert ist, soll die „logistische Differenz" bestimmt werden. Die Logistikdefinition von GÖPFERT, die in Kapitel 2 bereits vorgestellt wurde,[817] soll dazu hier noch einmal aufgegriffen werden:

> „Die Logistik ist ein spezieller Führungsansatz zur Entwicklung, Gestaltung, Lenkung und Realisation effektiver und effizienter Flüsse von Objekten (Güter, Informationen, Personen) in unternehmensweiten und -übergreifenden Wertschöpfungssystemen."[818]

Die Aufgabe der Logistik liegt demnach darin, Objekte welcher Art auch immer zum Fließen zu bringen. Darin ist der zentrale Unterschied zu anderen

---

[815] BAECKER (1999), S. 173.

[816] Vgl. zur doppelten Kontingenz Abschnitt 3.4.4.2.

[817] Vgl. Abschnitt 2.1.1.3.

[818] GÖPFERT (1999), S. 28; die Definition der Flussobjekte variiert teilweise bei den verschiedenen Autoren, vgl. dazu Abschnitt 2.2.1.2.

Managementansätzen zu sehen, die sich ebenfalls mit der Entwicklung, Gestaltung, Lenkung und Realisation, kurz mit dem in eine Ordnung bringen, noch kürzer mit der Organisation, von unternehmensinternen und unternehmensübergreifenden Wertschöpfungssystemen oder ausgewählten – selektierten – Aspekten der Organisation von Wertschöpfungssystemen befassen.[819] Der Ausdruck des Fließens steht dabei für die Mobilität oder auch die Beweglichkeit der jeweils betrachteten Objekte. Die in der Logistik verkörperte Differenz soll hier deshalb als Differenz bezeichnet werden, die Mobilität von Immobilität, Beweglichkeit von Unbeweglichkeit unterscheidet. Logistische System konstitueren sich folglich, indem sie Bewegung von Nicht-Bewegung differenzieren und diese Differenz als Ausgangspunkt für weitere Operationen nutzen. Eine konstruktivistische Definition von Logistik, die aus der Sicht einer Systemtheorie zweiter Ordnung formuliert wird, kann mithin folgendermaßen zusammengefasst werden:

Logistik ist die Differenz aus Bewegung und Nicht-Bewegung.

4.4.2 Bewegung/ Nicht-Bewegung

Soll Logistik als die Differenz von Mobilität und Immobilität, von Bewegung und Nicht-Bewegung aufgefasst werden, so ist der Begriff des In-Bewegung-Seins zu konkretisieren. Dem Verb »bewegen« können ganz allgemein zweierlei Bedeutungen zugewiesen werden. Zum einen wird »bewegen« verstanden als eine Veranlassung, als eine Impulsgebung, etwas zu beginnen, zu verändern oder sich zu etwas zu entschließen. Zum anderen bedeutet »bewegen« auch, die Lage bzw. die Position von etwas oder jemandem zu ändern.[820] Bewegung geht der Wortbedeutung nach einher mit einer Veränderung, bspw. eines physikalisch-räumlichen Standortes, und der Veranlassung dieser Veränderung. Aus konstruktivistischer Sicht stellt sich die Frage, wie Veränderungen, wie Bewegungen als solche überhaupt wahrgenommen werden können. Oder anders formuliert, welche Voraussetzungen müssen gegeben sein, damit Bewegung als Bewegung wahrgenommen wird?

VON GLASERSFELD hat in seinen Ausführungen zur „Konstruktion von Begriffen“ die Begriffe des Wandels und der Bewegung analysiert. Die begriffliche Analyse im Sinne VON GLASERSFELDS umfasst einerseits die Bestimmung von Wortbedeutungen, d.h. die Bestimmung solcher Erfahrungssituationen, die ein ausgewähltes Wort beschreiben soll und andererseits die Bestimmung der men-

[819] Vgl. zur Abgrenzung der Logistik als Fließsystemansatz bzw. flussorientiertem Managementansatz von anderen Managementansätzen bspw. WEBER/ KUMMER (1998), S. 312-320.

[820] Vgl. DROSDOWSKI (1997), Sp. 79.

talen Operationen, die ein Subjekt durchführen muss, um eine Situation derart erfahren zu können, wie es sie erfährt.[821] In Anlehnung an CECCATO beschreibt VON GLASERSFELD Sinneserfahrungen mit einem Modell, das von der Vorstellung einer pulsierenden Aufmerksamkeit und einer aus diesen Aufmerksamkeitspulsen kombinierten Musterbildung ausgeht. Sinneserfahrung gleicht demnach einer Reihe statischer Einzelbilder, wie sie in einem Film vorliegen und die, in schneller Abfolge gezeigt, den Eindruck von Wandel oder Bewegung entstehen lassen.[822] Wie die Vorstellung von Wandel und Bewegung zu Stande kommen kann, illustriert VON GLASERSFELD mit der Beschreibung verschiedener Situationen bei der Beobachtung eines Pfeils. Diese Argumentation soll hier zusammenfassend wiedergegeben werden.

Betrachtet man einen Pfeil, wie in der untenstehenden Abbildung 4-7, in zwei verschiedenen Momenten t_1 und t_2, so lässt sich nicht feststellen, ob dieser Pfeil in Bewegung ist oder nicht, weil weder ein Objekt im Hintergrund, noch die Position des Pfeils in dem Rahmen, Auskunft über eine Ortsveränderung gibt.

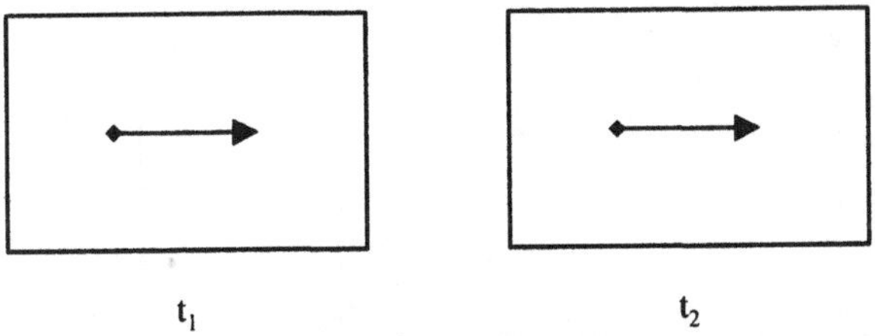

Abbildung 4-7: Pfeil in Bewegung/ Nicht-Bewegung
Quelle: Eigene Darstellung.

Geht man davon aus, dass beide Rahmen den selben Raumausschnitt zeigen, so befindet sich der Pfeil nicht in Bewegung. Da aber die Möglichkeit nicht auszuschließen ist, dass der umrahmte Raumausschnitt zum Zeitpunkt t_2 nicht derselbe ist wie derjenige zum Zeitpunkt t_1, sondern ein anderer, der nur als identisch wahrgenommen wird, kann sich der Pfeil ebenso in Bewegung befinden. Die Wahrnehmung von Bewegung kann mithin nur durch Wahrnehmung eines Objektes vor einem Hintergrund erfolgen, auf den die Position des Pfeiles bezogen werden kann. Erst eine solche Bezugnahme ermöglicht das Erkennen einer Veränderung, die als Bewegung bezeichnet werden kann. Für den in der obigen Abbildung gezeigten Pfeil kann der Hintergrund entweder

[821] Vgl. VON GLASERSFELD (1997), S. 138.
[822] Vgl. VON GLASERSFELD (1997), S. 136 sowie S. 269-276 zu einer ausführlichen Darstellung des Aufmerksamkeitsmodells.

durch den Rahmen gebildet werden oder durch ein weiteres fixes Objekt innerhalb des Rahmens. Diese beiden Möglichkeiten zeigt Abbildung 4-8.

In Grafik I, Abbildung 4-8, liegt die Vorstellung relativ nahe, der Rahmen zeige zu den verschiedenen Zeitpunkten t_1 bis t_5 den selben Raumausschnitt. Die Abfolge der Darstellungen des Pfeils bzw. seiner Teile kann deshalb als Bewegung des Pfeils wahrgenommen werden. In Grafik II kommt die Vorstellung der Pfeilbewegung nur dann zu Stande, wenn das zweite Objekt im Rahmen – hier eine Mondsichel – als im Raum fixiert, als unbeweglich, betrachtet wird. Wird hingegen der Pfeil als unbewegt wahrgenommen, so ergibt sich der Eindruck, die Mondsichel bewege sich.

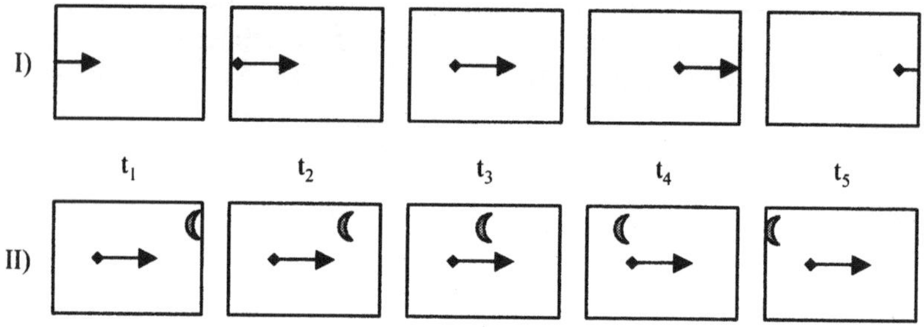

Abbildung 4-8: Pfeil in Bewegung vor Hintergrund
Quelle: Eigene Darstellung.

Die erste Voraussetzung für die Wahrnehmung von Bewegung kann damit zusammenfassend in dem Vorliegen eines unbewegten Hintergrundes gesehen werden, in bezug auf den ein betrachtetes Objekt sein (räumliches) Verhältnis variiert. Eine zweite Voraussetzung für die Wahrnehmung von Bewegung beschreibt VON GLASERSFELD mit den Ausdrücken der »Objektpermanenz« bzw. der »individuellen Identität«.[823] Die Voraussetzung der Objektpermanenz besagt, dass der in den obigen Abbildungen dargestellte Pfeil in den zeitlich aufeinander folgenden Erfahrungsbildern als der jeweils selbe Pfeil betrachtet werden muss. In allgemeiner Form bedeutet das:

> „Das Ding, von dem wir sagen wollen, dass es sich verändert hat, muss in den ... Erfahrungsbildern das *identische Individuum* sein."[824]

Die Fähigkeit, Objekte zu verschiedenen Zeitpunkten als identisch zu erkennen und dies insbesondere dann, wenn das betrachtete Objekt zeitweilig aus dem

[823] Vgl. VON GLASERSFELD (1997), S. 140.
[824] Vgl. VON GLASERSFELD (1997), S. 140 (Hervorhebung im Original).

Wahrnehmungsbereich des Beobachters verschwindet, ist – so selbstverständlich sie auch erscheinen mag – als mentale Operation eine besondere Abstraktionsleistung, in der unterschiedliche Erfahrungen miteinander verknüpft werden.[825] Ein Pfeil, in einem Moment beobachtet, und ein Pfeil, in einem anderen Moment beobachtet, können statt als identisch, genauso gut als zwei gleiche Pfeile betrachtet werden. Die Vorstellung von Veränderung, von Bewegung des Pfeils, kommt aber nur unter der Bedingung zu Stande, dass der in beiden Momenten beobachtete Pfeil derselbe ist.

Die Wahrnehmung von Bewegung, verstanden als räumliche Veränderung, ergibt sich insgesamt aus der Beobachtung eines als identisch betrachteten Objekts, dessen Bezug zu einem identischen Hintergrund zu verschiedenen Zeitpunkten variiert.

4.4.3 Transportieren, Lagern, Umschlagen im logistischen System

Wenn Logistik als Differenz aus Bewegung und Nicht-Bewegung verstanden wird, so lässt sich für logistische Systeme folgern, dass sie eine Operations- bzw. Handlungsweise wählen und praktizieren, die diese Differenz konstituiert. Grundsätzlich lässt sich die Differenz aus Bewegung und Nicht-Bewegung in zwei Formen darstellen:

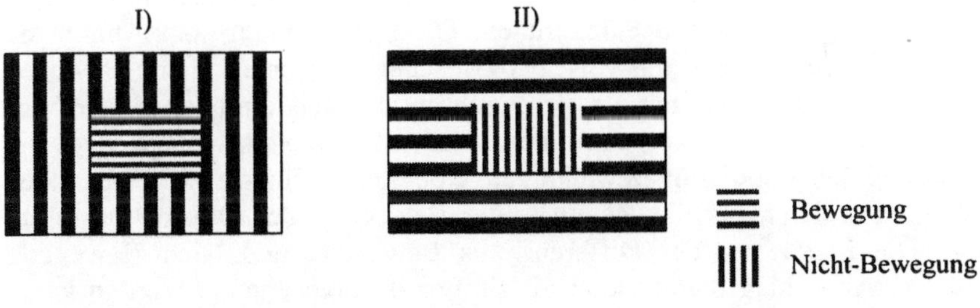

Abbildung 4-9: Differenzen aus Bewegung und Nicht-Bewegung
Quelle: Eigene Darstellung.

Grafik I zeigt die logistische Differenz als System, das Bewegung von identischen Objekten in einem Umfeld der Nicht-Bewegung erzeugt. Grafik II zeigt die Differenz in umgekehrter Version, in der das System Nicht-Bewegung identischer Objekte in einem Umfeld der Bewegung erzeugt. Logistik bedeutet mithin nicht nur das Bewegen von Objekten, sondern genauso auch das Anhal-

[825] Vgl. zur Entstehung der Wahrnehmung individueller Identität VON GLASERSFELD (1997), S. 144-147.

ten, das zum Stillstand bringen von Objekten, die als identisch wahrgenommen werden. Die Erzeugung von Bewegung in einem Umfeld der Nicht-Bewegung wird in der Sprache der Logistik als »Transport« und die Erzeugung von Nicht-Bewegung in einem Umfeld der Bewegung als »Lagerung« bezeichnet.

Zwei der originären Logistikaufgaben lassen sich mithin unmittelbar aus dem Systemmodell ableiten, das auf den beiden Paradigmen einer Systemtheorie zweiter Ordnung beruht, der System/ Umwelt-Differenz und der Selbstreferenz. Das Paradigma der System/ Umwelt-Differenz spiegelt sich in dem Gedanken wider, dass Bewegung nur in bezug auf ein Unbewegtes als Bewegung erscheinen kann. Das Paradigma der Selbstreferenz ergibt sich daraus, dass diese einmal konstituierte Differenz aus Bewegung und Nicht-Bewegung permanent aktualisiert werden muss, wenn sich das aus der Differenz entstandene logistische System erhalten will. Ein Bewegen oder ein Anhalten von permanenten Objekten muss vor dem jeweils gegenpoligen Hintergrund immer wieder erfolgen, um das System kontinuierlich zu differenzieren. Will sich ein logistisches System erhalten, steht es mithin vor der Frage, in welcher Weise sich aus der konstituierten Differenz Anschlussmöglichkeiten für eine Reproduktion dieser Differenz ergeben können. Diese Überlegung weist auf eine sich anbahnende Strukturbildung.

Die Frage der Strukturbildung soll zunächst zurückgestellt werden, um die dritte der originären Logistikaufgaben, das »Umschlagen«, in das Modell logistischer System/ Umwelt-Differenzen einzuordnen. Diese Einordnung kann durch die Interpretation der Operationsweise logistischer Systeme, dem Bewegen permanenter Objekte, nicht nur als die Durchführung, sondern auch als die Veranlassung der Bewegung vorgenommen werden.[826] Im »Umschlag« liegt die Veranlassung, der Impuls für Bewegungen, wobei einerseits die zu bewegenden Objekte und andererseits die Richtung der Bewegung der Objekte bestimmt werden. Die Erzeugung der Differenz aus Bewegung und Nicht-Bewegung schließt den Umschlag damit ein, weil sie nur dadurch erzeugt werden kann, dass sie veranlasst, dass sie begonnen wird. Der Begriff des »Umschlags« kennzeichnet den Begriff, der den Ausgangspunkt der Aktivität des Bewegens markiert, indem die Operationsweise in bezug auf permanente Objekte umgepolt wird. Analog lässt sich »Umschlag« auch im Sinne der Markierung eines Endpunktes von Bewegung bzw. Nicht-Bewegung interpretieren. Im Umschlag werden Objekte quasi aus dem Bereich, in dem sie nicht bewegt werden, in den Bereich des Bewegtwerdens gebracht und umgekehrt.

Logistische Systeme konstituieren sich zusammenfassend durch die Wahl einer bestimmten Verhaltens- oder Operationsweise, die als Erzeugung einer Diffe-

[826] Vgl. zur etymologischen Bedeutung des Wortes »bewegen« Abschnitt 4.4.2.

renz aus Bewegung und Nicht-Bewegung wirksam wird, was die Veranlassung dieser Bewegung bzw. Nicht-Bewegung umfasst. Logistische Systeme definieren sich damit nicht, wie im traditionellen Verständnis, über bereits bestimmte substanzielle Elemente (Unternehmen, technische Einrichtungen etc.) und die Art der zwischen diesen bestehenden Beziehungen, sondern über ein ausgewähltes Aktivitätsmuster. Logistische Systeme sind in diesem Sinne nicht nur aktive Gebilde, die ihre Aktivität aus sich selbst gewinnen, sondern sie sind ebenso auch zu Reflexionen fähig, weil sie die Bestimmung ihrer Aktivität selbst wählen und diese Auswahl auch anders treffen können oder zu einem anderen Zeitpunkt anders treffen können. Logistische Systeme sind damit entwicklungsfähig. Logistische Systeme sind gleichzeitig an ihre Umwelt angepasst, weil die Umwelt den Gegenpol bildet, der den Bereich eigenen Verhaltens überhaupt erst als den Bereich, in dem das System existiert und agiert, erscheinen lässt: Bewegung wird nur sichtbar vor einem unbewegten Hintergrund.

In Anlehnung an die weit gefasste LUHMANN'sche Definition sozialer Systeme, in der „jeder soziale Kontakt“ [827] als soziales System betrachtet wird, ergibt sich die Definition eines logistischen Systems als jedes Bewegen oder Aus-der-Bewegung-Nehmen permanenter Objekte. Anders formuliert: jedes Transportieren, jedes Lagern und jedes Umschlagen konstituiert ein logistisches System. Ob tatsächlich jedes logistische System als solches bezeichnet wird oder auch nicht, und ob jedes logistische System von Dauer sein soll/ will oder auch nicht, sind Fragen, die sich nicht allein aus der Perspektive auf die logistische Differenz, sondern erst vor dem Hintergrund der Verwendung von Sprache – sozialer Kommunikation – und der Möglichkeit, soziale Formen zur Stabilisierung eines logistischen Systems – z.B. Organisationen – bilden zu können, beantworten lassen. Nicht jedes logistische System muss deshalb gleichzeitig ein soziales System sein, eine Organisation oder gar ein produzierendes Unternehmen. Wenn aber ein logistisches System in der Form eines Unternehmens wirksam wird und als solches existiert, dann ist es gleichzeitig ein organisiertes Sozialsystem der Wirtschaft, das in der Produktion der Differenz aus Bewegung und Nicht-Bewegung nicht nur das logistische Produkt produziert, sondern gleichzeitig sich selbst in seiner Form als Unternehmen. Ein Logistikunternehmen als besondere Form eines logistischen Systems beruft sich demnach nicht auf die Differenz der Logistik allein, sondern immer auch auf die Differenzen des Sozialen, der Organisation und der Produktion[828] und grenzt sich dadurch in verschiedener Hinsicht von verschiedenen Umwelten als eine eigenständige Einheit ab.

---

[827] Vgl. LUHMANN (1987), S. 33, sowie Abschnitt 3.4.4.1.

[828] Die Aufzählung dieser Differenzen ist nicht als vollständige Aufzählung aufzufassen.

Die Voraussetzungen für den Erhalt eines Systems in einer veränderlichen Umwelt wurden in Abschnitt 4.1 beschrieben. Eine Voraussetzung des Systemerhalts liegt demnach in der Erhaltung der Grenze des Systems bzw. in der Aufrechterhaltung der Differenz, die das System konstituiert, eine weitere Voraussetzung in der Fähigkeit des Systems, Anschlussmöglichkeiten für eine fortwährende Produktion von Elementen zu entwickeln. Für logistische Systeme bedeutet das, dass es sich so lange als logistisches System erhält, wie es die logistische Differenz durch Erzeugung von Bewegung/ Nicht-Bewegung konstituiert und es erzeugt diese Differenz, solange es die Operationsweise eines logistischen Systems praktiziert und in diesem Praktizieren seine Elemente produziert: Solange ein logistisches System transportiert, lagert und/ oder umschlägt, existiert es als logistisches System. Hört es damit auf, hört seine Existenz als logistisches System gleichfalls auf. Jedes Transportieren, Lagern und/ oder Umschlagen bildet als operative Einheit ein Element des logistischen Systems.[829] Wie sind nun die Anschlüsse zwischen diesen Elementen zu denken? Die folgende Abbildung zeigt eine Möglichkeit:

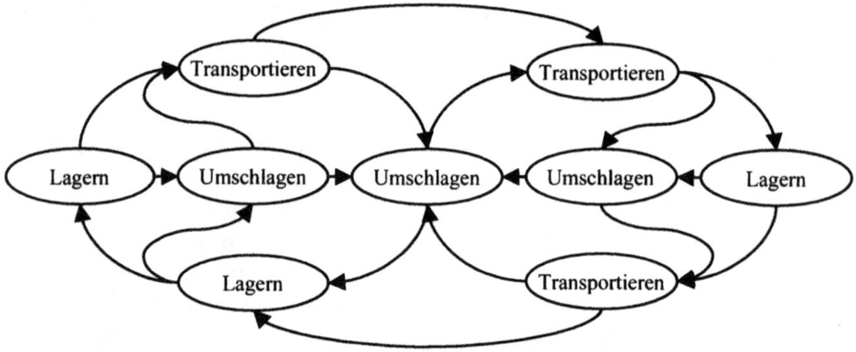

Abbildung 4-10: Anschlüsse im logistischen System
Quelle: Eigene Darstellung.

Anschlussfähigkeit im Sinne der Theorie autopoietischer Systeme liegt dann vor, wenn mit VON FOERSTER Ende und Anfang zusammenfallen. Die Begründung eines Anfangspunktes durch einen Endpunkt begründet gleichzeitig die Schließung eines Systems. Bei einem logistischen System kann eine solche

[829] Die Elemente werden hier als substantivierte Verben aufgeführt, weil die Elemente in der Operations- oder Handlungsweise des Systems gebildet werden. Hingegen bilden ein Transporter, ein Lager oder ein Umschlagsplatz keine Elemente eines logistischen Systems, weil ihr Vorhandensein allein nicht ausreicht, die logistische Differenz zu begründen. Ein Lager bspw. wird für ein logistisches System erst interessant, wenn in ihm auch gelagert wird.

Geschlossenheit angenommen werden, weil eine logistische Aktivität durch den Beginn einer anschließenden Aktivität begonnen wird und der Beginn einer logistischen Aktivität durch die Beendigung einer vorangegangenen Aktivität eingeleitet wird: ein Umschlagen leitet ein Transportieren ein, das durch ein zweites Umschlagen beendet wird und das gleichzeitig ein Lagern einleitet, das wiederum durch eine logistische Aktivität beendet wird und dadurch einen neuen Anfangspunkt konstituiert. Die Produktion der Elemente des logistischen Systems produziert gleichzeitig immer wieder die logistische Differenz, indem es Bewegung und Nicht-Bewegung, Transportieren und Lagern, abwechselt und durch den Impuls zum Richtungswechsel, das Umschlagen, miteinander verbindet.

Anschlüsse ergeben sich auch, wenn die drei eine logistische Differenz erzeugenden Aktivitäten nicht gewechselt werden oder ein Umschlag ausbleibt: Ein Transportieren kann in ein weiteres Transportieren münden (von Bremen nach Oldenburg, von Oldenburg nach Emden), ein Lagern in ein weiteres Lagern (von März bis April, von April bis Mai), ein Umschlag in einen weiteren Umschlag (erst die eine Palette, dann eine andere). Jedes Transportieren kann umschlaglos in Lagern münden und umgekehrt, wenn etwa ein Lager auf Rädern in Bewegung gesetzt oder angehalten wird.[830] Ein logistisches System ist demnach als autopoietisches System zu verstehen, das die Elemente, aus denen es besteht, aus den Elementen, aus denen es besteht, selbst herstellt. Bewegungen werden aus Bewegungen gewonnen. In seiner Operationsweise definiert das System seine Grenze als logistische Differenz selbst und legt mit dem Hervorbringen eines ersten Elements mögliche Anschlüsse für die Produktion weiterer Elemente.

Ein Hinweis auf die Variationsmöglichkeiten bei der Produktion und Herausbildung von Bewegungen ergibt sich aus den oben angeführten Beispielen, in denen eine bestimmte Strecke (Bremen–Oldenburg–Emden) bzw. ein bestimmter Zeitraum (März–April–Mai) genannt wird. Bewegung als physikalische Größe wird beschrieben, indem man Strecken für den zurückgelegten Weg und Zeitabschnitte für die dafür benötigte Zeit misst. Aufeinander bezogen ergibt sich als Quotient von Weg und Zeit die Geschwindigkeit als das Maß einer Bewegung.[831] Die Differenz aus Bewegung und Nicht-Bewegung kann damit als ein Vergleich verschiedener Geschwindigkeiten betrachtet werden.[832] Eine Nicht-Bewegung muss entsprechend nicht ausschließlich als eine Nullbewegung, als eine Geschwindigkeit von 0 Streckeneinheiten pro Zeiteinheit, defi-

---

830 Umschlaglos ist dieser Wechsel jedenfalls dann, wenn das Bremsen bzw. Beschleunigen nicht bereits als Umschlagen definiert wird – was nicht notwendig, aber möglich ist.

831 Vgl. BREDTHAUER/ KLAR/ LICHTFELDT et al. (1998), S. 126f.

832 Vgl. das in »Logistik« enthaltene Wort »Log« = Geschwindigkeitsmesser für Schiffe; DROSDOWSKI (1997), Sp. 425.

niert werden. Die Differenz aus Bewegung und Nicht-Bewegung ergibt sich vielmehr aus jeder Differenz, die aus dem Vergleich zweier Geschwindigkeiten resultiert. Sind zwei Geschwindigkeiten indifferent, so lässt sich eine Differenz nicht nur über die Variation einer der Geschwindigkeiten als Ganzes herstellen (im Sinne eines schnell/ schneller bzw. langsam/ langsamer), sondern auch über Variation der Strecke (lang/ länger bzw. kurz/ kürzer oder tief/ tiefer bzw. hoch/ höher) oder über die Variation der Zeit (früh/ früher bzw. spät/ später), weil beides auf die Geschwindigkeit wirkt.

Die mit der Erzeugung der logistischen Differenz erzeugte Bewegung wurde oben als Bewegung permanenter Objekte beschrieben. Handelt es sich bei den bewegten, permanenten Objekten um materielle Gegenstände, so lässt sich in physikalischer Terminologie auch von der Bewegung von Körpern sprechen und die Verbindung zu dem Bereich der mechanischen Arbeit herstellen.

> „Mechanische Arbeit wird verrichtet, wenn die Kraft auf den Körper in Richtung des zurückgelegten Weges wirkt."[833]

Die in der Logistik erzeugte Bewegung kann deshalb auch als verrichtete Arbeit betrachtet werden. Eine als Arbeit beschriebene Bewegung ergibt sich aus dem Produkt von Kraft und Weg und kann entsprechend über die Variation der eingesetzten Kräfte (schwach/ schwächer bzw. stark/ stärker) oder der zurückgelegten Wege verändert werden. Diese Überlegungen lassen sich ausweiten auf weitere physikalische Größen, wie z.B. Leistung, Reibung, Kraftwandlung etc., die im Zusammenhang mit dem Erzeugen von Bewegungen und also im Zusammenhang mit der Erzeugung der logistischen Differenz stehen. Grundsätzlich ergeben sich hieraus vielfältige Ansatzpunkte für logistische Systeme, eine erzeugte oder eine zu erzeugende Bewegung im Vergleich zu einer anderen Bewegung zu differenzieren und damit als Bewegung erst sichtbar bzw. wirksam zu machen. Logistische Systeme können zur Erzeugung der logistischen Differenz Strecken verkürzen oder das Tempo auf einer bestimmten Strecke erhöhen, sie können den für eine bestimmte Bewegung erforderlichen Energieeinsatz reduzieren, indem sie die durch die bewegten Objekte erzeugte Reibung reduzieren, sie können die Zeit einer Bewegung durch Lagerung verlängern, sie können auch eine andere Objektart bewegen, wenn die Objektart, auf die sie sich bisher konzentrierten, bereits so beweglich ist, dass sich eine Differenz durch die eigene logistische Aktivität nicht mehr herstellen lässt und anderes mehr.

Alle diese Optionen erweisen sich als funktionale Möglichkeiten zur Konstitution logistischer Differenzen. Die Anwendung eines Verfahrens zur Tourenoptimierung beispielsweise, kann aus Sicht eines logistischen Systems deshalb sinnvoll sein, weil es über eine Verkürzung der Bewegungsstrecke die betrachtete

[833] BREDTHAUER/ KLAR/ LICHTFELDT et al. (1998), S. 174.

Bewegung beschleunigen kann. Sofern hierdurch die Differenz zu einer Vergleichsbewegung erhöht wird, kann sich deshalb die Möglichkeit eines Transportierens ergeben. Wurde die Differenz nicht erhöht, so ergibt sich diese Möglichkeit nicht. Auch dann nicht, wenn tatsächlich das Streckenoptimum gefunden wurde. Für ein logistisches System ist es deshalb nicht wesentlich, ein worauf auch immer bezogenes Optimum zu finden. Im Sinne der Systemrationalität[834] ist es vielmehr wesentlich, seine Differenz als logistisches System aufrechtzuerhalten, damit es Bewegungen und Nicht-Bewegungen erzeugen kann, weil es in diesem Erzeugen Elemente produziert, aus denen es sich selbst herstellt. Als funktionale Möglichkeiten im Hinblick auf die Differenzkonstitution sind die Optionen deshalb untereinander austauschbar: statt die Strecke zu verkürzen, kann die eingesetzte Kraft erhöht werden oder eine in eine andere Region führende Strecke gewählt werden, statt die Energiezufuhr zu erhöhen, kann das bewegte Objekt in seiner Masse reduziert werden, statt schneller zu transportieren, kann nahe des Zielortes als Bewegungsendpunkt gelagert werden usw.

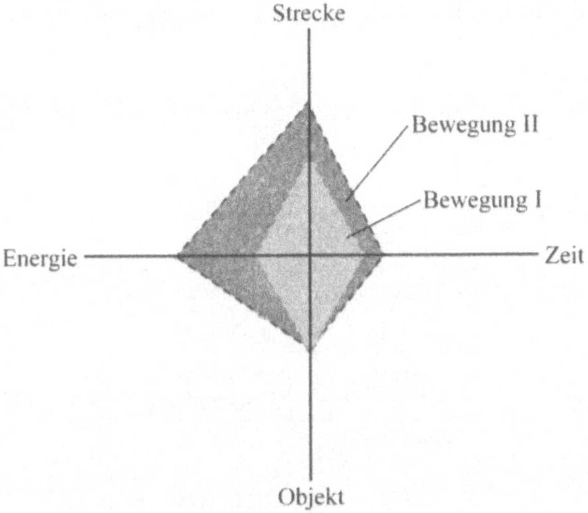

Abbildung 4-11: Differenzierung von Bewegungen
Quelle: Eigene Darstellung.

Zusammenfassend ergeben sich aus der Betrachtung von Bewegung als Geschwindigkeit und als mechanische Arbeit vier Dimensionen, über die eine Bewegung von einer anderen Bewegung differenziert werden kann: über Variation der Strecke, über Variation der Zeit, über Variation des Objektes und über Variation der Energie. Wenn die Variation einer dieser Optionen zur Differen-

[834] Vgl. Abschnitt 3.1.4.

zierung einer Bewegung von einer anderen führt, konstituiert sich ein logistisches Element. Umkehrt lässt sich sagen: Ein Objekt, das mit einem bestimmten Fahrzeug zu einer bestimmten Zeit von einem bestimmten Ausgangsort an einen bestimmten Zielort bewegt wird, kann nicht in einer anderen Bewegung mit dem selben Fahrzeug zur selben Zeit vom selben Anfangs- an den selben Zielort bewegt werden. Es fehlt die Differenz in mindestens einer Dimension der Bewegung.

Abbildung 4-11 zeigt den Zusammenhang zwischen den vier Dimensionen zur Differenzierung von Bewegungen. Bewegung I unterscheidet sich in drei Dimensionen von Bewegung II und erzeugt dadurch Differenzen. Ohne Differenz in mindestens einer Dimension wären Bewegung I und II deckungsgleich und erschienen als ein und dieselbe Bewegung. Jede Variation einer dieser Dimensionen ist insofern funktional für die Erzeugung einer logistischen Differenz. In Anlehnung an die 4-R-Formel der Logistik[835] ergibt sich die Wirksamkeit einer eigenständigen Bewegung, wenn verschiedene Objekte, zu oder in verschiedenen Zeiten, auf verschiedenen Strecken mit verschiedenen Energien[836] bewegt werden.

Möglichkeiten für die Differenzierung von Bewegungen innerhalb der vier Dimensionen werden in der folgenden Abbildung angeführt:

Strecke	Zeit	Objekt	Energie
Ausgangspunkt	Dauer	Gewicht	Menge
Endpunkt	Häufigkeit	Menge	Stärke
Länge	Zeiträume	Volumen	Art der Energie
Höhe	...	Art	Art der Umwandlung
...		Sperrigkeit	...
		...	

Abbildung 4-12: Differenzierung der Bewegungsdimensionen
Quelle: Eigene Darstellung.

[835] Vgl. Abschnitt 2.1.2.1.1.

[836] Unter die Dimension der Energie werden hier auch die Verkehrsmittel gefasst, weil über ihre Bestimmung die Art der Energie, die Art der Energieumwandlung sowie der Energienutzungsgrad gleichfalls bestimmt werden.

In welcher Hinsicht ein logistisches System die Differenz einer Bewegung konstituiert und Bewegungen produziert, bestimmt es selbst, indem es Möglichkeiten zur Differenzierung von Bewegungen erkennt und in Aktivität umsetzt. Welche Differenzierungsmöglichkeiten es erkennt und was es demnach tut, ist eine Frage seiner individuellen und identitätsgebenden Wahrnehmungsperspektive.

4.4.4 Logistik als soziales System

In Abschnitt 4.4.1 wurden die Differenzen genannt, die für logistische Systeme als Sozialsysteme relevant sein können. Insbesondere die Differenz der Organisation soll hier noch einmal aufgegriffen und mit der Differenz der Logistik in Verbindung gebracht werden. Oben wurde bereits angeführt, dass nicht jedes logistische System allein aus seiner Aktivität der Erzeugung von Bewegungen heraus ein soziales System sein muss.[837] Nach LUHMANN'scher Auffassung ist Handeln immer nur dann soziales Handeln, „wenn man also beachtet, was andere davon halten würden."[838] Die Eigenschaft, sozial zu sein, ergibt sich demnach aus der Entwicklung einer Erwartung, die ein Ego einem Alter gegenüber entwickelt.[839] Als gesellschaftliches Handeln ergibt sich Handeln nach LUHMANN dann, „wenn es als Kommunikation intendiert und/ oder erfahren wird".[840] Erst in Kommunikationen aufgegriffen, lassen sich Handlungen demnach einem sozialen System zurechnen.[841] Ein logistisches System kann mithin erst dann als soziales System verstanden werden, wenn die Erzeugung von Bewegungen und Nicht-Bewegungen kommunikativ intendiert und/ oder erfahren wird. Umgekehrt erscheint ein soziales System erst dann als logistisches System, wenn seine Kommunikationen und seine als Kommunikation wirksamen Handlungen das Thema der Bewegung aufgreifen.

In der Sonderform sozialer Systeme, der Organisation, erscheinen Kommunikationen in der Form von Entscheidungen.[842] Ein logistisches System kann entsprechend erst dann in der Form einer Organisation wirksam werden, wenn die Produktion der Elemente des Systems als logistisches System und die Produktion der Elemente des Systems als Organisation in Koproduktion stattfinden: Entscheidungen veranlassen Bewegungen und Bewegungen veranlassen Entscheidungen.

---

[837] Vgl. Abschnitt 4.4.3.
[838] LUHMANN (1987), S. 580.
[839] Vgl. Abschnitt 3.4.4.4.
[840] LUHMANN (1987), S. 580.
[841] Vgl. Abschnitt 3.4.4.3.
[842] Vgl. Abschnitt 4.2.

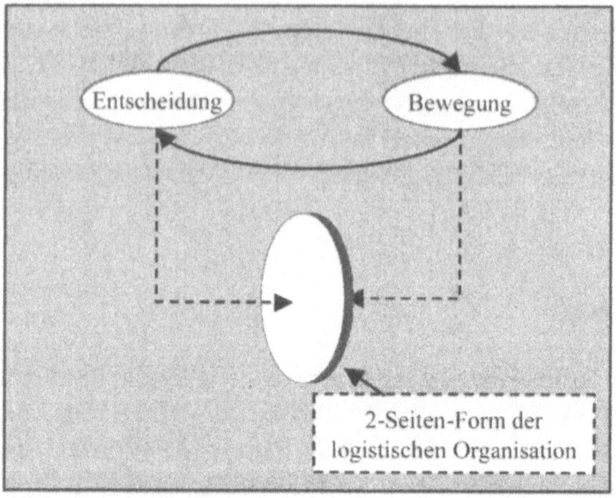

Abbildung 4-13: Elemente und Form der logistischen Organisation
Quelle: Eigene Darstellung.

Die obige Abbildung zeigt die gegenseitige Veranlassung von Entscheidungen und Bewegungen: es wird entschieden zu lagern und wenn die Lagerung beendet ist, muss neu entschieden werden, ob ein weiteres Lagern, ein Umschlagen oder ein Transportieren (das Lager hat Räder) folgen soll. Die logistische Organisation ergibt sich hieraus als zweiseitige Form vor einem Hintergrund, deren eine Seite durch die Produktion von Entscheidungen und deren andere Seite durch die Produktion von Bewegungen gebildet wird. Das soziale System der Organisation und das logistische System bilden aus dieser Perspektive eine eigenständige Einheit, die sich von allem anderen unterscheidet und abgrenzt. Dieses „alles Andere" bildet die Umwelt der logistischen Organisation, die als Umwelt in dieser Form nur für diese logistische Organisation existiert, weil sie alles das umfasst, was die logistische Organisation selbst in ihrem Agieren und Existieren nicht einschließt.[843]

Stabilität erlangt die logistische Organisation dadurch, dass sie die beiden Arten von Elementen als die jeweils andere Art behandeln kann. Eine Bewegung kann als eine Entscheidung behandelt werden, indem sie als Entscheidung betrachtet wird, einer vorangegangenen Entscheidung zu folgen oder auch nicht zu folgen: es wurde entschieden, die Kiste solle am nächsten Tag nach Hamburg transportiert werden. Die Durchführung des Transports am nächsten Tag stellt gleichzeitig die Entscheidung dar, der Entscheidung nachzukommen. Unterbleibt der Transport, kann auch diese Unterlassung als Entscheidung gewertet werden,

[843] Vgl. BAECKER (1999), S. 241.

selbst wenn der Fahrer nichts von der Entscheidung des Vortages wusste – was sich erst später herausstellt.

Umgekehrt kann eine Entscheidung als Bewegung behandelt werden, indem z.B. zeitlich differenziert wird. Die Entscheidung kann dann als Bewegung gelten, die früher oder später erfolgen wird: es wurde entschieden, am kommenden Dienstag 50 Stück einzulagern. Zur Vorbereitung dieser Bewegung wird im Lager bereits am Montag Platz geschaffen. Diese Möglichkeit des Wechsels der Hinsichten unter denen die produzierten Elemente behandelt werden können, erzeugt insofern die Identität der logistischen Organisation als Einheit: eine Entscheidung, die sie trifft, ist gleichzeitig eine Bewegung, die sie erzeugt – und umgekehrt.

Die Einheit der logistischen Organisation nutzt auf der Seite ihrer Existenz als Organisation die logistische Differenz zur Strukturierung ihrer Entscheidungsproduktion. Die Ausgangsentscheidung, Bewegung zu erzeugen, gibt der Organisation Orientierung bei der Frage, worauf sich Entscheidungen immer wieder richten lassen. Die logistische Organisation muss sich nicht in jeder Hinsicht neu entscheiden, obwohl sie immer wieder neu entscheiden muss – die Richtung der Entscheidungsproduktion ist bereits durch den Zweck der Logistik eingegrenzt. Rein formal ist es für die Organisation als Organisation nicht wesentlich, dass sie ihren Zweck in der Logistik findet. Sie könnte auch etwas anderes wählen, um die Richtung ihrer Entscheidungsproduktion einzugrenzen, sofern sie etwas anderes erkennt. Wenn sie sich aber entschieden hat, die Erzeugung von Bewegungen als ihren Zweck zu betrachten, dann kann sie diesem Pfad folgen und durch diese Selektion die Anschlussfähigkeit ihrer Entscheidungsproduktion erhöhen.[844]

Auf der Seite ihrer Existenz als logistisches System nutzt die Einheit der logistischen Organisation die Seite der Organisation ihrerseits als Möglichkeit zur Sicherung der Anschlussfähigkeit im Hinblick auf die Produktion logistischer Elemente. Als rein logistisches System ist ein logistisches System darauf angewiesen fortwährend Bewegungen zu erzeugen, um die logistische Differenz aufrecht erhalten zu können. Dieses pausenlose Produzieren von Bewegungen kann zur Ruhe kommen, wenn an das Ende einer Bewegung die Erwartung einer anschließenden Bewegung geknüpft wird, die wann auch immer in der Zukunft geschehen soll. Ein Transportieren kann am Abend unterbrochen und erst am nächsten Morgen fortgesetzt werden. Obwohl in der Nacht kein Bewegungselement erzeugt wird, kann das logistische System in der Erwartung fortexistieren, die durch die Entscheidung über die Fortsetzung der Fahrt zu einem künftigen Zeitpunkt geweckt wurde. Das logistische System nutzt inso-

[844] Vgl. zur Entscheidungsstrukturierung durch Zwecke Abschnitt 4.2.2.

fern die Erwartungsstrukturen der Organisation in den Augenblicken, in denen keine Bewegungen erzeugt werden und erhält sich damit aufrecht. Da Erwartungsstrukturen nicht nur in der Sonderform sozialer Systeme, der Organisation, sondern auch in anderen Sozialsystemen auftreten, ist ein logistisches System nicht zwangsweise an die Existenz einer Organisation gebunden. Im Vergleich zum Sozialsystem einer Interaktion, deren Elemente aus „einfachen" Kommunikationen bestehen, erscheinen die in einer Organisation entwickelbaren Erwartungsstrukturen, die sich aus der kommunikativen Sonderform einer Entscheidung ergeben, jedoch verbindlicher.[845]

In welchen spezielleren Formen sich eine logistische Organisation weiterhin differenziert, z.B. als Unternehmen, als Verein oder als Behörde, bestimmt die logistische Organisation genauso selbsttätig, wie sie bestimmt hat, logistische Organisation zu sein.

[845] Vgl. zur Bestimmung von Kommunikationen als Entscheidungen Abschnitt 4.2.2, zur Strukturierung sozialer Systeme durch Erwartungen Abschnitt 3.4.4.4.

4.5 Das logistische Effizienzdenken radikal konstruktivistisch

Die Auseinandersetzung mit der Denkweise und den Systemkonzeptionen des Radikalen Konstruktivismus wurde in dieser Arbeit eingeleitet durch eine Diskussion verschiedener Rationalitätskonzepte.[846] Insofern soll auch am Ende dieser Auseinandersetzung eine Überlegung zum Thema der Rationalität aus radikal konstruktivistischer Sicht stehen. Diese Überlegung bezieht sich auf das logistische Effizienzdenken, das in der traditionellen Logistikkonzeption den Maßstab für die Bewertung alternativer Handlungen bildet. Nachdem das systemtheoretische Modell des Radikalen Konstruktivismus auf logistische Systeme übertragen wurde, stellt sich nunmehr die Frage, wie das logistische Effizienzdenken im Rahmen dieser Denkrichtung erklärt werden kann bzw. welche Möglichkeiten zur Einordnung des logistischen Effizienzdenkens in diese Konzeption bestehen.

VON FOERSTER bildet in zahlreichen Beispielen aus einer Operation eine rekursive Operation, indem er das Ergebnis einer Ausgangsoperation als Ausgangswert einer folgenden Operation bestimmt. Bei den unterschiedlichsten Arten von Operationen konnte VON FOERSTER nachweisen, dass sich bei fortwährender Anwendung einer Operation auf die jeweils produzierten Ergebnisse sog. Eigenwerte einstellen.[847] Rekursives Operieren gilt deshalb als „ein Prinzip der Selbstorganisation, das aus beliebigen Zuständen bestimmte Strukturen emergieren lässt."[848] In Anlehnung an die VON FOERSTER'sche Vorgehensweise kann – quasi experimentell – für das logistische Effizienzdenken geprüft werden, inwieweit sich hier die Möglichkeit ergibt, eine rekursive Operation zu bilden, die selbstorganisierend zur Emergenz eines Eigenwertes des operierenden logistischen Sozialsystems führt.

Grundsätzlich wird das logistische Effizienzdenken mit Hilfe zweier Dimensionen beschrieben, wenn auch die Bezeichnung dieser beiden Dimensionen bei den verschiedenen Autoren variiert. So unterscheidet PFOHL das logistische Effizienzdenken nach einer technologischen und einer ökonomischen Dimension:

> „Logistiksysteme sind *effizient*, wenn bei ihrer Gestaltung die Logistikkosten (Input) und die Logistikleistungen (Output) als Gestaltungsziele berücksichtigt wurden. [...] Das Effizienzziel entspricht zunächst dem bekannten *Produktivitätsziel*, das durch das Verhältnis Output/ Input [...] gemessen wird. Das Effizienzdenken ist also auf die *technologische Dimension* des Logistiksystems anzuwenden, die ein Denken in Mengen und Qualitäten verlangt. [...] Das Effizienzdenken kann sich jedoch auch auf die

---
[846] Vgl. Abschnitt 3.1.
[847] Vgl. Abschnitt 3.3.6.
[848] VON FOERSTER (1993), S. 260.

ökonomische Dimension des Unternehmens beziehen. Diese verlangt ein Denken in Werten. In ihrem Mittelpunkt stehen Probleme der Preise sowie von Umsatz und Kosten.“[849]

GÖPFERT und WEHBERG unterscheiden hingegen die beiden Dimensionen der Effektivität und Effizienz:

> „Mit dem Maßstab der Effektivität wird der Grad der Zielerreichung beschrieben und der Output von Prozessen bewertet. Mittels der Effizienz wird die Wirtschaftlichkeit von Input-Output-Relationen beurteilt.“[850]

> „Bei strategischen Entscheidungen geht es im Allgemeinen darum, durch die effektive Gestaltung logistischer Strukturen günstige Voraussetzungen (»to do the right things«) für die operativen Aufgaben zu schaffen. [...] Unter der Effektivität kann allgemein der Zielerreichungsgrad der Logistik verstanden werden. [...] Im Mittelpunkt der operativen Ebene der Logistik steht die effiziente Lenkung logistischer Prozesse (»to do the things right«). Dabei kennzeichnet die Effizienz den Wirkungsgrad eines Logistikprozesses, der sich als Quotient aus dem Logistikin- und -output ergibt.[851]

Die beiden Begriffspaare der »technologischen und ökonomischen Effizienz« einerseits und der »Effektivität und Effizienz« andererseits erscheinen inhaltlich deckungsgleich. PFOHLs Zitat kann dahingehend interpretiert werden, dass eine Wahlmöglichkeit zur Einbindung der (ökonomischen) Effizienz in das logistische Effizienzdenken bestehe, technologische Effizienz bzw. Effektivität hingegen in jedem (Entscheidungs-) Fall zu berücksichtigen sei.[852] In den weiteren Ausführungen PFOHLs kommt allerdings zum Ausdruck, dass das logistische Effizienzdenken sowohl technisch als auch ökonomisch orientiert sei,[853] sich also durch die gleichzeitige Berücksichtigung beider Dimensionen auszeichne. Explizit formuliert SCHUDERER die Notwendigkeit zur gleichzeitigen Berücksichtigung von Effektivität und Effizienz:

> „Das im traditionellen Wirtschaftlichkeitsverständnis dominierende Effizienzdenken wird durch das Effektivitätsdenken ergänzt. Dies bedeutet, dass die bisherige einseitige Bewertung der Mittel durch eine gleichrangige Bewertung von Zielen und Mitteln ersetzt wird, um eine Verbindung quantitativer und qualitativer Auswirkungen von Systemveränderungen mit der Unternehmenspolitik zu schaffen.“[854]

SCHUDERERs Ausführungen sind dahingehend zu interpretieren, dass erst eine integrierte Betrachtung von Sach- und Wertebene, von Effektivität und

---

[849] PFOHL (2000), S. 41 (Hervorhebung im Original).
[850] GÖPFERT (2000), S. 113, Anmerkung 105.
[851] WEHBERG (1997), S. 56ff.
[852] Vgl. „Kann“-Aussage vs. „Muss“-Aussage.
[853] Vgl. PFOHL (2000), S. 43.
[854] SCHUDERER (1996), S. 107f.

Effizienz, Aussagen über die „organisatorische Produktivität“[855] als Kennziffer der „Effizienz des gesamten Unternehmens“[856] zulasse. SCHUDERER spricht damit das in Abschnitt 2.1.2.1 angesprochene Problem der organisatorischen Effizienz an.

Auch FREICHEL stellt die Dimensionen des logistischen Effizienzdenkens in einen Zusammenhang mit der organisatorischen Effizienz. Er geht davon aus, dass Effizienzbetrachtungen grundsätzlich auf einer höheren Stufe der Rationalität durchgeführt werden als Effektivitätsbetrachtungen. Unter Bezug auf die Formulierung von Effektivität als »doing the right things« und von Effizienz als »doing the things right« stellt er fest, dass der Maßstab des Gewinns oder der Rentabilität zur Beschreibung der Leistungsfähigkeit einer Organisation Leerformelcharakter haben könne, solange die Ursache-Wirkungsmechanismen zwischen effizientem Handeln und Erfolg nicht beschrieben werden könnten. Grundsätzlich müsse die Lösung der Effektivitätsfrage der Lösung der Effizienzfrage vorausgehen, weil eine Organisation anderenfalls zwar effektiv, aber nicht effizient oder umgekehrt effizient, aber nicht effektiv sein könne.[857]

Fasst man diese Aussagen zusammen, so ergibt sich das logistische Effizienzdenken insgesamt als ein Denken, dass Effektivität und Effizienz gleichermaßen umfasst. Mit Effektivität ist dabei die grundsätzliche Eignung einer Handlungsalternative im Sinne ihrer vor allem technologischen Eignung gemeint, mit Effizienz die Bewertung der als effektiv festgestellten Alternativen im Sinne eines „geeignet – geeigneter – am geeignetsten“. Eine gleichzeitige, integrierte Betrachtung von Effektivität und Effizienz entspricht, den Aussagen folgend, die Betrachtung der organisatorischen Effizienz.

Folgern lässt sich daraus, dass eine Organisation in dem Maße als organisatorisch effizient gelten kann, wie sie dem logistischen Effizienzdenken folgt. Anders formuliert: das logistische Effizienzdenken einer Organisation entspricht ihrer organisatorischen Effizienz. Für die im Folgenden vorzunehmende Entwicklung einer rekursiven Operation aus den Dimensionen der Effektivität und der Effizienz sollen die Ausdrücke »Die richtigen Dinge tun« zur Bezeichnung der Effektivität und »Die Dinge richtig tun« zur Bezeichnung der Effizienz verwendet werden. Zunächst ergibt sich daraus die Aussage:

Logistisches Effizienzdenken $\triangleq$ Organisatorische Effizienz =
Die richtigen Dinge tun $\wedge$ Die Dinge richtig tun

---

[855] SCHUDERER (1996), S. 105, Abb. 5-1.
[856] SCHUDERER (1996), S. 106.
[857] Vgl. FREICHEL (1992), S. 80f, insbes. Anmerkung 152.

Fraglich ist nun, in welcher Weise diese Aussage in den Formalismus einer rekursiven Operation gebracht werden kann. Grundsätzlich wird dafür einerseits eine unabhängige Variable x_0 als Ausgangspunkt benötigt, andererseits eine Operation Op. Eine Variable kann nach VON FOERSTER nicht nur in der Form eines numerischen Wertes bezeichnet werden, sondern durch sehr Verschiedenes repräsentiert werden, wie z.B. Anordnungen von Zahlen oder Vektoren, Funktionen oder Verhaltensbeschreibungen. Als Operation kann mehr oder weniger jede Aktivität, die auf die unabhängige Variable angewendet wird, betrachtet werden.[858]

Die oben für das logistische Effizienzdenken gebildete Aussage gibt sowohl im Hinblick auf die Variable als auch im Hinblick auf die Operation jeweils zwei Möglichkeiten an. Als Variable ist demnach entweder das logistische Effizienzdenken oder die organisatorische Effizienz als äquivalente Entsprechung wählbar. Ausgewählt wird hier, um eine Wahl zu treffen, die organisatorische Effizienz:

x_0 = organisatorische Effizienz.

Die Operation ist zum einen durch den Ausdruck »Die richtigen Dinge tun« und zum zweiten durch den Ausdruck »Die Dinge richtig tun« bestimmt. Da die beschriebene Aktivität in beiden Ausdrücken gleich ist, nämlich »Die Dinge tun«, und gemäß der obigen Interpretationen beides gleichzeitig zu betrachten ist, soll hier eine Verschmelzung der beiden Ausdrücke vorgenommen werden. Es ergibt sich dann als Operation:

Op = Die richtigen Dinge tun $\wedge$ Die Dinge richtig tun =
Die richtigen Dinge richtig tun

Nachdem eine Variable und eine Operation bestimmt sind, lässt sich der VON FOERSTER'sche Formalismus rekursiver Operationen anwenden. In allgemeiner Form stellt sich dieser Formalismus wie folgt dar:[859]

$$x_1 = Op\,(x_0) \qquad (1)$$

$$x_2 = Op\,(x_1) \qquad (2)$$

$$x_2 = Op\,(x_1) = Op(Op(x_0)) \qquad (3)$$

$$x_n = Op^n(x_0) = \qquad (4)$$

$$x_\infty = Op^\infty(x_0) \qquad (5)$$

$$x_\infty = Op(Op(Op(Op(Op(Op(Op(Op(Op\ldots \qquad (6)$$

[858] Vgl. VON FOERSTER (1993), S. 255 sowie die Beispiele in Abschnitt 3.3.6.
[859] VON FOERSTER (1993), S. 255f.

In Gleichung (1) wird die Operation auf die Variable x_0 erstmalig angewendet und das Ergebnis als x_1 bezeichnet. In Gleichung (2) erfolgt eine zweite Anwendung der Operation, diesmal auf das Ergebnis der ersten Operation. Der gleiche Sachverhalt wird umgeformt in Gleichung (3) dargestellt. Gleichung (4) gibt die n-te Anwendung der Operation auf die Variable an. In den Gleichungen (5) und (6) werden zwei Möglichkeiten zur Darstellung der unendlich häufigen Anwendung der Operation Op gezeigt. Da in der Darstellungsform nach (6) die Variable nicht mehr auftaucht, ergibt sich die Frage, worauf die Operation überhaupt angewendet wird.[860] x_∞ bezeichnet nunmehr eine unbegrenzte Verkettung von Operatoren: x_∞ kann deshalb die in Gleichung (6) angeführte Darstellung der unbegrenzten Verkettung der Operatoren an jeder Stelle ersetzen. Es ergibt sich dann:[861]

$$x_\infty = Op(x_\infty) \qquad (7.1)$$

$$x_\infty = Op(Op(x_\infty)) \qquad (7.2)$$

$$x_\infty = Op(Op(Op(x_\infty))) \qquad (7.3)$$

Ergibt sich für die Gleichungen (7) eine Lösung oder auch mehrere, so erzeugen sich diese Werte für x_∞ durch die Operation selbst. Diese Werte stellen die bereits erwähnten Eigenwerte dar.[862]

Wenn eine Organisation demnach immer wieder in der Weise operiert, in der sie operiert, ergibt sich ihre organisatorische Effizienz als Eigenwert aus eben diesem Operieren. Der sich aus ihrem Operieren in Form eines »Die richtigen Dinge richtig Tuns« ergebende Eigenwert drückt eine Stabilisierung des Tuns oder des Verhaltens der Organisation aus. Diese Stabilisierung des Verhaltens kann auch als Ordnung des Verhaltens der Organisation interpretiert werden, die sich die Organisation im Zuge ihres immer wieder praktizierten Verhaltens selbst schafft. Die organisatorische Effizienz erweist sich demnach als Eigenverhalten der Organisation, das sie immer wieder aufgreift und das sie als Organisation auszeichnet. Dieses stabile Verhalten der Organisation als Organisation kann deshalb von ihr selbst oder von einem anderen Beobachter auch als ihre Verhaltenskompetenz bezeichnet werden. Denn die stabile Fähigkeit, sich in allen dieser Ordnung folgenden Operationen als Organisation zu verhalten, stabilisiert die Organisation als Organisation. Anders formuliert: die Organisation verschafft sich die Kompetenz, sich als Organisation zu verhalten, indem sie operiert und also fortwährend »Die richtigen Dinge richtig tut« und weil sie

[860] Vgl. VON FOERSTER (1993), S. 277.
[861] VON FOERSTER (1993), S. 256.
[862] Vgl. das in Abschnitt 3.3.6 angegebene Beispiel für $x_\infty = 1$ durch die Operation des Wurzelziehens aus einem beliebigen Anfangswert; VON FOERSTER (1993), S. 278.

sich mit diesem Verhalten als Organisation verhält, bringt sie sich durch ihr eigenes Tun als Organisation selbst hervor. Sie ist damit »effizient«.[863]

Die Bezeichnung der Operationsweise einer Organisation als »Richtiges Tun der richtigen Dinge« weist das Verhalten einer Organisation als paradoxes Verhalten aus: die Operation der Organisation wird mit einer Tautologie bezeichnet – tut die Organisation die richtigen Dinge, handelt sie richtig, handelt sie richtig, tut sie die richtigen Dinge. Eine Organisation ist demnach effizient oder als Organisation wirksam, solange sie in paradoxer Weise operiert. Diese Überlegung bestätigt die in Abschnitt 4.2 angesprochene Sicht von LUHMANN und BAECKER, wonach Entscheidungen die Elemente einer Organisation bilden und Entscheidungen nur dort getroffen werden können, wo sich Unentscheidbares in den Weg stellt. Die Organisation ist damit darauf angewiesen, Paradoxien immer wieder selbst zu produzieren und sie produziert die Paradoxien, indem sie sich wie eine Organisation verhält, indem sie entscheidet und in der Entscheidung die Unentscheidbarkeit selbst definiert.

Wenn sich das Verhalten einer Organisation als Paradoxie darstellt und nur als solches die Organisation als Organisation wirksam werden lässt, dann muss eine Organisation nicht nur das Vermögen besitzen, Paradoxien zu produzieren, sondern gleichfalls über die Fähigkeit verfügen, die selbst geschaffenen Paradoxien zu lösen. Diese Fähigkeit muss sich ebenfalls aus ihrem Verhalten ergeben:

Die richtigen Dinge richtig tun.

Damit sich eine Organisation an dieses Verhalten halten kann, muss sie zunächst bestimmen, welches das richtige zu tuende Ding ist. Sie bestimmt ihren Zweck. Weiterhin muss sie bestimmen, wie dieses Ding, der Zweck, »richtig« getan werden kann. Ein »richtiges Tun« kann sich für die Organisation daraus ergeben, dass sie die richtigen Mittel einsetzt. Die Mittel, die die Richtigkeit des Tuns im Hinblick auf einen Zweck als das richtige Ding garantieren sollen, sind nun ihrerseits Dinge. Es ergibt sich daraus eine Rekursion, die wie folgt aussieht:

Die richtigen Dinge (mit den richtigen Dingen) tun.

Die Richtigkeit des Tuns der richtigen Dinge lässt sich nun immer weiter steigern, indem die Rekursion fortlaufend fortgeführt wird. Daraus ergibt sich folgendes Bild:

---

[863] Vgl. DROSDOWSKI (1997), Sp. 145, Effekt wurde aus lat. effectus entlehnt, das zu lat. efficere, hervorbringen, bewirken, gehört.

Die richtigen Dinge

(mit den richtigen Dingen (mit den richtigen Dingen
(mit den richtigen Dingen (mit den richtigen
Dingen (mit den richtigen Dingen (mit den
richtigen Dingen (mit den richtigen Dingen (mit den
richtigen Dingen (mit den richtigen Dingen (mit
den richtigen Dingen (mit den richtigen Dingen (mit den
richtigen Dingen (mit den richtigen Dingen (mit
den richtigen Dingen (mit den richtigen Dingen (mit
den richtigen Dingen (mit den richtigen Dingen
(mit den richtigen Dingen (mit den richtigen
Dingen (mit den richtigen Dingen (mit
den richtigen Dingen (mit den richtigen Dingen (mit
den richtigen Dingen (mit den richtigen Dingen (mit den
richtigen Dingen (mit den richtigen Dingen (mit
den richtigen Dingen (mit den richtigen Dingen (mit
den richtigen Dingen (mit den richtigen Dingen (mit den
richtigen Dingen (mit den richtigen Dingen (mit den
richtigen Dingen (mit den richtigen Dingen (mit den
richtigen Dingen (mit den richtigen Dingen)...)

tun.

Abbildung 4-14: Die richtigen Dinge tun
Quelle: Eigene Darstellung.

Die Bestimmung der Operationsweise einer Organisation als Tautologie erlaubt das Ingangsetzen eines unbegrenzt arbeitenden rekursiven Zirkels. Die Effizienz erweist sich als die Anwendung der Effektivität auf sich selbst. Auch hier steht am nicht sichtbaren Ende ein Eigenwert, der in der Betriebswirtschaftslehre mit dem Ausdruck des »Optimums« bezeichnet wird. Ein Optimum stellt insofern nicht mehr dar, als ein in den Operationen einer Organisation erarbeitetes Ergebnis – aber auch nicht weniger. Optimierend zu operieren sichert das Verhalten der Organisation als Organisation und ist damit rational im Hinblick auf die Erhaltung des Systems, das sich als Organisation selbst hervorbringt.

Ein Optimum ergibt sich damit aus der Operationsweise einer Organisation und sie kann es dort bestimmen, wo sie meint, genügend Zeit in sein Finden investiert zu haben, um die in den Blick genommene Sache befriedigend lösen zu können und mit dieser befriedigenden Lösung darüber hinaus auch die Akzeptanz anderer Beobachter erwarten zu können. Im Bezug auf die von LUHMANN beschriebenen Sinndimensionen – Sach-, Zeit- und Sozialdimension – findet die Organisation Anhaltspunkte für ein Ende des optimierenden

Operierens des einen Zwecks, damit sie sich dem nächsten »richtigen Ding« in einer neuen rekursiven Schleife zuwenden kann.[864]

Welches das »richtige Ding« ist, von dem aus eine Organisation ihre Operationen starten kann, darüber lässt sich sprechen – oder auch „kommunizieren“. Ergibt sich aus den Kommunikationen die Erwartung, dass es richtig sei, Bewegungen zu erzeugen, dann beruft sich eine Organisation auf die Differenz der Logistik und wird sich mit jeder Operation als logistische Organisation reproduzieren, solange sie das für sinnvoll hält und solange sie Möglichkeiten sieht, Bewegungen zu erzeugen und solange sie daraufhin die Differenz der Bewegung immer wieder aktualisiert.

Will sich im Operieren einer logistischen Organisation, das sich als Optimieren ausgibt, kein Eigenwert in Form eines Optimums einstellen, so kann sie in ihren Operationsschleifen zurückgehen und versuchen, eine Differenz in einer anderen Hinsicht zu erkennen. Sie kann dies, indem sie die Dimensionen der Differenz der Bewegung auf andere Möglichkeiten hin untersucht. Dabei wird sie ggf. erkennen, dass eine Bewegung durch verbesserte Technik noch beschleunigt werden kann oder auch, dass die erkannten Möglichkeiten zu weiterer Beschleunigung nicht ausreichen, eine genügend große Differenz zur Vergleichsbewegung herzustellen. Dann wird sie vielleicht zu dem Schluss kommen, auf dieser Relation diese Güter gar nicht mehr zu transportieren, sondern andere Güter in andere Regionen bringen oder die gleichen Güter an geeignet erscheinender Stelle lagern. In diesem Abtasten der logistischen Differenz zeigt sich das logistische Effizienzdenken, sofern Denken als ein Wahrnehmen und Erkennen aufgefasst wird, denn sobald eine logistische Differenz erkannt ist, ist sie als solche hervorgebracht und als Bewegung wirksam.

Eine logistische Organisation ist zusammenfassend organisatorisch effizient, wenn sie sich in ihrem Operieren als Organisation immer wieder als Organisation hervorbringt und beansprucht das logistische Effizienzdenken für sich, wenn sie sich in ihrem Operieren als Organisation auf die Differenz der Logistik bezieht. Die Organisation gibt in ihrer Effizienz dem logistischen System die Wahrnehmungsfähigkeit und die Handlungsfähigkeit, Bewegungen zu erkennen, zu erwarten, anzustoßen oder umzukehren. Die logistische Differenz gibt der Organisation eine Richtung, einen Gegenstand, auf den sich das Erkennen der Organisation beziehen kann und der, immer wieder neu aufgegriffen und neu differenziert dafür sorgt, dass er nicht verloren geht in den unbegrenzten Rekursionen, die notwendig sind, wenn die Organisation sich als Organisation erhalten will.

[864] Vgl. zur Darstellung der Sinndimensionen Abschnitt 3.4.4.1.

Wenn ein soziales System im Handeln als Organisation die Differenz der Logistik erkennt und aus dieser Erkenntnis seine Handlung als Organisation hervorbringt, dann ist es ein soziales System, das organisatorisch effizient ist und dem logistischen Effizienzdenken folgt.

5 Rückblick und Ausblick

Bietet ein Systemmodell, das auf den Grundlagen einer radikal konstruktivistischen Systemtheorie entwickelt wurde, eine angemessene Erklärung für die Anpassungs- und die Entwicklungsfähigkeit logistischer Organisationen? Diese Frage, die diese Arbeit im Hinblick auf die Erklärungsmöglichkeiten der Anpassungs- und der Entwicklungsfähigkeit an den Fließsystemansatz aufwarf, ist nunmehr rückblickend auch im Hinblick auf den Radikalen Konstruktivismus zu stellen. Zu Beginn dieser Arbeit wurden zwei Anforderungen an ein Erklärungsmodell der Logistik formuliert:

- Erklärung des Phänomens der Erzeugung von Anpassungsfähigkeit und Entwicklungsfähigkeit,
- Einbindung sozialer Aspekte.

Sofern diese Anforderungen erfüllt werden konnten, muss die mit dem radikal konstruktivistischen Systemmodell angebotene Erklärung mithin als angemessen – jedenfalls unter diesen Aspekten angemessen – betrachtet werden.[865]

In der funktionalistischen Sicht des Fließsystemansatzes werden Systeme als objektive Einheiten beschrieben. Was diese Systeme sind, ist entsprechend bereits bestimmt oder, mit anderen Worten, in der Tatsache ihrer Existenz festgelegt. Diese Festlegung ist notwendig mit dem Funktionalismus verbunden, weil eine objektive Beschreibung von Systemen sonst nicht möglich wäre. Die Möglichkeit, dass ein System auch anders sein kann, als es ist, muss konzeptionell ausgeschlossen bleiben, damit eine objektive Beschreibung möglich wird. Systeme, also auch Organisationen in der Logistik, können aus dieser Sicht mithin nicht als Systeme konzipiert werden, die sich verändern, ohne die Möglichkeit einer objektiven Beschreibung zu verhindern. Eine Erklärung der Anpassungs- und der Entwicklungsfähigkeit von logistischen Organisationen muss aus den Systemmodellen demnach zwangsläufig in den Fällen ausgeschlossen bleiben, in denen das funktionalistische Paradigma zu ihrer Beschreibung herangezogen wird. Die festgestellten Paradoxien ergeben sich erst aus der Anforderung an diese Systeme, speziell an logistische Organisationen, anpassungs- und entwicklungsfähig, also veränderbar, zu sein, und aus der beobachtbaren, von

[865] Das schließt es nicht aus, andere Anforderungen stellen zu können, die ggf. nicht erfüllt werden, so dass das Erklärungsmodell unter anderen Aspekten durchaus als unangemessen betrachtet werden kann.

empirischen Studien nachgewiesenen Tatsache, dass logistische Organisationen veränderbar sind, was sie als objektiv gegebene Systeme aber nicht sein können.

Systeme sind auf der Grundlage des Interpretativen Paradigmas nicht weniger real als auf der Grundlage des Funktionalismus. Die Realität von Systemen, die als interpretative Phänomene aufgefasst werden, ergibt sich aber nicht aus ihrer Existenz, sondern aus der subjektiven Sicht eines Beobachters. Das, was ein System ist, kann demzufolge nicht eindeutig bestimmt und damit nicht festgelegt werden. Aus der Sicht des einen Standpunktes ist ein beobachtetes System dies, aus der Sicht eines anderen Standpunktes jenes. Jedes System ist insofern veränderbar – eine Festlegung dessen, was ein System ist, ist in den Fällen nicht möglich, in denen das Interpretative Paradigma herangezogen wird. Die Perspektive des Interpretativen Paradigmas impliziert damit eine grundsätzliche Veränderbarkeit von Systemen. Damit sind die Anpassungsfähigkeit und die Entwicklungsfähigkeit von Systemen sowie deren Erzeugung aber noch nicht erklärt.

Die Erklärung der Erzeugung von Anpassungsfähigkeit von Systemen ergibt sich aus dem Systemmodell, das Systeme als System/ Umwelt-Differenzen beschreibt. Ein Beobachter erkennt ein System durch Unterscheidung, indem er feststellt, dass er etwas vor sich hat, was anders ist, als das dieses Etwas Umgebende. Ein Unterschied kann immer nur in bezug auf ein Kriterium festgestellt werden. Dieses Kriterium ist deshalb sowohl für das System als auch für den Hintergrund, die Umwelt, des Systems wirksam – nur in unterschiedlichem Ausmaß. System und Umwelt weisen demnach das gleiche Kriterium auf, sie sind deshalb aufeinander abgestimmt oder aneinander angepasst und diese Angepasstheit wird durch die Beobachtung, die das Unterscheidungskriterium bestimmt, erzeugt. Die Angepasstheit des Systems an seine Umwelt bleibt solange bestehen, solange die Unterscheidung, die Differenz, in der Beobachtung erzeugt wird.[866]

Die Erklärung der Erzeugung von Entwicklungsfähigkeit von Systemen ergibt sich aus dem systemtheoretischen Prinzip der Selbstreferenz oder Autopoiese. Ein System, das seine Angepasstheit und damit seine Existenz an die Umwelt erhalten will, muss die Differenz in bezug auf seine Umwelt erhalten. Auf diese Idee kann es überhaupt erst dadurch kommen, dass es sich selbst als Selbst identifiziert, seine eigene Identität also wahrnimmt und also beobachtet. Selbstbeobachtung kann bei den Systemen, die sich selbst erhalten wollen, damit vorausgesetzt werden. Schreibt man einem System zu, ein beobachtendes System zu sein, so schreibt man ihm damit gleichzeitig eine Aktivität, eine Operationstätigkeit zu, die sich eben als Beobachtung ausweist. Diese Beob-

[866] Vgl. Abschnitt 4.1.

achtung kann es nur selbst machen und indem es sie macht, trifft es eine Unterscheidung, die seine eigene Identität erst konstituiert. Dieser erste Moment der Selbstbeobachtung, Selbsterkenntnis, der Eigenkonstitution aus dem eigenen beobachtenden Operieren heraus, stellt den Grundstoff, das erste Element, der eigenen Identität. Auf dieses erste Element, das die Identität in Form einer nun bestimmten Differenz festlegt, muss sich das System in seinen weiteren Beobachtungsoperationen beziehen, wenn es sich dauerhaft erhalten will. Es muss genau das Unterscheidungskriterium wiederverwenden, das es auch zur Konstitution des ersten Elementes verwendet hat. Damit ergibt sich ein möglicher Bezugspunkt für das System und es fällt dem System umso leichter, tatsächlich diesen Bezugspunkt aufzugreifen und in seine weiteren Operationen einzubeziehen, wenn hier schon die Anschlüsse für Folgeoperationen gelegt sind. Notwendig ist das nicht, bereits vorhandene Anschlüsse erleichtern lediglich die Wahl der Eigendifferenzierung und erhöhen die Wahrscheinlichkeit, dass wieder eben diese erste Unterscheidung getroffen wird. Ob also mittels eingebauter Anschlüsse oder ganz dem Zufall überlassen, wenn das System die erste eigene Unterscheidungsoperation noch einmal tätigt und immer wieder tätigt, erhält es sich in der Zeit und in der Umwelt, von der es sich differenziert. Es reproduziert damit fortwährend die Elemente, aus denen es besteht, indem es die selbe Unterscheidung immer wieder neu trifft. Jedes neu produzierte Element ist ein anderes, als das vorausgegangene. Es kann deshalb gleich aussehen oder auch anders. Und insofern ist ein System, das sich selbst beobachtet und in seinen Beobachtungen selbst hervorbringt und immer wieder Elemente produziert, zu Entwicklung fähig, die es selbst erzeugt.

Im Hinblick auf die erste oben aufgestellte Anforderung an ein Erklärungsmodell der Logistik kann das radikal konstruktivistische Systemmodell damit als angemessen betrachtet werden. Die zweite Anforderung, die Einbindung sozialer Aspekte, ergibt sich aus der Übertragung des radikal konstruktivistischen Systemmodells auf soziale Systeme, speziell auf Organisationen. Das Soziale kann aus der Perspektive des Interpretativen Paradigmas als eigenständiges Phänomen behandelt werden. Als Elemente sozialer Systeme gelten Kommunikationen, als Elemente von Organisationen gelten Entscheidungen, die als Sonderform der Kommunikation ausgewiesen werden.[867] Ein radikal konstruktivistisches Systemverständnis erlaubt es damit, das Soziale nicht nur als einen Aspekt, einen Gesichtspunkt unter mehreren, in irgendeiner Form an Systeme irgendeiner Art anzubinden, sondern das Soziale als eigenes System zu betrachten. Die Logistik kann gleichfalls als eigenständiges System behandelt werden, weil sie, konstituiert aus der Differenz von Bewegung und Nicht-Bewegung, ein eigenes Phänomen, einen eigenen Beobachtungsgegenstand, bildet.

[867] Vgl. Abschnitt 3.4 und 4.2.

Die beiden eigenständigen Systeme, zum einen die Organisation, die Entscheidungen produziert und zum anderen das logistische System, das Bewegungen produziert, können sich nunmehr als eine Einheit ausweisen, indem sie sich gegenseitig funktional unterstützen und die Produktion des jeweils anderen Systems für die Produktion der eigenen Elemente nutzen. Eine Organisation benötigt einen Gegenstand, über den sie entscheiden kann und ein logistisches System braucht die Entscheidung, dass es sich um Logistik handelt. Wann immer sich eine Entscheidung auf die Logistik bezieht und entschieden wird, das dies oder jenes eine Bewegung ist, dann produziert sich die logistische Organisation als eine Form, die wie eine Münze zwei Seiten aufweist.[868] Auf der einen Seite werden die Entscheidungen als soziale Phänomene produziert, auf der anderen Seite Bewegungen, die angestoßen werden: mit der Produktion jeweils einer Seite wird die andere Seite gleich mit produziert. Die Möglichkeit zur Konzeption jeweils eigenständiger Systeme, Organisation und Logistik, erlaubt es damit, soziale Aspekte in die Einheit einer logistischen Organisation einzubinden.

Die beiden anfänglich aufgestellten Anforderungen können mithin als erfüllt betrachtet werden. Ein Problem bleibt dabei jedoch bestehen: das Problem des Auftauchens von Paradoxien. Das im Radikalen Konstruktivismus auf der Grundlage des Interpretativen Paradigmas entwickelte Systemmodell erweist sich im Vergleich zum Systemmodell des Fließsystemansatzes als nicht minder paradox. Die Paradoxie wird hier lediglich in anderer Weise verarbeitet, indem sie in das Systemmodell quasi eingebaut wird. Organisationen können nurmehr in Form von Tautologien definiert werden, wie LUHMANN es demonstriert:

> „Sie sind, was sie sind; sie sind, was sie nicht sind; sie sind, was sie entscheiden, dass sie es (nicht, noch nicht) sind."[869]

Aus der Sichtweise des Interpretativen Paradigmas, die eine Beobachterperspektive einbezieht, lässt sich demnach zwar eine Möglichkeit zur Erklärung der Erzeugung von Anpassungs- und Entwicklungsfähigkeit logistischer Organisationen gewinnen. Diese Erklärung ist aber nur für den Preis zu haben, nicht mehr zu wissen, was man vor sich hat.[870] Ist das befriedigend? Und wo bleibt da die Logistik, wie man sie kennt?

Auf jeden Fall entzieht das Systemmodell des Radikalen Konstruktivismus nicht gänzlich den Boden der Tatsachen, denn die Möglichkeit einen Standpunkt

[868] Vgl. BAECKER (1999), S. 25ff, der die Form des Sozialsystems »Unternehmen« als zweiseitige Form beschreibt.

[869] LUHMANN (1992), S. 170.

[870] Vgl. BAECKER (1999), S. 231ff mit Ausführungen über das Wissen, das Nichtwissen produziert.

einzunehmen, von dem aus ein Beobachter eine Konkretisierung, eine Festlegung, eine Bestimmung dessen, was sich ihm als Undefiniertes entgegenstellt, vorzunehmen, bleibt im Systemmodell gegeben. Lediglich eine allgemeingültige oder objektive Bestimmung wird ausgeschlossen. Das Unbestimmte bündelt mit LUHMANN gesprochen Aufmerksamkeit, es regt zur Untersuchung, zur Bestimmung an, bis sich nach VON FOERSTER im rekursiven Operieren, im immer weiter unter die Lupe nehmen, ein Eigenwert einstellt. Das kann in Bruchteilen von Sekunden vor sich gehen oder auch Jahre dauern:

> „das, was entgegenstand, wird zum (ent-) Gegenstand.“[871]

Die Identifizierung und Bestimmung eines Gegenstandes durch einen Beobachter, der sich selbst als Gegenstand beobachtet, ist nicht nur möglich, sondern sie wird sogar notwendig, wenn eine autopoietische Systembildung in Gang gesetzt werden soll, die gleichzeitig das System erhält. Denn jedes autopoietische System ist ständig im Begriff zu zerfallen.

Für eine logistische Organisation heißt das, sie muss zunächst einmal eine Bewegung oder eine Möglichkeit zur Bewegung erkannt haben und entscheiden, die Bewegung, die sie erkennt, durchzuführen, anzustoßen oder umzukehren. Was sie erkennt, erkennt sie konkret und diese Konkretheit kann sie nutzen, um Anschlusshandlungen vorzunehmen, weil sie schlichtweg zu existieren aufhören würde, wenn sie sich entscheidet, keine logistischen Leistungen mehr zu produzieren oder wenn sie aufhört, Entscheidungen zu treffen. So kann sich eine logistische Organisation entscheiden, Möbel zu transportieren, weil sie erkennt, dass es Möbel gibt, die aus Nicht-Bewegung in Bewegung gesetzt werden können, und sie reproduziert die Bewegung und die Entscheidung, indem sie solche Transporte immer wieder durchführt. Mit jedem Mal kann die Bewegung anders aussehen – erst mit einem Pferdefuhrwerk, dann mit einem Lastwagen, dann mit einem Lastwagen mit Rußfilter und Stromversorgung für die gefüllte Gefriertruhe des umziehenden Kunden, der die kürzeste Strecke fährt und jederzeit von dem Kunden angepeilt werden kann, damit der weiß, wo sich der Lastwagen zur Zeit aufhält usw. In jedem Fall bleibt es ein Möbeltransport und die Entscheidung über einen Möbeltransport. Und in jedem Fall reproduziert sich die logistische Organisation als logistische Organisation, weil sie ursprünglich entschieden hat, sich ihren Bezugspunkt in der Logistik zu suchen. Alle vier Dimensionen der Logistik können hier ins Unendliche durchgespielt werden und hier – in der immer weiteren Bestimmung der Bewegungsdimensionen – haben die Optimierungsverfahren der Logistik ihren Platz und ihren Sinn, weil sie ausgehend von dem festgelegten und bestimmten Bezugspunkt der Logistik

[871] VON FOERSTER (1996), S. 154.

diesen immer wieder zu reproduzieren helfen und so den Erhalt angepasster und entwicklungsfähiger Logistikorganisationen unterstützen.

Wenn die logistische Organisation nun keine Bewegung mehr erkennt – was ein externer Beobachter daran erkennt, dass sie keine Transport-, Umschlags- oder Lageraufträge bekommt – dann hat sie die Möglichkeit, in ihrer Bewegungs- und Entscheidungskette zurückzugehen und andere Differenzen zu bestimmen. Es muss ja nicht die Stromversorgung für die Gefriertruhe sein, ein anderes Möbelstück könnte auch besondere Einrichtungen im Lastwagen benötigen, es müssen auch nicht Möbel aus Privathaushalten sein, es können genauso auch Geschäftseinrichtungen oder Museumsstücke sein, die transportiert werden können. Es muss auch nicht der Lastwagen sein, sondern vielleicht das Schiff, es muss auch nicht Transport sein, warum nicht Lagerung usw. Jede Bestimmung nimmt die logistische Organisation selbst vor und in dieser Bestimmung ist sie frei und nur an sich selbst, an ihre eigene Wahrnehmung und Operationsweise gebunden. Diese Freiheit, selbst zu bestimmen und die Dinge festzulegen, gewinnt sie aus eben dem Umstand, dass nichts objektiv so ist und sein kann, wie es ist, sondern alles, so wie es ist, aus ihrer Sicht so ist.

Die Perspektive lässt sich wechseln. Dies verdeutlicht das Systemmodell des Radikalen Konstruktivismus, das Systeme zu beschreiben vermag, ohne dem Beobachter eine festgelegte Sicht der Dinge vorzugeben. Das Systemmodell des Radikalen Konstruktivismus erlaubt dadurch Tabubrüche in beide Richtungen, in die Richtung der Auflösung und in die Richtung der Konstitution: eine Organisation kann sich auch ohne den Bezugspunkt der Logistik als Organisation erhalten, sie kann immer auch einen anderen Gegenstand zum Gegenstand ihrer Entscheidungen machen; eine Organisation kann auch dort Logistik betreiben, wo aus jetziger Perspektive noch keine Möglichkeit besteht. Das Unmögliche ist genauso existent wie das Mögliche und kann genauso auch thematisiert und in die Wahrnehmung aufgenommen werden. Wenn sich dann eine Möglichkeit zur Logistik abzeichnet, kann die Organisation sie in ihre Operationsweise aufnehmen und sich als angepasstes und entwicklungsfähiges System in einer veränderlichen Umwelt erhalten.

Die Konzeption von Systemen als etwas Unbestimmtes ist demnach notwendige Voraussetzung dafür, dass man irgendwann auch endlich einmal sagen kann, was Sache ist. Denn die Sache zu bestimmen, ist ihrerseits Voraussetzung dafür, weitere Fragen stellen zu können. Einschränkung wird mit LUHMANN und VON FOERSTER so zur Voraussetzung, Handlungsspielräume zu gewinnen. Welche Möglichkeiten ergeben sich also aus der radikal konstruktivistischen Sicht, Fragen in bezug auf die Logistik zu stellen und zum Gegenstand weiterer Forschung zu machen?

Grundsätzlich ändert sich mit der Einnahme eines konstruktivistischen Standpunktes die Perspektive auf den Beobachtungsgegenstand der Logistik. In Abschnitt 3.2.3 wurde diese geänderte Perspektive mit dem Wechsel von Was- zu Wie-Fragen beschrieben. Für eine logistische Organisation ergibt sich demnach ein Fragenpaar, das einerseits auf die Logistik und andererseits auf die Organisation gerichtet wird:

- Wie erhalte ich die Erzeugung von Bewegung?
- Wie erhalte ich meine Entscheidungstätigkeit aufrecht?

Möglichkeiten nach Antworten zu suchen ergeben sich, indem diese Fragen auf verschiedene Bezugspunkte gerichtet werden. Einen möglichen Bezugspunkt bildet das Konstrukt des Unternehmensnetzwerkes. Eine logistische Organisation, die sich als Unternehmen konstituiert, kann sich folgend fragen, inwieweit ihr die Einordnung in ein Unternehmensnetzwerk etwas zum eigenen Systemerhalt bringt.

In bezug auf die logistische Seite: Inwieweit lassen sich Bewegungen durch einen Zusammenschluss im Netzwerk stärker differenzieren? Inwieweit lässt sich die Anschlussfähigkeit steigern? Können die Bewegungen der anderen Mitglieder genutzt werden, um die eigenerzeugten Bewegungen in einer der vier Dimensionen tatsächlich oder durch Zurechnung auszuweiten? Als Mitglied eines Unternehmensnetzwerkes kann man sich bspw. die Bewegungen, die von den anderen Mitgliedern erzeugt werden, zurechnen lassen und darüber die eigene Bewegung differenzieren. Der eigene Lastwagen fährt zwar noch immer von Buxtehude nach Hamburg, der Transport wird aber als Transport von Buxtehude nach Singapur betrachtet und als solcher verkauft.

In bezug auf die Organisation: Inwieweit wird die eigene Entscheidungstätigkeit aktiviert? Welche neuen Erwartungen werden geweckt, welche zusätzlichen Entscheidungsstrukturen können gewonnen werden? Inwieweit werden die eigenen Zwecke konkretisiert, die selbst vielleicht noch nicht präzisiert worden sind, so dass die Entscheidungen von einem zum anderen Entscheidungsgegenstand sprangen. Inwieweit führt die Mitgliedschaft im Netzwerk innerhalb der eigenen Organisation zu Veränderungen der Hierarchie und damit anderen Entscheidungswegen?

Aus der Sicht eines Unternehmensnetzwerkes, einer Organisation logistischer Organisationen, ergeben sich vor allem Fragen in bezug auf die Aktivierung der Entscheidungstätigkeit. Im Zuge der Konstitution von Unternehmensnetzwerken interessiert etwa, wie der Prozess zur Findung einer Ausgangsentscheidung forciert werden kann. Wie lässt sich die Aufmerksamkeit von Organisationen bündeln und zum Erkennen einer Entscheidung verdichten, die eine hinreichende Erwartung erzeugt, um weitere Entscheidungen zu generieren, die als ein eigenständiges System von Entscheidungen entstehen lassen? In den Abschnitten 4.2 und 4.3 wurden grundlegende Mechanismen für diese Frage angesprochen. Unternehmensnetzwerke können demnach als Sonderfall der Organisation, die einen Sonderfall des sozialen Systems beschreibt, untersucht werden: Braucht eine Organisation zweiter Ordnung andere Mechanismen der Entscheidungsstrukturierung als die Organisation erster Ordnung?

Die derzeitig starke Betonung der organisatorischen Seite – die Organisationen sollen sich in Unternehmensnetzwerken weiter organisieren – kann auch als Zeichen betrachtet werden, dass auf der Seite der Logistik zur Zeit wenig Spielräume zu weiteren Differenzierungen gesehen werden. In einem Umfeld, das bereits in Bewegung ist, wird es schwieriger, weitere Bewegungsdifferenzen zu erkennen und zu erzeugen. Wenn die Möglichkeit zur Differenzierung auf der logistischen Seite weniger gesehen wird, kann die organisatorische Seite genutzt werden, das System als logistische Organisation aufrecht zu erhalten. Selbst wenn das System der logistischen Organisation keine Bewegung erzeugt, existiert es in der Erwartung auf Bewegungserzeugung, die in einer Entscheidung angelegt wurde, weiter und kann sich so erhalten.

Insoweit werden die Grenzen der Logistik, wie sie momentan und aus der momentanen Wahrnehmung abgesteckt sind, in den Betrachtungshorizont aufgenommen. Diese Grenze wird durch das gesteckt, wovon sich die logistische Organisation differenziert hat. Das ist zum einen der Bereich der Nicht-Bewegung, zum anderen sind es zwei Bereiche: einerseits der, in dem sich Entscheidungen nicht auf Logistik beziehen, und andererseits der, in dem Kommunikationen nicht als Entscheidungen, sondern einfach als Kommunikationen geführt werden. Einerseits sind es damit die Bereiche, die man als »Wirtschaft« und als »Staat« bezeichnen kann, die Entscheidungen treffen, ihr Entscheidungsverhalten aber nicht auf die Logistik ausgerichtet haben, andererseits ist es der Bereich, den man als »Gesellschaft« bezeichnen kann, in dem kommuniziert wird, über Logistik und anderes. Diese Bereiche bilden die (hier betrachtete) Umwelt einer logistischen Organisation, aus denen sie sich herausdifferenziert hat, weil es etwas zu bewegen gab, gibt oder geben wird. Staat, Wirtschaft und Gesellschaft bieten so der logistischen Organisation die Möglichkeit, sich abzugrenzen und zu konstituieren. Aus systemtheoretischer Sicht haben sie diese Funktion: Systemhintergrund zu sein.

Umgekehrt ist diese Funktionalität genauso gegeben. Inwieweit will oder kann ein Wirtschaftssystem, ein Staat, eine Gesellschaft den Hintergrund für Logistik bilden? Aus Sicht des jeweiligen Systems stellt sich dann die Frage, welchen Beitrag die Logistik zur Aufrechterhaltung der Erzeugung der eigenen Operationsweise leisten kann. Wie viel oder wie wenig und in welcher Form braucht das Wirtschaftssystem, der Staat, die Gesellschaft Logistik, damit sie sich als das Wirtschaftssystem, als der Staat oder als die Gesellschaft immer wieder reproduzieren oder verwirklichen können, das, der bzw. die sie sind, sein oder werden möchten? In ihren Antworten werden sie das festlegen – so oder anders.

Dies ist ein Ausblick auf mögliche Fragen, die sich in der Logistik unter Verwendung einer radikal konstruktivistischen Sicht ergeben können.

Literaturverzeichnis

ALT, R. (1997): Interorganisationssysteme in der Logistik. Interaktionsorientierte Gestaltung von Koordinationsinstrumenten. Wiesbaden

ALTER, C.; HAGE, J. (1993): Organizations working together. London

APPELRATH, H.-J.; LUDEWIG, J. (1991): Skriptum Informatik: eine konventionelle Einführung. Zürich, Stuttgart

ARNOLD, U.; EßIG, M. (1999): Von der Beschaffungslogistik zur marktorientierten Netzwerklogistik: Theoretische Fundierung des logistischen Entwicklungspfades bei Industrieunternehmen. In: Pfohl, H.-Chr. (Hrsg.): Logistikforschung. Entwicklungszüge und Gestaltungsansätze. Reihe Unternehmensführung und Logistik, Band 17, Berlin, S. 87-106

ARROW, K.J. (1969): The Organization of Economic Activity: Issues Pertinent to the Choice of Market Versus Nonmarket Allocation. In: The Analysis an Evaluation of Public Expenditure: The PPB System. Vol. 1 U.S Joint Economic Committee, 91st Cong., 1st sess Washington, S. 59-73

ASHBY, W.R. (1968): Principles of the Self-organizing System. In: Buckley, W. (Hrsg.): Modern Systems Research for the Behavioural Scientist. Chicago, S. 108-118

ASHBY, W.R. (1974): Einführung in die Kybernetik. Frankfurt a.M.

BAECKER, D. (1993): Kybernetik zweiter Ordnung. In: Schmidt, S.J. (Hrsg.): Heinz von Foerster. Wissen und Gewissen. Versuch einer Brücke. Frankfurt a.M., S. 17-23

BAECKER, D. (1999): Die Form des Unternehmens. Frankfurt a.M.

BAECKER, D. (2000): Ausgangspunkte einer soziologischen Managementlehre. Wittener Diskussionsbeiträge, Heft 62, Juni 2000

BAECKER, D. (2000a): Mit der Hierarchie gegen die Hierarchie. In: Hejl, P.M.; Stahl, H.K. (Hrsg.): Management und Wirklichkeit. Das Konstruieren von Unternehmen, Märkten und Zukünften, Heidelberg, S. 235-264

BAETGE, J. (1988): Wirtschafts- und Sozialkybernetik. In: Gabler Wirtschaftslexikon. 12. Aufl., Wiesbaden, Sp. 2792-2795

BALLING, R. (1998): Kooperation: Strategische Allianzen, Netzwerke, Joint Ventures und andere Organisationsformen zwischenbetrieblicher Zusammenarbeit in Theorie und Praxis. 2. Aufl., Frankfurt a.M., Berlin et al.

BARNARD, C.I. (1938): The Functions of the Ececutive. Cambridge, MA: Harvard University Press, Dt. Übers. von Boetticher, K.W. (1970), Schriften der Gesellschaft zur Förderung des Unternehmernachwuchses e.V., Essen

BAUM, H.; KLING, T.; SARIKAYA, M.H.; THIELE, P. (1995): Verringerung der Leerfahrten im Straßengüterverkehr. Untersuchung im Auftrag des Ministeriums für Stadtentwicklung und Verkehr des Landes Nordrhein-Westfalen, Buchreihe des Instituts für Verkehrswissenschaft an der Universität zu Köln, Baum, H.; Willeke, R. (Hrsg.), Nr. 58, Düsseldorf

BAUMGARTEN, H. (1992): „Make-or-Buy“ als strategische Aufgabe für das Management, Logistik im Unternehmen, 6. Jg., 3/92, S. 8-11

BAUMGARTEN, H. (1997): Globale Netzwerke. Neue Impulse für die Logistikforschung. In: Logistik Heute, 11/97, S. 66-68

BAUMGARTEN, H.; DARKOW, I.-L. (1999): Gestaltung und Optimierung von Logistiknetzwerken. In: Jahrbuch der Logistik 1999, Düsseldorf, S. 146-151

BAUMGARTEN, H.; KORNAK, C.; STEINMÜLLER, T. (1993): Make or Buy – Eine Strategie zur Optimierung der Logistik. In: Baumgarten, H. et al. (Hrsg.): RKW-Handbuch Logistik, Bd. 3, Berlin 1981, 18. Lfg. I, Kennzahl 4360, S. 1-33

BAUMGARTEN, H.; STABENAU, H.; WEBER, J.; ZENTES, J. (2002): Management integrierter logistischer Netzwerke. Ein Forschungsprojekt im Auftrag der Kühne-Stiftung und der DaimlerChrysler AG, Bern, Stuttgart, Wien

BAUMGARTEN, H.; WALTER, S. (2000): Trends und Strategien in der Logistik 2000+. Technische Universität Berlin

BAUMGARTEN, H.; WIEGAND, A. (1997): Managementtrends und -entwicklungen in der Logistik. Ergebnisse der Untersuchung Trends und Strategien in der Logistik 2000, Berlin

BECKER, A.; KÜPPER, W.; ORTMANN, G. (1992): Revisionen der Rationalität. In: Küpper, W.; Ortmann, G. (Hrsg.): Mikropolitik: Rationalität, Macht und Spiele in Organisationen. 2. Aufl., Opladen, S. 89-113

BERGER, U.; BERNHARD-MEHLICH, I. (2001): Die Verhaltenswissenschaftliche Entscheidungstheorie. In: Kieser, A. (Hrsg.): Organisationstheorien. 4. Aufl., Stuttgart, Berlin, Köln, S. 133-168

BERGER, P.L.; LUCKMANN, T. (1972): Die soziale Konstruktion der Wirklichkeit. Frankfurt

BERGER, P.L.; LUCKMANN, T. (1980): Die gesellschaftliche Konstruktion der Wirklichkeit: Eine Theorie der Wissenssoziologie. Frankfurt a.M.

BIERWIRTH, C.; SCHNEIDER, S.; KOPFER, H. (2002): Elektronische Transportmärkte. Aufgaben, Entwicklungsstand und Gestaltungsoptionen. In: Wirtschaftsinformatik 44, Heft 4, S. 335-344

BLACK, M. (1977): More about Metaphor. In: Dialectica 31, S. 431-457

BORCHERT, S. (2001): Führung von Distributionsnetzwerken. Eine Konzeption der Systemführung von Unternehmensnetzwerken zur erfolgreichen Realisation von Efficient Consumer Response-Kooperationen. Wiesbaden

BREDTHAUER, W.; KLAR, G.; LICHTFELDT, M.; REIMERS, J.; SCHMIDT, M.; WESSELS, P. (1998): Impulse Physik 1 für die Mittelstufe der Gymnasien. 1. Aufl., Stuttgart, Düsseldorf, Berlin, Leipzig

BREILMANN, U. (1990): Die Berücksichtigung der strategischen Wahl im Rahmen eines neo-kontingenztheoretischen Ansatzes. Frankfurt

BRETZKE, W.-R. (1989): To buy or not to buy – Kriterien für die richtige Entscheidung zwischen Selbsterstellung und Fremdbezug logistischer Leistungen. In: Internationales Verkehrswesen 41, Heft 6, S. 389-394

BRETZKE, W.-R. (1993): Outcontracting logistischer Leistungen. In: Zeitschrift für Logistik, 1/93, S. 8-12

BRETZKE, W.-R. (1999): Die Eignung der Transaktionskostentheorie zur Begründung von Make-or-Buy-Entscheidungen in der Logistik. In: Pfohl, H.-Chr. (Hrsg.): Logistikforschung. Entwicklungszüge und Gestaltungsansätze, Berlin, S. 335-363

BRONDER, C. (1993): Kooperationsmanagement: Unternehmensdynamik durch strategische Allianzen. Frankfurt a.M., New York

BRUNS, S. (2001): Die Stellung von Transportbörsen im logistischen Markt. In: Entwicklung eines Groupage-Systems zur Optimierung der Kapazitätsauslastung kooperierender Verkehrsträger im Fernverkehr. Forschungsverbund Logistik, Universität Bremen

BRUNS-VIETOR, S. (1996): Transaktionskosten-Theorie: Idee und Transfer. Diplomarbeit, Koblenz

BURMEISTER, K.; CANZLER, W. (1991): Einleitung: Zukunftsgestaltung durch Netzwerke. In: Burmeister, K.; Canzler, W.; Kreibich, R. (Hrsg.): Netzwerke, Vernetzungen und Zukunftsgestaltung, Weinheim u.a., S. 9-20.

BURRELL, G.; MORGAN, G. (1987): Sociological Paradigms and Organisational Analysis. Elements of the Sociology of Corporate Life. Aldershot

BUSE, H.P. (1997): Wandelbarkeit von Produktionsnetzen. Auswirkungen auf die Gestaltung des interorganisatorischen Logistiksystems. In: Dangelmaier, W. (Hrsg.): Vision Logistik. Logistik wandelbarer Produktionsnetze, 1. Aufl., Paderborn, S.73-139

BUSSE VON COLBE, W. (1964): Die Planung der Betriebsgröße. Wiesbaden

COASE, R. (1937): The Nature of the Firm. In: Economica, Vol. 4, S. 386-405

COHEN, K.J.; CYERT, R.M. (1975): Theory of the firm: Resource Allocation in a Market Economy. 2. Aufl., New Jersey

COHEN, M.D.; MARCH, J.G.; OLSEN, J.P. (1972): A Garbage Can Model of Organizational Choice. In: Administrative Science Quarterly 17

DANGELMAIER, W. (1997): Vorwort. In: Dangelmaier, W. (Hrsg.): Vision Logistik – Logistik wandelbarer Produktionsnetze, Paderborn

DANGELMAIER, W. (1997a): Leitthesen zu Vision Logistik. In: Dangelmaier, W. (Hrsg.): Vision Logistik – Logistik wandelbarer Produktionsnetze, Paderborn, S. 3-20

DELFMANN, W. (1999): Kernelemente der Logistikkonzeption. In: Pfohl, H.-Chr. (Hrsg.): Logistikforschung. Entwicklungszüge und Gestaltungsansätze, Reihe Unternehmensführung und Logistik, Band 17, Berlin, S. 37-59

DIEMER, H. (1994): Outsourcing von logistischen Leistungen. Die Konjunkturlage fordert die Auseinandersetzung. In: Beschaffung aktuell, Heft 11, S. 46-50

DIN (2000): DIN EN ISO 9001, Qualitätsmanagementsysteme – Anforderungen. Berlin

DONALDSON, L. (1992): The Weick stuff: Managing beyond games. In: Organization Science 3, S. 461-466

DROSDOWSKI, G. (1997): Duden, Etymologie: Herkunftswörterbuch der deutschen Sprache. 2. Aufl., Mannheim, Leipzig, Wien et al.

ECKSTEIN, W.E. (1985): Kooperative Systembildung in der Transportwirtschaft, Innovationschancen mittelständischer Betriebe. Karlsruhe

ECKSTEIN, W.E.; SZAFERA, S. (1998): Prozesse und Hemmnisse der Kooperation in der Transportwirtschaft. Institut für Seeverkehrswirtschaft und Logistik, Book Series Nr. 26, Bremen

EIGEN, M.; SCHUSTER, P. (1979): The Hypercycle. Heidelberg, Berlin, New York

EIGLER, J. (1996): Transaktionskosten als Steuerungsinstrument für die Personalwirtschaft. Regensburger Beiträge zur betriebswirtschaftlichen Forschung, Band 11, Frankfurt a.M., Berlin, Bern et al.

ELA EUROPEAN LOGISTICS ASSOCIATION/ A.T. KEARNEY (1999): Insight to Impact. Results of the Forth Quinquennial European Logistics Studie. Brüssel

FAIX, A. (1998): Michael E. Porter – Verfechter einer nachhaltigen Wettbewerbsorientierung. In: Das Wirtschaftsstudium 27, Heft 12, S. 1413-1416

FALLGATTER, M.; KOCH, L.T. (2000): Ausgewählte Argumentationslinien erkenntnisrelativistischer Organisationsforschung. Bestandsaufnahme und Perspektiven. In: Hejl, P.M.; Stahl, H.K. (Hrsg.): Management und Wirklichkeit. Das Konstruieren von Unternehmen, Märkten und Zukünften. Heidelberg, S. 77-99

FLOYD, C. (1997): Das Mögliche ermöglichen: Zur Praxis der Realitätskonstruktion am Beispiel Softwareentwicklung. In: Müller, A.; Müller, K.H.; Stadler, F. (Hrsg.): Konstruktivismus und Kognitionswissenschaft. Kulturelle Wurzeln und Ergebnisse. Wien, New York

FOERSTER, H. VON (1985): Interview mit G. Küppers in Pescadero, USA, Oktober, Tonbandabschrift

FOERSTER, H. VON (1985a): Sicht und Einsicht. Versuche zu einer operativen Erkenntnistheorie. Braunschweig, Wiesbaden

FOERSTER, H. VON (1988): Abbau und Aufbau. In: Simon, F. (Hrsg.): Lebende Systeme. Wirklichkeitskonstruktionen in der systemischen Therapie. Heidelberg, S. 19-33

FOERSTER, H. VON (1989): Wahrnehmung. In: Baudrillard et al. (Hrsg.): Philosophien der neuen Technologie. Berlin, S. 27-40

FOERSTER, H. VON (1990): Kausalität, Unordnung, Selbst-Organisation. In: Kratky, K.W.; Wallner, F. (Hrsg.): Grundprinzipien der Selbstorganisation, Darmstadt, S. 77-95

FOERSTER, H. VON (1993): Über das Konstruieren von Wirklichkeiten. In: Schmidt, S.J. (Hrsg.): Heinz von Foerster. Wissen und Gewissen. Versuch einer Brücke. Frankfurt a.M., S. 25-49

FOERSTER, H. VON (1993a): Kybernetik. In: Schmidt, S.J. (Hrsg.): Heinz von Foerster. Wissen und Gewissen. Versuch einer Brücke. Frankfurt a.M., S. 72-76

FOERSTER, H. VON (1993b): Bemerkungen zu einer Epistemologie des Lebendigen. In: Schmidt, S.J. (Hrsg.): Heinz von Foerster. Wissen und Gewissen. Versuch einer Brücke. Frankfurt a.M., S. 116-133

FOERSTER, H. VON (1993c): Prinzipien der Selbstorganisation im sozialen und betriebswirtschaftlichen Bereich. In: Schmidt, S.J. (Hrsg.): Heinz von Foerster. Wissen und Gewissen. Versuch einer Brücke. Frankfurt a.M., S. 233-268

FOERSTER, H. VON (1993d): Epistemologie der Kommunikation. In: Schmidt, S.J. (Hrsg.): Heinz von Foerster. Wissen und Gewissen. Versuch einer Brücke. Frankfurt a.M., S. 269-281

FOERSTER, H. VON (1993e): Verstehen verstehen. In: Schmidt, S.J. (Hrsg.): Heinz von Foerster. Wissen und Gewissen. Versuch einer Brücke. Frankfurt a.M., S. 282-298

FOERSTER, H. VON (1993f): Implizite Ethik. In: Schmidt, S.J. (Hrsg.): Heinz von Foerster. Wissen und Gewissen. Versuch einer Brücke. Frankfurt a.M., S. 347-349

FOERSTER, H. VON (1993g): Mit den Augen des anderen. In: Schmidt, S.J. (Hrsg.): Heinz von Foerster. Wissen und Gewissen. Versuch einer Brücke. Frankfurt a.M., S. 350-363

FOERSTER, H. VON (1996): Erkenntnistheorien und Selbstorganisation. In: Schmidt, S.J. (Hrsg.): Der Diskurs des Radikalen Konstruktivismus, 7. Aufl., Frankfurt a.M., S. 133-158

FORSGREN, M.; PEDERSEN, T. (1996): Are there any Centres of Excellence among foreign owned firms in Denmark? Arbeitspapier im Rahmen des IMP-Forschungsprojektes „Developing Centres of Excellence in multinational firms“. Copenhagen Business School

FREICHEL, S.L.K. (1992): Organisation von Logistikservice-Netzwerken: Theoretische Konzeption und empirische Fallstudien. Berlin

GABLER Wirtschafts-Lexikon (1988), Taschenbuch-Kassette, 12. Aufl., Wiesbaden

GAITANIDES, M. (1983): Prozessorganisation. Entwicklung, Ansätze und Programme prozessorientierter Organisationsgestaltung. München

GLASERSFELD, E. VON (1984): Konstruktivistische Diskurse. Lumis-Schriften 2, Siegen

GLASERSFELD, E. VON (1986): Wissen ohne Erkenntnis. In: Delfin, Jg. 7, S. 20-23

GLASERSFELD, E. VON (1996): Siegener Gespräche über Radikalen Konstruktivismus. In: Schmidt, S.J. (Hrsg.): Der Diskurs des Radikalen Konstruktivismus, 7. Aufl., Frankfurt a.M., S. 401-440

GLASERSFELD, E. VON (1997): Radikaler Konstruktivismus. Ideen, Ergebnisse, Prozesse. Frankfurt a.M.

GLOOR, R. (1987): Die Rolle der Metapher in der Betriebswirtschaftslehre. Bern

GÖBEL, E. (1998): Theorie und Selbstgestaltung der Organisation. Berlin

GÖPFERT, I. (1999): Stand und Entwicklung der Logistik - Herausbildung einer betriebswirtschaftlichen Teildisziplin. In: Logistikmanagement 1, Heft 1, S. 19-33

GÖPFERT, I. (2000): Logistik Führungskonzeption. Gegenstand, Aufgaben und Instrumente des Logistikmanagements und -controllings. München

GRANOVETTER, M. (1985): Economic Action an Social Structure: The Problem of Embeddedness. In: American Journal of Sociology 91, Heft 3, S. 481-511

GRANOVETTER, M. (1992): Economic Institutions as Social Constructions: A Framework for Analysis. In: Acta Sociologica, Journal of the Scandinavian sociological Association 35, Heft 1, S. 3-11

GRÖSSING, G. (1987): Kybernetik der Wahrnehmung. Über fundamentale Naturgesetze, Seefahrer und das Irrationale. In: Delfin, Jg. 8, S. 10-22

GRÖSSING, G. (1997): Die Beobachtung von Quantensystemen. In: Müller, A.; Müller, K.H.; Stadler, F. (Hrsg.): Konstruktivismus und Kognitionswissenschaft. Kulturelle Wurzeln und Ergebnisse. Sonderband der Veröffentlichungen des Instituts Wiener Kreis, Wien, New York, S. 55-74

GUTENBERG, E. (1929): Die Unternehmung als Gegenstand betriebswirtschaftlicher Theorie. Berlin, Wien

GUTENBERG, E. (1975): Einführung in die Betriebswirtschaftslehre. Wiesbaden

GUTTENBERGER, S. (1995): Outsourcing in der Distributionslogistik: Entwicklung eines methodischen, problemorientierten Ansatzes zur optimalen Entscheidungsfindung. Frankfurt a.M., Berlin, Bern et al.

HAASIS, H.-D.; KRIWALD, T. (2001): Wissensmanagement in Produktion und Umweltschutz. Berlin et al.

HAASIS, H.D.; BLUME, V.; SCHLUMBOHM (2002): Konfiguration und Bewertung logistischer Prozesse in Kreislaufwirtschaftssystemen. In: BVL, Bundesvereinigung Logistik (Hrsg.): Wissenschaftssymposium Logistik der BVL, S. 99-112

HAGEN, N.; SPRINGER, V.; STABENAU, H. (2002): Gestaltungsfeld Prozessmanagement. In: Baumgarten, H.; Stabenau, H.; Weber, J.; Zentes, J. (Hrsg.): Management integrierter logistischer Netzwerke. Bern, Stuttgart, Wien, S. 9-104

HAKANSSON, H. (1989): Corporate Technological Behaviour, Co-operation and Networks. London, New York

HAKEN, H.; GRAHAM, R. (1971): Synergetik – Die Lehre vom Zusammenwirken. In: Umschau in Wissenschaft und Technik 6, S. 191ff

HAMMER, M.; CHAMPY, J. (1994): Business Reengineering. Die Radikalkur für das Unternehmen. Frankfurt a.M., New York

HARLANDER, N. (1993): Rosen für den Einkauf. Eine Philosophie des Material-Managements. Bundesverband Material-Management, Düsseldorf

HEINEN, E. (1991): Industriebetriebslehre als entscheidungsorientierte Unternehmensführung. In: Heinen, E. (Hrsg.): Industriebetriebslehre: Entscheidungen im Industriebetrieb, 9. Aufl., Wiesbaden, S. 1-71

HEJL, P.M. (1986): Soziale Systeme: Körper ohne Gehirne oder Gehirne ohne Körper? In: Delfin, Jg. 6, S.56-67

HEJL, P.M. (1996): Konstruktion der sozialen Konstruktion: Grundlinien einer konstruktivistischen Sozialtheorie. In: Schmidt, S.J. (Hrsg.): Der Diskurs des Radikalen Konstruktivismus, 7. Aufl., Frankfurt a.M., S. 303-339

HEJL, P.M. (2000): Das Ende der Eindeutigkeit. Einladung zum erkenntnistheoretischen Konstruktivismus. In: Hejl, P.M.; Stahl, H.K. (Hrsg.): Management und Wirklichkeit. Das Konstruieren von Unternehmen, Märkten und Zukünften. Heidelberg, S. 33-64

HEJL, P.M.; SCHMIDT, S.J. (1996): Bibliographische Hinweise. In: Schmidt, S.J. (Hrsg.): Der Diskurs des Radikalen Konstruktivismus, 7. Aufl., Frankfurt a.M., S. 466-474

HEJL, P.M.; STAHL, (2000): Einleitung. Acht Thesen zu Unternehmen aus konstruktivistischer Sicht. In: Hejl, P.M.; Stahl, H.K. (Hrsg.): Management und Wirklichkeit. Das Konstruieren von Unternehmen, Märkten und Zukünften. Heidelberg, S. 13-29

HOLLING, C.S. (1973): Resilience and Stability of Ecological Systems. In: Ann. Rev. Ecol. and Syst. 4, S. 1-23

HUME, D. (1990): Eine Untersuchung über den menschlichen Verstand. Auszug in: Benesch, H.; Cremerius, J.; Dorsch, F.; Mossau, E. (Hrsg.): Psychologie-Lesebuch. Historische Texte im Überblick. Frankfurt a.M., S. 93-96.

ISERMANN, H. (1998): Grundlagen eines systemorientierten Logistikmanagements. In: Isermann, H. (Hrsg.): Logistik – Gestaltung von Logistiksystemen, 2. Aufl., Landsberg am Lech, S. 21-60

ISERMANN, H.; LIESKE, D. (1998): Gestaltung der Logistiktiefe unter Berücksichtigung transaktionskostentheoretischer Gesichtspunkte. In: Isermann,

H. (Hrsg.): Gestaltung von Logistiksystemen, 2. Aufl., Landsberg am Lech, S. 403-428

JANTSCH, E. (1996): Erkenntnistheoretische Aspekte der Selbstorganisation natürlicher Systeme. In: Schmidt, S.J. (Hrsg.): Der Diskurs des Radikalen Konstruktivismus. 7. Aufl., Frankfurt a.M., S. 159- 191

JARILLO, J. (1988): On Strategic Networks. In: Strategic Management Journal 9, Heft 1, S. 31-41

JUNG, R.H. (1985): Mikroorganisation. Eine Untersuchung der Selbstorganisationsleistungen in betrieblichen Führungssegmenten. Bern, Stuttgart

JUNG, R.H. (1987): Selbstorganisationsleistungen zur Gestaltung der betrieblichen Mikroorganisation, Effizienzaspekte, Förderungsmöglichkeiten. In: Zeitschrift für Organisation 56, S. 313-319.

KAPPELHOFF, P. (2000): Der Netzwerkansatz als konzeptueller Rahmen für eine Theorie interorganisationaler Netzwerke. In: Sydow, J.; Windeler, A. (Hrsg.): Steuerung von Netzwerken. Konzepte und Praktiken, Opladen, Wiesbaden, S. 25-57

KAPPLER, E.; REHKUGLER, H. (1991): Konstitutive Entscheidungen. In: Heinen, E. (Hrsg.): Industriebetriebslehre: Entscheidungen im Industriebetrieb, 9. Aufl., Wiesbaden, S. 73-240

KASPER, (1990): Die Handhabung des Neuen in organisierten Sozialsystemen. Berlin

KIESER, A. (2001) (Hrsg.): Organisationstheorien. Stuttgart, Berlin, Köln

KIESER, A. (2001a): Der Situative Ansatz. In: Kieser, A. (Hrsg.): Organisationstheorien. Stuttgart, Berlin, Köln, S. 169-198

KIESER, A. (2001b): Konstruktivistische Ansätze. In: Kieser, A. (Hrsg.): Organisationstheorien. Stuttgart, Berlin, Köln, S. 287-318

KIESER, A.; KUBICEK, H. (1983): Organisation. 2. Aufl., Berlin, New York

KIESER, A.; KUBICEK, H. (1992): Organisation. 3. Aufl., Berlin, New York

KIRSCH, W. (1992): Kommunikatives Handeln, Autopoiese, Rationalität. Sondierungen zu einer evolutionären Führungslehre. München

KIRSCH, W.; BAMBERGER, I.; GABELE, E.; KLEIN, H.K. (1973): Betriebswirtschaftliche Logistik. Systeme, Entscheidungen, Methoden. Wiesbaden

KLAMER, A.; LEONARD, T.C. (1994): So what is an Economic Metaphor? In: Mirowski, P. (Hrsg.): Natural Images in Economic Thought. Cambridge, S. 20-51

KLAUS, P. (1993): Die dritte Bedeutung der Logistik. Nürnberger Logistik Arbeitspapier, Nr. 3

KLAUS, P. (1998): Jenseits einer Funktionenlogistik: Der Prozessansatz. In: Isermann, H. (Hrsg.): Logistik – Gestaltung von Logistiksystemen, 2. Aufl., Landsberg am Lech, S. 61-78

KLAUS, P. (1999): Logistik als Weltsicht. In: Weber, J.; Baumgarten, H. (Hrsg.): Handbuch Logistik – Management von Material- und Warenflussprozessen, Stuttgart, S. 15-32

KLAUS, P. (1999a): Logik der Fusionen? Zu den Treibern der Re-Formation der europäischen Logistik-Dienstleistungswirtschaft und deren Folgen. In: Logistikmanagement 1, Heft 2, S. 109-121

KLEER, M. (1991): Gestaltung von Kooperationen zwischen Industrie- und Logistikunternehmen. Ergebnisse theoretischer und empirischer Untersuchungen. Berlin

KNORR-CETINA, K. (1997): Konstruktivismus in der Soziologie. In: Müller, A.; Müller, K. H.; Stadler, F. (Hrsg.): Konstruktivismus und Kognitionswissenschaft. Kulturelle Wurzeln und Ergebnisse. Sonderband der Veröffentlichungen des Instituts Wiener Kreis, Wien, New York, S. 125-149

KÖCK, W.K. (1996): Kognition – Semantik – Kommunikation. In: Schmidt, S.J. (Hrsg.): Der Diskurs des Radikalen Konstruktivismus. 7. Aufl., Frankfurt a.M., S. 340-373

KOTZAB, H. (2001): Der Beitrag integrativer Logistikkonzepte zum Unternehmenserfolg. Kritische Bestandsaufnahme theoretischer und empirischer Befunde. In: Logistikmanagement 3, Heft 1, S. 17-33

KREBS, D.M. (1990): Game Theory and Economic Modelling. Oxford

KROHN, W.; KÜPPERS, G.; PASLACK, R. (1996): Selbstorganisation – Zur Genese und Entwicklung einer wissenschaftlichen Revolution. In: Schmidt, J. S. (Hrsg.): Der Diskurs des Radikalen Konstruktivismus. 7. Aufl., Frankfurt a.M., S. 441-465

LINDBLOM, C.E. (1959): The Science of „Muddling Through“. In: Public Administration Review 19

LÖCHEL, H. (1995): Institutionen, Transaktionskosten und wirtschaftliche Entwicklung: ein Beitrag zur neuen Institutionenökonomik und zur Theorie von Douglass C. North. Berlin

LORENZONI, G.; ORNATI, O. (1988): Constellations of firms and new ventures. In: Journal of Business Venturing, Nr. 3

LUHMANN, N. (1982): Autopoiesis, Handlung und kommunikative Verständigung. In: Zeitschrift für Soziologie 11, Heft 4, S. 366-379

LUHMANN, N. (1984): Soziologische Aspekte des Entscheidungsverhaltens. In: Die Betriebswirtschaft 44, S. 591-603

LUHMANN, N. (1987): Soziale Systeme. Grundriss einer allgemeinen Theorie. Frankfurt a.M.

LUHMANN, N. (1988): Die Wirtschaft der Gesellschaft. Frankfurt a.M.

LUHMANN, N. (1990): Die Wissenschaft der Gesellschaft. Frankfurt a.M.

LUHMANN, N. (1992): Organisation. In: Küpper, W.; Ortmann, G. (Hrsg.): Mikropolitik. Rationalität, Macht und Spiele in Organisationen, Opladen, S. 165-185

LUHMANN, N. (1997): Die Gesellschaft der Gesellschaft. Frankfurt a.M.

LUHMANN, N. (1999): Zweckbegriff und Systemrationalität. 6. Auflage, Frankfurt a.M.

LUHMANN, N. (2000): Rationalität von Vertrauen und Misstrauen. In: Hejl, P. M.; Stahl, H. K. (Hrsg.): Management und Wirklichkeit. Das Konstruieren von Unternehmen, Märkten und Zukünften. S. 206-217; Wiederabdruck aus: Luhmann, N. (1973): Vertrauen. Ein Mechanismus der Reduktion sozialer Komplexität. Stuttgart, S. 94-106

MALIK, F. (1984): Systems Approach to Management: Hopes, Promises, Doubts – A Lot of Questions and Some Afterthoughts. In: Ulrich, H.; Probst, G.J.B. (Hrsg.): Self-Organization and Management of Social Systems. Berlin, S. 121-126

MÄNNEL, W. (1981): Eigenfertigung und Fremdbezug. 2. Aufl., Stuttgart

MARBACHER, A. (2001): Demand & Supply Chain Management: zentrale Aspekte der Gestaltung und Überwachung unternehmensübergreifender Leistungserstellungsprozesse betrachtet aus der Perspektive eines Markenartikelherstellers der Konsumgüterindustrie. Bern, Stuttgart, Wien

MARCH, J.G.; SIMON, H.A. (1958): Organizations. New York

MARTENS, W. (1992): Organisation, Macht und Kritik. In: Küpper, W.; Ortmann, G. (Hrsg.): Mikropolitik. Rationalität, Macht und Spiele in Organisationen. 2. Aufl., Opladen

MARTENS, W. (1997): Organisation und gesellschaftliche Teilsysteme. In: Ortmann, G.; Sydow, J.; Türk, K. (Hrsg.): Theorien der Organisation. Die Rückkehr der Gesellschaft, Opladen, S. 263-311

MATJE, A. (1996): Kostenorientiertes Transaktionscontrolling: konzeptioneller Rahmen und Grundlagen für die Umsetzung. Wiesbaden

MATURANA, H.R. (1978): Biology of Language: The Epistemology of Reality. In: Maturana, H.R. (Hrsg.): Psychology and Biology of Language and Thought. New York

MATURANA, H.R. (1996): Kognition. In: Schmidt, S.J. (Hrsg.): Der Diskurs des Radikalen Konstruktivismus. 7. Aufl., Frankfurt a.M., S. 89-118

MATURANA, H.R. (1996a): Biologie der Sozialität. In: Schmidt, S.J. (Hrsg.): Der Diskurs des Radikalen Konstruktivismus. 7. Aufl., Frankfurt a.M., S. 287-302

MATURANA, H.R; VARELA, F.J. (1991): Der Baum der Erkenntnis. Die biologischen Wurzeln menschlichen Erkennens. 2. Aufl., Bern, München

MATURANA, H.R.; VARELA, F.J., URIBE, R. (1974): Autopoiesis: The organisation of living systems; its characterization and a model. In: Biosystems 5, Heft 4, 187-196.

MILES, R.; SNOW, C.; COLEMAN, H. (1992): Managing 21st century network organizations. In: Organizational Dynamics, Winter

NEUBERGER, O. (1995): Mikropolitik: Der alltägliche Aufbau und Einsatz von Macht in Organisationen. Stuttgart

NIEDERHAUSER, J. (1995): Metaphern in der Wissenschaftssprache als Thema der Linguistik. In: Danneberg, L.; Graeser, A.; Petrus, K. (Hrsg.): Metapher und Innovation: die Rolle der Metapher im Wandel von Sprache und Wissenschaft. Bern, Stuttgart, Wien, S. 290-298

NOWAK, P. (1954): Bestimmung der Betriebsindividualität mit Hilfe von Betriebsgliederungen. In: Zeitschrift für handelswissenschaftliche Forschung, S. 484ff.

ORTMANN, G. (1995): Formen der Produktion. Organisation und Rekursivität. Opladen

ORTONY, A. (1975): Why metaphors are necessary and not just nice. In: Educational Theory 25, Heft 1, S. 45-53

OSTERLOH, M.; WEIBEL, A. (2000): Ressourcensteuerung in Netzwerken: Eine Tragödie der Allmende? In: Sydow, J.; Windeler, A. (Hrsg.): Steuerung von Netzwerken. Konzepte und Praktiken. Wiesbaden, S. 88-106

PETRUS, K. (1995): Metapher, Verständlichkeit, Wissenschaft. In: Danneberg, L.; Graeser, A.; Petrus, K. (Hrsg.): Metapher und Innovation: die Rolle der Metapher im Wandel von Sprache und Wissenschaft. Bern, Stuttgart, Wien, S. 299-314

PFOHL, H.-CHR. (2000): Logistiksysteme. Betriebswirtschaftliche Grundlagen. 6. Aufl., Berlin, Heidelberg, New York et al.

PFOHL, H.-CHR. (2000a): Supply Chain Management: Konzept, Trends, Strategien. In: Pfohl, H.-Chr. (Hrsg.): Supply Chain Management: Logistik plus? Logistikkette – Marketingkette – Finanzkette. Berlin, S. 1-42

PFOHL, H.-CHR.; BUSE , H.-P. (1998): Marketing-Logistik in Unternehmensnetzwerken. In: Thexis 15, Heft 1, S. 50-58

PFOHL, H.-CHR.; LARGE, R. (1992): Gestaltung interorganisatorischer Logistiksysteme auf der Grundlage der Transaktionskostentheorie. In: Zeitschrift für Verkehrswissenschaft 63, S. 15-51

PFRIEM, R. (2000): Jenseits des Sachzwangs. Unternehmenspolitische Konstruktionen für das 21. Jahrhundert. In: Stahl, H.K.; Hejl, P.M. (Hrsg.): Management und Wirklichkeit. Das Konstruieren von Unternehmen, Märkten und Zukünften. Heidelberg, S. 427-450

PICOT, A. (1982): Transaktionskostenansatz in der Organisationstheorie: Stand der Diskussion und Aussagewert. In: Die Betriebswirtschaft 45, Heft 2, S. 267-284

PICOT, A. (1985): Transaktionskosten. In: Die Betriebswirtschaft, 45. Jg., S. 224-225

PICOT, A. (1991): Ein neuer Ansatz zur Gestaltung der Leistungstiefe. In: Zeitschrift für betriebswirtschaftliche Forschung 43, Heft 4, S. 336-357

PICOT, A. (1992): Ronald H. Coase – Nobelpreisträger 1991. In: Wirtschaftswissenschaftliches Studium 21, Heft 2, S. 79-83

PICOT, A.; DIETL, H.; FRANCK, E. (1999): Organisation. Eine ökonomische Perspektive. 2. Aufl., Stuttgart

PICOT, A.; REICHWALD, R.; WIGAND, R. T. (1998): Die grenzenlose Unternehmung. Information, Organisation, Management. Lehrbuch zur Unternehmensführung im Informationszeitalter. 3. Aufl., Wiesbaden

PIONTEK, J. (1998): Strategische, virtuelle, regionale, operative... – Logistische Beschaffungsnetzwerke. In: Beschaffung aktuell, Heft 2, S. 28-30

PIORE, M.J.; SABEL, C.F. (1985): Das Ende der Massenproduktion, Berlin

PORTER, M.E. (1980): Competitive Strategy. Techniques for Analyzing Industries and Competitors. New York, London

PORTER, M.E. (1985): Competitive Advantage. Creating and Sustaining Superior Performance. New York, London

PORTER, M.E. (1989): Wettbewerbsvorteile. Spitzenleistungen erreichen und behaupten. Sonderausgabe, Frankfurt a.M., New York

PORTER, M.E. (1990): Wettbewerbsstrategie. Frankfurt a.M.

POWELL, W.W. (1990): Neither Market nor Hierarchy: Network Forms of Organization. In: Organizational Behaviour 12, S. 295-336

PRAHALAD, C.K.; HAMEL, G. (1990): The Core Competence of Corporation. In: Harvard Business Review, May/ June 1990, S. 79-91

PRAHALAD, C.K.; HAMEL, G. (1991): Nur Kernkompetenzen sichern das Überleben. In: Harvard Manager 13, Heft 2, S. 66-78

PRIGOGINE, I.; GLANSDORFF, P. (1971): Thermodynamic Theory of Structure, Stability and Fluctuation. London, New York, Sydney, Toronto

PROBST, G.J.B. (1981): Kybernetische Gesetzeshypothesen als Basis für Gestaltungs- und Lenkungsregeln im Management. Bern, Stuttgart

REICHWALD, R.; DIETEL, B. (1991): Produktionswirtschaft. In: Heinen, E. (Hrsg.): Industriebetriebslehre: Entscheidungen im Industriebetrieb. 9. Aufl., Wiesbaden, S. 395-622

RENZ, T. (1997): Management in internationalen Unternehmensnetzwerken. Wiesbaden

RICHTER, R; FURUBOTN, E.G. (1996): Neue Institutionenökonomik. Eine Einführung und kritische Würdigung. Tübingen

ROTH, G. (1978): Die Bedeutung der biologischen Wahrnehmungsforschung für die philosophische Erkenntnistheorie. In: Hejl, P.M.; Köck, W.K.; Roth, G. (Hrsg.): Wahrnehmung und Kommunikation. Frankfurt a.M., S. 65-78.

ROTH, G. (1985): Die Selbstreferentialität des Gehirns und die Prinzipien der Gestaltwahrnehmung. In: Gestalt Theory 7, S. 228-244.

ROTH, G. (1996): Erkenntnis und Realität. Das reale Gehirn und seine Wirklichkeit. In: Schmidt, S.J. (Hrsg.): Der Diskurs des Radikalen Konstruktivismus. 7. Aufl., Frankfurt a.M., S. 229-255

ROTH, G. (1996a): Autopoiese und Kognition: Die Theorie H.R. Maturanas und die Notwendigkeit ihrer Weiterentwicklung. In: Schmidt, S.J. (Hrsg.): Der Diskurs des Radikalen Konstruktivismus, 7. Aufl. (1. Aufl. 1987), Frankfurt a.M., S. 256-286

SAXENIAN, A. (1990): Regional Networks and the Resurgence of Silicon Valley. In: California Management Review 33, Heft 1, S. 89-112

SCHLEE, A.; KIESER, A. (2000): Die Konstruktion von Organisationen. In: Hejl, P.M.; Stahl, H.K. (Hrsg.): Management und Wirklichkeit. Das Konstruieren von Unternehmen, Märkten und Zukünften. Heidelberg, S. 159-182

SCHERER, A.G. (2001): Kritik der Organisation oder Organisation der Kritik? – Wissenschaftstheoretische Bemerkungen zum kritischen Umgang mit Organisationstheorien. In: Kieser, A. (Hrsg.): Organisationstheorien. 4. Aufl., Stuttgart, Berlin, Köln, S. 1-37

SCHMIDT, S.J. (1993) (Hrsg.): Heinz von Foerster. Wissen und Gewissen. Versuch einer Brücke. Frankfurt a.M.

SCHMIDT, S.J. (1996): Vorbemerkung. In: Schmidt, S.J. (Hrsg.): Der Diskurs des Radikalen Konstruktivismus. 7. Aufl., Frankfurt a.M., S. 7-9

SCHMIDT, S.J. (1996a): Der Radikale Konstruktivismus: Ein neues Paradigma im interdisziplinären Diskurs. In: Schmidt, S.J. (Hrsg.): Der Diskurs des Radikalen Konstruktivismus. 7. Aufl., Frankfurt a.M., S. 11-88

SCHMIDT, S.J. (1997): Kultur und Kontingenz: Lehren des Beobachters. In: Müller, A.; Müller, K.H.; Stadler, F. (Hrsg.): Konstruktivismus und Kognitionswissenschaft. Kulturelle Wurzeln und Ergebnisse. Sonderband der Veröffentlichungen des Instituts Wiener Kreis, Wien, New York, S. 173-181

SCHNEIDER, D. (1985): Die Unhaltbarkeit des Transaktionskostenansatzes für die „Markt oder Unternehmung"-Diskussion. In: Zeitschrift für Betriebswirtschaft 55, Heft 12, S. 1237-1254

SCHREYÖGG, G. (1978): Umwelt, Technologie und Organisationsstruktur. Eine Analyse des kontingenztheoretischen Ansatzes. 1. Aufl., Bern et al.

SCHUDERER (1996): Prozessorientierte Analyse und Rekonstruktion logistischer Systeme. Konzeption – Methoden – Werkzeuge. Wiesbaden

SEMLINGER, K. (1993): Effizienz und Autonomie in Zulieferungsnetzwerken – Zum strategischen Gehalt von Kooperation. In: Staehle, W.; Sydow, J. (Hrsg.): Managementforschung 3. Berlin, New York, S. 309-354

SHANNON, C.E.; WEAVER, W. (1949): The Mathematical Theory of Communication. Urbana

SIEBERT, H. (1991): Ökonomische Analyse von Unternehmensnetzwerken. In: Staehle, W.; Sydow, J. (Hrsg.): Managementforschung 1. Berlin, New York, S. 291-311

SILVERMAN, D. (1968): Formal Organizations or Industrial Sociology: Towards a Social Action Analysis of Organizations. In: Sociol 2, S. 221-228

SIMON, H.A. (1957): Models of Man. New York, London, Sydney

SIMON, H.A. (1976): Administrative Behaviour. A Study of Decision-Making Processes in Administrative Organizations. 3. Aufl., New York

STABENAU, H. (2002): Einführung. In: Baumgarten, H.; Stabenau, H.; Weber, J.; Zentes, J. (Hrsg.): Management integrierter logistischer Netzwerke. Bern, Stuttgart, Wien, S. 1-7

STABER, U. (2000): Steuerung von Unternehmensnetzwerken: Organisationstheoretische Perspektiven und soziale Mechanismen. In: Sydow, J.; Windeler, A. (Hrsg.): Steuerung von Netzwerken, Konzepte und Praktiken. Opladen, Wiesbaden, S. 58-87

STAEHLE, W.H. (1992): Funktionen des Managements. 3. Aufl., Bern

STAHL, H.K. (2000): Dauerhafte Kunden-Lieferanten-Beziehung und ihre Einordnung in eine systemisch-konstruktivistische Perspektive. In: Hejl, P.M.; Stahl, H.K. (Hrsg.): Management und Wirklichkeit. Das Konstruieren von Märkten, Unternehmen und Zukünften. Heidelberg, S. 387-406

STEFFENHAGEN, H. (1975): Konflikt und Kooperation in Absatzkanälen – ein Beitrag zur verhaltensorientierten Marketingtheorie. Wiesbaden

STENGEL, R. VON (1999): Logistiknetzwerke. In: Weber, J.; Baumgarten, H. (Hrsg.): Handbuch Logistik: Management von Material- und Warenflussprozessen. Stuttgart, S. 910-923

STICHT, T.G. (1979): Educational Uses of Metaphor. In: Ortony, A. (Hrsg.): Metaphor and Thought. Cambridge, S. 474-485

STIGLITZ. J.E. (1991): Another Century of Economic Science. In: Economic Journal, 101, S. 134-141.

STOCK, R. (2001): Der Zusammenhang zwischen Mitarbeiter- und Kundenzufriedenheit: direkte, indirekte und moderierende Effekte. Wiesbaden

SYDOW, J. (1992): Strategische Netzwerke: Evolution und Organisation. Wiesbaden

SYDOW, J. (1992a): Strategische Netzwerke und Transaktionskosten. In: Staehle, W.; Conrad, P. (Hrsg.): Managementforschung 2. Berlin, New York, S. 239-311

SYDOW, J. (1995): Unternehmensnetzwerke. In: Corsten, H.; Reiß, M. (Hrsg.): Handbuch der Unternehmensführung – Konzepte – Instrumente – Schnittstellen. Wiesbaden, S. 160-169

SYDOW, J. (1995a): Netzwerkbildung und Kooperation als Führungsaufgabe. In: Kieser, A.; Reber, G. et. al. (Hrsg.): Handwörterbuch der Führung, 2. Aufl., Sp. 1622-1635

SYDOW, J.; KLOYER, M. (1995): Managementpraktiken in Franchisingnetzwerken. Arbeitspapier Nr. 171 des Fachbereichs Wirtschaftswissenschaften der Universität Wuppertal

SYDOW, J.; WINDELER, A. (1993): Managing Corporate Networks: A Structurationist Perspective. Universität Wuppertal, August 1993

TACKE, V. (1997): Systemrationalisierung an ihren Grenzen – Organisationsgrenzen und Funktionen von Grenzstellen in Wirtschaftsorganisationen. In: Schreyögg, G.; Sydow, J. (Hrsg.): Managementforschung 7. Berlin, New York, S. 1-44

TEICHMANN, S. (1995): Logistiktiefe als strategisches Entscheidungsproblem. Berlin

TEUBNER, G. (2000): Die vielköpfige Hydra: Netzwerke als kollektive Akteure höherer Ordnung. In: Hejl, P.M.; Stahl, H.K. (Hrsg.): Management und Wirklichkeit. Das Konstruieren von Unternehmen, Märkten und Zukünften. Heidelberg, S. 364-386; Wiederabdruck aus: Krohn, W.; Küppers, G. (Hrsg.) (1991): Emergenz und Selbstorganisation. Frankfurt a.M.

TÜRK, K. (1989): Neuere Entwicklungen in der Organisationsforschung. Ein Trend Report. Stuttgart

TURNER, S.D. (1977): Blau's Theory of Differentiation: Is it Explanatory? In: Benson, J.K. (Hrsg.): Organizational Analysis: Critique and Innovation. Beverly Hills, S. 19-34

ULRICH, H. (1978): Der systemorientierte Ansatz in der Betriebswirtschaftslehre. In: Schweitzer, M. (Hrsg.): Auffassungen und Wirtschaftsziele der Betriebswirtschaftslehre, Darmstadt, S. 270-291

VAHRENKAMP, R. (1999): Supply Chain Management. In: Weber, J.; Baumgarten, H. (Hrsg.): Handbuch Logistik: Management von Material- und Warenflussprozessen. Stuttgart, S. 308-321

VARELA, F. (1982): Die Biologie der Freiheit. In: Psychologie heute, September 1982, S. 82-93

VARELA, F.J. (1988): Der kreative Zirkel. In: Watzlawick, P. (Hrsg.): Die erfundene Wirklichkeit. München, S. 295-305

VARELA, F.J. (1996): Autonomie und Autopoiese. In: Schmidt, S.J. (Hrsg.): Der Diskurs des Radikalen Konstruktivismus, 7. Aufl. (1. Aufl. 1987), Frankfurt a.M., S. 119-132

VARELA, F.J.; MATURANA, H.R.; URIBE, R.B. (1974): Autopoiesis: The Organization of Living Systems, Its Characterization and a Model. In: Biosystems, S. 187-196.

WATZLAWICK, P. (1976): Wie wirklich ist die Wirklichkeit? Wahnsinn – Täuschung – Verstehen. München

WEBER, J. (1998): Logistikmanagement – Verankerung des Flussprinzips im Führungssystem des Unternehmens. In: Isermann, H. (Hrsg.): Logistik – Gestaltung von Logistiksystemen. 2. Aufl., Landsberg am Lech, S. 79-89

WEBER, J. (1999): Ursprünge, praktische Entwicklung und theoretische Einordnung der Logistik. In: Weber, J.; Baumgarten, H. (Hrsg.): Handbuch für Logistik – Management von Material- und Warenflussprozessen. Stuttgart, S. 3-14

WEBER, J. (2002) [1987]: Logistikkostenrechnung. Kosten-, Leistungs- und Erlösinformationen zur erfolgsorientierten Steuerung der Logistik. Berlin, Heidelberg, New York et al.

WEBER, J.; DEHLER, M. (2000): Entwicklungsstand der Logistik. In: Pfohl, H.-Chr. (Hrsg.): Supply Chain Management:: Logistik plus? Logistikkette – Marketingkette – Finanzkette. Reihe Unternehmensführung und Logistik, Band 18, Berlin, S. 45-68

WEBER, J.; KUMMER, S. (1998): Logistikmanagement. 2. Aufl., Stuttgart

WEGNER, U. (1993): Organisation der Logistik. Prozess- und Strukturgestaltung mit neuer Informations- und Kommunikationstechnik. Berlin

WEHBERG, G. (1997): Ökologieorientiertes Logistikmanagement: ein evolutionstheoretischer Ansatz. Wiesbaden

WEICK, K.E. (1995): Der Prozess des Organisierens. Frankfurt a.M.

WEIZENBAUM; J. (1990): Die Macht der Computer und die Ohnmacht der Vernunft. Übers. von Rennert, U., Orig.-Titel Computer Power and Human Reason. From Judgement to Calculation (1976), Frankfurt

WELL, B. van (2001): Ressourcenmanagement in strategischen Netzwerken. In: Ortmann, G.; Sydow, J. (Hrsg.): Strategie und Strukturation. Strategisches Management von Unternehmen, Netzwerken und Konzernen. Wiesbaden, S. 145-172

WIENER, N. (1948): Cybernetics. Cambridge M.

WILDEMANN, H. (1997): Koordination von Unternehmensnetzwerken. In: Zeitschrift für Betriebswirtschaft 67, Heft 4, S. 417-439

WILLIAMSON, O.E. (1979): Transaction Cost Economics: The Governance of Contractual Relations. In: Journal of Law and Economics 22, S. 233-261

WILLIAMSON, O.E. (1980): The Organization of Work. In: Journal of Economic Behavior and Organization, Heft 1, S. 5-38

WILLIAMSON, O.E. (1985): The Economic Institutions of Capitalism. New York

WILLIAMSON, O.E. (1988): Die ökonomischen Institutionen des Kapitalismus – Unternehmen, Märkte, Kooperationen. Tübingen

WILLIAMSON, O.E. (1996): The Mechanisms of Governance. Oxford, New York et al.

WILLKE, H. (1991): Systemtheorie. Stuttgart

WILLKE, H. (1995): Systemtheorie II.: Interventionstheorie. Stuttgart

WIMMER, R. (1989): Die Steuerung komplexer Organisationen. In: Sandner, K. (Hrsg.): Politische Prozesse in Unternehmen. Berlin, S. 131-156

WINDELER, A. (2001): Unternehmungsnetzwerke. Konstitution und Strukturation. Wiesbaden

WITTIG, A.; ZENTES, J. (2002): Gestaltungsfeld Organisation. In: Baumgarten, H.; Stabenau, H.; Weber, J.; Zentes, J. (Hrsg.): Management integrierter logistischer Netzwerke. Bern, Stuttgart, Wien, S. 337-461

WÖHE, G. (1990): Einführung in die Allgemeine Betriebswirtschaftslehre. 17. Aufl., München

WOLLNICK, M. (1992): Organisationstheorie, interpretative. In: Frese, E. (Hrsg.): Handwörterbuch der Organisation. 3. Aufl., Stuttgart, Sp. 1778-1797

Strukturwandel und Strukturpolitik

Herausgegeben von Wolfram Elsner

Band 1 Karsten Seidel: Maritime Netzwerke und europäische Industriepolitik. 2000.

Band 2 Dieter Bögenhold (Hrsg.): Kleine und mittlere Unternehmen im Strukturwandel – Arbeitsmarkt und Strukturpolitik. 2000.

Band 3 Thomas Knogge: Umweltschocks und langfristige regionale Wirtschaftsentwicklung. Eine integrative Analyse reginalökonomischer Folgen des globalen Klimawandels. Mit dem Fallbeispiel der nordwestdeutschen Küstenregion. 2002.

Band 4 Wolfram Elsner (Hrsg.): Neue Alternativen des Länder-Finanzausgleichs. Modellrechnungen und Gutachten unter besonderer Berücksichtigung der Stadtstaaten-Problematik. 2002.

Band 5 Stefan Meyer: Strukturerneuerung und Regionalentwicklung durch Kooperationen und Netzwerke. Mit einer Fallstudie zum Autorecycling in Bremen. 2002.

Band 6 Martin Wrobel: Flughäfen in der Region. Regionale Gravitationszentren vor dem Verkehrsinfarkt? Eine Strukturanalyse und Prognose der landseitigen Verkehrssituation – am Beispiel des Airport Bremen. 2002.

Band 7 Martin Heinlein: Innovationen kleiner Unternehmen in regionalen Netzwerken. Die Förderung von Forschung und Entwicklung durch aktive Vermittlung im Wissens- und Technologietransfer. 2004.

Band 8 Martin Wrobel: Die Logistik als Motor regionaler Strukturentwicklung. Sektorale Clusterstrukturen und Netzwerkpotentiale am Beispiel Bremen und Hamburg. 2004.

Band 9 Sabine Bruns-Vietor: Logistik, Organisation und Netzwerke. Eine radikal konstruktivistische Diskussion des Fließsystemansatzes. 2004.

www.peterlang.de

Peter Lang · Europäischer Verlag der Wissenschaften

Astrid Röhrs

Produktionsmanagement in Produktionsnetzwerken

Frankfurt am Main, Berlin, Bern, Bruxelles, New York, Oxford, Wien, 2003.
XX, 254 S., zahlr. Abb. und Tab.
Schriften zur Produktion.
Herausgegeben von Thomas Witte und Bernd Rieper. Bd. 17
ISBN 3-631-50594-9 · br. € 45.50*

Die Anforderungen an das Produktionsmanagement haben sich grundlegend gewandelt. Stand früher die Optimierung der Produktion eines einzelnen Kombinationstyps der Fertigung im Vordergrund, so rücken heute ganze Produktionsnetzwerke – bestehend aus mehreren miteinander verzahnten Produktionsmodulen – in den Mittelpunkt der Betrachtung. Die vorliegende Arbeit befasst sich mit dieser Problematik, indem ein netzwerkorientierter Produktionsmanagementansatz entwickelt wird, der funktionale und institutionelle Aspekte integriert. Angewandt und konkretisiert wird dieser Ansatz für zwei idealtypische Produktionsnetzwerke. Die Untersuchung richtet sich an Wissenschaftler, Unternehmensberater, Führungskräfte von Industrieunternehmen sowie an Studenten im Hauptstudium mit der betriebswirtschaftlichen Vertiefung „Produktionswirtschaft" oder „Supply Chain Management".

Aus dem Inhalt: Produktionsnetzwerke aus system- und organisationstheoretischer Sicht · Entwicklung eines netzwerkorientierten Produktionsmanagementansatzes · Netzwerkebenenbezogene Erörterung der Produktionsmanagementaufgaben · Grundsätzliche Möglichkeiten zur institutionellen Ausgestaltung · Bildung zweier Netzwerktypen · Konkretisierung des Ansatzes für das stabile und das flexible Netzwerk

Kolibri 360 GmbH
Ferdinand-Jühlke-Straße 7
99095 Erfurt, Deutschland
produktsicherheit@kolibri360.de

Druck:
CPI Druckdienstleistungen GmbH
im Auftrag der
Kolibri 360 GmbH
Ferdinand-Jühlke-Str. 7
99095 Erfurt